Análise Estatística com Excel Para leigos

O Excel oferece uma ampla gama de ferramentas de análise e funções estatísticas que você pode usar para adicionar um único valor ou uma sequência de valores para suas planilhas do Excel.

ALGUMAS FUNÇÕES DE PLANILHA DO EXCEL

O Excel pode ajudá-lo a fazer todos os tipos de cálculo. Aqui está uma seleção das funções estatísticas de planilha do Excel. Cada uma retorna um valor em uma célula selecionada.

TENDÊNCIA CENTRAL E VARIABILIDADE

Função	O que ela calcula
MÉDIA	Média de um conjunto de números
MÉDIASE	Média de um conjunto de números que satisfaz uma condição
MÉDIASES	Média de um conjunto de números que satisfaz uma ou mais condições
MÉDIA.HARMÔNICA	Média harmônica de um conjunto de números positivos
MÉDIA.GEOMÉTRICA	Média geométrica de um conjunto de números positivos
MODO	Modo de um conjunto de números
MED	Mediana de um conjunto de números
VARP	Variância de um conjunto de números considerados como uma população
VAR	Variância de um conjunto de números considerados como uma amostra
DESVPADP	Desvio padrão de um conjunto de números considerados como uma população
DESVPAD	Desvio padrão de um conjunto de números considerados como uma amostra
PADRONIZAR	Um valor padrão com base em uma média dada e um desvio padrão

POSIÇÃO RELATIVA

Função	O que ela calcula
ORDEM	Ordem de um número em um conjunto de números
ORDEM.PORCENTUAL	Ordem de um número expressa como porcentagem
PERCENTIL	O percentil indicado em um conjunto de números
QUARTIL	O 1º, 2º, 3º e 4º quartil em um conjunto de números

Análise Estatística com Excel Para leigos

CORRELAÇÃO E REGRESSÃO

Função	O que ela calcula
CORREL	Coeficiente de correlação entre dois conjuntos de números
PEARSON	O mesmo que CORREL (Vai entender!)
RQUAD	Coeficiente de determinação entre dois conjuntos de números (o quadrado do coeficiente de correlação)
INCLINAÇÃO	Inclinação de uma linha de regressão através de dois conjuntos de números
INTERCEPÇÃO	Intercepção de uma linha de regressão através de dois conjuntos de números
EPADYX	Erro padrão da estimativa para uma linha de regressão através de dois conjuntos de números

FUNÇÕES MATRICIAIS DO EXCEL

Uma fórmula matricial funciona com uma série de valores de dados em vez de um 1. Aqui estão as funções matriciais estatísticas do Excel. Cada uma retorna um intervalo de valores em um intervalo selecionado de células.

Função	Calcula um conjunto de...
FREQÜÊNCIA	Freqüências de valores em um conjunto de valores
PROJ.LIN	Estatística de regressão com base na regressão linear através de dois ou mais conjuntos de números
TENDÊNCIA	Números em uma tendência linear, com base em pontos de dados conhecidos
PROJ.LOG	Estatística de regressão com base na regressão curvilinear, através de dois ou mais conjuntos de números

Análise Estatística com Excel

Para **leigos**

Análise Estatística com Excel

Para leigos

Tradução da 3ª Edição

Joseph Schmuller
PhD

ALTA BOOKS
EDITORA

Rio de Janeiro, 2018

Análise Estatística com Excel Para Leigos® — Tradução da 3ª Edicao
Copyright © 2018 da Starlin Alta Editora e Consultoria Eireli. ISBN: 978-85-508-0060-8

Translated from original Statistical Analysis with Excel® For Dummies®, 3rd Edition. Copyright © 2013 by John Wiley & Sons, Inc. ISBN 978-1-118-46431-1. This translation is published and sold by permission of John Wiley & Sons, Inc., the owner of all rights to publish and sell the same. PORTUGUESE language edition published by Starlin Alta Editora e Consultoria Eireli, Copyright © 2018 by Starlin Alta Editora e Consultoria Eireli.

Todos os direitos estão reservados e protegidos por Lei. Nenhuma parte deste livro, sem autorização prévia por escrito da editora, poderá ser reproduzida ou transmitida. A violação dos Direitos Autorais é crime estabelecido na Lei nº 9.610/98 e com punição de acordo com o artigo 184 do Código Penal.

A editora não se responsabiliza pelo conteúdo da obra, formulada exclusivamente pelo(s) autor(es).

Marcas Registradas: Todos os termos mencionados e reconhecidos como Marca Registrada e/ou Comercial são de responsabilidade de seus proprietários. A editora informa não estar associada a nenhum produto e/ou fornecedor apresentado no livro.

Impresso no Brasil — 2018 — Edição revisada conforme o Acordo Ortográfico da Língua Portuguesa de 2009.

Publique seu livro com a Alta Books. Para mais informações envie um e-mail para autoria@altabooks.com.br

Obra disponível para venda corporativa e/ou personalizada. Para mais informações, fale com projetos@altabooks.com.br

Produção Editorial Editora Alta Books **Produtor Editorial** Thiê Alves	**Gerência Editorial** Anderson Vieira **Assistente Editorial** Ian Verçosa	**Produtor Editorial (Design)** Aurélio Corrêa **Editor de Aquisição** José Rugeri j.rugeri@altabooks.com.br	**Marketing Editorial** Silas Amaro marketing@altabooks.com.br **Ouvidoria** ouvidoria@altabooks.com.br	**Vendas Atacado e Varejo** Daniele Fonseca Viviane Paiva comercial@altabooks.com.br
Equipe Editorial	Bianca Teodoro	Illysabelle Trajano	Juliana de Oliveira	Renan Castro
Tradução Bianca Capitâneo	**Copi c/ Tradução** Samantha Batista	**Revisão Gramatical** Michele Aguiar Marina Boscato	**Revisão Técnica** Christiano Galvão Genecsis Informática Ltda Especialista em Excel e VBA / Consultor de TI	**Diagramação** Joyce Matos

Erratas e arquivos de apoio: No site da editora relatamos, com a devida correção, qualquer erro encontrado em nossos livros, bem como disponibilizamos arquivos de apoio se aplicáveis à obra em questão.

Acesse o site www.altabooks.com.br e procure pelo título do livro desejado para ter acesso às erratas, aos arquivos de apoio e/ou a outros conteúdos aplicáveis à obra.

Suporte Técnico: A obra é comercializada na forma em que está, sem direito a suporte técnico ou orientação pessoal/exclusiva ao leitor.

A editora não se responsabiliza pela manutenção, atualização e idioma dos sites referidos pelos autores nesta obra.

Dados Internacionais de Catalogação na Publicação (CIP)
Vagner Rodolfo CRB-8/9410

S347a   Schmuller, Joseph

    Análise estatística com excel para leigos / Joseph Schmuller ; traduzido por Bianca Capitâneo. - Trad. da 3. ed. - Rio de Janeiro : Alta Books, 2018.
    512 p. ; 17cm x 24cm.

    Tradução de: Statistical Analysis with Excel For Dummies, Third Edition
    Inclui índice e apêndice.
    ISBN: 978-85-508-0060-8

    1. Programas de Computador. 2. Excel. 3. Estatística. I. Bianca Capitâneo. II. Título.

CDD 005
CDU 004.42

Rua Viúva Cláudio, 291 — Bairro Industrial do Jacaré
CEP: 20.970-031 — Rio de Janeiro (RJ)
Tels.: (21) 3278-8069 / 3278-8419
www.altabooks.com.br — altabooks@altabooks.com.br
www.facebook.com/altabooks — www.instagram.com/altabooks

Sobre o Autor

Joseph Schmuller, PhD é um veterano com mais de 25 anos de experiência em Tecnologia da Informação. É autor de diversos livros sobre informática, inclusive três edições de *Teach Yourself UML in 24 Hours* (SAMS) e as duas edições de *Análise Estatística com Excel Para Leigos*. Ele já escreveu diversos artigos sobre tecnologia avançada. De 1991 a 1997 foi editor-chefe da revista *PC AI*.

Foi membro da American Statistical Association e já lecionou estatística para estudantes universitários e de pós-graduação. Tem também título de bacharel pela Brooklyn College, de mestrado pela Universidade de Missouri-Kansas City e de doutorado pela Universidade de Wisconsin, todos em psicologia. Ele e sua família vivem em Jacksonville, Flórida, onde ele é professor adjunto da Universidade do Norte da Flórida.

Dedicatória

Em memória de minha adorável mãe, Sara Riba Schmuller, a primeira a me mostrar como trabalhar com números e me ensinar as habilidades para escrever sobre eles.

Agradecimentos do Autor

Como disse nas duas primeiras edições, escrever um livro da série *Para Leigos* é muito divertido. Consigo expressar minhas ideias de maneira simples e interativa e, também, tenho a oportunidade de acrescentar um pouco de humor. Escrever mais uma edição é uma corrida maravilhosa. Trabalhei novamente com uma equipe incrível. A editora de aquisições, Stephanie McComb, e a editora de projetos, Beth Taylor, da Wiley Publishing, foram incentivadoras, cooperativas e, acima de tudo, pacientes. Dennis Short é um editor-técnico sem igual. Seus alunos na Purdue têm muita sorte em tê-lo como professor. Quaisquer erros que ainda possam existir devem ser de responsabilidade única do autor. Meus sinceros agradecimentos a Stephanie e a Beth. Agradeço à Waterside Productions por me representar nesse esforço.

Mais uma vez, agradeço aos mentores da faculdade e da escola de graduação, que ajudaram a formar meu conhecimento em estatística: Mitch Grossberg (Brooklyn College); Mort Goldman, Al Hillix, Larry Simkins e Jerry Sheridan (Universidade de Missouri—Kansas City); Cliff Gillman e John Theios (Universidade de Wisconsin—Madison). Há muito tempo, na Universidade de Missouri, Kansas City, Mort Goldman me dispensou de uma prova final de estatística com uma condição — que eu aprendesse sozinho o último tópico do curso, Análise de Covariância. Espero que ele fique feliz com o Apêndice B.

Agradeço à Kathryn, como sempre, por muito mais do que eu posso dizer. Por fim e novamente, uma nota especial de agradecimento ao meu amigo Brad, o primeiro a sugerir tudo isso!

Sumário Resumido

Introdução 1

Parte 1: Começando a Análise Estatística com Excel 7
CAPÍTULO 1: Avaliando Dados no Mundo Real 9
CAPÍTULO 2: Compreendendo as Capacidades Estatísticas do Excel............ 31

Parte 2: Descrevendo Dados..................................61
CAPÍTULO 3: Mostre e Informe: Colocando Dados em um Gráfico 63
CAPÍTULO 4: Encontrando seu Centro 93
CAPÍTULO 5: Desviando da Média 109
CAPÍTULO 6: Seguindo Padrões e Constantes............................. 127
CAPÍTULO 7: Resumindo Tudo 143
CAPÍTULO 8: O Que é Normal?.. 167

Parte 3: Tirando Conclusões a Partir dos Dados 179
CAPÍTULO 9: O Jogo da Confiança: Estimativas 181
CAPÍTULO 10: Teste de Hipótese com Uma Amostra....................... 195
CAPÍTULO 11: Teste de Hipótese com Duas Amostras 211
CAPÍTULO 12: Testando Mais de Duas Amostras 243
CAPÍTULO 13: Testes Um Pouco Mais Complicados........................ 273
CAPÍTULO 14: Regressão: Linear e Múltipla 287
CAPÍTULO 15: Correlação: Ascensão e Queda das Relações 325

Parte 4: Probabilidade..................................... 347
CAPÍTULO 16: Introdução à Probabilidade 349
CAPÍTULO 17: Mais sobre Probabilidade................................ 373
CAPÍTULO 18: Carreira de Modelo 387

Parte 5: A Parte dos Dez.................................. 407
CAPÍTULO 19: Dez Dicas e Armadilhas Estatísticas e Gráficas 409
CAPÍTULO 20: Dez Assuntos (Treze, Na Verdade) Que Não Se
Encaixaram em Nenhum Outro Capítulo 417
APÊNDICE A: Quando Sua Planilha é um Banco de Dados.................... 449
APÊNDICE B: A Análise de Covariância.................................. 465

Índice... 481

Sumário

INTRODUÇÃO 1

Sobre Este Livro 2

O Que Pode Ser Ignorado
com Segurança 2

Penso que..... 2

Como Este Livro Está Organizado 3

    Parte 1: Começando a Análise Estatística Com o Excel 3

    Parte 2: Descrevendo Dados 3

    Parte 3: Tirando Conclusões a Partir dos Dados 3

    Parte 4: Probabilidade 4

    Parte 5: A Parte dos Dez 4

    Apêndice A: Quando Sua Planilha É um Banco de Dados 4

    Apêndice B: A Análise de Covariância 4

    Apêndice Bônus 1: Quando Seus Dados Vivem em
Outro Lugar 5

    Apêndice Bônus 2: Dicas para Professores (E Alunos) 5

Além Deste Livro 5

Ícones Usados Neste Livro 5

De Lá para Cá, Daqui para Lá 6

**PARTE 1: COMEÇANDO A ANÁLISE ESTATÍSTICA
COM EXCEL** 7

CAPÍTULO 1: Avaliando Dados no Mundo Real 9

As Noções Estatísticas (e Relacionadas) Que Você
Precisa Conhecer 10

    Amostras e Populações 10

    Variáveis: Dependentes e independentes 11

    Tipos de dados 12

    Uma pequena probabilidade 13

Estatística Inferencial: Testando Hipóteses 14

    Hipóteses nulas e alternativas 15

    Dois tipos de erro 16

O Que Há de Novo no Excel 2013? 18

O Que Há de Velho no Excel 2013? 21

Conhecendo os Fundamentos 23

    Células com preenchimento automático 23

    Referenciando células 26

O Que Há De Novo Nesta Edição? 28

CAPÍTULO 2: Compreendendo as Capacidades Estatísticas do Excel 31

Começando 32
Preparação para as Estatísticas 34
  Funções de planilha no Excel 34
  Acessando rapidamente as funções estatísticas 37
  Funções matriciais 38
  O que há em um nome? Um leque de possibilidades 41
  Criando suas próprias fórmulas matriciais 49
  Utilizando ferramentas de análise de dados 50
Acessando as Funções Mais Usadas 54
Para Usuários de Mac 55
  A Faixa de Opções 55
  Ferramentas de análises de dados 57

PARTE 2: DESCREVENDO DADOS 61

CAPÍTULO 3: Mostre e Informe: Colocando Dados em um Gráfico 63

Por que Usar Gráficos? 64
Alguns Princípios Básicos 65
As Capacidades Gráficas do Excel 66
  Inserindo um gráfico 66
Transformando-se em um Colunista 67
  Empilhando as Colunas 71
  Mais uma coisa 72
Fatiando a Pizza 72
  Uma palavra do sábio 74
Desenhando a Linha 75
Adicionando um Minigráfico (Sparkline) 78
Levantando a Barra 80
A Coisa se Complica 82
Encontrando Outro Uso para o Gráfico de Dispersão 86
Power View! 87
Para Usuários de Mac 89

CAPÍTULO 4: Encontrando seu Centro 93

Média: A Sabedoria dos Promédios 94
  Calculando a média 94
  MÉDIA e MÉDIAA 95
  MÉDIASE e MÉDIASES 97
  MÉDIA.INTERNA 100
  Outros meios para um fim 102
Medianas: Pegos no Meio 103
  Encontrando a mediana 104
  MED 104

xiv   Análise Estatística com Excel Para Leigos

Estatísticas À La Moda. 105
    Encontrando a moda 105
    MODO.ÚNICO e MODO.MULT 106

CAPÍTULO 5: Desviando da Média. 109

  Medindo a Variação. 110
    Calculando a média de desvios quadrados: Variação e
      como calculá-la. 110
    VAR.P e VARPA 113
    Variação da amostra 115
    VAR.A e VARA 116
  De Volta às Raízes: Desvio Padrão 116
    Desvio padrão da população. 117
    DESVPAD.P e DESVPADPA 117
    Desvio padrão de amostra. 118
    DESVPAD.A e DESVPADA 118
    Funções faltantes: DESVPADSE e DESVPADSES. 119
  Funções Relacionadas. 123
    DESVQ 123
    Desvio médio 123
    DESV.MÉDIO 125

CAPÍTULO 6: Seguindo Padrões e Constantes 127

  Conhecendo Alguns Zs 128
    Características dos valores z 128
    Bonds versus Bambino. 129
    Notas de provas. 130
    PADRONIZAR 130
  Onde Você Fica?. 133
    ORDEM.EQ e ORDEM.MÉD 133
    MAIOR e MENOR 135
    PERCENTIL.INC e PERCENTIL.EXC .136
    ORDEM.PORCENTUAL.INC e ORDEM.PORCENTUAL.EXC 138
    Ferramenta de análise de dados: Ordem e Percentil 140
  Para Usuários de Mac 142

CAPÍTULO 7: Resumindo Tudo 143

  Contando. 144
    CONT.NÚM, CONT.VALORES,CONTAR.VAZIO, CONT.SE,
      CONT.SES. 144
  O Longo e o Curto 146
    MÁXIMO, MÁXIMOA, MÍNIMO e MÍNIMOA 147
  Quase Esotérico 148
    DISTORÇÃO e DISTORÇÃO.P 148
    CURT. 150
  Ajustando a Frequência 152
    FREQÜÊNCIA. 152

Sumário   **XV**

Ferramenta de análise de dados: Histograma 154
Você Pode Me Dar Uma Descrição? 156
Ferramenta de análise de dados: Estatística Descritiva 156
Seja Rápido! 158
Estatística Instantânea 161
Para Usuários de Mac 162
Estatística descritiva 163
Histograma 164
Estatísticas instantâneas 166

CAPÍTULO 8: O Que é Normal? 167

Atingindo a Curva 168
Aprofundando 169
Parâmetros de uma distribuição normal 169
DIST.NORM.N 171
INV.NORM.N 172
Um Membro Distinto da Família 173
DIST.NORMP.N 175
INV.NORMP.N 175
PHI e GAUSS 176

PARTE 3: TIRANDO CONCLUSÕES A PARTIR DOS DADOS 179

CAPÍTULO 9: O Jogo da Confiança: Estimativas 181

Entendendo a Distribuição Amostral 182
Uma Ideia EXTREMAMENTE Importante: o Teorema
do Limite Central 183
Simulando o Teorema do Limite Central 184
Os Limites da Confiança 189
Calculando limites de confiança para uma média 189
INT.CONFIANÇA.NORM 191
Inserindo um t 192
INT.CONFIANÇA.T 194

CAPÍTULO 10: Teste de Hipótese com Uma Amostra 195

Hipóteses, Testes e Erros 196
Testes de hipótese e distribuições amostrais 197
Mais Alguns Zs 199
TESTE.Z 201
t para Um 202
DIST.T, DIST.T.CD e DIST.T.BC 204
INV.T e INV.T.BC 205
Testando uma Variação 206
DIST.QUIQUA e DIST.QUIQUA.CD 207
INV.QUIQUA e INV.QUIQUA.CD 209

CAPÍTULO 11: **Teste de Hipótese com Duas Amostras** 211

Hipóteses para Dois 212
Revisão das Distribuições Amostrais 213
Aplicando o Teorema do Limite Central 213
Ainda Mais Zs 215
Ferramenta de Análise de Dados: Teste Z: Duas
Amostras para Médias 217
t para Dois 219
Cara de um, focinho de outro: variações iguais 220
Como p's e q's: variações desiguais 221
TESTE.T 222
Ferramenta de Análise de Dados: Teste t: Duas Amostras ...223
Um Conjunto Harmonioso: Teste de Hipótese para
Amostras Pareadas 226
TESTE.T para amostras combinadas 228
Ferramenta de análise de dados: teste t: Duas
Amostras em Par para Médias 229
Testando Duas Variações 232
Utilizando F em combinação com t 234
TESTE.F 234
DIST.F e DIST.F.CD 236
INV.F e INV.F.CD 238
Ferramenta de Análise de Dados:teste F: Duas Amostras
para Variâncias 239
Para Usuários de Mac 240

CAPÍTULO 12: **Testando Mais de Duas Amostras** 243

Testando Mais de Duas 244
Um grande problema 245
Uma solução 245
Relações significativas 249
Depois do teste F 250
Ferramenta de análise de dados: Anova: Fator Único 253
Comparando as médias 255
Outro Tipo de Hipótese, Outro Tipo de Teste 257
Trabalhando com a ANOVA de medidas repetidas 257
Seguindo tendências 260
Ferramenta de análise de dados: Anova: Fator Duplo
Sem Repetição 264
Analisando tendências 266
Para Usuários de Mac 267
Análise de Variância com Fator Único 268
Medidas Repetidas 269

CAPÍTULO 13: **Testes Um Pouco Mais Complicados** 273

Decifrando as Combinações 274
Dividindo as variações 274

Sumário   xvii

Ferramenta de análise de dados: Anova: Fator Duplo
Sem Replicação 276
Decifrando as Combinações Mais Uma Vez 278
Linhas e colunas. 278
Interações 279
A análise 279
Ferramenta de análise de dados: Anova: Fator Duplo
Com Replicação 281
Para Usuários de Mac 283

CAPÍTULO 14: Regressão: Linear e Múltipla 287

O Gráfico da Difusão 288
Linhas de Gráfico 289
Regressão: Que Linha!. 291
Utilizando a regressão para prever 293
Variação em torno da linha de regressão 293
Testando hipóteses sobre regressão. 295
Funções de Planilha para Regressão .300
INCLINAÇÃO, INTERCEPÇÃO, EPADYX 301
PREVISÃO 303
Função matricial: TENDÊNCIA 303
Função matricial: PROJ.LIN 307
Ferramenta de análise de dados: Regressão 309
Resultados tabelados 310
Resultados em gráficos. 312
Lidando com Diversas Relações ao Mesmo Tempo:
Regressão Múltipla. 313
Ferramentas do Excel para Regressão Múltipla 315
Revisão de TENDÊNCIA. 315
Revisão de PROJ.LIN 316
Revisão da ferramenta de análise de dados Regressão 319
Para Usuários de Mac 321

CAPÍTULO 15: Correlação: Ascensão e Queda das Relações . . 325

Gráficos de Dispersão, Mais Uma Vez 326
Compreendendo a Correlação 326
Correlação e Regressão 329
Testando Hipóteses de Correlação. .331
Um coeficiente de correlação é maior que zero? 332
Dois coeficientes de correlação são diferentes? 333
Funções de Planilha para Correlação. 334
CORREL e PEARSON 334
RQUAD. 336
COVARIAÇÃO.P e COVARIAÇÃO.S 336
Ferramenta de Análise de Dados: Correlação 337
Resultados tabelados 338
Ferramenta de Análise de Dados: Covariância 341

xviii   **Análise Estatística com Excel Para Leigos**

Testando Hipóteses Sobre Correlação 342
   Funções de Planilha: FISHER, FISHERINV. 342
Para Usuários de Mac. 344

PARTE 4: PROBABILIDADE 347

CAPÍTULO 16: Introdução à Probabilidade 349

O que é Probabilidade?. 350
   Experimentos, tentativas, eventos e espaços amostrais 350
   Espaços amostrais e probabilidade .350
Eventos Compostos. 351
   União e intersecção. 351
   Mais uma vez: Intersecção 352
Probabilidade Condicional 353
   Trabalhando com as probabilidades 354
   A base para os testes de hipótese 354
Espaços Amostrais Grandes 354
   Permutas. 355
   Combinações 356
Funções de Planilha. 356
   FATORIAL. 357
   PERMUT e PERMUTIONA 357
   COMBIN e COMBINA. 358
Variáveis Aleatórias: Discretas e Contínuas. 359
Distribuições de Probabilidade e Funções de Densidade 359
A Distribuição Binomial. 361
Funções de Planilha. 363
   DISTR.BINOM e INTERV.DISTR.BINOM 363
   IST.BIN.NEG.N. 365
Teste de Hipótese com a Distribuição Binomial. 366
   INV.BINOM 366
   Mais sobre testes de hipótese 367
A Distribuição Hipergeométrica. 369
   DIST.HIPERGEOM.N. 369

CAPÍTULO 17: Mais sobre Probabilidade .373

Descobrindo o Beta. 374
   DIST.BETA 375
   INV.BETA 377
Poisson. 378
   DIST.POISSON. 379
Trabalhando com Gama. 381
   A função Gama e GAMA 381
   A Distribuição Gama e DIST.GAMA. 381
   INV.GAMA 384
Exponencial. 384
   DISTR.EXPON 385

Sumário   **xix**

CAPÍTULO 18: Carreira de Modelo 387

Modelando uma Distribuição 388
Conhecendo melhor a distribuição de Poisson 388
Utilizando DIST.POISSON 390
Testando o caimento 391
Uma palavra sobre TESTE.QUIQUA 393
Jogando bola com um modelo 394
Uma Discussão Simulada 397
Arriscando: O método de Monte Carlo 397
Trapaceando 397
Simulando o Teorema do Limite Central 401
Para Usuários de Mac 405

PARTE 5: A PARTE DOS DEZ 407

**CAPÍTULO 19: Dez Dicas e Armadilhas Estatísticas
e Gráficas** 409

Significativo Nem Sempre Quer Dizer Importante 410
Tentar Não Rejeitar uma Hipótese Nula Tem
Diversas Implicações 410
A Regressão Nem Sempre É Linear 411
Não É Uma Boa Ideia Extrapolar um Gráfico de
Dispersão de Amostra 411
Analise a Variação em Torno de uma Linha de Regressão 412
Uma Amostra Pode Ser Grande Demais 412
Consumidores: Conheça Seus Eixos 412
É Errado Representar Graficamente uma Variável
Categórica Como Se Ela Fosse uma Variável Quantitativa 413
Sempre que Possível, Inclua Variação em Seu Gráfico 414
Cuidado Ao Relacionar Conceitos de Livros de Estatística
com o Excel 414

**CAPÍTULO 20: Dez Assuntos (Treze, Na Verdade) Que Não
Se Encaixaram em Nenhum Outro Capítulo** . . . 417

Técnicas de Previsão 418
Uma experiência móvel 418
Como ser ajustável, mas de modo exponencial 420
Representando Graficamente o Erro Padrão da Média 422
Probabilidades e Distribuições 425
PROB 425
DIST.WEIBULL 425
Criando Amostras 426
Testando a Independência: A Verdadeira Função
de TESTE.QUIQUA 427
Esoterismo Logarítmico 430
O que é um logaritmo? 430
O que é e? 432

XX Análise Estatística com Excel Para Leigos

DIST.LOGNORMAL.N 435
INV.LOGNORMAL 436
Função matricial: PROJ.LOG 437
Função matricial: CRESCIMENTO 440
Os Registros de Gama 444
Classificando Dados 445
Para Usuários de Mac 446

APÊNDICE A: Quando Sua Planilha é um Banco de Dados . . . 449

Introdução aos Bancos de Dados em Excel 449
O banco de dados Satélites 450
O intervalo de critérios 451
O formato de uma função de banco de dados 452
Contando e Recuperando 454
BDCONTAR e BDCONTARA 454
BDEXTRAIR 455
Aritmética 455
BDMÁX e BDMÍN 455
BDSOMA 456
BDMULTIPL 456
Estatística 456
BDMÉDIA 457
BDVAREST e BDVARP 457
BDEST e BDDESVPA 457
Segundo o Formulário 458
Tabelas Dinâmicas 459

APÊNDICE B: A Análise de Covariância 465

Covariância: Observação Detalhada 465
Por que Analisar a Covariância 466
Como Analisar a Covariância 467
ANCOVA no Excel 468
Método 1: ANOVA 469
Método 2: Regressão 473
Depois da ANCOVA 476
E Mais Uma Coisa 477

ÍNDICE 481

xxii   Análise Estatística com Excel Para Leigos

Introdução

O quê? Mais um livro sobre estatística? Bem... este é um livro sobre estatística, mas em minha humilde (e totalmente influenciada) opinião, não é *apenas* mais um livro sobre estatística.

O quê? Outro livro sobre Excel? Mesma opinião influenciada — não é apenas mais um livro sobre Excel. O quê? Outra edição de um livro que não é apenas mais um livro sobre estatística nem apenas mais um livro sobre Excel? Bem... sim. Você me pegou.

Aqui está a ideia — para as duas edições anteriores e para esta. Muitos livros de estatística ensinam os conceitos, mas não oferecem uma maneira de aplicá-los. Isso geralmente leva a uma falta de entendimento. Com o Excel, você tem um pacote pronto para aplicar os conceitos de estatística.

Observando pelo ponto de vista contrário, muitos livros sobre Excel apresentam as capacidades do programa, mas não falam sobre os conceitos por trás delas. Antes de falar sobre uma ferramenta de estatística do Excel, falarei sobre o fundamento estatístico no qual ela é baseada. Dessa forma, você entenderá a ferramenta ao usá-la — e também poderá usá-la de maneira mais eficaz.

Eu não queria escrever um livro que dissesse apenas "selecione este menu" e "clique neste botão". É claro que isso também é necessário em muitos livros que mostram como usar um pacote de software. Mas meu objetivo é ir muito além disso.

Também não queria escrever um "livro de receitas" estatísticas: Quando se deparar com o problema nº 310, utilize o procedimento estatístico nº 214. Mais uma vez, meu objetivo era ir muito além disso.

Conclusão: Este livro não fala apenas sobre estatística ou apenas sobre Excel — ele fica bem na interseção desses dois assuntos. Enquanto falo sobre estatística, falo sobre todas as características estatísticas do Excel. (Bem, quase todas. Deixei uma de fora. Ela também ficou de fora das duas primeiras edições. Chama-se "Análise Fourier". Toda a matemática necessária para compreendê-la demandaria um livro inteiro, e talvez você nunca use essa ferramenta.)

Sobre Este Livro

Embora estatística envolva uma progressão lógica de conceitos, organizei este livro para que você possa abri-lo em qualquer capítulo e comece a ler. A ideia é que você encontre o que está procurando em um momento de emergência e utilize o conceito imediatamente — seja ele um conceito estatístico ou uma ferramenta do Excel.

Por outro lado, se você quiser ler do início ao fim, não tem problema algum. Se você é novato em estatística e precisa usar o Excel para análise estatística, recomendo que comece pelo começo — mesmo que você conheça muito bem o Excel.

O Que Pode Ser Ignorado com Segurança

Qualquer livro de referência traz um monte de informações e este não é uma exceção. Minha intenção é que ele seja útil, mas nem todos os assuntos foram abordados no mesmo nível. Portanto, se você não quer muitos detalhes, poderá evitar parágrafos marcados com o ícone Papo de Especialista.

De vez em quando, você encontrará uma caixa de texto. Elas fornecem informações que desenvolvem um pouco mais um assunto, mas não fazem parte do caminho principal. Se estiver com pressa, poderá ignorá-las.

Como este livro foi escrito de modo que você possa abri-lo em qualquer parte e começar a usá-lo, instruções passo a passo aparecem em toda parte. Muitos dos procedimentos descritos têm passos em comum. Depois de executar alguns procedimentos, você provavelmente começará a pular os primeiros passos quando chegar a um procedimento que ainda não foi seguido.

Penso que...

Este não é um livro introdutório sobre Excel nem sobre Windows, então, suponho o seguinte:

» Você sabe como trabalhar com o Windows. Não falarei sobre detalhes de como apontar, clicar, selecionar e assim por diante.

» Você tem o Excel instalado em seu Windows (ou no seu Mac) e pode trabalhar com os exemplos. Não falarei sobre os passos de instalação do Excel.

» Você já trabalhou com Excel antes e compreende os fundamentos das planilhas e das fórmulas.

Se você não conhece muito bem o Excel, sugiro que leia o *Excel 2016 For Dummies*, por Greg Harvey (em inglês), e para ter noção dos fundamentos das fórmulas, temos o *Excel Fórmulas e Funções Para Leigos*, por Ken Bluttman (Edição Alta Books).

Como Este Livro Está Organizado

Organizei este livro em cinco partes e quatro apêndices (dois deles são apêndices bônus e podem ser encontrados para download no site da editora — www.altabooks.com.br, digitando o título do livro ou ISBN).

Parte 1: Começando a Análise Estatística Com o Excel

Na Parte 1, faço uma introdução geral à estatística e às capacidades estatísticas do Excel. Discuto conceitos estatísticos importantes e descrevo técnicas úteis. Se já faz muito tempo que você fez um curso de estatística ou se você nunca fez um curso de estatística, comece por aqui. Se você nunca trabalhou com as funções integradas do Excel (quaisquer que sejam), comece por aqui, com certeza.

Parte 2: Descrevendo Dados

Parte da estatística é pegar conjuntos de números e resumi-los de diversas maneiras. Nesta parte, você descobre como fazer isso. Todos conhecemos médias e como calculá-las, mas isso é apenas uma parte da história. Aqui, falarei sobre outros tipos de estatísticas, que preenchem os espaços vazios, e mostrarei como usar o Excel para trabalhar com estas estatísticas. Também apresentarei os gráficos do Excel nesta parte.

Parte 3: Tirando Conclusões a Partir dos Dados

A Parte 3 fala sobre o objetivo principal da análise estatística: Ir além dos dados e ajudar a tomar decisões. Geralmente, os dados são medidas de uma amostra retirada de uma grande população. O objetivo é usar esses dados para descobrir o que está acontecendo com a população.

Isso gera muitas questões: O que é uma média? O que significa a diferença entre duas médias? Os dois assuntos estão associados? Estas são apenas algumas das questões sobre as quais falarei na Parte 3. Também falarei sobre as funções e ferramentas do Excel que irão ajudá-lo a responder essas perguntas.

Parte 4: Probabilidade

A probabilidade é a base da análise estatística e da tomada de decisões. Na Parte 4, falarei sobre probabilidade. Mostrarei como aplicá-la, principalmente na área de modelagem. O Excel oferece um rico conjunto de capacidades integradas que o ajudarão a compreender e aplicar a probabilidade. É aqui que você as encontra.

Parte 5: A Parte dos Dez

A Parte 5 tem duas finalidades. Primeiro, eu tenho a chance de ficar no púlpito e discursar sobre pegadinhas estatísticas e dar dicas úteis. As pegadinhas e dicas somam dez. Além disso, discuto sobre dez (está bem, 13) pontos do Excel que não consegui encaixar em nenhum outro capítulo. Todos eles vêm do mundo da estatística. Se tem a ver com Excel e com estatística, e se você não encontrar em nenhuma outra parte do livro, certamente encontrará aqui.

Como disse nas duas primeiras edições — esta Parte dos Dez é bem útil.

Apêndice A: Quando Sua Planilha É um Banco de Dados

Além de fazer cálculos, o Excel tem outra função: Manter registros. Embora não seja um banco de dados dedicado, o Excel oferece algumas funções de banco de dados. Algumas delas são estatísticas por natureza. Apresento as funções de banco de dados do Excel no Apêndice A, juntamente com as tabelas dinâmicas, que permitem que você vire seu banco de dados do avesso e veja seus dados de maneiras diferentes.

Apêndice B: A Análise de Covariância

A Análise de Covariância (ANCOVA) é uma técnica estatística que combina outras duas técnicas — análise de variação e análise de regressão. Se você conhece a relação entre duas variáveis, pode usar esse conhecimento de maneiras inesperadas, e a análise de covariância é uma delas. A questão é que o Excel não tem uma ferramenta integrada para a ANCOVA, — mas mostrarei como usar o que o Excel oferece para conseguir realizar seu trabalho.

Apêndice Bônus 1: Quando Seus Dados Vivem em Outro Lugar

Este Apêndice é sobre importar dados para o Excel — da web, de bases de dados e de textos.

Apêndice Bônus 2: Dicas para Professores (E Alunos)

O Excel é ótimo para gerenciar, manipular e analisar dados. Também é uma ótima ferramenta para ajudar as pessoas a entender conceitos estatísticos. Este Apêndice aborda algumas maneiras de usar o Excel para fazer exatamente isso.

Além Deste Livro

Os Apêndices Bônus, a Folha de Cola Online e o download do pacote StatPlus Mac Le podem ser encontrados no site da editora, em www.altabooks.com.br (procure pelo título do livro ou pelo ISBN).

Ícones Usados Neste Livro

Como em todos os livros da série *Para Leigos*, os ícones estão em toda parte. Cada um deles traz uma figura na margem que o ajuda a saber algo especial sobre o parágrafo ao lado do qual o ícone está localizado.

Este ícone aponta uma dica ou um atalho que o ajuda a trabalhar e faz com que você seja um ser humano melhor.

Este ícone refere-se à sabedoria eterna, que você deverá levar consigo depois que terminar de ler o livro, pequeno gafanhoto.

Preste atenção neste ícone. É um lembrete para evitar algo que possa atrapalhar seu trabalho.

Como mencionei em "O Que Pode Ser Ignorado Com Segurança", este ícone indica que você pode passar reto se estatística e Excel não são suas paixões.

De Lá para Cá, Daqui para Lá

Você pode começar o livro por onde quiser, mas gostaria de dar algumas dicas. Quer aprender os fundamentos da estatística? Vire a página. Quer conhecer os recursos estatísticos do Excel? Capítulo 2. Quer começar pelos gráficos? Capítulo 3. Para qualquer outro assunto, consulte o Sumário ou o Índice e vá em frente.

1
Começando a Análise Estatística com Excel

NESTA PARTE . . .

Descubra as capacidades estatísticas do Excel

Explore como trabalhar com populações e amostras

Teste suas hipóteses

Entenda os erros em tomadas de decisão

Determine variáveis independentes e dependentes

> **NESTE CAPÍTULO**
>
> **Introduzindo os conceitos estatísticos**
>
> **Generalizando a partir de amostras a populações**
>
> **Conhecendo a probabilidade**
>
> **Tomando decisões**
>
> **Novos e antigos recursos no Excel 2013**
>
> **Compreendendo importantes fundamentos do Excel**

Capítulo 1

Avaliando Dados no Mundo Real

O campo da estatística está intimamente relacionado à tomada de decisões — tomada de decisões com base em grupos de números. Os estatísticos fazem perguntas o tempo todo: O que os números nos dizem? Quais são as tendências? Quais previsões podemos fazer? A que conclusões podemos chegar?

Para responder a essas perguntas, os estatísticos desenvolveram um conjunto impressionante de ferramentas analíticas. Essas ferramentas nos ajudam a entender as montanhas de dados que nos aguardam e também a compreender os números que geramos durante nosso próprio trabalho.

As Noções Estatísticas (e Relacionadas) Que Você Precisa Conhecer

Como o cálculo intensivo geralmente faz parte das ferramentas usadas pelo estatístico, muitas pessoas têm a ideia errada de que estatística é apenas o processamento de números. Entretanto, o processamento numérico é apenas uma pequena parte do caminho para decisões racionais.

Ao lidar com a carga de processamento numérico, os programas aumentam nossa velocidade por esse caminho. Alguns pacotes de software são especializados em análise estatística e possuem muitas das ferramentas usadas pelos estatísticos. Embora não seja comercializado especificamente como um pacote estatístico, o Excel oferece muitas dessas ferramentas, por isso, escrevi este livro.

Eu disse que o processamento numérico é uma pequena parte do caminho para decisões racionais. A parte mais importante são os conceitos com os quais os estatísticos trabalham, e é sobre eles que falarei no restante deste capítulo.

Amostras e Populações

Em uma noite de eleição, os comentaristas de TV geralmente preveem o resultado das eleições antes do encerramento da votação. Na maioria das vezes, eles acertam. Como fazem isso?

O truque é entrevistar uma amostra de eleitores logo após a votação. Supondo que os eleitores digam a verdade sobre seu voto e supondo que a amostra realmente represente a população, os analistas de rede utilizam os dados de amostra para generalizar a população de eleitores.

Este é o trabalho de um estatístico — usar o que foi descoberto em uma amostra e tomar uma decisão sobre a população da qual saiu a amostra. Mas, às vezes, essas decisões não são iguais ao que os números previram. Os fãs de história provavelmente conhecem a memorável imagem do presidente Harry Truman segurando uma cópia do Chicago Daily Tribune com a famosa, porém errada, manchete: "Dewey derrota Truman" após as eleições de 1948. Parte do trabalho de um estatístico é expressar quanta confiança ele tem em sua decisão.

Outro exemplo relacionado a eleições refere-se à ideia da confiança na decisão. As pesquisas de pré-eleição (novamente supondo uma amostra que represente os eleitores) informam a porcentagem de eleitores pesquisados que preferem cada candidato. A organização da pesquisa acrescenta a precisão de sua pesquisa. Quando você ouve um jornalista dizendo "com margem de erro de três por cento", está ouvindo um julgamento sobre a confiança.

Mais um exemplo. Suponha que você seja o responsável por determinar a média de velocidade de leitura de todas as crianças do sexto ano dos Estados Unidos, mas não tem tempo nem dinheiro para testar todas elas. O que você faria?

A melhor aposta é pegar uma amostra de alunos de sexto ano, medir sua velocidade de leitura (em palavras por minuto) e calcular a média da velocidade de leitura da amostra. Você pode, então, usar a média da amostra como uma estimativa da média da população.

Estimar a média da população é um tipo de *inferência* que os estatísticos usam com dados de amostra. Falarei com mais detalhes sobre inferência na seção "Estatística Inferencial: Testando Hipóteses".

LEMBRE-SE

Alguns termos que você deve conhecer: As características de uma população (como a média da população) são chamadas de *parâmetros*, e as características de uma amostra (como a média da amostra) são chamadas de *estatísticas*. Ao restringir seu campo de visão às amostras, suas estatísticas tornam-se *descritivas*. Quando você amplia seus horizontes e passa a se preocupar com as populações, suas estatísticas são *inferenciais*.

LEMBRE-SE

Uma convenção de notação que você deve conhecer: Os estatísticos usam letras gregas (μ, σ, ρ) para representar parâmetros, e letras de nosso alfabeto ($\overline{X}$, s, r) para representar estatísticas. A Figura 1-1 resume a relação entre populações e amostras e entre parâmetros e estatísticas.

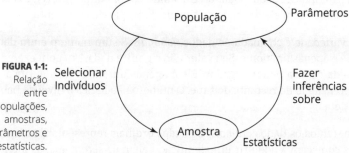

FIGURA 1-1: Relação entre populações, amostras, parâmetros e estatísticas.

Variáveis: Dependentes e independentes

Para simplificar, uma *variável* é algo que pode aceitar mais de um valor. (Algo que só pode ter um valor é chamado de *constante*.) Algumas variáveis com as quais você deve estar familiarizado são a temperatura do dia, o índice BOVESPA, sua idade e o valor do dólar.

Os estatísticos se preocupam com dois tipos de variáveis, *independentes* e *dependentes*. Cada tipo de variável surge em qualquer estudo ou experimento, e os estatísticos avaliam a relação entre elas.

Por exemplo, imagine uma nova maneira de ensinar a ler, que tem a intenção de aumentar a velocidade de leitura de alunos do sexto ano. Antes de colocar esse novo método nas escolas, seria uma boa ideia testá-lo. Para fazer isso, um pesquisador colocaria uma amostra de alunos do sexto ano, de maneira aleatória, em dois grupos: Um grupo é ensinado com o novo método, e o outro é ensinado por métodos tradicionais. Antes e depois de os dois grupos receberem as instruções, o pesquisador mede a velocidade de leitura de todas as crianças que participam do estudo. O que acontece a seguir? Falarei sobre isso na seção intitulada "Estatísticas Inferenciais: Testando Hipóteses".

Por enquanto, entenda que a variável independente aqui é o Método de Ensino. Os dois valores possíveis dessa variável são Novo e Tradicional. A variável dependente é a velocidade de leitura — que poderia ser medida em palavras por minuto.

Em geral, a ideia é tentar descobrir se as mudanças na variável independente estão associadas com as mudanças na variável dependente.

Nos exemplos que aparecem no livro, mostrarei como usar o Excel para calcular diversas características de grupos de pontuações. Tenha em mente que sempre que mostrar um grupo de pontuações, estou falando sobre os valores de uma variável dependente.

Tipos de dados

Existem quatro tipos de dados. Quando trabalhamos com uma variável, o modo como trabalhamos com ela depende do tipo de dado que ela representa.

A primeira variedade é chamada de dados *nominais*. Se um número é um dado nominal, ele é apenas um nome. Seu valor não significa nada. Um bom exemplo é o número da camisa de um jogador. Ele é apenas um modo de identificar o atleta e diferenciá-lo do restante do time. O número não indica o nível de habilidade do atleta.

Em seguida, temos os dados *ordinais*. Os dados ordinais representam ordem, e os números começam a adquirir um significado além de serem apenas identificadores. Um número maior indica a presença em maior quantidade de determinado atributo do que um número menor. Um exemplo é a Escala de Moh. Utilizada desde 1822, é uma escala cujos valores estão entre 1 e 10. Os mineralogistas utilizam essa escala para classificar a dureza das substâncias. O diamante, classificado como 10, é o mais duro. O talco, classificado como 1, é o mais mole. Uma substância com determinada classificação pode arranhar qualquer substância que tenha uma classificação inferior.

O que falta na Escala de Moh (e em todos os dados ordinais) é a ideia de intervalos iguais e diferenças iguais. A diferença entre uma dureza de 10 e uma dureza de 8 não é a mesma que a diferença entre uma dureza de 6 e uma dureza de 4.

Os dados *intervalados* fornecem diferenças iguais. As temperaturas em Fahrenheit são um exemplo de dados intervalados. A diferença entre 60 graus e 70 graus é a mesma que entre 80 graus e 90 graus.

Eis algo que poderá surpreendê-lo com relação às temperaturas em Fahrenheit: Uma temperatura de 100 graus não é o dobro de uma temperatura de 50 graus. Para que as relações (duas vezes, metade) sejam válidas, é preciso que zero signifique ausência absoluta do atributo que se está medindo. Uma temperatura de 0 grau Fahrenheit não significa ausência de calor — é apenas um ponto qualquer na escala Fahrenheit.

O último tipo de dado, os dados *relacionais*, inclui um ponto zero significativo. No caso das temperaturas, a escala de Kelvin nos fornece dados relacionais. Cem graus Kelvin é duas vezes mais quente do que 50 graus Kelvin. Isso porque o ponto zero da escala Kelvin é o *zero absoluto*, onde toda movimentação molecular (a base do calor) para. Outro exemplo é uma régua. Oito centímetros é o dobro de quatro centímetros. O comprimento zero significa ausência total de comprimento.

LEMBRE-SE

Qualquer um desses tipos pode ser a base de uma variável independente ou de uma variável dependente. As ferramentas analíticas utilizadas dependem do tipo de dados com o qual você está lidando.

Uma pequena probabilidade

Quando os estatísticos tomam decisões, eles expressam sua confiança nessas decisões em termos de probabilidade. Eles nunca podem ter certeza sobre o que decidem. Eles só podem informar quão prováveis são suas conclusões.

Então, o que é probabilidade? A melhor maneira de falar sobre isso é utilizando alguns exemplos. Se você jogar uma moeda para cima, qual a probabilidade de conseguir tirar cara? Intuitivamente, você sabe que, se a moeda for honesta, existe uma chance de 50% para cara e 50% para coroa. Em termos de tipos de números associados à probabilidade, ela é de ½.

E com um dado? Qual a probabilidade de obter um 3? Hmmm... um dado tem seis faces e uma delas é o 3, portanto, deve ser ⅙, certo? Certo.

Mais um. Você tem um baralho comum. Selecione uma carta aleatória. Qual a probabilidade de a carta ser de paus? Bem, um baralho tem quatro naipes, então a resposta é ¼.

Acho que você está entendendo. Se você quiser saber a probabilidade de algo acontecer, descubra de quantas maneiras esse evento pode acontecer e divida pelo número total de eventos que podem acontecer. Em cada um dos três exemplos, o evento no qual estávamos interessados (cara, 3 e paus) só pode acontecer de uma maneira.

As coisas podem ficar um pouco complicadas. Quando você joga um dado, qual a probabilidade de obter 3 ou 4? Agora, estamos falando de duas maneiras em que pode acontecer um evento. Portanto, temos $(1+1)/6 = \frac{2}{6} = \frac{1}{3}$. E qual a probabilidade de obter um número par? O número precisa ser 2, 4 ou 6, portanto, a probabilidade é $(1+1+1)/6 = \frac{3}{6} = \frac{1}{2}$.

Passemos a mais um problema de probabilidade. Suponha que você role um dado e jogue uma moeda ao mesmo tempo. Qual a probabilidade de obter o número 3 e a moeda dar cara? Considere todos os acontecimentos possíveis, que podem ocorrer quando você joga um dado e uma moeda ao mesmo tempo. Seu resultado seria uma cara e 1–6, ou coroa e 1–6. Isso é um total de 12 possibilidades. A combinação cara e 3 só pode acontecer de uma maneira. Portanto, a resposta é $\frac{1}{12}$.

Em geral, a fórmula da probabilidade de um acontecimento é

$$\text{Pr.(evento)} = \frac{\text{Número de maneiras que o evento pode ocorrer}}{\text{Número total de eventos possíveis}}$$

Comecei esta seção dizendo que os estatísticos expressam sua confiança com relação às suas decisões em termos de probabilidade, que é o motivo pelo qual comecei a falar sobre este assunto. Essa linha de pensamento nos leva à probabilidade *condicional* — a probabilidade que um evento aconteça desde que outro evento ocorra. Por exemplo, suponha que eu jogue um dado, dê uma olhada (sem que você possa ver) e digo que tirei um número par. Qual a probabilidade de ter conseguido um 2? Geralmente, a probabilidade de tirar 2 é $\frac{1}{6}$, mas eu diminuí o campo. Eu eliminei os três números ímpares (1, 3 e 5) como possibilidades. Neste caso, apenas os três números pares (2, 4 e 6) são possíveis, portanto a probabilidade de tirar 2 passa a ser $\frac{1}{3}$.

Como, exatamente, a probabilidade condicional funciona na análise estatística? Continue lendo.

Estatística Inferencial: Testando Hipóteses

Antes de fazer um estudo, um estatístico cria uma explicação temporária — uma *hipótese* — para o motivo pelo qual os dados podem ter determinado resultado. Depois que o estudo está completo e os dados de amostra estão todos tabulados, o estatístico enfrenta a decisão que precisa ser tomada — rejeitar ou não a hipótese.

Essa decisão está atrelada a uma questão condicional de probabilidade — qual é a probabilidade de se obter os dados desde que a hipótese esteja correta? A análise estatística oferece as ferramentas para calcular a probabilidade. Se a probabilidade for baixa, o estatístico rejeita a hipótese.

Eis um exemplo. Suponha que você esteja interessado em saber se uma moeda é ou não é honesta — se ela tem chances iguais de cair com a cara ou com a coroa virada para cima. Para estudar esse caso, você pegaria a moeda e a jogaria para cima algumas vezes — digamos cem vezes. Essas cem vezes compõem seus dados de amostra. Partindo da hipótese de que a moeda seja verdadeira, você poderia esperar que os dados de sua amostra de cem jogadas resultassem em 50 caras e 50 coroas.

Se o resultado for 99 caras e 1 coroa, você, sem dúvida, rejeitará a hipótese da moeda honesta. Por quê? A probabilidade condicional de obter 99 caras e 1 coroa com uma moeda honesta é muito baixa. Espere um pouco. A moeda poderia ser honesta e aconteceu de você obter 99 caras e 1 cora, certo? Claro. Na verdade, não há como saber. Você precisa reunir os dados de amostra (os resultados das cem jogadas) e tomar uma decisão. Sua decisão pode estar certa ou não.

Os júris enfrentam esse mesmo problema o tempo todo. Eles precisam decidir entre hipóteses concorrentes, que explicam as provas de um julgamento. (Pense nas provas como dados.) Uma hipótese é a de que o réu seja culpado. A outra é de que o réu seja inocente. Os membros do júri precisam analisar as provas e, efetivamente, responder a uma pergunta de probabilidade condicional: Qual é a probabilidade de as provas apresentadas mostrarem que o réu é inocente? A resposta a essa pergunta determina o veredito.

Hipóteses nulas e alternativas

Considere novamente o estudo da moeda que acabei de discutir. Os dados de amostra são os resultados das cem jogadas. Antes de jogar a moeda, você deve começar com a hipótese de que a moeda é honesta, portanto você espera um número igual de caras e coroas. Esse ponto de partida se chama *hipótese nula*. A abreviação estatística para a hipótese nula é H_0. De acordo com essa hipótese, qualquer divisão de caras e coroas nos dados é consistente com uma moeda honesta. Pense nela como a ideia de que nenhum resultado do estudo está fora do comum.

Uma hipótese alternativa também é possível — a moeda não seja verdadeira e seja manipulada para gerar um número desigual de caras e coroas. Essa hipótese diz que qualquer divisão entre caras e coroas é consistente com uma moeda desonesta. A hipótese alternativa é chamada, acredite se quiser, de *hipótese alternativa*. A abreviação estatística para a hipótese alternativa é H_1.

Munido das hipóteses, jogue a moeda 100 vezes e anote o número de caras e coroas. Se os resultados forem algo como 90 caras e 10 coroas, é uma boa ideia rejeitar a H_0. Se os resultados forem mais próximos de 50 caras e 50 coroas, não rejeite H_0.

Ideias similares aplicam-se ao exemplo da velocidade de leitura que foi dado anteriormente. Uma amostra de crianças recebe instruções de leitura por meio de um novo método criado para aumentar a velocidade de leitura, a outra amostra aprende através do método tradicional. Meça a velocidade de leitura das crianças antes e depois da instrução e tabule a evolução de cada criança. A hipótese nula, H_0, é que um método não é diferente do outro. Se a evolução é maior com o novo método do que com o método tradicional — muito maior a ponto de que seja improvável que os métodos não sejam diferentes entre si — rejeite H_0. Caso contrário, não rejeite H_0.

LEMBRE-SE

Note que eu *não* disse "aceite H_0". No modo como a lógica funciona, você *nunca* aceita uma hipótese. Você pode ou não rejeitar H_0.

Aqui está um exemplo real para ajudá-lo a entender esta ideia. Quando um réu vai a julgamento, ele ou ela é inocente até que se prove o contrário. Pense em "inocente" como H_0. O trabalho do promotor é convencer o juri a rejeitar H_0. Se os jurados rejeitarem, o veredito é "culpado". Se não rejeitarem, o veredito é "não culpado". O veredito nunca é "inocente". Isso seria aceitar H_0.

De volta ao exemplo da moeda. Lembre-se de que eu disse "cerca de 50 caras e 50 coroas" é o que você esperaria de 100 arremessos de uma moeda honesta. O que "cerca" significa? Além disso, eu disse que se a proporção for de 90–10, rejeite H_0. E se a proporção for de 85–15? 80–20? 70–30? Quanto a divisão deve ser diferente de 50–50 para que você rejeite H_0? No exemplo da velocidade de leitura, quão maior deve ser a evolução para que você rejeite H_0?

Não responderei a essas perguntas agora. Os estatísticos formularam regras de decisão para situações como essa, e exploraremos essas regras no decorrer do livro.

Dois tipos de erro

Sempre que você avalia os dados de um estudo e decide ou não rejeitar H_0, não tem como ter certeza absoluta. Não dá para saber qual é o verdadeiro estado do mundo. No contexto do exemplo da moeda, isso significa que não há como saber ao certo se a moeda é honesta ou não. Você só pode tomar uma decisão com base na amostra de dados coletada. Se você quisesse ter certeza com relação à moeda, precisaria ter os dados de toda a população — o que significa que você teria que jogar a moeda para sempre.

Como não é possível ter certeza das decisões, é possível cometer um erro, não importa o que seja decidido. Como mencionei antes, a moeda poderia ser verdadeira e aconteceu de você obter 99 caras em 100 jogadas. Isso não é provável, por isso você rejeita H_0. Também é possível que a moeda seja viciada e, mesmo assim, você obtenha 50 caras em 100 jogadas. Novamente, isso não é provável e você não rejeitaria H_0 nesse caso.

Embora não sejam prováveis, esses erros são possíveis. Eles se escondem em cada estudo que envolva estatística inferencial. Os estatísticos os chamam de *Tipo I* e *Tipo II*.

Ao rejeitar a H_0 quando não deveria rejeitá-la, você tem um erro Tipo I. No exemplo da moeda, o erro seria rejeitar a hipótese de que a moeda é honesta quando, na realidade, a moeda é honesta.

Ao não rejeitar a H_0 quando deveria ser rejeitada, você tem um erro Tipo II. Ele acontece se você não rejeita a hipótese de que a moeda é honesta e, na verdade, ela é viciada.

Como saber se você cometeu um dos dois tipos de erro? Não há como saber — pelo menos não logo depois que você tomou a decisão de rejeitar ou não a H_0. (Se fosse possível saber, você não cometeria o erro!) Sua única saída é reunir mais dados e verificar se os dados adicionais são consistentes com sua decisão.

Se você pensar na H_0 como uma tendência para manter o *status quo* e não interpretar nada como fora do comum (não importa a aparência), um erro Tipo II significa que você deixou passar algo importante. Observando dessa maneira, os erros Tipo II formam a base de muitas ironias históricas.

Quero dizer o seguinte: Nos anos 1950, um programa específico de TV oferecia alguns minutos para que jovens e talentosos apresentadores se apresentassem em um palco e tivessem a chance de competir por um prêmio. Os espectadores votavam para determinar o vencedor. Os produtores faziam testes em todo o país para encontrar pessoas para o programa. Muitos anos depois que o programa saiu do ar, o produtor foi entrevistado. O entrevistador perguntou se ele havia recusado alguém que não devia ser recusado em um teste.

"Bem", disse o produtor, "uma vez, um jovem cantor fez um teste e ele parecia ser bem esquisito."

"Esquisito como?", perguntou o entrevistador.

"De algumas maneiras", disse o produtor. "Ele cantava muito alto, girava o corpo e as pernas quando tocava o violão e tinha costeletas muito longas. Achamos que aquele garoto nunca chegaria ao *show business*, então, agradecemos sua presença e o mandamos de volta para casa."

"Espere um pouco, está me dizendo que você rejeitou..."

"Isso mesmo. Nós dissemos 'não'... a Elvis Presley!"

Isso sim é um erro Tipo II.

O Que Há de Novo no Excel 2013?

A primeira coisa que chama a atenção na última versão do Excel é a interface. Um componente importante do Windows 8, a nova interface lhe apresenta mosaicos clicáveis que se conectam a capacidades importantes. A Microsoft criou este novo visual para acompanhar o ritmo dos desenvolvimentos no mundo dos computadores tablet. Os mosaicos são alvos fáceis para toques e gestos, o que traduz bem a partir de tablets até touchpads e mouses. A Figura 1-2 mostra o estilo do Excel com o Novo selecionado na coluna à esquerda.

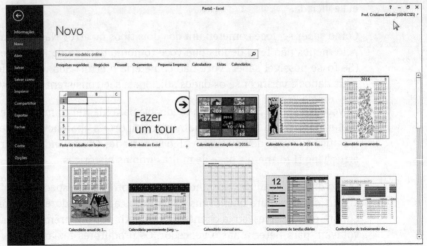

FIGURA 1-2: A nova interface do Excel 2013.

Algumas versões atrás, a Microsoft mudou a interface de usuário do Office. Em vez de barras de menus, o Office 2007 apresentava uma faixa de opções chamada de *Faixa de Opções*. Isso continuou no Office 2010 e é uma característica principal do Office 2013. No Excel 2013, a Faixa de Opções passou por uma pequena plástica. A Figura 1-3 mostra a aparência da Faixa de Opções do Excel 2013 após clicar na guia Inserir.

FIGURA 1-3: A guia Inserir na Faixa de Opções no Excel 2013.

A guia Inserir mostra uma nova característica empolgante no Excel chamada de Power View. Essa característica permite algumas maneiras geniais de visualizar seus dados. Discuto o Power View no Capítulo 3.

Cada guia da Faixa de Opções apresenta grupos de botões de comando separados em Categorias. Quadros de ajuda surgem quando você descansa o ponteiro do mouse sobre os ícones, oferecendo mais informações quando você tenta descobrir qual a funcionalidade de determinado botão.

Ao clicar em um botão, você geralmente abre uma categoria de possibilidades. Os botões que fazem isso são chamados de *botões de categoria*.

A Microsoft desenvolveu uma abreviação para descrever o clique do mouse sobre um botão de comando da Faixa de Opções, e eu usarei essas abreviações neste livro. A abreviação é

Guia | Botão de Comando

Para indicar que preciso que você clique no botão de categoria Gráficos Recomendados da guia Inserir, por exemplo, escreverei

Inserir | Gráficos Recomendados

Ao clicar sobre este botão (com algumas células contendo dados selecionadas), é exibida a caixa de diálogo Inserir Gráficos ilustrada na Figura 1-4. (A propósito, Gráficos Recomendados é novo no Excel 2013.)

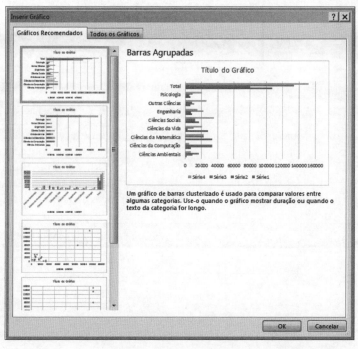

FIGURA 1-4: Clicar em INSERIR | Gráficos Recomendados abre esta caixa.

CAPÍTULO 1 **Avaliando Dados no Mundo Real** 19

Note que a guia Gráficos Recomendados está aberta. Clicando na guia Todos os Gráficos muda a caixa de diálogo para o que você vê na Figura 1-5, uma galeria de todos os gráficos possíveis do Excel.

Para análises estatísticas, você encontra a maior parte das novas funcionalidades do Excel selecionando

Fórmulas | Mais Funções | Estatística

Esta é uma extensão da abreviação. Isso significa "Selecione a guia Fórmulas, então clique no botão Mais Funções e depois selecione a opção Funções Estatísticas do menu que se abre". A Figura 1-6 mostra o que eu quero dizer com isso. Muitas das funções no menu adaptam-se à notação que a Microsoft usa agora para suas funções no Excel. Eu descrevo essas funções nos capítulos que se seguem.

No Capítulo 2, mostrarei como fazer com que o menu de Funções Estatísticas seja acessado com mais facilidade.

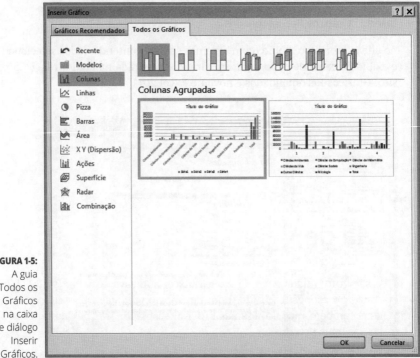

FIGURA 1-5: A guia Todos os Gráficos na caixa de diálogo Inserir Gráficos.

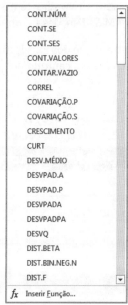

FIGURA 1-6: O menu de Funções Estatísticas.

Falando em funções Estatísticas, o Excel 2013 tem algumas novas: DISTOR-ÇÃO.P (eu trato dessa no Capítulo 7), GAUSS (Capítulo 8), PHI (Capítulo 8), INTERV.DISTR.BINOM (Capítulo 16), PERMUTAS (Capítulo 16), GAMA (Capítulo 17) e LNGAMA.PRECISO (Capítulo 20).

Você também gostará da Análise Rápida, uma nova capacidade que permite que você selecione um conjunto de células cheios de dados, clique em um ícone e abra uma variedade de possibilidades para resumir e visualizar sua seleção. Você pode até conseguir uma pré-visualização do que cada possibilidade se parece antes de selecioná-la. O Capítulo 7 lhe dá mais detalhes.

O Que Há de Velho no Excel 2013?

A versão 2010 mudou a maneira que o Excel nomeava suas funções. O objetivo era tornar o propósito da função o mais óbvio possível a partir de seu nome. O Excel também mudou algumas programações por trás dessas funções para torná-las mais precisas.

O Excel 2013 continua com esse estilo de nomeação e mantém as funções estatísticas mais antigas (pré-2010) para compatibilidade com versões antigas do Excel. Então, se você está criando uma planilha para usuários dos Excels mais antigos, use as funções mais velhas.

Você não as encontrará no menu Funções Estatísticas. Elas têm seu próprio menu. Para encontrá-lo, selecione Fórmulas | Mais Funções | Compatibilidade.

Eu forneço a Tabela 1-1 para ajudá-lo em sua transição dos Excels mais antigos. A tabela lista as funções velhas, suas substituições e o capítulo no qual discuto a nova função.

TABELA 1-1 **Funções Estatísticas Mais Velhas do Excel, Suas Substituições e o Capítulo que Trata da Nova Função**

Função Antiga	Função Nova	Capítulo
DISTBETA	DIST.BETA	17
BETA.ACUM.INV	INV.BETA	17
DISTRBINOM	DISTR.BINOM	16
CRIT.BINOM	INV.BINOM	16
DIST.QUI	DIST.QUIQUA.CD	10
INV.QUI	INV.QUIQUA.CD	10
TESTE.QUI	TESTE.QUIQUA	18, 20
INT.CONFIANÇA	INT.CONFIANÇA.NORM	9
COVAR	COVARIAÇÃO.P	15
DISTEXPON	DISTR.EXPON	17
DISTF	DIST.F.CD	11
INVF	INV.F.CD	11
TESTEF	TESTE.F	11
DISTGAMA	DIST.GAMA	17
INVGAMA	INV.GAMA	17
DIST.HIPERGEOM	DIST.HIPERGEOM.N	16
DIST.LOGNORMAL	DIST.LOGNORMAL.N	20
INVLOG	INV.LOGNORMAL	20
MODO	MODO.ÚNICO	4
DIST.BIN.NEG	DIST.BIN.NEG.N	16
DISTNORM	DIST.NORM.N	8
INV.NORM	INV.NORM.N	8

22 PARTE 1 **Começando a Análise Estatística com Excel**

Função Antiga	Função Nova	Capítulo
DISTNORMP	DIST.NORMP.N	8
INV.NORMP	INV.NORMP.N	8
PERCENTIL	PERCENTIL.INC	6
ORDEM.PORCENTUAL	ORDEM.PORCENTUAL.INC	6
POISSON	DIST.POISSON	17
QUARTIL	QUARTIL.INC	6
ORDEM	ORDEM.EQ	6
DESVPADP	DESVPAD.P	5
DESVPAD.N	DESVPAD.A	5
DISTT	DIST.T.BC	10
DISTT	DIST.T.CD	10
INVT	INV.T.BC	9
TESTET	TESTE.T	11
VARP	VAR.P	5
VARA	VAR.A	5
WEIBULL	DIST.WEIBULL	20
TESTEZ	TESTE.Z	10

Conhecendo os Fundamentos

Embora eu esteja supondo que você não é um novato em Excel, acho bom tomar um pouco de seu tempo para discutir alguns fundamentos do Excel que aparecem com frequência no trabalho com estatísticas. Conhecer esses fundamentos ajudará você a trabalhar de modo eficiente com as fórmulas do Excel.

Células com preenchimento automático

O primeiro fundamento é o preenchimento automático, a capacidade que o Excel tem de repetir o cálculo em uma planilha. Insira uma fórmula em uma célula e você poderá arrastar esta fórmula para as células vizinhas.

CAPÍTULO 1 **Avaliando Dados no Mundo Real** 23

A Figura 1-7 é uma planilha de gastos para P&D em ciência e engenharia em faculdades e universidades para os anos exibidos. Os dados, retirados de um relatório da U.S. National Science Foundation, estão em milhões de dólares. A Coluna H mostra o total de cada campo, e a Linha 11 mostra o total para cada ano. (Falarei sobre a Coluna I em instantes.)

	A	B	C	D	E	F	G	H	I	J	K	L	M	N
1			Field	1990	1995	2000	2001	Total	Proportion					
2			Physical Sciences	1807	2254	2708	2800	9569						
3			Environmental Sciences	1069	1433	1763	1827	6092						
4			Mathematical Sciences	222	279	341	357	1199						
5			Computer Sciences	515	682	875	954	3026						
6			Life Sciences	8726	12185	17460	19189	57560						
7			Psychology	253	370	516	582	1721						
8			Social Sciences	703	1018	1297	1436	4454						
9			Other Sciences	336	426	534	579	1875						
10			Engineering	2656	3515	4547	4999	15717						
11			Total	16287	22162	30041	32723	101213						

FIGURA 1-7:
Gastos em P&D em ciência e engenharia.

Comecei com uma Coluna H em branco e com a linha 11 em branco. Como cheguei aos totais da coluna H e da linha 11?

Se eu quiser criar uma fórmula para calcular o total da primeira linha (para Ciências Físicas), uma maneira (dentre muitas) é digitar

```
= D2 + E2 + F2 + G2
```

na célula H2. (Uma fórmula sempre começa com "=".) Pressione Enter e o total será mostrado na célula H2.

Agora, para colocar essa fórmula nas células H3 a H10, o truque é posicionar o cursor no canto inferior direito da célula H2 até que um sinal "+" apareça, segurar o botão esquerdo do mouse pressionado e arrastar o mouse pelas células desejadas. Este "+" é chamado de alça de preenchimento de célula.

Quando terminar de arrastar, solte o botão do mouse e os totais das linhas serão exibidos. Esse procedimento economiza muito tempo, pois você não precisa digitar a mesma fórmula oito vezes.

O mesmo acontece com os totais das colunas. Uma maneira de criar a fórmula que soma os números da primeira coluna (1990) é digitar

```
=D2 + D3 + D4 + D5 + D6 + D7 + D8 + D9 + D10
```

24   PARTE 1 **Começando a Análise Estatística com Excel**

na célula D11. Posicione o cursor na alça de preenchimento de D11, arraste pela linha 11 e solte na coluna H. Os totais serão preenchidos automaticamente de E11 a H11.

Arrastar não é a única maneira de fazer isso. Outra maneira é selecionar o grupo de células que você deseja preencher automaticamente (inclusive aquela que contém a fórmula), e clicar em

```
Início | Preencher
```

Onde está Preencher? Na guia Início, na área de Edição, você vê uma flecha para baixo. Isso é o Preencher. Clicar em Preencher abre o menu suspenso Preencher (veja a Figura 1-8). Selecione Para Baixo e você obterá o mesmo resultado de arrastar e soltar.

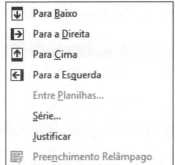

FIGURA 1-8: O menu suspenso Preencher.

Outra maneira é selecionar Série no menu suspenso Preencher. Ao fazer isso, você abre a caixa de diálogo Série (veja a Figura 1-9). Nessa caixa de diálogo, clique no botão AutoPreenchimento, clique em OK e pronto. Essa ação requer mais um passo, mas a caixa de diálogo Série é um pouco mais compatível com as versões anteriores do Excel.

FIGURA 1-9: A caixa de diálogo Série.

CAPÍTULO 1 **Avaliando Dados no Mundo Real** 25

Falei sobre isso porque a análise estatística geralmente envolve a repetição de fórmulas nas células. As fórmulas geralmente são mais complexas do que as apresentadas nesta seção, e você pode precisar repeti-las muitas vezes. Portanto, é bom saber como funciona o preenchimento automático.

Uma maneira rápida de autopreenchimento é clicar na primeira célula na série, mover o cursos até o canto inferior direito dessa célula, até que a alça de autopreenchimento apareça e clicar duas vezes. Isso funciona tanto no PC quanto no Mac.

Referenciando células

O segundo fundamento importante é a maneira como o Excel referencia as células de uma planilha. Considere novamente a planilha da Figura 1-6. Cada fórmula preenchida automaticamente é um pouco diferente da original. Lembre-se, esta é a fórmula da célula H2:

```
= D2 + E2 + F2 + G2
```

Depois do preenchimento automático, a fórmula em H3 é

```
= D3 + E3 + F3 + G3
```

E a fórmula para H4 é... bem, você entendeu.

Isso é totalmente apropriado. Você quer o total de cada linha, então, o Excel ajusta a fórmula de modo a inserir automaticamente os valores em cada célula. Isso se chama *referência relativa* — a referência (a legenda da célula) é ajustada com relação à sua posição na planilha. Aqui, a fórmula orienta o Excel a somar os números nas células das quatro colunas imediatamente à esquerda.

Agora, outra possibilidade. Suponha que você queira saber a proporção do total de cada linha com relação ao total geral (o número em H11). Isso deve ser bastante fácil, não é? Crie uma fórmula para I2, em seguida, preencha automaticamente as células I3 a I10.

De modo similar ao exemplo anterior, comece digitando a seguinte fórmula em I2:

```
=H2/H11
```

Pressione Enter e a proporção será exibida em I2. Posicione o cursor na alça de preenchimento, arraste pela coluna I, solte em I10 e... Oh! A Figura 1-10 mostra o resultado infeliz — o horrível #/DIV0! nas células I3 a I10. O que aconteceu?

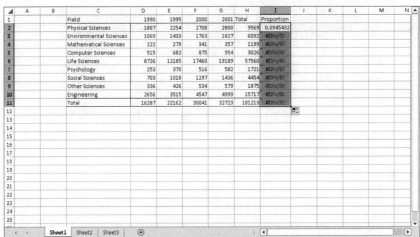

FIGURA 1-10: Opa! Preenchimento automático incorreto!

Aconteceu o seguinte: A menos que você diga para não fazer, o Excel utiliza a referência relativa quando você faz o preenchimento automático. Portanto, a fórmula inserida em I3 não é

```
=H3/H11
```

Em vez disso, ela é

```
=H3/H12
```

Por que H11 passa a ser H12? A referência relativa supõe que a média da fórmula significa divida o número da célula pelo número que estiver nove células abaixo dela na mesma coluna. Como H12 não tem nada, a fórmula pede que o Excel faça a divisão por zero, o que é impossível.

A ideia é dizer ao Excel que ele divida todos os números pelo número que consta em H11, não pelo número que aparece nove células abaixo. Para fazer isso, trabalhamos com a *referência absoluta*. Demonstramos a referência absoluta acrescentando sinais de $ à ID da célula. A fórmula correta para I2 é

```
=H2/$H$11
```

Essa fórmula informa ao Excel para não ajustar a coluna e nem ajustar a linha ao efetuar o preenchimento automático. A Figura 1-11 mostra a planilha com as proporções e você pode ver a fórmula correta na barra de fórmula (uma área acima da planilha e abaixo da Faixa de Opções).

CAPÍTULO 1 **Avaliando Dados no Mundo Real** 27

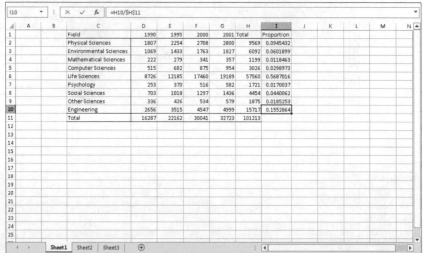

FIGURA 1-11: Preenchimento automático com base na referência absoluta.

DICA

Para transformar uma referência relativa em referência absoluta, selecione o endereço (ou os endereços) da(s) célula(s) que deseja converter e pressione a tecla F4. O F4 é uma chave que alterna entre referência relativa (H11, por exemplo), referência absoluta para linha e coluna no endereço ($H$11), referência absoluta apenas para a linha (H$11) e referência absoluta apenas para a coluna ($H11).

No Excel para Mac, alterne uma referência relativa para uma referência absoluta clicando em

Formulas (Fórmulas) | Switch Reference (Trocar Referência)

O Que Há De Novo Nesta Edição?

A nova característica mais proeminente nesta edição é a cobertura do Excel 2011 para Mac (as imagens referentes ao Mac estão em inglês, a tradução das funções está no texto corrido). Quando eu escrevo sobre o Mac, eu uso os mesmos atalhos para guias, botões e seleções de menu que mencionei anteriormente.

A Figura 1-12 mostra o menu de fórmulas Estatísticas no Excel 2011 para o Mac. Para abri-lo, clique em

Formulas (Fórmulas) | Insert (Inserir) | Statistical (Estatística)

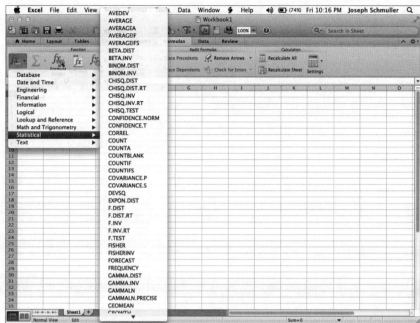

FIGURA 1-12: O menu de Fórmulas Estatísticas no Excel 2011 para o Mac.

O Excel 2011 para o Mac tem muitas (mas não todas) as características estatísticas da versão para PC. A característica faltante mais notável é o Analysis Toolpak (Ferramenta de Análises), uma adição que fornece técnicas estatísticas, tal como a Analysis of Variance (Análise de Variância).

Para acessar essas técnicas, os usuários de Mac precisam fazer o download de um pacote chamado StatPlus Mac LE. Esta é uma versão gratuita (e limitada) de um produto do AnalystSoft. Faça o download em www.analystsoft.com/br/ ou no site da Alta Books (procure pelo nome do livro ou ISBN).

30   PARTE 1 **Começando a Análise Estatística com Excel**

NESTE CAPÍTULO
Trabalhando com as funções de planilha
Criando um atalho para as funções de estatística
Obtendo um conjunto de resultados
Nomeando os conjuntos
Utilizando ferramentas de análise
Utilizando o recurso de acesso rápido às funções de estatística do Excel
Descobrindo dicas para usuários Mac

Capítulo 2

Compreendendo as Capacidades Estatísticas do Excel

Neste capítulo, vou apresentá-lo às funções estatísticas do Excel e às ferramentas de análise de dados. Se você já usou o Excel, e eu suponho que já, deve estar ciente de suas diversas funcionalidades, dentre as quais as capacidades estatísticas são um subconjunto. Em cada célula da planilha, você pode inserir dados, instruir o Excel a executar cálculos sobre dados que estão em um grupo de células ou utilizar uma das funções de planilha para trabalhar com os dados. Cada função de planilha é uma fórmula integrada, que poupa você de ter problemas para orientar o Excel a executar uma sequência de cálculos. Como novatos e veteranos sabem, as fórmulas são a alma do Excel. As ferramentas de análise de dados vão além das fórmulas. Cada ferramenta oferece um conjunto de resultados informativos.

Começando

Muitos dos recursos estatísticos do Excel são integrados às funções de planilha. Em versões anteriores (pré-2003), você acessava as funções de planilha por meio do botão Inserir Função, que tinha como legenda o símbolo *fx*. Ao clicar nesse botão, você abria a janela Inserir Função, que apresentava uma lista de funções do Excel, e uma capacidade de busca das funções do Excel. Embora o Excel 2013 ofereça maneiras mais fáceis de acessar as funções de planilha, essa versão mais atualizada manteve o botão e também oferece maneiras adicionais de abrir a janela Inserir Função. Falarei sobre isso com mais detalhes em instantes.

A Figura 2-1 mostra a localização do botão Inserir Função e da Barra de Fórmulas. Eles ficam à direita de Caixa de Nome. Todas essas opções ficam abaixo da Faixa de Opções. Dentro da Faixa de Opções, na guia Fórmulas, fica a Biblioteca de Funções. Os usuários Mac veem um layout similar no Excel 2011.

A Barra de Fórmulas é como um clone de uma célula selecionada: As informações digitadas na Barra de Fórmulas são inseridas na célula selecionada e as informações digitadas na célula selecionada aparecem na Barra de Fórmulas.

A Figura 2-1 mostra o Excel com a guia Fórmulas aberta. Essa figura mostra outra localização do botão Inserir Função. Identificado como *fx*, ele fica no canto esquerdo da Faixa de Opções, na área da Biblioteca de Funções. Como eu disse antes, ao clicar sobre o botão Inserir Função, você abre a janela Inserir Função. (Veja a Figura 2-2.)

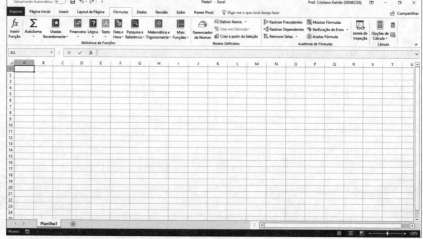

FIGURA 2-1: A Biblioteca de Funções, a Caixa de Nome, a Barra de Fórmulas e o botão Inserir Função.

32   PARTE 1 **Começando a Análise Estatística com Excel**

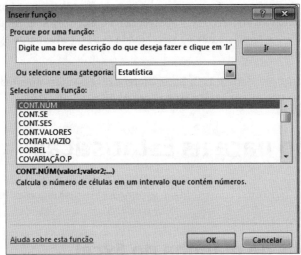

FIGURA 2-2:
A caixa de diálogo Inserir Função.

Essa janela permite que você busque uma função que atenda às suas necessidades ou procure em uma lista de funções do Excel.

Portanto, além de clicar no botão Inserir Função, ao lado da Barra de Fórmulas, você pode abrir a janela Inserir Função selecionando

Fórmulas | Inserir Função

DICA

Para abrir a janela Inserir Função, você também pode pressionar Shift+F3.

Devido ao modo como as versões anteriores do Excel estavam organizadas, a janela Inserir Função era extremamente útil. No entanto, no Excel 2013, ela só é útil quando você não tem certeza de qual função deve usar ou onde encontrá-la.

A Biblioteca de Funções apresenta as categorias das fórmulas que podem ser usadas e dá um acesso facilitado a elas. Ao clicar sobre um botão de categoria nessa área, você abre um menu das funções que pertencem àquela categoria.

Na maior parte do tempo, trabalho com as funções estatísticas, que podem ser facilmente acessadas pelo menu Funções de Estatística. Às vezes, também trabalho com funções matemáticas que estão no menu Funções de Matemática e Trigonométrica (você verá algumas delas mais adiante neste capítulo). No Capítulo 5, trabalharei com algumas funções de Lógica.

DICA

A seleção final de cada menu de categoria (como o menu de Funções de Estatística) é chamada de Inserir Função. Selecionar essa opção é outro modo de abrir a janela Inserir Função.

A Caixa de Nome é como fazer um registro do que você faz na planilha. Selecione uma célula e o endereço dela aparecerá na Caixa de Nome. Clique no botão Inserir Função e o nome da função selecionada mais recentemente aparecerá na Caixa de Nome.

Além das funções estatísticas, o Excel oferece diversas ferramentas de análise de dados, que podem ser acessadas na área Análise da guia Dados.

Preparação para as Estatísticas

Nesta seção, mostrarei como utilizar as funções de planilha e as ferramentas de análise.

Funções de planilha no Excel

Como eu disse na seção anterior, a área Biblioteca de Funções da guia Fórmulas exibe todas as categorias de funções de planilha.

Os passos para usar uma função de planilha são:

1. Digite seus dados em um conjunto de dados e selecione uma célula para o resultado.

2. Selecione a categoria de fórmula adequada e selecione a função a partir do menu suspenso.

Ao fazer isso, você abre a janela Argumentos da Função.

3. Na janela Argumentos da Função, digite os valores adequados para os argumentos da função.

Argumento é um termo matemático. Não tem nada a ver com debates, brigas ou confrontos. Em matemática, um argumento é um valor sobre o qual uma função trabalha.

4. Clique em OK para colocar o resultado na célula selecionada.

Sim, é só isso.

Para dar um exemplo, explorarei uma função que tipifica o modo como as funções de planilha Excel trabalham. Essa função, SOMA, soma os números das células especificadas e retorna a soma em outra célula especificada. Embora somar números seja uma parte integrante da estatística, SOMA não está na categoria Estatística. No entanto, ela é uma típica função de planilha e tem funcionamento familiar.

34 PARTE 1 **Começando a Análise Estatística com Excel**

Aqui está, passo a passo, como usar SOMA.

1. **Digite seus números em uma sequência de células e selecione uma célula para o resultado.**

   Neste exemplo, digitei 45, 33, 18, 37, 32, 46 e 39 nas células C2 a C8, e selecionei C9 para conter a soma.

2. **Selecione a categoria de fórmula adequada e selecione a função no menu suspenso.**

   Esta ação abre a janela Argumentos da Função.

   Selecionei Fórmulas | Matemática e Trigonometria e procurei a função SOMA.

3. **Na janela Argumentos da Função, digite os valores adequados para os argumentos.**

   O Excel adivinha que você quer somar os números das células C2 a C8 e identifica essa sequência na caixa Núm1. O Excel não faz suspense: A janela Argumentos da Função mostra o resultado da aplicação da função. Nesse exemplo, a soma dos números da sequência é 250. (Veja a Figura 2-3.)

4. **Clique em OK para inserir a soma na célula selecionada.**

Observe alguns pontos. Primeiro, como mostra a Figura 2-3, a Barra de Fórmulas contém

```
=SOMA(C2:C8)
```

Essa fórmula indica que o valor na célula selecionada é igual à soma dos números da célula C2 à C8.

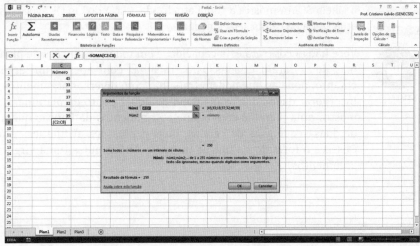

FIGURA 2-3: Utilizando SOMA.

CAPÍTULO 2 **Compreendendo as Capacidades Estatísticas do Excel**   35

DICA

Depois de se familiarizar com uma função de planilha e seus argumentos, você pode ignorar o menu e digitar a função diretamente na célula ou na barra de fórmulas, começando com = (igual). Ao fazer isso, o Excel abre um menu para ajudá-lo enquanto você digita a fórmula. (Veja a Figura 2-4.) O menu mostra as possíveis fórmulas que começam com a(s) letra(s) que você está digitando, e você pode selecionar uma fórmula dando um clique duplo sobre ela.

FIGURA 2-4:
Ao digitar uma fórmula, o Excel abre um menu de ajuda.

Outro ponto que deve ser observado é o conjunto de caixas da janela Argumentos da Função da Figura 2-3. Na figura, você vê apenas duas caixas, Núm1 e Núm2. A sequência de dados aparece na caixa Núm1. Então, para que serve Núm2?

A caixa Núm2 permite que você inclua um argumento adicional na soma. E não é só isso. Clique sobre a caixa Núm2 e você verá a caixa Núm3. Clique na caixa Núm3 e você verá a caixa Núm4... e assim por diante. O limite são 255 caixas, sendo que cada uma delas corresponde a um argumento. Um valor pode ser outra sequência de células de qualquer parte da planilha, um número, uma expressão aritmética que corresponde a um número, uma ID de célula ou um nome dado a uma sequência de células. (Com relação à última opção: Leia a seção "O que há em um nome? Um leque de possibilidades".) Ao digitar valores, a janela SOMA mostra a soma atualizada. Clicando em OK, você insere a soma atualizada na célula selecionada.

LEMBRE-SE

Você não encontrará esta capacidade em todas as funções de planilha. Algumas delas foram criadas para trabalhar com apenas um argumento. No entanto, àquelas que podem trabalhar com diversos argumentos, você pode incorporar dados que estejam em qualquer ponto da planilha. A Figura 2-5 mostra uma planilha com a janela Argumentos da Função que inclui dados de duas sequências de células, duas expressões aritméticas e uma célula. Observe o formato da função na Barra de Fórmulas (uma vírgula separa os argumentos).

DICA

Se você selecionar uma célula na mesma coluna onde estão seus dados e logo abaixo da última célula que contém dados, o Excel adivinhará corretamente a sequência de dados com a qual você quer trabalhar. No entanto, o Excel nem sempre adivinha o que você quer fazer. Às vezes, a suposição pode ser incorreta. Quando algo assim acontece, cabe a você decidir digitar os valores corretos na janela Argumentos da Função.

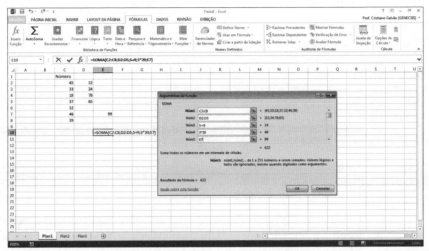

FIGURA 2-5:
Utilizando SOMA com cinco argumentos.

Acessando rapidamente as funções estatísticas

No exemplo anterior, mostrei uma função que não faz parte da categoria de funções estatísticas. Nesta seção, mostrarei a você como criar um atalho para as funções estatísticas do Excel.

Você pode acessar as funções estatísticas do Excel selecionando

Fórmulas | Mais Funções | Estatística

selecionando, em seguida, a partir do menu suspenso. (Veja a Figura 2-6.)

Embora o Excel tenha enterrado as funções estatísticas em muitas camadas, você pode usar uma técnica para deixá-las tão acessíveis quanto as outras categorias: Acrescente-as à Barra de Ferramentas de Acesso Rápido no canto superior esquerdo. (Todo aplicativo do Office tem uma barra dessas.)

CAPÍTULO 2 **Compreendendo as Capacidades Estatísticas do Excel** 37

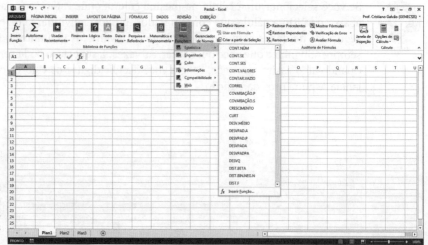

FIGURA 2-6: Acessando as funções Estatísticas do Excel.

Para fazer isso, selecione

Fórmulas | Mais Funções

e clique com o botão direito do mouse sobre Estatística. No menu suspenso, escolha a primeira opção: Adicionar Galeria à Barra de Ferramentas de Acesso Rápido. (Veja a Figura 2-7.) Ao fazer isso, você acrescenta um botão à Barra de Ferramentas de Acesso Rápido. Ao clicar na seta do novo botão, você abrirá o menu suspenso das funções estatísticas. (Veja a Figura 2-8.)

A partir de agora, ao lidar com uma função estatística, suponho que você tenha criado esse atalho, então, poderá abrir rapidamente o menu de funções estatísticas. A seção a seguir traz um exemplo.

Funções matriciais

A maioria das funções integradas do Excel é composta por fórmulas, que calculam um único valor (como uma soma) e inserem esse valor em uma célula da planilha. O Excel tem outro tipo de função. Ela se chama *função matricial*, pois calcula diversos valores e os insere em uma matriz de células e não em uma única célula.

FIGURA 2-7: Adicionando as funções Estatísticas à Barra de Ferramentas de Acesso Rápido.

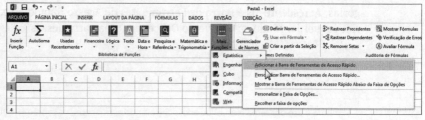

38   PARTE 1 **Começando a Análise Estatística com Excel**

FIGURA 2-8:
O menu
Funções
Estatísticas.

FREQÜÊNCIA[1] é um bom exemplo de função matricial (além de ser uma função estatística do Excel). Sua função é resumir um grupo de valores mostrando como eles se encaixam em um conjunto de intervalos especificado por você. Por exemplo, dados os seguintes valores

77, 45, 44, 61, 52, 53, 68, 55

e os seguintes intervalos

50, 60, 70, 80

FREQÜÊNCIA mostra quantos valores são menores ou iguais a 50 (2 neste exemplo), quantos são maiores que 50 e menores ou iguais a 60 (são 3) e assim por diante. O número de valores em cada intervalo é chamado de *frequência*. Uma tabela dos intervalos e das frequências é chamada de *distribuição de frequência*.

A seguir, um exemplo de como usar FREQÜÊNCIA:

1. **Insira os valores em uma sequência de células.**

A Figura 2-9 mostra um grupo de valores nas células B2 a B16.

2. **Digite os intervalos em uma matriz.**

Coloquei os intervalos nas células C2 a C9.

3. **Selecione uma matriz para as frequências.**

Escrevi Frequência como legenda no topo da coluna D, então, selecionei D2 a D10 para as frequências resultantes. Por que a célula extra? FREQÜÊNCIA retorna uma matriz vertical que tem uma célula a mais do que a matriz de frequências.

---

1   Embora o uso do trema tenha sido abolido, ele ainda permaneceu na função FREQÜÊNCIA.

CAPÍTULO 2 **Compreendendo as Capacidades Estatísticas do Excel**   39

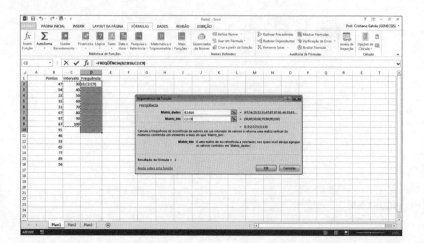

FIGURA 2-9:
Trabalhando com
FREQÜÊNCIA.

4. No menu de funções estatísticas, selecione FREQÜÊNCIA para abrir a janela Argumentos da Função.

Utilizei o atalho instalado na Barra de Ferramentas de Acesso Rápido para abrir este menu e escolher FREQÜÊNCIA.

5. Na janela Argumentos da Função, digite os valores adequados como argumentos.

Comecei pela caixa Matriz_dados. Nesta caixa, digitei as células que contêm os valores. Neste exemplo, elas são B2:B16. Suponho que você entenda o suficiente de Excel para saber como fazer isso de várias maneiras.

Em seguida, identifico a matriz dos intervalos. FREQÜÊNCIA refere-se aos intervalos como "bins" e mantém os intervalos na caixa Matriz_bin. Neste exemplo, digito C2:C9 na caixa Matriz_bin. Após identificar as duas matrizes, a janela Inserir Função mostra as frequências entre chaves.

6. Pressione Ctrl+Shift+Enter para fechar a janela Argumentos da Função e inserir os valores na matriz selecionada. Para o Mac, é Command+Enter.

Isso é *muito* importante. Como a janela tem um botão OK, a tendência é clicar nele achando que os resultados serão colocados na planilha. Entretanto, isso não funciona quando se trabalha com uma função matricial. Sempre utilize esta combinação de teclas Ctrl+Shift+Enter (Command+Enter para o Mac) para fechar a janela Argumentos da Função para uma função matricial.

Depois de fechar a janela Argumentos da Função, as frequências são inseridas nas células corretas, como mostra a Figura 2-10.

40 PARTE 1 **Começando a Análise Estatística com Excel**

FIGURA 2-10:
As frequências terminadas.

Observe a fórmula na Barra de Fórmulas:

```
{=FREQÜÊNCIA(B2:B16;C2:C9)}
```

As chaves são uma maneira do Excel dizer que estamos lidando com uma função matricial.

LEMBRE-SE

Não gosto de me repetir, mas neste caso farei uma exceção. Como eu disse no Passo 6, pressione Ctrl+Shift+Enter sempre que estiver trabalhando com uma função matricial. Lembre disso, pois a janela Argumentos da Função não irá lembrá-lo. Se você clicar em OK depois de inserir os argumentos em uma função matricial, ficará muito frustrado. Acredite em mim.

O que há em um nome? Um leque de possibilidades

Conforme mergulhamos mais fundo nos recursos estatísticos do Excel, trabalhamos cada vez mais com fórmulas de argumentos múltiplos. Geralmente, esses argumentos referem-se a uma sequência de células, como nos exemplos anteriores.

Se você der nomes significativos a essas sequências, ajudará a compreender o que está fazendo. Além disso, se voltar a uma planilha depois de não vê-la por um tempo, os nomes significativos de sequências irão ajudá-lo a lembrar do que se trata. Outro benefício: Se você precisar explicar sua planilha e suas fórmulas para outras pessoas, os nomes significativos são tremendamente úteis.

O Excel oferece uma maneira fácil de ligar um nome a um grupo de células. Na Figura 2-11, a coluna C foi chamada de Lucro_Milhões, que indica o "Lucro em milhões de dólares". Com esta forma é muito mais fácil ler a coluna. Se eu disser ao Excel explicitamente para tratar Lucro_Milhões como o nome do conjunto

CAPÍTULO 2 **Compreendendo as Capacidades Estatísticas do Excel** 41

de células de C2 a C13, no entanto, poderei usar Lucro_Milhões sempre que me referir a este conjunto de células.

	A	B	C
1	Ano	Região	Lucro_Milhões
2	2006	Norte	20
3	2006	Sul	22
4	2006	Leste	19
5	2006	Oeste	25
6	2007	Norte	26
7	2007	Sul	28
8	2007	Leste	21
9	2007	Oeste	27
10	2008	Norte	32
11	2008	Sul	29
12	2008	Leste	25
13	2008	Oeste	31
14			

FIGURA 2-11: Definindo nomes para grupos de células.

Por que usei Lucro_Milhões e não Lucro (Milhões) ou Lucro Em Milhões ou Lucro: Milhões? O Excel não gosta de espaços em branco nem de símbolos nos nomes. Na verdade, apresento–lhes quatro regras a serem seguidas quando você quiser dar nome a um grupo de células:

» Comece o nome com um caractere alfabético — uma letra e não um número ou ponto.

» Como acabei de mencionar, verifique se o nome não contém espaços ou símbolos. Utilize um *underscore* para indicar um espaço entre as palavras do nome.

» Certifique-se de não haver outro nome igual na planilha.

» Certifique-se de que o nome não duplique qualquer referência a células da planilha.

Eis como definir um nome:

1. Insira um nome descritivo no topo de uma coluna (ou à esquerda de uma linha).

Veja a Figura 2-10.

2. Selecione o grupo de células que deseja nomear.

Neste exemplo, são as células C2 a C13. Por que não incluir C1? Explicarei em instantes.

3. Clique com o botão direito do mouse sobre o grupo selecionado.

Esta ação abrirá o menu ilustrado na Figura 2-12.

PARTE 1 **Começando a Análise Estatística com Excel**

FIGURA 2-12:
Ao clicar com o botão direito do mouse sobre um grupo de células selecionado, você verá este menu suspenso.

4. **A partir do menu suspenso, selecione Nomear Intervalo.**

Esta seleção abrirá a janela Novo Nome (veja a Figura 2-13). Como você pode ver, o Excel sabe que Lucro_Milhões é o nome do intervalo, e que Lucro_Milhões refere-se às células C2 a C13. Quando tem um intervalo de células selecionadas para nomear, o Excel procura um nome próximo — acima de uma coluna ou à esquerda de uma linha. Se não houver nenhum nome, você poderá inserir um na janela Novo Nome. (A janela Novo Nome também pode ser acessada por meio de Fórmulas | Definir Nome.)

FIGURA 2-13:
A janela Novo Nome.

CUIDADO

Ao selecionar um grupo de células como uma coluna com um nome no topo, você pode incluir a célula com o nome e o Excel pode anexar o nome ao intervalo. *Recomendo que você não faça isso.* Por quê? Se eu selecionar C1 a C13, o nome Lucro_Milhões irá se referir às células C1 a C13, não de C2 a C13. Neste caso, o primeiro valor do intervalo é um texto e os outros são números.

Para uma fórmula como SOMA (ou SOMASE ou SOMASES, sobre as quais falarei em instantes), isso não faz diferença: Nestas fórmulas, o Excel simplesmente ignora valores que não sejam números. Se você precisar usar todo o intervalo em um cálculo, no entanto, faz uma *enorme* diferença: O Excel pensa que o nome faz parte do intervalo e tenta usá-lo no cálculo. Você verá isso na próxima seção, ao criar suas próprias fórmulas matriciais.

5. **Clique em OK.**

   O Excel adiciona o nome ao intervalo de células.

Agora tenho a conveniência de usar o nome em uma fórmula. Aqui, ao selecionar uma célula (como C14) e digitar a fórmula de SOMA diretamente em C14 abro as caixas mostradas na Figura 2-14.

Como você pode ver na figura, as caixas são abertas conforme você digita. Ao selecionar Lucro_Milhões e pressionar a tecla Tab, a fórmula é preenchida de modo que o Excel possa compreender. Você precisa fechar os parênteses (veja a Figura 2-15) e pressionar Enter para ver o resultado.

FIGURA 2-14: Digitar uma fórmula diretamente em uma célula abre estas caixas.

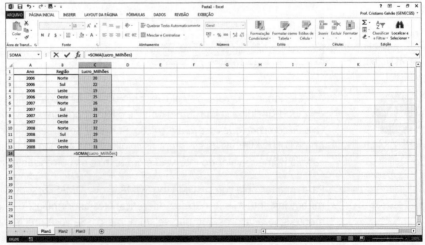

FIGURA 2-15: Completando a fórmula.

44 PARTE 1 **Começando a Análise Estatística com Excel**

Utilizando o intervalo nomeado, portanto a fórmula é

```
=SOMA(Lucro_Milhões)
```

que é mais descritiva que

```
=SOMA(C2:C13)
```

Algumas outras fórmulas mostram como essa capacidade de nomear intervalos é conveniente. Essas fórmulas, SOMASE e SOMASES, acrescentam um grupo de números se as condições especificadas em um intervalos de células (SOMASE) ou em mais de um intervalo de células (SOMASES) são preenchidas.

Para fazer bom uso dos nomes, nomeio a coluna A (Ano) e a coluna B (Região) da mesma maneira como nomeei a coluna C.

CUIDADO

Ao definir um nome para um intervalo de células, como B2:B13 neste exemplo, tome cuidado: O Excel pode ser um pouco chato quando as células têm nomes. Ele pode achar que o nome da célula superior é o nome que você deseja atribuir ao intervalo de células. Nesse caso, o Excel adivinha que o nome é "Norte" e não "Região". Se isso acontecer, faça a alteração na janela Novo Nome.

Para manter um registro dos nomes contidos em uma planilha, selecione

Fórmulas | Gerenciador de Nomes

para abrir a caixa Gerenciador de Nomes mostrada na Figura 2-16. Os botões que aparecem dentro da área de Nomes Definidos também são úteis.

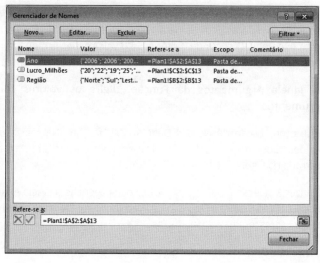

FIGURA 2-16: Gerenciando os Nomes Definidos em uma planilha.

Em seguida, somo os dados da coluna C, mas apenas para a Região Norte. Isto é, eu considero apenas uma célula na coluna C se a célula correspondente da coluna B contiver "Norte". Para fazer isso, segui estes passos:

1. Selecione uma célula para o resultado da fórmula.

Minha seleção foi C15.

2. Selecione a categoria correta da fórmula e escolha sua função no menu suspenso.

Esta ação abre a janela Argumentos da Função.

Selecionei Fórmulas | Matemática e Trigonometria e procurei no menu até encontrar e selecionar SOMASE. Esta seleção abre a janela Argumentos da Função mostrada na Figura 2-17.

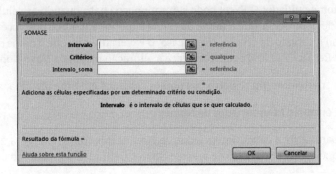

FIGURA 2-17:
A janela Argumentos da Função para SOMASE.

SOMASE tem três argumentos. O primeiro, Intervalo, é o intervalo de células a ser avaliado para a condição para incluir na soma (Norte, Sul, Leste ou Oeste neste exemplo). O segundo, Critérios, é o valor específico no Intervalo (Norte para este exemplo). O terceiro, Intervalo_soma, contém os valores somados.

3. Na janela Argumentos da Função, digite os valores corretos dos argumentos.

Aqui, outro botão de Nomes Definidos se faz útil. Na região da Faixa de Opções, clique na seta ao lado de Usar em Fórmula para abrir a lista suspensa ilustrada na Figura 2-18.

Ao fazer a seleção a partir desta lista, você preenche a janela Argumentos da Função, como mostra a Figura 2-19. Precisei digitar **"Norte"** na caixa Critérios. O Excel acrescenta as aspas duplas.

4. Clique em OK.

FIGURA 2-18:
A lista suspensa Usar em Fórmula.

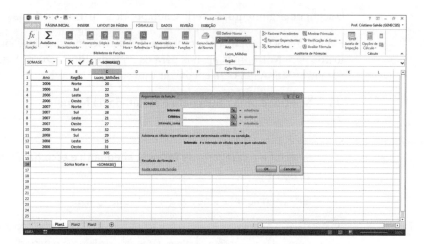

FIGURA 2-19:
Completando a janela Argumentos da Função para SOMASE.

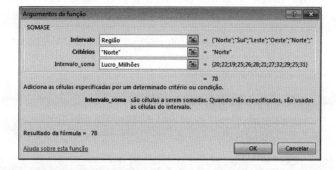

O resultado aparecerá na célula selecionada. Neste exemplo, o resultado é 78.

Na barra de fórmulas, temos

```
=SOMASE(Região;"Norte";Lucro_Milhões)
```

Posso digitar exatamente isso na barra de fórmulas, sem precisar da janela ou da lista suspensa.

A fórmula da barra de fórmulas é mais fácil de compreender do que

```
=SOMASE(B2:B13;"Norte";C2:C13)
```

Não é?

Incidentalmente, o mesmo intervalo de células pode ser os argumentos Intervalo e Intervalo_soma. Por exemplo, para somar apenas as células nas quais Lucro_Milhões é menor que 25, a fórmula é

```
=SOMASE(Lucro_Milhões;"<25";Lucro_Milhões)
```

CAPÍTULO 2 **Compreendendo as Capacidades Estatísticas do Excel** 47

O segundo argumento, Critérios, sempre fica entre aspas duplas.

E quanto a SOMASES? Essa função é útil se você precisa descobrir a soma dos lucros para Norte, mas apenas para os anos de 2006 e 2007. Siga estes passos para usar SOMASES para encontrar esta soma:

1. Selecione uma célula para o resultado da fórmula.

A célula selecionada aqui é C17.

2. Selecione a categoria de fórmula adequada e escolha a função no menu suspenso.

Essa ação abrirá a janela Argumentos da Função.

Neste exemplo, a seleção é SOMASES do menu Fórmulas | Matemática e Trigonometria, que abre a janela Argumentos da Função mostrada na Figura 2-20.

3. Na janela Argumentos da Função, digite os valores corretos dos argumentos.

Note que o argumento Intervalo_soma de SOMASES aparece primeiro. Em SOMASE, ele aparece por último. Os valores corretos para os argumentos aparecem na Figura 2-20.

4. A fórmula da barra de fórmulas é

    =SOMASES(Lucro_Milhões; Ano;"<2008";Região;"Norte")

5. Clique em OK.

A resposta, 46, aparece na célula selecionada.

Com intervalos não nomeados, a fórmula seria

    =SOMASES(C2:C13;A2:A13;"<2008";B2:B13;"Norte")

o que parece muito mais difícil de compreender.

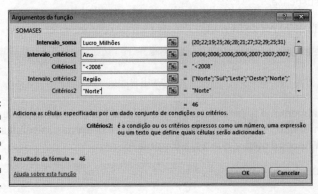

FIGURA 2-20: A janela Argumentos da Função completa para SOMASES.

CUIDADO

Um nome definido envolve referência absoluta. (Veja o Capítulo 1.) Portanto, se você tentar usar o preenchimento automático a partir de um intervalo nomeado, terá uma surpresa desagradável: Em vez de preencher automaticamente um grupo de células, você copiará um valor várias vezes.

O que quero dizer é o seguinte. Suponha que você atribua o nome Series_1 a A2:A11 e Series_2 a B2:B11. Em A12, você calcula SOMA(Series_1). Sendo inteligente, você descobre que basta arrastar o resultado de A12 para B12 para calcular SOMA(Series_2). O que você vê em B12? SOMA(Series_1), é isso.

Criando suas próprias fórmulas matriciais

Além das fórmulas matriciais que já fazem parte do Excel, você pode criar suas próprias fórmulas. Para ajudar, você pode incorporar intervalos nomeados.

A Figura 2-21 mostra dois intervalos nomeados, X e Y nas colunas C e D, respectivamente. X refere-se a C2 até C5 (não C1 até C5!) e Y refere-se a D2 até D5 (não D1 até D5!). XY é o título da coluna F. Cada célula da coluna F armazenará o produto da célula correspondente nas colunas C e D.

FIGURA 2-21: Dois intervalos nomeados.

Uma maneira fácil de inserir os produtos, é claro, é dizer que F2 é igual a C2*E2 e, em seguida, fazer o preenchimento automático nas células restantes da coluna F.

Apenas para ilustrar as fórmulas matriciais, no entanto, siga estes passos para trabalhar com os dados da planilha ilustrada na Figura 2-21.

1. **Selecione o intervalo que conterá as respostas da fórmula matricial.**

   O intervalo seria F2 a F5, ou F2:F5 em linguagem de Excel. A Figura 2-21 mostra o intervalo selecionado.

2. **No intervalo selecionado, digite a fórmula.**

   A fórmula é =X*Y.

CAPÍTULO 2 **Compreendendo as Capacidades Estatísticas do Excel** 49

3. Pressione Ctrl+Shift+Enter (não apenas Enter).

As respostas aparecem em F2 a F5, como mostra a Figura 2-22. Observe a fórmula {=X*Y} na barra de fórmula. Como eu disse anteriormente, as chaves indicam uma fórmula matricial.

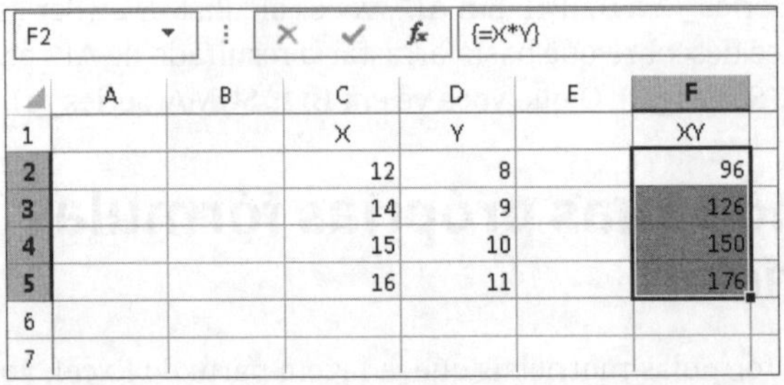

FIGURA 2-22:
Os resultados da fórmula matricial {=X*Y}.

	A	B	C	D	E	F
1			X	Y		XY
2			12	8		96
3			14	9		126
4			15	10		150
5			16	11		176
6						
7						

F2 ⋮ ✕ ✓ f_x {=X*Y}

Outro ponto mencionado anteriormente neste capítulo: Ao nomear um intervalo de células, verifique se o intervalo nomeado *não* inclui a célula com o nome. Se isso acontecer, uma fórmula matricial como {=X*Y} tentará multiplicar a letra X pela letra Y para gerar o primeiro valor, o que é impossível e resulta no horrível erro #VALUE!.

Utilizando ferramentas de análise de dados

O Excel 2013 tem um conjunto de ferramentas sofisticadas para análise de dados. A Tabela 2-1 lista as ferramentas sobre as quais falarei. (Não falarei sobre a Análise Fourier, que é extremamente técnica.) Alguns dos termos da tabela podem não ser familiares para você, mas você os conhecerá quando terminar o livro.

TABELA 2-1 Ferramentas de Análise de Dados do Excel[2]

Ferramenta	Função
Anova: Fator Único	Análise da variação para duas ou mais amostras
Anova: Fator Duplo com Repetição	Análise da variação com duas variáveis independentes e observações múltiplas em cada combinação dos níveis das variáveis
Anova: Fator Duplo sem Repetição	Análise da variação com duas variáveis independentes e uma observação em cada combinação dos níveis das variáveis. Também é uma Análise de Medidas Repetidas de variação.
Correlação	Com mais de duas medidas em uma amostra de indivíduos, calcula uma matriz de coeficientes de correlação para todos os pares de medidas possíveis

---

2 A ajuda online do Excel traz algumas diferenças de tradução em relação à janela Análise de Dados. Ex.: Variação e Replicação em vez de Variância e Repetição.

PARTE 1 **Começando a Análise Estatística com Excel**

Ferramenta	Função
Covariância	Com mais de duas medidas em uma amostra de indivíduos, calcula uma matriz de covariâncias para todos os pares de medidas possíveis
Estatística Descritiva	Gera um relatório de tendência central, variação e outras características de valores no intervalo de células selecionado
Ajuste Exponencial	Em uma sequência de valores, calcula uma previsão baseada em um conjunto de valores e em uma previsão anterior para estes valores
Teste-F com Duas Amostras para Variâncias	Executa um teste F para comparar duas variações
Histograma	Tabula as frequências individual e cumulativa para os valores do intervalo de células selecionado
Média Móvel	Em uma sequência de valores, calcula uma previsão que é a média de um número específico de valores anteriores
Geração de Número Aleatório	Fornece uma quantidade específica de números aleatórios gerados a partir de uma entre sete distribuições possíveis
Ordem e Percentil	Cria uma tabela que mostra a classificação ordinal e a classificação em porcentagem de cada valor de um conjunto de valores
Regressão	Cria um relatório das estatísticas de regressão com base na regressão linear através de um conjunto de dados contendo uma variável dependente e uma ou mais variáveis independentes
Amostragem	Cria uma amostra a partir dos valores em um intervalo de células específico
Teste t: Duas Amostras	Três ferramentas de teste t testam a diferença entre duas médias. Uma supõe variações iguais nas duas amostras. Outra supõe variâncias desiguais nas duas amostras. A terceira supõe amostras similares
Teste z: Duas Amostras para Média	Realiza um teste z com duas amostras para comparar duas médias quando as variâncias são conhecidas

Para usar essas ferramentas, primeiro, você tem que carregá-las no Excel.

Para começar, clique

Arquivo | Opções

Ao fazer isso, você abrirá a janela Opções do Excel. Depois siga estes passos:

1. Na janela Opções do Excel, selecione Suplementos.

Estranhamente, esta ação abre uma lista de suplementos.

2. Próximo à parte inferior da lista, você verá uma lista chamada Gerenciar. Nesta lista, selecione Suplementos do Excel.

3. Clique em Ir.

Esta ação abre a janela Suplementos. (Veja a Figura 2-23.)

4. Clique na caixa ao lado de Ferramentas de Análise e clique em OK.

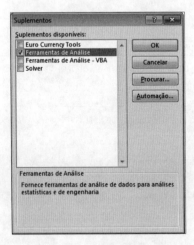

FIGURA 2-23: A janela Suplementos.

Quando o Excel terminar de carregar as ferramentas, você verá um botão Análise de Dados na área Análise da guia Dados. Em geral, os passos para usar uma ferramenta de análise de dados são:

1. Digite seus dados em um intervalo.

2. Clique em Dados | Análise de Dados para abrir a janela Análise de Dados.

3. Na janela Análise de Dados, selecione a ferramenta de análise de dados com a qual deseja trabalhar.

4. Clique em OK (ou dê um clique duplo sobre a seleção) para abrir a janela da ferramenta selecionada.

5. Na janela da ferramenta, digite as informações adequadas.

Sei que isso parece um pouco evasivo, mas cada ferramenta é diferente.

6. Clique em OK para fechar a janela e ver os resultados.

A seguir, um exemplo para você se acostumar com o uso dessas ferramentas. Neste exemplo, falarei sobre a ferramenta Estatística Descritiva. Essa ferramenta calcula um número de estatísticas que resumem um conjunto de valores.

1. Digite seus dados em um intervalo.

A Figura 2-24 mostra um intervalo de números nas células B2 a B9, com o título da coluna em B1.

2. Clique em Dados | Análise de Dados para abrir a janela Análise de Dados.

3. Clique em Estatística Descritiva e clique em OK (ou dê um clique duplo sobre a opção) para abrir a janela Estatística Descritiva.

4. Identifique o intervalo de dados.

   Na caixa Intervalo de Entrada, digite as células que contêm os dados. Neste exemplo, de B1 a B9. A maneira mais fácil de fazer isso é mover o cursor para a primeira célula (B1), pressionar a tecla Shift e clicar na última célula (B9). Essa ação determina o formato de referência absoluta $B$1:$B$9 em Intervalo de Entrada.

5. Clique no botão Colunas para indicar que os dados estão organizados em colunas.

6. Selecione a caixa Rótulos na Primeira Linha, pois o Intervalo de Entrada inclui o título da coluna.

7. Clique no botão Nova Planilha, caso ele ainda não esteja selecionado.

   Esta ação informa ao Excel para criar uma nova folha tabulada dentro da planilha atual e para enviar os resultados para a folha recém-criada.

8. Clique na caixa Resumo Estatístico e deixe as outras caixas sem seleção. Clique em OK.

   A nova folha tabulada é aberta, exibindo as estatísticas que resumem os dados. A Figura 2-25 mostra a nova planilha, depois de ampliar a coluna A.

Por enquanto, não falarei sobre o significado de cada estatística individual exibida no Resumo Estatístico. Deixarei esse assunto para o Capítulo 7, quando entrarei em mais detalhes sobre estatística descritiva.

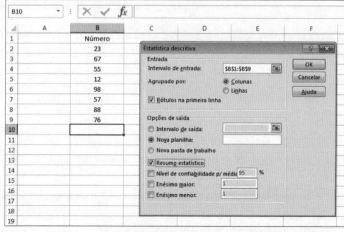

FIGURA 2-24: Trabalhando com a ferramenta de análise de dados Estatística Descritiva.

	A	B
1	Número	
2		
3	Média	59,5
4	Erro padrão	10,55428
5	Mediana	62
6	Modo	#N/D
7	Desvio padrão	29,85202
8	Variância da amostra	891,1429
9	Curtose	-0,66894
10	Assimetria	-0,50676
11	Intervalo	86
12	Mínimo	12
13	Máximo	98
14	Soma	476
15	Contagem	8
16		

FIGURA 2-25: O resultado da ferramenta de análise de dados Estatística Descritiva.

Acessando as Funções Mais Usadas

Precisa de acesso rápido a algumas das funções estatísticas usadas com mais frequência? Você pode acessar MÉDIA, MÍNIMO (valor mínimo de um intervalo de células selecionado) e MÁXIMO (valor máximo em um intervalo selecionado) clicando na seta que fica ao lado de um botão da guia Página Inicial. Ao clicar nessa seta, você também pode acessar as funções matemáticas SOMA e CONT. NÚM (conta os valores numéricos em um intervalo de células).

Por algum motivo, esse botão está na área Edição. Seu símbolo é um ∑. A Figura 2-26 mostra exatamente onde ele fica e também o menu aberto pela seta[3].

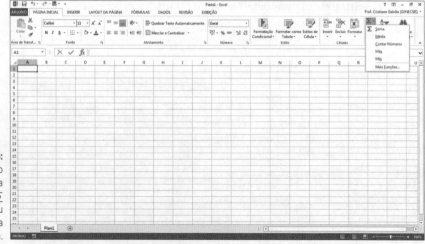

FIGURA 2-26: O botão Página Inicial | ∑ e o menu aberto pela seta.

---

3   Neste menu, as funções aparecem como contar números, Máx e Mín.

54   PARTE 1 **Começando a Análise Estatística com Excel**

A propósito, se você só clicar no botão

Página Inicial | Σ

e não clicar na seta, terá a função SOMA.

A última seleção desse menu é outra maneira de abrir a janela Inserir Função.

O bom desse menu é que ele elimina um passo: Ao selecionar uma função, você não precisa selecionar uma célula para o resultado. Apenas selecione o intervalo de células e a função insere o valor em uma célula imediatamente posterior ao intervalo.

Para Usuários de Mac

Até agora eu inseri algumas dicas para Mac na discussão do Excel 2013. Nesta seção eu trato algumas áreas que os usuários de Mac devem conhecer.

A Faixa de Opções

Dê uma olhada na Faixa de Opções do Excel 2011. A Figura 2-27 mostra a guia Fórmulas.

FIGURA 2-27: A guia Fórmulas da Faixa de Opções do Excel 2011 (para Mac).

O botão na extrema esquerda (identificado como f_x) é o botão Insert (Inserir). Clicando neste botão e, depois, selecionando Estatística, abre o menu que aparece na Figura 1-12. Imediatamente à direita está o botão AutoSum (AutoSoma) (A. Este lhe dá acesso rápido a algumas funções estatísticas do Excel.

O botão imediatamente à direita do AutoSoma é o Formula Builder (Construtor de Fórmula). Clicando neste botão o menu de funções se abre. Selecionando SUM (SOMA) e trabalhando com ela cria a tela na Figura 2-28, o equivalente no Mac à Figura 2-5.

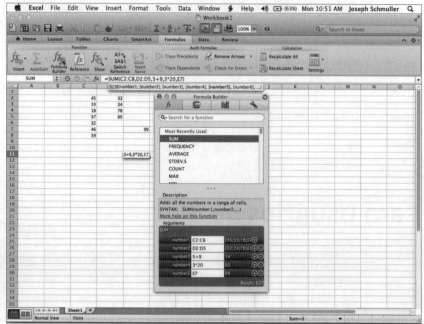

FIGURA 2-28:
Trabalhando com SUM (SOMA) através do Formula Builder (Construtor de Fórmula).

O botão f_x à esquerda da barra de fórmula é outro botão para acessar o Formula Builder (Construtor de Fórmula).

DICA

Quando você usa o botão Insert (Inserir) para colocar uma fórmula na planilha, ele apenas insere a fórmula. Se você quer mais orientações, use o Construtor de Fórmula.

O botão Reference (Referência) à direita do Construtor de Fórmula, fornece informações úteis sobre cada função (organizadas por categoria). O botão Show (Mostrar) lhe permite alternar entre mostrar a fórmula em uma célula (em vez de mostrar o valor) ou não e mostrar a fórmula na barra ou não.

O botão Switch Reference (Trocar Referência), como eu indiquei anteriormente, lhe permite alternar entre o referenciamento relativo e níveis de referenciamento absoluto. Este funciona como o botão F4 na versão do Windows.

O botão Insert Name (Inserir Nome) está à direita de Switch Reference (Trocar Referência). Você usa este botão para inserir o nome de um intervalo na fórmula. Como você nomeia um intervalo no Excel 2011? A Figura 2-29 mostra a barra do menu no topo da tela. Na barra de menu, selecione

Insert (Inserir) | Name (Nome) | Define (Definir)

Isso lhe permite passar por todos os passos que mencionei na seção anterior "O que há em um nome? Um leque de possibilidades".

Ferramentas de análises de dados

Para diferenças relacionadas à estatística entre as versões de Windows e Mac, essa é uma das grandes. A Microsoft não fornece mais o Analysis Toolpak do Excel para o Mac, então, a AnalystSoft entrou em campo e ofereceu o Stat Plus para substituí-lo.

A versão Pro é um conjunto de ferramentas estatísticas extenso. Eu trato da versão gratuita (StatPlus LE), que é um subconjunto limitado. Faça o download do StatPlus Mac LE no site da AnalystSoft (Ou em www.altabooks.com.br – procure pelo nome do livro ou ISBN). (Eu suponho que você tem experiência em instalar softwares baixados no seu Mac.) Depois de instalar, adicione qualquer atualização recomendada.

O StatPlus não integra com o Excel da mesma maneira que o Analysis Toolpak. Ao instalar o StatPlus ele não cria um ícone de Análise de Dados na guia Dados. Em vez disso, você pode abrir a planilha e, então, abrir o StatPlus, ou você pode abrir o StatPlus e, então, da barra de menu do StatPlus selecionar

Spreadsheet (Planilha) | Microsoft Excel

Agora, eu lhe mostro o exemplo da Estatística Descritiva da seção anterior "Utilizando ferramentas de análise de dados". A Figura 2-29 mostra uma planilha do Excel 2011 com o StatPlus aberto.

Como a Figura 2-29 mostra, você seleciona

Statistics (Estatística) | Basic Statistics and Tables (Estatística Básica e Tabelas) | Descriptive Statistics (Estatística Descritiva)

Esta seção abre a janela Estatística Descritiva. (Veja a Figura 2-30.)

CAPÍTULO 2 **Compreendendo as Capacidades Estatísticas do Excel** 57

Como você pode ver, eu selecionei os dados na Coluna B.

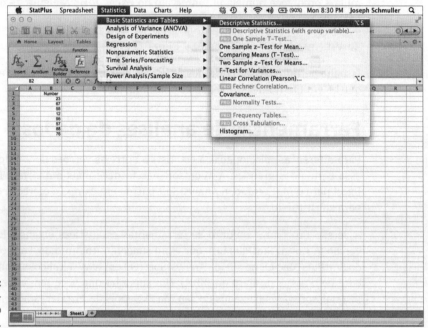

FIGURA 2-29:
Trabalhando com o StatPlus.

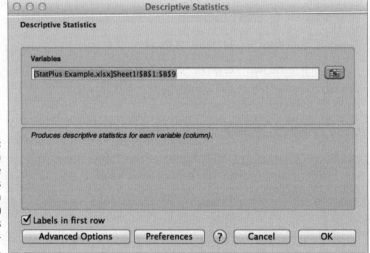

FIGURA 2-30:
A janela Descriptive Statistics (Estatística Descritiva) com os dados selecionados.

Clicando em Ok, o resultado da Figura 2-31 é criado. (Compare com a Figura 2-25.) Não se preocupe com toda a terminologia estatística. Você descobrirá os termos enquanto progride com a leitura do livro.

A2		⊗ ⊘	fx	Variable #1 (Number)	
	A	B	C	D
1	Alpha value (for confidence interval)	0.02		
2		Variable #1 (Number)		
3	Count	8	Skewness	-0.40632
4	Mean	59.5	Skewness Standard Error	0.65134
5	Mean LCL	27.85878	Kurtosis	2.01479
6	Mean UCL	91.14122	Kurtosis Standard Error	0.90666
7	Variance	891.14286	Alternative Skewness (Fisher's)	-0.50676
8	Standard Deviation	29.85202	Alternative Kurtosis (Fisher's)	-0.66894
9	Mean Standard Error	10.55428	Coefficient of Variation	0.50171
10	Minimum	12.	Mean Deviation	22.75
11	Maximum	98.	Second Moment	779.75
12	Range	86.	Third Moment	-8,847.
13	Sum	476.	Fourth Moment	1,225,012.8125
14	Sum Standard Error	84.43425	Median	62.
15	Total Sum Squares	34,560.	Median Error	4.67674
16	Adjusted Sum Squares	6,238.	Percentile 25% (Q1)	55.
17	Geometric Mean	49.82737	Percentile 75% (Q2)	88.
18	Harmonic Mean	37.70237	IQR	33.
19	Mode	#N/A	MAD	20.
20				
21				

FIGURA 2-31: Os resultados da Estatística Descritiva.

Eis um ponto importante sobre o StatPlus. Quando você usa uma Data Analysis Tool (ferramenta de análise de dados), você normalmente tem que ir e vir entre o Excel e o StatPlus. (Lembre-se, ambos devem estar abertos ao mesmo tempo.) Para navegar para o StatPlus, eu acho mais fácil usar Command+Tab.

A navegação do StatPlus para o Excel, no entanto, é outra história. A Figura 2-30 mostra a Variables Box (caixa Variáveis) com o intervalo de células selecionado. Ela também mostra um detalhe muito importante: o ícone imediatamente à direita da caixa de Variáveis. Quando você precisa selecionar um intervalo de uma planilha, você *deve* clicar nesse ícone. Isso realiza duas coisas: (1) Ele permite que o StatPlus saiba que sua seleção vai nessa caixa e (2) ela volta ao Excel para que você possa fazer sua seleção. Então, quando você aperta Command+Tab para voltar ao StatPlus, sua seleção está na caixa.

Você vê a importância disso quando usa uma ferramenta que tem mais de uma caixa a ser preenchida. Se você preenche a primeira caixa e só clica na segunda sem clicar no ícone e, depois, pressiona Command+Tab para o Excel, sua segunda seleção vai para a primeira caixa e não para a segunda.

CAPÍTULO 2 **Compreendendo as Capacidades Estatísticas do Excel** 59

60   PARTE 1 **Começando a Análise Estatística com Excel**

2 Descrevendo Dados

NESTA PARTE . . .

Resuma e descreva dados

Trabalhe com gráficos do Excel

Determine a tendência e a variabilidade central

Trabalhe com contagens padronizadas

Entenda a distribuição normal

> **NESTE CAPÍTULO**
>
> **Introduzindo gráficos**
>
> **Trabalhando com as capacidades gráficas do Excel**
>
> **Criando gráficos para o trabalho estatístico**

Capítulo 3

Mostre e Informe: Colocando Dados em um Gráfico

A apresentação visual de dados é extremamente importante em estatística. Ela permite que você diferencie relações e tendências que não poderiam ser vistas apenas por meio da observação de números. A apresentação visual ajuda de outra maneira: É valiosa para apresentar ideias a grupos e fazer com que eles compreendam seu ponto de vista.

Os gráficos são muito variados. Neste capítulo, explorarei os diferentes tipos usados em estatística e quando é aconselhável utilizá-los. Também mostrarei como manusear o Excel para criar esses gráficos.

Por que Usar Gráficos?

Suponha que você tenha de fazer uma apresentação para um comitê do Congresso sobre a receita de espaços comerciais no início da década de 1990.

O que você preferiria apresentar: os dados da Tabela 3-1 ou o gráfico da Figura 3-1, que mostram os mesmos dados? (Os dados, a propósito, foram retirados do Departamento de Comércio Americano, por meio do Resumo Estatístico Americano.)

TABELA 3-1 **Receitas de Espaços Comerciais Americanos de 1990 a 1994 (Em Milhões de Dólares)**

Indústria	1990	1991	1992	1993	1994
Entrega de Satélites Comerciais	1.000	1.300	1.300	1.100	1.400
Serviços de Satélite	800	1.200	1.500	1.850	2.330
Equipamento de Solo para Satélite	860	1.300	1.400	1.600	1.970
Lançamentos Comerciais	570	380	450	465	580
Dados Remotos	155	190	210	250	300
Infraestrutura Comercial para P&D	0	0	0	30	60
Total	3.385	4.370	4.860	5.295	6.640

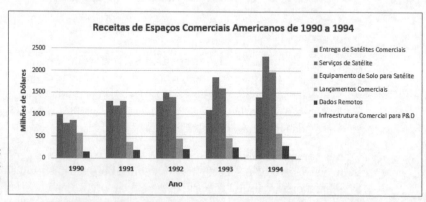

FIGURA 3-1: Gráfico dos dados da Tabela 3-1.

Qual deles teria um impacto maior e mais duradouro? Embora a tabela seja informativa, não há dúvida, a maioria das pessoas alegaria que o gráfico é mais direto e mais fácil de memorizar. Olhos que brilham ao ver números geralmente brilham mais ao ver imagens.

O gráfico mostra as tendências que talvez não pudessem ser vistas tão rapidamente na tabela. (Os serviços de satélite cresceram mais rápido. Os lançamentos comerciais, nem tanto.) Conclusão: Tabelas são boas, gráficos são melhores.

Os gráficos ajudam a dar vida a conceitos que, de outra maneira, seriam difíceis de compreender. Na verdade, faço isso no livro todo. Ilustrarei os argumentos por meio de... bem, ilustrando os argumentos!

Alguns Princípios Básicos

Assim como o gráfico da Figura 3-1, a maioria dos formatos de gráfico tem um eixo horizontal e um eixo vertical. O *gráfico de pizza*, um formato que mostrarei mais adiante, não. Por convenção, o eixo horizontal também é chamado de *eixo x*, e o eixo vertical é chamado de *eixo y*.

Também por convenção, o que faz parte do eixo horizontal é chamado de *variável independente*, e o que faz parte do eixo vertical chama-se *variável dependente*. Um dos formatos de gráfico do Excel inverte essa convenção, falarei sobre ele também.

Apenas para deixá-lo alerta, o Excel chama esse formato de eixos invertidos de *gráfico de barras*. Você poderia achar que o gráfico da Figura 3-1 é um gráfico de barras. Eu também achei. O Excel chama o gráfico dessa figura de *gráfico de colunas*, portanto usarei "colunas" de agora em diante.

Voltando a "independente" e "dependente". Esses termos indicam que as alterações na direção vertical dependem (pelo menos parcialmente) das alterações na direção horizontal.

Outro princípio básico da criação de um gráfico: Não sature a visão do espectador! Se você colocar informações ou efeitos demais em um gráfico, acabará com todo o objetivo dele.

Por exemplo, na Figura 3-1, precisei fazer algumas escolhas para preencher as colunas. Colunas coloridas teriam sido úteis, mas a página que você está observando só pode mostrar branco, preto e tons de cinza.

Grande parte da habilidade na criação de gráficos vem com a experiência, e você só precisa usar o bom senso. Nesse caso, meu bom senso entrou em ação com as linhas horizontais. Na maioria dos gráficos, prefiro não usá-las. Aqui, elas parecem acrescentar à estrutura e ajudam quem visualiza a descobrir o valor em dólares associado a cada coluna. Mas eu repito, é só minha opinião.

As Capacidades Gráficas do Excel

Como mencionei há alguns parágrafos, o gráfico da Figura 3-1 é um gráfico de colunas. Ele é um dos diversos tipos de gráfico que podem ser criados no Excel. Dentre todas as possibilidades de gráfico oferecidas pelo Excel, no entanto, apenas algumas delas são úteis para o trabalho estatístico. Falarei sobre esses tipos neste capítulo.

Além do gráfico de colunas, mostrarei como criar gráficos de pizza, gráficos de barra, de linhas e de dispersão. Eu também falo de uma empolgante nova capacidade chamada de Power View.

Inserindo um gráfico

Quando você cria um gráfico, você o *insere* em uma planilha. Imediatamente, isso nos dá a dica de que as ferramentas para criação de gráficos estão na área Gráficos da guia Inserir. (Veja a Figura 3-2.)

FIGURA 3-2: A área Gráficos da guia Inserir.

Para inserir um gráfico, siga estes passos:

1. Digite seus dados em uma planilha.
2. Selecione os dados que farão parte do gráfico.
3. Na área Gráficos da guia Inserir, selecione Gráficos Recomendados.

    A janela Inserir Gráfico se abre. Esta janela apresenta os melhores palpites do Excel para o tipo de gráfico que apreende seus dados. Escolha um e o Excel cria um gráfico na sua planilha. Isso é novo no Excel 2013. No Excel 2010, um botão para o Gráfico de Colunas ocupava um espaço da Faixa de Opções, no qual o botão Gráficos Recomendados ficava.

4. Modifique o gráfico.

    Clique sobre o gráfico e o Excel criará as guias Design e Layout na Faixa de Opções. Essas guias permitem que você faça todo tipo de alteração em seu gráfico.

É simples assim. (Parece ficar mais fácil a cada nova versão.) A próxima seção explicará melhor.

DICA

A propósito, aqui está mais um conceito importante sobre os gráficos do Excel. No Excel, um gráfico é *dinâmico*. Isso significa que, depois de criar um gráfico, se você alterar os dados de sua planilha, o gráfico será modificado imediatamente.

DICA

Neste exemplo, e nos seguintes, o terceiro passo é sempre

Inserir | Gráficos Recomendados

Você pode acessar um tipo de gráfico diretamente sem as recomendações do Excel. Cada tipo de gráfico ocupa um lugar na guia Inserir. Você também pode acessar cada gráfico a partir da guia Todos os Gráficos na janela Gráficos Recomendados.

Transformando-se em um Colunista

Nesta seção, mostrarei como criar o belo gráfico da Figura 3-1. Siga estes passos:

1. Digite seus dados em uma planilha.

A Figura 3-3 mostra os dados da Tabela 3-1 inseridos em uma planilha.

FIGURA 3-3: Dados da tabela 3-1 inseridos em uma planilha.

	A	B	C	D	E	F
1	Indústria	1990	1991	1992	1993	1994
2	Entrega de Satélites Comerciais	1000	1300	1300	1100	1400
3	Serviços de Satélite	800	1200	1500	1850	2330
4	Equipamento de Solo para Satélite	860	1300	1400	1600	1970
5	Lançamentos Comerciais	570	380	450	465	580
6	Dados Remotos	155	190	210	250	300
7	Infraestrutura Comercial para P&D	0	0	0	30	60
8	Total	3385	4370	4860	5295	6640
9						

2. Selecione os dados que farão parte do gráfico.

Eu selecionei A1:F7. A seleção inclui os rótulos para os eixos, mas não inclui a linha 8, que contém os totais das colunas.

3. Na área Gráficos da guia Inserir, selecione Gráficos Recomendados.

Ao selecionar Inserir | Gráficos | Gráficos Recomendados, você abre a janela Inserir Gráfico na Figura 3-4. Eu rolei a janela pelos gráficos recomendados e selecionei a quinta recomendação do Excel. (Aparentemente, os gostos do Excel são um pouco diferentes dos meus. Talvez, em uma versão futura, o Excel e eu concordemos.) Esse tipo de gráfico é chamado de Colunas Agrupadas.

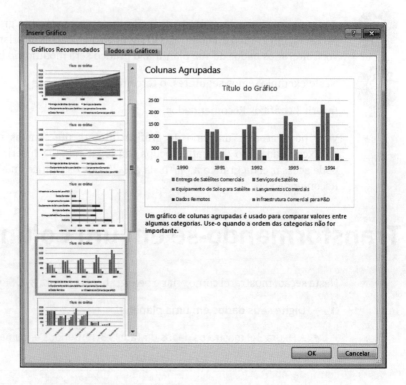

FIGURA 3-4: A janela Inserir Gráfico.

4. **Modifique o gráfico.**

   A Figura 3-5 mostra o gráfico resultante, bem como as guias Design e Layout. Essas guias se combinam para formar as Ferramentas de Gráfico. Como você pode ver, preciso fazer algumas modificações. Por quê? O Excel não soube interpretar como eu gostaria de desenhar o gráfico. Ele parece correto, mas ficará melhor (ao meu ver) se eu reposicionar a legenda (a parte abaixo do eixo x que exibe o que todas as cores significam). Como a Figura 3-1 mostra, eu prefiro que a legenda fique à direita do gráfico.

   Para fazer a modificação, eu clico com o botão direito do mouse na legenda. Do menu suspenso, eu seleciono Formatar Legenda. Isso abre o painel Formatar Legenda. (Veja a Figura 3-5.) Eu selecionei o botão Canto Superior Direito para reposicionar a legenda.

Ainda resta algum trabalho. Por alguma razão, o Excel cria o gráfico sem uma linha para o eixo y, e uma linha cinza para o eixo x. Além disso, os eixos ainda não estão identificados e o gráfico não tem um título.

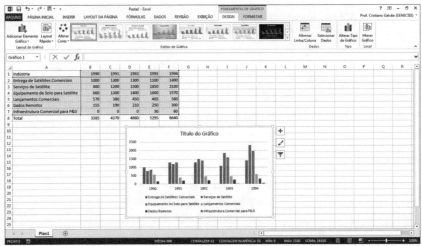

FIGURA 3-5:
O painel Formatar Legenda.

Eu começo formatando os eixos. Neste ponto, uma melhoria genial do Excel 2013 aparece. Nas versões anteriores, se você quisesse formatar os elementos de um gráfico, você tinha que repetir os primeiros passos para cada elemento (clicar com o botão direito, selecionar no menu suspenso e mais). Agora, quando você termina de formatar um elemento, como a legenda, o painel Formatar continua aberto e muda adequadamente quando você seleciona outro elemento para formatar. Então, quando eu seleciono o eixo y, o Formatar Legenda muda para Formatar Eixo. A Figura 3-6 mostra este painel depois da seleção de Opções de Eixo e Linha. Eu trabalhei com o botão Cor para mudar a cor do eixo y. Da mesma maneira, eu posso selecionar o eixo x e passar pelos mesmos passos para mudar a cor do eixo x.

Em seguida, eu adicionei os títulos dos eixos e o título do gráfico. Para fazer isso, selecionei

Design | Adicionar Elemento do Gráfico

Este é um botão novo no Excel 2013. A Figura 3-7 mostra o menu que este botão abre, junto ao menu suspenso para a seleção dos Títulos de Eixos. Use este menu para adicionar os títulos e finalize o gráfico para que ele se pareça com o gráfico da Figura 3-1.

CAPÍTULO 3 **Mostre e Informe: Colocando Dados em um Gráfico** 69

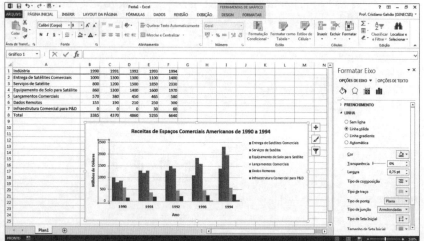

FIGURA 3-6:
O painel Formatar Eixos com a seleção Opções de Eixo e Linha.

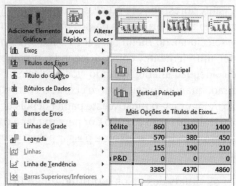

FIGURA 3-7:
O menu para Design | Adicionar Elemento Gráfico com Títulos dos Eixos selecionado.

Uma maneira rápida de adicionar o título do gráfico é clicar no título no gráfico e digitar um novo título.

Quando você adiciona o novo título (seja do eixo ou do título), você pode apenas selecionar o título e começar a digitar ou pode destacar o título antes de começar a digitar. Se você digitar sem destacar, o novo título aparecerá na barra de fórmulas e, depois, na área do título quando você pressionar Enter. Se você destacar antes de digitar, o título aparece na área de título enquanto você digita.

Você pode pré-visualizar um gráfico de algumas maneiras. Na janela Inserir Gráfico, clicar em cada gráfico recomendado exibe uma pré-visualização de como seus dados aparecem em cada tipo do gráfico. Cada pré-visualização aparece na janela. Depois de criar seu gráfico, passar com o ponteiro do mouse por cima das alternativas na guia Design dá a pré-visualização do seu gráfico para as diferentes opções. Cada pré-visualização altera temporariamente o seu gráfico.

Empilhando as Colunas

Se eu tivesse selecionado o sétimo gráfico recomendado pelo Excel, eu teria criado um conjunto de colunas que apresentaria as mesmas informações de forma um pouco diferente. Este tipo de gráfico é chamado de Colunas Empilhadas. Cada coluna representa o total de todas as séries de dados em um ponto do eixo x. Cada coluna está dividida em segmentos. O tamanho de cada segmento é proporcional a quanto ele contribui com o total. A Figura 3-8 traz uma ilustração deste caso.

Inseri cada um dos gráficos na planilha. O Excel também permite que você mova um gráfico para outra página da área de trabalho. Selecione Design | Mover Gráfico (essa opção fica no extremo direito da guia Design) para abrir a janela Mover Gráfico. Clique no botão Nova Planilha para acrescentar uma planilha e mover o gráfico para ela. A Figura 3-9 mostra a aparência do gráfico em sua própria página. Como você pode ver na Figura 3-9, eu reposicionei a legenda da Figura 3-8.

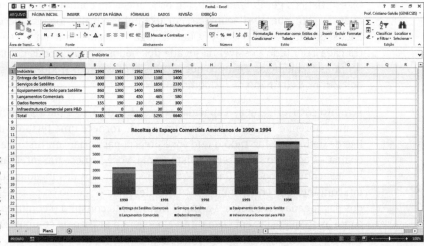

FIGURA 3-8: Um gráfico de colunas empilhadas com os dados da Tabela 3-1.

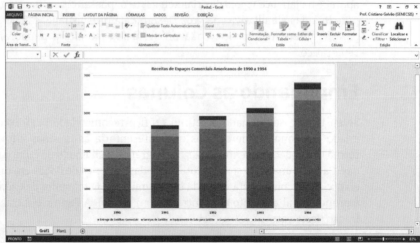

FIGURA 3-9:
O gráfico de Colunas Empilhadas em sua própria planilha.

Essa é uma boa maneira de mostrar variações de porcentagem ao longo do tempo. Se você quiser apenas se concentrar nas porcentagens de um ano, outro tipo de gráfico é mais eficaz. Falarei sobre ele em instantes, mas primeiro quero dizer...

Mais uma coisa

Os estatísticos geralmente utilizam os gráficos de colunas para mostrar a frequência com que algo acontece. Por exemplo, em mil jogadas de um par de dados, quantas vezes o 6 saiu? Quantas jogadas resultaram em 7? O eixo x mostra cada resultado possível da jogada dos dados e a altura das colunas representa as frequências. Sempre que alturas representam frequência, seu gráfico de colunas é chamado de *histograma*.

É muito fácil utilizar as capacidades gráficas do Excel para gerar um histograma, porém o Excel facilita ainda mais. Ele fornece uma ferramenta de análise de dados que faz tudo o que você precisa para criar um histograma. Ela se chama — acredite se quiser — Histograma. Você fornece um intervalo de células que contém todos os dados — como os resultados das jogadas dos dados, e um conjunto que contém uma lista de intervalos — como os possíveis resultados das jogadas (números 2 a 12). O histograma consulta o conjunto de dados, conta as frequências em cada intervalo e gera o gráfico de colunas. Descreverei essa ferramenta com mais detalhes no Capítulo 7.

Fatiando a Pizza

Passemos ao próximo tipo de gráfico. Para mostrar as porcentagens que compõem um todo, um gráfico de pizza é o ideal.

Suponha que você queira se concentrar nos lucros comerciais americanos em 1994 — isto é, a última coluna da Tabela 3-1. Você chamará a atenção das pessoas se apresentar os dados em um gráfico de pizza, como o da Figura 3-10.

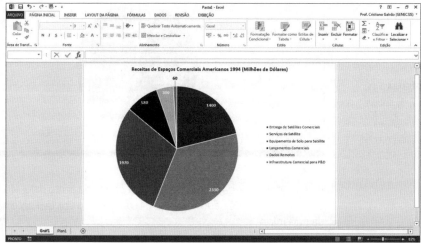

FIGURA 3-10:
Um gráfico de pizza da última coluna de dados na Tabela 3-1.

Eis como criar esse gráfico:

1. **Digite os dados em uma planilha.**

Essa é fácil. Já fizemos isso.

2. **Selecione os dados que farão parte do gráfico.**

Quero os nomes da coluna A e os dados da coluna F. O truque é selecionar a coluna A (células A2 a A7) normalmente e, em seguida, pressionar e segurar a tecla Ctrl. Enquanto segura essa tecla, arraste o cursor de F2 a F7. Pronto — duas colunas separadas foram selecionadas.

3. **Selecione Inserir | Gráficos Recomendados e escolha o Gráfico de Pizza.**

4. **Modifique o gráfico.**

A Figura 3-11 mostra o gráfico de pizza inicial em sua própria página. Para fazer com que ele ficasse como na Figura 3-10, precisei fazer muitas modificações. Primeiro eu formatei a legenda como no exemplo anterior.

Os números dentro das fatias são chamados de Rótulos de Dados. Para adicioná-los, eu selecionei o gráfico (não apenas uma fatia) e cliquei com o botão direito. No menu suspenso, eu selecionei Adicionar Rótulos de Dados | Adicionar Rótulos de Dados. Isso não é um erro de digitação: Essas duas seleções têm o mesmo nome. (Selecione a outra opção, Adicionar Texto Explicativo de Dados, para um efeito atraente.)

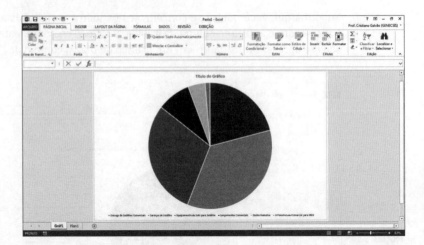

FIGURA 3-11:
O gráfico de pizza inicial em sua própria página.

Para mudar a cor da fonte do rótulo de dados de preta para branca, eu selecionei os rótulos de dados e trabalhei com o botão Cor de Fonte na área Fonte da guia Início.

Por fim, note que eu retirei os números de dentro da fatia mais fina. Isso os torna mais fáceis de ler. Eu fiz isso selecionando e arrastando os números para sua nova localização. Então, mudei a cor da fonte de branca para preta.[1]

Lembre-se disso sempre que for configurar um gráfico de pizza...

Uma palavra do sábio

O comentarista social, contador de histórias e ex-jogador de beisebol Yogi Berra foi, um dia, a um restaurante e pediu uma pizza inteira.

"Em quantas fatias devo cortar", perguntou o garçom, "quatro ou oito?"

"Melhor cortar em quatro", disse Yogi. "Eu não estou com tanta fome para comer oito."

A análise perspicaz de Yogi leva a uma diretriz útil sobre gráficos de pizza: Eles são mais digestíveis se tiverem menos fatias. Se você cortar um gráfico de pizza muito fino, provavelmente vai sobrecarregar seu público com informações.

DICA

Quando você cria um gráfico para uma apresentação (como no PowerPoint), é uma boa ideia incluir os rótulos de dados. Isso muitas vezes torna claro os pontos e tendências importantes para a sua audiência.

---

1   O título também foi modificado.

PARTE 2 **Descrevendo Dados**

Desenhando a Linha

No exemplo anterior, concentrei-me em uma coluna de dados da Tabela 3-1. Neste exemplo, o foco será em uma linha. A ideia é traçar o progresso de uma indústria relacionada ao espaço ao longo dos anos de 1990 a 1994. Aqui, represento em gráfico os lucros dos Serviços de Satélite. O produto final, mostrado em sua própria página, é a Figura 3-12.

Um gráfico de linhas é uma boa maneira de mostrar alterações com o passar do tempo, quando não é preciso lidar com muitas séries de dados. Se você tentar colocar em um gráfico de linhas todas as seis indústrias, vai parecer um espaguete.

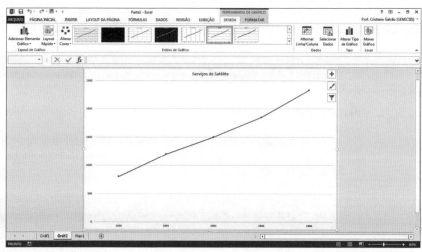

FIGURA 3-12: Um gráfico de linhas representando a segunda linha de dados da Tabela 3-1.

Como criar um gráfico como o da Figura 3-12? Siga estes passos:

1. Digite os dados em uma planilha.

Mais uma vez, já está pronto.

2. Selecione os dados que farão parte do gráfico.

Neste exemplo, são as células B3 a F3. Sim, eu incluo a legenda.

Opa! Esqueci alguma coisa? E aquele truque que mostrei antes, de segurar a tecla Ctrl e selecionar células adicionais? Eu não poderia fazer isso e selecionar a primeira linha, com os anos, para representar o eixo x?

Não, desta vez não. Se eu fizer isso, o Excel vai pensar que 1990, 1991, 1992, 1993 e 1994 são apenas mais uma série de pontos de dados a serem inseridos no gráfico. Mostrarei outra forma de colocar os anos no eixo x.

CAPÍTULO 3 **Mostre e Informe: Colocando Dados em um Gráfico** 75

3. **Vá para Inserir | Gráficos Recomendados e selecione o tipo de gráfico.**

   Desta vez, eu seleciono a guia Todos os Gráficos e escolho Linhas com Marcadores dentre as opções. A Figura 3-13 mostra o resultado.

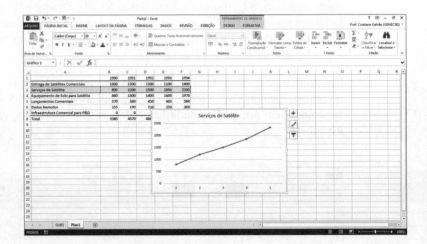

FIGURA 3-13: O resultado de escolher Linhas com Marcadores da guia Todos os Gráficos.

4. **Modifique o gráfico.**

   A visualização da linha no gráfico está um pouco difícil. Selecionando a linha e, depois, Design | Alterar Cores, a linha receberá um conjunto de cores. Eu escolhi preto.

   Em seguida, acrescentei os títulos do gráfico e dos eixos. A maneira mais fácil de mudar o título (que começa como o rótulo que eu selecionei juntamente com os dados) é clicar no título e digitar a mudança.

   Uma maneira de adicionar os títulos dos eixos é usar o conjunto de ferramentas que aparecem quando você seleciona o gráfico. (Veja a Figura 3-14.) Identificada com um sinal de mais, a primeira ferramenta lhe permite adicionar elementos ao gráfico. Clicando nela e, então, selecionando Rótulos dos Eixos, os títulos são inseridos ao gráfico. Depois, eu cliquei no título de um eixo, destaquei o texto e digitei o novo título.

   Ainda preciso colocar os anos no eixo x. Para fazer isso, clico com o botão direito do mouse dentro do gráfico para abrir o menu da Figura 3-15.

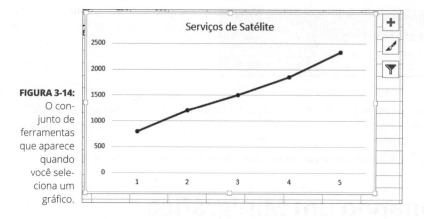

FIGURA 3-14: O conjunto de ferramentas que aparece quando você seleciona um gráfico.

FIGURA 3-15: Clicar com o botão direito do mouse dentro do gráfico abre este menu.

Ao clicar sobre Selecionar Dados, você abre a janela Selecionar Fonte de Dados. (Veja a Figura 3-16.) Na janela chamada Rótulos do Eixo Horizontal (Categorias), clique sobre o botão Editar para abrir a janela Rótulos do Eixo (Figura 3-17). Um cursor piscante na caixa Intervalo do Rótulo do Eixo mostra que ela está pronta para a ação. Selecione as células B1 a F1 e clique em OK para fechar esta janela. Ao clicar em OK, você fecha a janela Selecionar Fonte de Dados e insere os anos no eixo x.

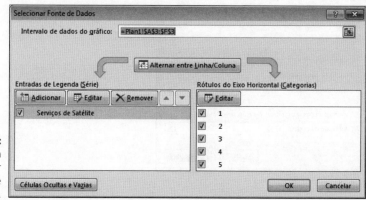

FIGURA 3-16: A janela Selecionar Fonte de Dados.

CAPÍTULO 3 **Mostre e Informe: Colocando Dados em um Gráfico** 77

FIGURA 3-17:
A janela
Rótulos
do Eixo.

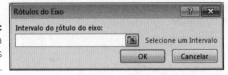

O conjunto de ferramentas na Figura 3-14 fornece muitos atalhos úteis. A ferramenta pincel apresenta uma variedade de esquemas de cores e estilos para o seu gráfico. A ferramenta filtro lhe permite apagar elementos selecionados do gráfico e lhe dá um atalho para abrir a janela Selecionar Fonte de Dados.

Adicionando um Minigráfico (Sparkline)

A ideia de Edward Tufte (também conhecido como "O Da Vinci dos Dados"), um sparkline é um pequeno gráfico que você pode integrar ao texto para ilustrar rapidamente uma tendência. Ele é projetado para ser do tamanho de uma palavra. Na verdade, Tufte se refere a sparklines como "palavras de dados".

A Microsoft adicionou minigráficos ao Excel 2010 e eles são parte do Excel 2013. Três tipos de minigráficos estão disponíveis: Um é um gráfico de linhas, outro é um gráfico de colunas. O terceiro é um tipo especial de gráfico de colunas que os fãs de esporte vão gostar. Ele mostra vitórias e derrotas.

Para mostrar para você como eles se parecem, eu apliquei os dois primeiros aos dados da Tabela 3-1. Primeiro, insiro duas colunas entre a Coluna A e a Coluna B. Depois, na nova Coluna B (em branco), eu seleciono a célula B2. Então, eu seleciono

Inserir | Minigráficos | Linha

para abrir a janela Criar Minigráficos. (Veja a Figura 3-18.)

FIGURA 3-18:
A janela
Criar Minigráficos.

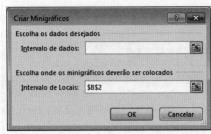

Na caixa de Intervalo de Dados, eu digitei D2:H2 e cliquei em OK. Então, eu autocompletei a coluna. Repeti esses passos para a Coluna C, mas com o botão Minigráficos de Colunas. A Figura 3-19 mostra os resultados.

FIGURA 3-19:
Minigráficos de Linha e de Coluna para os dados da Tabela 3-1.

	A	B	C	D	E	F	G	H
1				1990	1991	1992	1993	1994
2	Entrega de Satélites Comerciais			1000	1300	1300	1100	1400
3	Serviços de Satélite			800	1200	1500	1850	2330
4	Equipamento de Solo para Satélite			860	1300	1400	1600	1970
5	Lançamentos Comerciais			570	380	450	465	580
6	Dados Remotos			155	190	210	250	300
7	Infraestrutura Comercial para P&D			0	0	0	30	60
8	Total			3385	4370	4860	5295	6640
9								

Se você realmente tiver que mostrar uma tabela em uma apresentação, os minigráficos seriam uma bela adição. Se eu estivesse apresentando esta tabela, eu incluiria o minigráfico de coluna.

De que outra maneira você poderia utilizar um minigráfico? A Figura 3-20 mostra dois minigráficos de coluna integrados em um documento do Word. Para copiar e colar adequadamente você precisará fazer algumas manobras e terá que colar o minigráfico como uma imagem. Eu acho que você concordará que os resultados valem o esforço.

FIGURA 3-20:
Minigráficos em um documento do Word.

> Na primeira metade da década de 1990, as receitas para lançamentos comerciais iniciaram fortemente, passaram por uma queda e então se recuperaram bem. ▪ _ _ _ ▪
>
> No geral, as receitas de espaço comercial dos EUA mostraram um crescimento constante _ _ ▪ ▪ ▪ nos anos de 1990-1994.

O minigráfico de Ganhos/Perdas resume bem o progresso de um time esportivo ao longo de uma temporada. Criado com o botão Ganhos/Perdas na área de Minigráficos, os minigráficos da Figura 3-21 mostram o progresso semana a semana dos times na NFC Divisão Leste da Liga Nacional de Futebol em 2011. Nos dados, 1 representa uma vitória e -1 representa uma derrota. Uma vitória aparece como um marcador acima da linha, uma derrota abaixo da linha.

Por que os New York Giants têm quatro vitórias a mais que todo mundo na divisão? Eles foram o único time na divisão que passaram para a pós-temporada. Eles ganharam os quatro jogos da pós-temporada, culminando no (rufem os tambores) Campeonato do Super Bowl.

DICA

Se você quiser excluir um minigráfico, você não faz isso da maneira tradicional. Em vez disso, clique com o botão direito do mouse e selecione Minigráficos no menu suspenso. Isso apresenta uma escolha que lhe permite remover o minigráfico.

CAPÍTULO 3 **Mostre e Informe: Colocando Dados em um Gráfico** 79

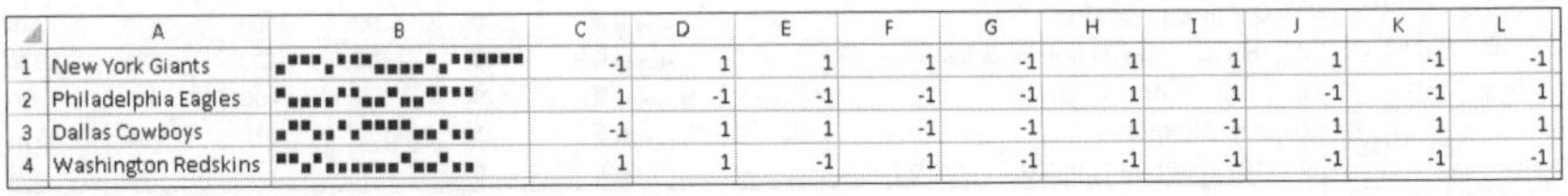

FIGURA 3-21:
Minigráficos
Ganhos/
Perdas para
o NFC Leste
de 2011
(apresen-
tando o
Campeão
do Super
Bowl, New
York Giants).

	A	B	C	D	E	F	G	H	I	J	K	L
1	New York Giants		-1	1	1	1	-1	1	1	1	-1	-1
2	Philadelphia Eagles		1	-1	-1	-1	-1	1	1	-1	-1	1
3	Dallas Cowboys		-1	1	1	-1	-1	1	-1	1	1	1
4	Washington Redskins		1	1	-1	1	-1	-1	-1	-1	-1	-1

Levantando a Barra

O gráfico de barras do Excel é um gráfico de colunas deitado. Esse gráfico inverte a convenção horizontal–vertical. Aqui, o eixo vertical contém a variável independente e é chamado de eixo x. O eixo horizontal é o eixo y e representa a variável dependente.

Quando você deve usar o gráfico de barras? Esse tipo de gráfico é ideal se você quer argumentar a respeito de um objetivo ou sobre as injustiças para atingir um objetivo.

A Tabela 3-2 mostra os dados do uso da internet por crianças em casa. Os dados, fornecidos pelo U.S. Census Bureau (por meio do Resumo Estatístico Americano) são do ano 2000. *Porcentagem* significa a porcentagem de crianças em cada grupo de renda familiar.

TABELA 3-2   **Uso da Internet pelas Crianças em Casa (2000)**

Renda Familiar	Porcentagem
Abaixo de US$15 mil	7,7
US$15 mil a US$19.999	12,9
US$20 mil a US$24.999	15,2
US$25 mil a US$34.999	21,0
US$35 mil a US$49.999	31.8
US$50 mil a US$74.999	39,9
Acima de US$75 mil	51,7

Os números da tabela são muito impressionantes. Colocá-los em um gráfico de barras os deixa ainda mais impressionantes, como você pode ver na Figura 3-22.

80   PARTE 2 **Descrevendo Dados**

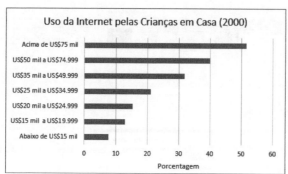

FIGURA 3-22: Gráfico de barras com os dados da Tabela 3-2.

Para criar este gráfico, siga estes passos:

1. **Digite os dados em uma planilha.**

   A Figura 3-23 mostra os dados em uma planilha.

FIGURA 3-23: Os dados da Tabela 3-2 em uma planilha.

	A	B
1	Renda Familiar	Porcentagem
2	Abaixo de US$15 mil	7,7
3	US$15 mil a US$19.999	12,9
4	US$20 mil a US$24.999	15,2
5	US$25 mil a US$34.999	21
6	US$35 mil a US$49.999	31,8
7	US$50 mil a US$74.999	39,9
8	Acima de US$75 mil	51,7
9		

2. **Selecione os dados que farão parte do gráfico.**

   Neste exemplo, os dados estão nas células A1 a B8.

3. **Selecione Inserir | Gráficos Recomendados e escolha o gráfico que você quiser.**

   Eu selecionei a primeira opção, Barras Agrupadas. A Figura 3-24 mostra o resultado.

4. **Modifique o gráfico.**

   A primeira modificação é mudar o título do gráfico. Uma maneira de fazer isso é clicar no título atual e digitar o novo título. Em seguida, eu adicionei os títulos dos eixos. Para isso, selecionei a ferramenta de Elementos do Gráfico (identificada com um sinal de mais) que aparece quando eu clico no gráfico. Selecionar a caixa Rótulos dos Eixos adiciona títulos genéricos de eixos, que eu mudei. Por fim, mudei a fonte dos títulos e números dos eixos para negrito. A maneira mais fácil de fazer isso é selecionar um elemento e digitar Ctrl+N.

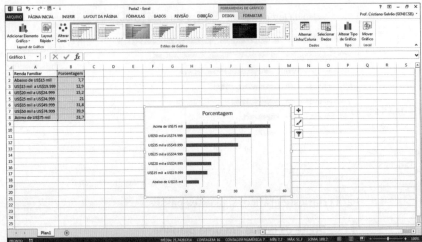

FIGURA 3-24:
O gráfico de barras inicial do Excel.

A Coisa se Complica

Você utiliza uma importante técnica estatística chamada *regressão linear* para determinar a relação entre uma variável, *x*, e outra variável, *y*. Para saber mais sobre regressão linear, veja o Capítulo 14.

A base dessa técnica é um gráfico que mostra indivíduos medidos em *x* e em *y*. O gráfico representa cada indivíduo como um ponto. Como os pontos parecem se espalhar pelo gráfico, ele é chamado de *gráfico de dispersão*.

Suponha que você queira saber quão eficientemente um teste de aptidão para vendas pode prever a produtividade dos vendedores. Você aplica o teste a uma amostra de vendedores e tabula quanto dinheiro eles ganham com comissões em um período de dois meses. Os pares de valores (pontuação no teste e comissões) de cada pessoa localizam as pessoas dentro do gráfico de dispersão.

Para criar um gráfico de dispersão, siga estes passos:

1. Digite os dados em uma planilha.

A Figura 3-25 mostra os dados inseridos.

◢	A	B	C
1	Vendedor	Pontuação de Aptidão	Comissões (Milhares de Dólares)
2	1	54	65
3	2	34	45
4	3	23	39
5	4	46	35
6	5	34	45
7	6	47	50
8	7	51	76
9	8	54	62
10	9	35	49
11	10	45	50
12	11	40	48
13	12	39	48
14	13	35	47
15	14	56	61
16	15	22	38
17	16	58	64
18	17	42	54
19	18	33	50
20	19	39	45
21	20	50	62
22			

FIGURA 3-25: Dados do gráfico de dispersão.

2. **Selecione os dados que farão parte do gráfico.**

A Figura 3-25 mostra as células selecionadas — B2 a C21. (Se você incluir B1, criará o mesmo gráfico, mas com título incorreto.) As células da coluna A são apenas marcadores de lugar que organizam os dados.

3. **Selecione Inserir | Gráficos Recomendados e selecione o tipo de gráfico.**

Escolhi a primeira opção, o que resultou no gráfico ilustrado na Figura 3-26.

4. **Modifique o gráfico.**

Eu cliquei no título genérico do gráfico e digitei um novo título. Em seguida, cliquei na ferramenta Elementos do Gráfico (identificada com um sinal de mais) e a utilizei para adicionar os títulos genéricos dos eixos no gráfico. Em seguida digitei novos títulos. Por fim, selecionei cada título de eixo e digitei Ctrl+N[2] para deixar a fonte em negrito. O resultado é o gráfico de dispersão da Figura 3-27.

Para outros gráficos, seria praticamente isso, mas esse é especial. Clique com o botão direito do mouse em qualquer um dos pontos do gráfico de dispersão e você verá um menu suspenso como o da Figura 3-28.

---

2 Ou Ctrl+B, no Excel em inglês.

CAPÍTULO 3 **Mostre e Informe: Colocando Dados em um Gráfico** 83

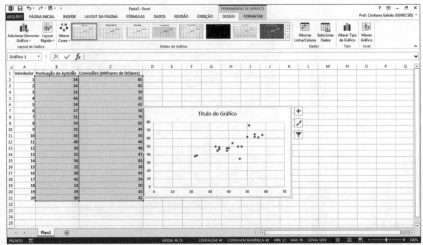

FIGURA 3-26: O gráfico de dispersão inicial.

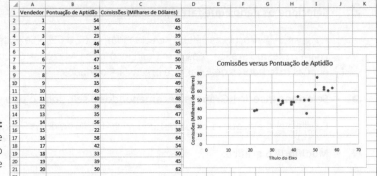

FIGURA 3-27: O gráfico de dispersão quase pronto.

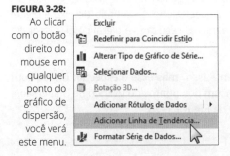

FIGURA 3-28: Ao clicar com o botão direito do mouse em qualquer ponto do gráfico de dispersão, você verá este menu.

Selecione Adicionar Linha de Tendência para abrir a janela Formatar Linha de Tendência. (Veja a Figura 3-29.) Eu selecionei o botão Linear (o padrão) e

84 PARTE 2 **Descrevendo Dados**

cliquei nas duas últimas caixas de seleção de baixo. Você precisa rolar a janela para baixo para poder vê-las. Elas são nomeadas Exibir Equação no Gráfico e Exibir Valor de R-Quadrado no Gráfico.

FIGURA 3-29: A janela Formatar Linha de Tendência.

Clique em Fechar para fechar a janela Formatar Linha de Tendência. Agora, há mais alguns itens no gráfico de dispersão, como mostra a Figura 3-30. Uma linha passa pelo meio dos pontos. O Excel chama esta linha de *linha de tendência*, mas seu nome correto é *linha de regressão*. Também há duas equações. (Para efeito de esclarecimento, eu as arrastei de sua localização original.) O que elas significam? O que são esses números? Leia o Capítulo 14 para descobrir.

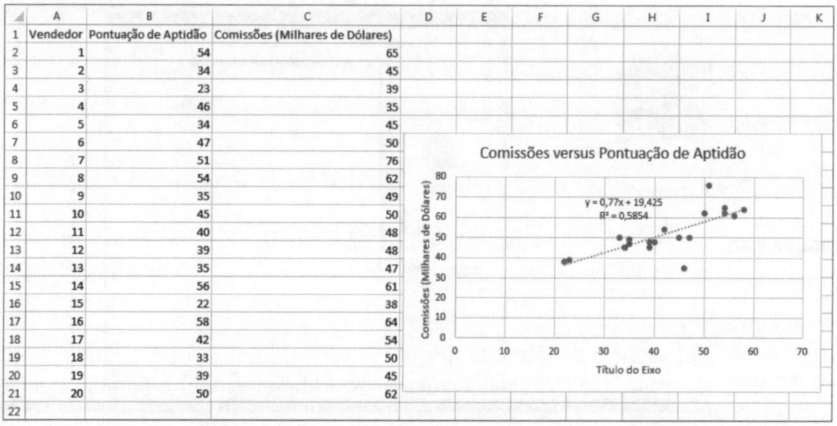

FIGURA 3-30: O gráfico de dispersão com informações adicionais.

CAPÍTULO 3 **Mostre e Informe: Colocando Dados em um Gráfico** 85

Encontrando Outro Uso para o Gráfico de Dispersão

Além da aplicação na seção anterior, o gráfico de dispersão é utilizado para criar algo como um gráfico de linha. O gráfico de linha convencional funciona quando os valores no eixo x são igualmente espaçados, como é o caso dos dados da Tabela 3-1.

Suponha que seus dados se pareçam com os valores da Figura 3-31. Os usuários veteranos das versões anteriores do Excel (incluindo o Excel 2010) devem lembrar de ter que descobrir que um gráfico de dispersão com linhas e marcadores era a melhor maneira de visualizar esses dados.

FIGURA 3-31: Esses dados sugerem um gráfico de linha, mas os valores x não são igualmente espaçados.

	A	B
1	X	Y
2	10	12
3	20	16
4	50	22
5	100	75
6	200	112

O Excel 2013 arruma isso para você. Ao selecionar os dados e, depois, INSERIR | Gráficos Recomendados, a primeira opção será Gráfico de Dispersão com Linhas Retas e Marcadores. (Veja a Figura 3-32.) Isso o coloca no caminho do gráfico adequado.

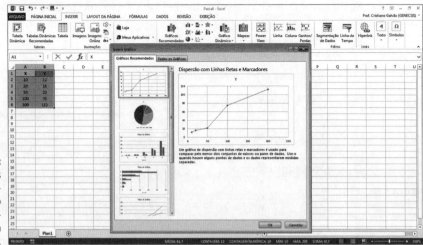

FIGURA 3-32: Gráficos Recomendados sugere o gráfico adequado para os dados.

86   PARTE 2 **Descrevendo Dados**

Power View!

O Power View é um acréscimo formidável ao Excel 2013. Nesta seção, eu lhe mostro como usá-lo para criar um relatório com base em mapas.

A Figura 3-33 mostra uma planilha com as cidades dos EUA que têm as dez maiores porcentagens de pessoas com diploma de bacharel. (Fonte: `www.city-data.com` – conteúdo em inglês)

FIGURA 3-33: Cidades dos EUA com as dez maiores porcentagens de pessoas com diploma de bacharel.

	A	B	C
1	País	Cidade	Porcentagem com Diploma de Bacharel
2	USA	Bethesde, Maryland	78,9
3	USA	Brookline, Massachusetts	76,9
4	USA	Palo Alto, California	74,4
5	USA	Ann Arbor, Michigan	69,3
6	USA	Southeast Marin, California	69
7	USA	Davis, California	68,6
8	USA	Newton, Massachusetts	68
9	USA	Boulder, Colorado	66,9
10	USA	Cupertino, California	65,4
11	USA	Cambridge, Massachusetts	65,1

Eu uso o Power View para criar um mapa dos EUA que mostre essas cidades, cada uma com uma bolha cujo tamanho reflita sua porcentagem. O mapa é uma cortesia do Bing, o mecanismo de busca da Microsoft, portanto, você precisa de uma conexão com a internet.

Para criar o mapa, siga estes passos:

1. **Digite os dados em uma planilha.**

2. **Selecione os dados, incluindo os títulos das colunas.**

3. **Clique Inserir | Power View.**

Depois de alguns segundos (tenha paciência!), a página da Figura 3-34 se abre.

4. **Clique no ícone Mapa (um globo logo abaixo de Inserir é Design | Mapa).**

A Figura 3-35 mostra o resultado. Como você pode ver, o mapa já está começando a se formar.

5. **Modifique o mapa.**

No painel Campos do Power View, eu arrastei Cidade para a caixa Cor. Isso faz com que as bolhas para as cidades fiquem de cores diferentes. Infelizmente, a página que você está olhando é preta, branca e cinza, mas eu acho que você consegue ter uma ideia com a Figura 3-36. Esta figura mostra o que acontece depois que eu expandi o mapa.

CAPÍTULO 3 **Mostre e Informe: Colocando Dados em um Gráfico** 87

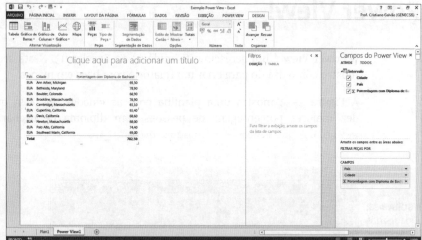

FIGURA 3-34: A planilha do Power View.

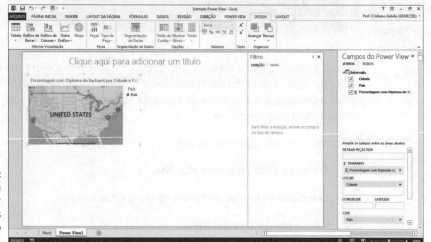

FIGURA 3-35: A planilha do Power View depois de clicar no ícone Mapa.

FIGURA 3-36: O mapa finalizado e expandido.

Mesmo com uma ferramenta poderosa como esta, você ainda precisa ficar atento. Aparentemente, o mapa não registrou Southeast Marin, Califórnia.

Para Usuários de Mac

Infelizmente, o Excel 2011 para Mac não tem todos os recursos gráficos do Excel 2013. Em primeiro lugar, ele não tem o botão Gráficos Recomendados. E em segundo, não tem o Power View.

A Figura 3-37 mostra a guia Gráficos na Faixa de Opções do Excel 2011. Como a figura sugere, os passos para criar um gráfico são:

1. Digite seus dados em uma planilha.

2. Selecione os dados para o seu gráfico.

3. Na guia Charts (Gráficos), selecione o tipo adequado de gráfico.

4. Modifique o gráfico.

A modificação dos gráficos também é diferente.

FIGURA 3-37: A guia Charts (Gráficos) na Faixa de Opções do Excel 2011.

CAPÍTULO 3 **Mostre e Informe: Colocando Dados em um Gráfico**

Aqui, eu levo você pelo primeiro exemplo na seção "Transformando-se em um Colunista".

1. **Digite seus dados em uma planilha.**

   Os dados estão na planilha na Figura 3-3.

2. **Selecione os dados para o seu gráfico.**

   Os dados selecionados estão nas células A1 a F7.

3. **Na guia Gráficos, selecione o tipo adequado de gráfico.**

   Eu selecionei Charts (Gráficos) | Column (Colunas). Do menu suspenso, eu escolhi a primeira opção, Clustered Column (Coluna Agrupada). (Veja a Figura 3-38.)

4. **Modifique o gráfico.**

   O gráfico resultante aparece na Figura 3-39. Como você pode ver, o primeiro palpite do Excel sobre a estrutura do gráfico não é a mesma forma do gráfico na Figura 3-1. O tipo de aplicação comercial está no eixo x e os anos estão na legenda.

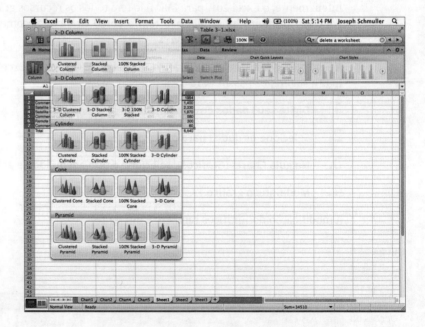

FIGURA 3-38: Ao selecionar Charts | Column (Gráficos | Colunas) este menu suspenso se abre.

90 PARTE 2 **Descrevendo Dados**

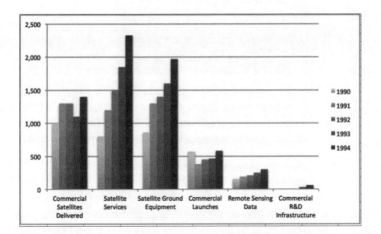

FIGURA 3-39:
O primeiro palpite do Excel.

Eu quero os anos no eixo x e o tipo de aplicação na Legenda. Para que isso aconteça, eu clico no gráfico e pressiono Ctrl+clique. Ao fazer isso, um menu suspenso se abre. A partir desse menu, eu escolho Select Data (Selecionar Dados) para abrir a janela Select Data Source (Selecionar Fonte de Dados). (Veja a Figura 3-40.)

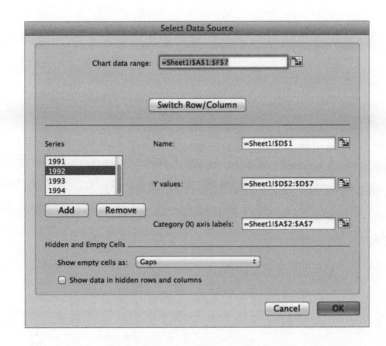

FIGURA 3-40:
A janela Select Data Source (Selecionar Fonte de Dados).

Por fim, eu clico no botão Alterar Row (Linha)/ Column (Coluna) para modificar o gráfico. Eu ainda tenho que adicionar o título do gráfico e os títulos dos eixos. Os botões para isso estão na guia Chart Layout Tab (Layout de Gráfico).

CAPÍTULO 3 **Mostre e Informe: Colocando Dados em um Gráfico** 91

FIGURA 3-41:
A guia Chart Layout (Layout de Gráfico).

Eu seleciono Chart Layout (Layout de Gráfico) | Chart Title (Título do Gráfico) e a opção Title Above Chart (Título Sobre o Gráfico). Isso insere um título genérico de gráfico, que eu seleciono. Depois eu digito o título.

Em seguida, eu seleciono Layout de Gráfico | Axis Title (Título do Eixo) | Horizontal Axis Title (Título do Eixo Horizontal) e a opção Title Below Axis (Título Abaixo do Eixo). Eu digito o título no título genérico do eixo no gráfico. De maneira similar, eu seleciono Layout de Gráfico | Título do Eixo | Vertical Axis Title (Título do Eixo Vertical) e a opção Rotated Title (Título Girado). Eu finalizo digitando o título para o eixo vertical. Agora, o gráfico se parece com o gráfico na Figura 3-1. (Talvez um pouco mais no estilo Mac).

NESTE CAPÍTULO

Trabalhando dentro de suas médias

Satisfazendo condições

Entendendo que a mediana é a mensagem

Entrando na moda

Capítulo 4
Encontrando seu Centro

Os estatísticos trabalham com grupos de números. Eles geralmente acham útil usar um único número para resumir um grupo de números. De onde viria um único número?

A melhor aposta é encontrar um número que esteja mais ou menos no meio e usá-lo para representar todo o grupo. Se você observar um grupo de números e tentar encontrar um que esteja mais ou menos no meio, estará trabalhando com a *tendência central* do grupo. Assim como um sorvete gostoso, a tendência central vem em diversos sabores.

Média: A Sabedoria dos Promédios

Quase todo mundo utiliza promédios. O termo estatístico para o promédio é *média*. Em algum momento da sua vida, você certamente calculou uma média. A média é um modo rápido de caracterizar suas notas, seu dinheiro e até seu desempenho em alguma tarefa ou esporte ao longo do tempo.

Outro motivo para calcular médias envolve o tipo de trabalho feito pelos cientistas. Tipicamente, um cientista aplica algum tipo de procedimento a uma pequena amostra de pessoas ou objetos e mede os resultados de alguma forma. Ele utiliza os resultados da amostra para estimar os efeitos do procedimento na população que produziu a amostra. Casualmente, a média da amostra é a melhor estimativa da média da população.

Calculando a média

Você provavelmente não precisa que eu explique como calcular uma média, mas eu explicarei mesmo assim. Em seguida, mostrarei a fórmula estatística. Meu objetivo é ajudá-lo a compreender as fórmulas estatísticas em geral e, em seguida, prepará-lo para mostrar como o Excel calcula médias.

A média é apenas a soma de alguns números dividida pela quantidade de números que foram somados. Eis um exemplo: Suponha que você esteja medindo a velocidade de leitura de seis crianças em palavras por minuto, e você observa que as velocidades são

56, 78, 45, 49, 55, 62

A velocidade média de leitura destas seis crianças é

$$\frac{56 + 78 + 45 + 49 + 55 + 62}{6} = 57,5$$

Ou seja, a média desta amostra é 57,5 palavras por minuto.

Uma primeira tentativa para uma fórmula seria

$$\text{Significado} = \frac{\text{Soma dos números}}{\text{Quantidade de números adicionados acima}}$$

As fórmulas ficam muito pesadas, então, os estatísticos utilizam abreviações. Uma abreviação muito utilizada para "Número" é x. Uma abreviação típica para "Quantidade de Números Somados" é N. Com essas abreviações, a fórmula passa a ser

$$\text{Significado} = \frac{\text{Soma de X}}{N}$$

Outra abreviação utilizada em estatística representa *Soma de*. É a letra maiúscula grega para o *S*. Ela se chama "sigma" e é representada pelo símbolo Σ. A seguir, a fórmula com sigma:

$$\text{Significado} = \frac{\sum X}{N}$$

E a "média"? Os estatísticos também a abreviam. *M* seria uma boa abreviação, e alguns estatísticos a utilizam, mas a maioria utiliza $\overline{X}$ (que se pronuncia "x barra") para representar a média. Portanto, esta é a fórmula:

$$\overline{X} = \frac{\sum X}{N}$$

Só isso? Bem... não. Letras de nosso alfabeto, como $\overline{X}$, representam características de amostras. Para características de população, as abreviações são feitas com letras gregas. Para a média da população, a abreviação é a letra grega equivalente ao *M*, que é μ (pronuncia-se "mi"). A fórmula para a média da população é

$$\mu = \frac{\sum X}{N}$$

MÉDIA e MÉDIAA

A função MÉDIA da planilha Excel calcula a média de um conjunto de números. A Figura 4-1 mostra os dados e a janela Argumentos da Função de MÉDIA.

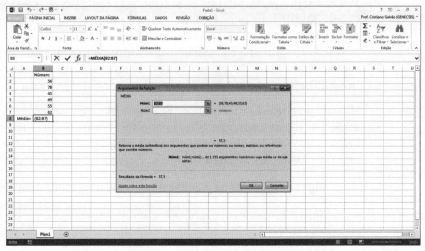

FIGURA 4-1: Trabalhando com a MÉDIA.

CAPÍTULO 4 **Encontrando seu Centro** 95

Observe os passos:

1. **Em sua planilha, digite os números em um intervalo de células e selecione a célula onde você deseja que MÉDIA insira o resultado.**

Neste exemplo, digitei 56, 78, 45, 49, 55, 62 nas células B2 a B7 e selecionei B8 para conter o resultado.

2. **No menu de Funções Estatísticas, selecione MÉDIA para abrir a janela Argumentos da Função para MÉDIA.**

3. **Na janela Argumentos da Função, digite os valores dos argumentos.**

Se o intervalo de células que contêm os números ainda não estiver na caixa Núm1, digite-o. A média (57,5 neste exemplo) aparecerá nesta janela.

4. **Clique em OK para fechar a janela Argumentos da Função para MÉDIA.**

Esta ação insere a média na célula selecionada da planilha. Neste exemplo, é a célula B8.

Como você pode ver na Figura 4-1, a fórmula na barra de fórmulas é

```
=MÉDIA(B2:B7)
```

Se eu tivesse definido Número como nome para B2 a B7 (veja o Capítulo 2), a fórmula seria

```
=MÉDIA(Número)
```

MÉDIAA tem a mesma função de MÉDIA, mas com uma diferença importante. Quando MÉDIA calcula uma média, ela ignora as células que contêm texto ou as expressões VERDADEIRO ou FALSO. MÉDIAA leva texto e expressões em consideração ao calcular uma média. No que diz respeito à MÉDIAA, se uma célula contiver texto ou FALSO, ela tem valor 0. Se uma célula contiver a palavra VERDADEIRO, ela tem valor 1. MÉDIAA inclui esses valores na média.

Não tenho certeza se você utilizará essa capacidade em seu trabalho estatístico diário (eu nunca usei), mas o Excel tem funções de planilha como MÉDIAA, VARA e DESVPADA, e quero que você saiba como elas funcionam. Portanto, aqui estão os passos para MÉDIAA:

1. **Digite os números na planilha e selecione uma célula para o resultado.**

Neste exemplo, digitei os números 56, 78, 45, 49, 55, 62 nas células B2 a B7 e selecionei B9. Isso deixa B8 em branco. Fiz isso porque colocarei valores diferentes em B8 para mostrar seu efeito em MÉDIAA.

2. No menu de Fórmulas Estatísticas, selecione MÉDIAA para abrir a janela Argumentos da Função de MÉDIAA.

3. Na janela Argumentos da Função, digite os valores dos argumentos.

Desta vez, digitei B2:B8 na caixa Núm1. A média (57,5) aparece nesta janela. MÉDIAA ignora células em branco, assim como MÉDIA.

4. Clique em OK para fechar a janela Argumentos da Função e a resposta aparecerá na célula selecionada.

Agora, vamos fazer um teste. Em B8, se eu digitar **xxx**, a média em B9 muda de 57,5 para 49,28571. Em seguida, se eu digitar **VERDADEIRO** em B8, a média em B9 passa a ser 49,42857. E se eu digitar **FALSO** em B8, a média passa a ser 49,28571.

Por que as mudanças? MÉDIAA avalia uma sequência de letras, como xxx, como zero. Portanto, a média neste caso é baseada em sete números (não em seis), sendo que um deles é zero. MÉDIAA avalia VERDADEIRO como 1. Portanto, a média com VERDADEIRO em B8 baseia-se em sete números, sendo que um deles é 1,00. MÉDIAA avalia FALSO como zero e calcula a mesma média de quando B8 continha xxx.

MÉDIASE e MÉDIASES

Essas duas funções calculam a média de forma condicional. MÉDIASE inclui números em uma média se determinada condição for satisfeita. MÉDIASES inclui números em uma média se mais de uma condição for satisfeita.

Para mostrar a você como essas duas funções trabalham, eu preparei a planilha na Figura 4-2. São dados de um experimento fictício de psicologia. Neste experimento, uma pessoa senta-se em frente a uma tela e formas coloridas são exibidas. A cor pode ser vermelha ou verde, e a forma, um quadrado ou um círculo. A combinação do teste é aleatória e todas as combinações aparecem um número igual de vezes. No jargão específico, cada exibição de uma forma colorida é chamada de *teste*. Portanto, a planilha mostra o resultado de 16 testes.

A pessoa que está na frente da tela pressiona um botão assim que vê a forma. A coluna D (que tem o nome RT_ms) apresenta o tempo de reação de uma pessoa em milissegundos (milésimos de um segundo) para cada teste. As colunas B e C mostram as características da forma apresentada no teste. Então, por exemplo, a linha 2 informa que, no primeiro teste, um círculo vermelho apareceu e a pessoa respondeu em 410 ms (milissegundos).

Em cada coluna, defini o nome da primeira célula para que o nome fosse relacionado aos dados em cada coluna. Se você não se lembra como fazer isso, leia o Capítulo 2.

FIGURA 4-2:
Dados de 16 testes de um experimento fictício de psicologia.

	A	B	C	D
1	Teste	Cor	Forma	RT_ms
2	1	Vermelha	Círculo	410
3	2	Vermelha	Quadrado	334
4	3	Verde	Quadrado	335
5	4	Verde	Círculo	336
6	5	Vermelha	Quadrado	398
7	6	Vermelha	Círculo	450
8	7	Verde	Círculo	440
9	8	Verde	Quadrado	467
10	9	Verde	Círculo	445
11	10	Vermelha	Quadrado	296
12	11	Verde	Quadrado	378
13	12	Vermelha	Círculo	496
14	13	Vermelha	Círculo	544
15	14	Verde	Quadrado	468
16	15	Vermelha	Quadrado	577
17	16	Verde	Círculo	448
18				
19			Média Geral =	426,375
20			Média Círculo =	446,125
21			Média Quadrado Verde =	412

Calculei três médias. A primeira, Média Geral (na célula D19) é apenas

```
=MÉDIA(RT_ms)
```

E as outras duas? A célula D20 contém a média dos testes que exibiram um círculo. É a isso que me refiro quando falo em média condicional. É a média de testes que satisfaz a condição Forma = Círculo.

A Figura 4-3 mostra a janela Argumentos da Função completa para MÉDIASE. A fórmula criada após clicar em OK é

```
=MÉDIASE(Forma;"Círculo";RT_ms)
```

O que a janela e a fórmula estão querendo dizer é o seguinte: O Excel inclui uma célula da Coluna D (RT_ms) na média caso a célula correspondente na Coluna B (Forma) contenha o valor "Círculo". Caso contrário, a célula não é incluída.

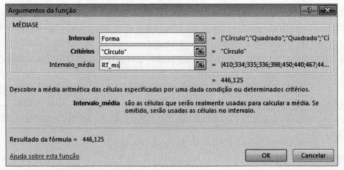

FIGURA 4-3:
A janela de argumentos completa com MÉDIASE.

Para criar essa fórmula, siga estes passos:

1. **Digite os números na planilha e selecione uma célula para o resultado.**

   A célula selecionada é a D20.

2. **No menu de Fórmulas Estatísticas selecione MÉDIASE para abrir a janela Argumentos da Função de MÉDIASE.**

3. **Na janela Argumentos da Função, digite os valores dos argumentos.**

   Para a MÉDIASE desse exemplo, Intervalo é Forma, Critérios é "Círculo" (o Excel inclui as aspas duplas) e Intervalo_média é RT_ms.

4. **Clique em OK para fechar a janela Argumentos da Função, e a resposta aparecerá na célula selecionada.**

Mais uma informação sobre MÉDIASE: Para encontrar a média dos oito primeiros testes, a fórmula é

```
=MÉDIASE(Teste;"<9";RT_ms)
```

Para descobrir a média dos tempos de reação mais rápidos que 400ms, a fórmula é

```
=MÉDIASE(RT_ms;"<400";RT_ms)
```

LEMBRE-SE

Em cada uma dessas duas últimas fórmulas, o operador "<" antecede o valor numérico. Se você tentar, de alguma forma, determinar que o valor venha antes do operador, a fórmula não funcionará.

E se eu quiser saber a média de Quadrados Verdes na célula D21? A Figura 4-4 mostra a janela completa de MÉDIASES, que pode trabalhar com mais de um critério. A fórmula para calcular a média de testes em que Cor = Verde e Forma = Quadrado é

```
=MÉDIASES(RT_ms;Cor;"Verde";Forma;"Quadrado")
```

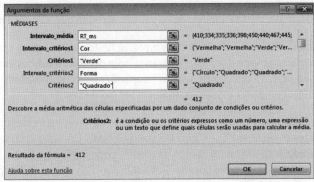

FIGURA 4-4: Janela completa para a função MÉDIASES.

CAPÍTULO 4 **Encontrando seu Centro** 99

Observe que RT_ms é o primeiro argumento de MÉDIASES, mas é o último argumento em MÉDIASE.

Para criar essa fórmula, siga estes passos:

1. **Digite os números na planilha e selecione uma célula para conter o resultado.**

A célula selecionada é D21.

2. **No menu de Fórmulas Estatísticas, selecione MÉDIASES para abrir a janela Argumentos da Função de MÉDIASES.**

3. **Na janela Argumentos da Função, digite os valores dos argumentos.**

Para a função MÉDIASES deste exemplo, Intervalo_média é RT_ms. Intervalo_critérios1 é "Cor" e Critérios1 é "Verde". Intervalo_critérios2 é Forma e Critérios2 é "Quadrado". (O Excel insere as aspas duplas.)

4. **Clique em OK para fechar a janela Argumentos da Função, e a resposta aparecerá na célula selecionada.**

Com base em tudo o que acabou de ver, você deve estar imaginando por que é necessário que o Excel tenha MÉDIASE e MÉDIASES. Afinal de contas,

```
=MÉDIASE(Forma;"Círculo";RT_ms)
```

dá a mesma resposta que

```
=MÉDIASES(RT_ms;Forma;"Círculo")
```

Então, por que ter duas funções? Resposta curta: Eu não sei. Resposta longa: Eu não sei.

MÉDIA.INTERNA

Retomando uma famosa citação sobre estatística, alguém disse: "Há três tipos de mentirosos: mentirosos, malditos mentirosos e valores estatísticos discrepantes." Um *valor discrepante* é um valor extremo em um grupo de valores — tão extremo, na verdade, que a pessoa que reuniu os valores acredita que algo está incorreto.

Um exemplo de valores discrepantes envolve testes psicológicos que medem o tempo que uma pessoa demora para tomar uma decisão. Medidos em milésimos de segundo, esses "tempos de reação" dependem da complexidade da decisão. Quanto mais complexa a decisão, maior o tempo de reação.

Normalmente, uma pessoa que participa desse tipo de experimento passa por vários testes experimentais — uma decisão por teste. Um teste com um tempo de reação rápido demais (muito abaixo da média) pode indicar que a pessoa arriscou um palpite sem considerar o que precisava ser feito. Um teste com tempo de reação lento demais (muito acima da média) pode indicar que a pessoa não estava prestando atenção inicialmente e, em seguida, resolveu executar a tarefa solicitada.

Qualquer tipo de valor discrepante pode atrapalhar conclusões baseadas em médias de dados. Por esse motivo, geralmente é uma boa ideia eliminar os valores discrepantes antes de calcular a média. Os estatísticos chamam essa ação de "preparar a média", e é para isso que serve a função MÉDIA.INTERNA do Excel.

Eis como usar MÉDIA.INTERNA:

1. **Digite os valores em uma planilha e selecione uma célula para o resultado.**

Neste exemplo, coloquei os seguintes números nas células B2 a B11:

500, 280, 550, 540, 525, 595, 620, 1052, 591, 618

Esses valores podem resultar de um experimento psicológico que mede o tempo de reação em milésimos de segundo (milissegundos). Selecionei B12 para conter o resultado.

2. **No menu de Fórmulas Estatísticas, selecione MÉDIA.INTERNA para abrir a janela Argumentos da Função de MÉDIA.INTERNA.**

3. **Na janela Argumentos da Função, digite os valores dos argumentos.**

O intervalo de dados entra na caixa Matriz. Neste exemplo, o intervalo é B2:B11.

Em seguida, é preciso identificar a porcentagem de valores que desejo preparar. Na caixa Porcentagem, digite 0,2. Isso diz à função MÉDIA.INTERNA para eliminar 20% dos valores extremos antes de calcular a média. Os 20% mais extremos representam 10% dos valores mais altos e 10% dos valores mais baixos. A Figura 4-5 mostra a janela, o intervalo de valores e a célula selecionada. A janela mostra o valor da média preparada: 567,375.

FIGURA 4-5: A janela Argumentos da Função de MÉDIA.INTERNA juntamente com o intervalo de células e a célula selecionada.

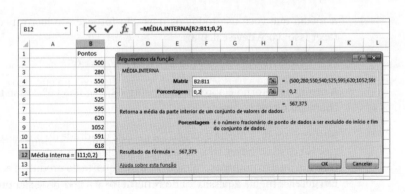

4. **Clique em OK para fechar a janela e a resposta aparecerá na célula selecionada.**

DICA

LEMBRE-SE

A legenda Porcentagem é um pouco ilusória neste caso. É preciso expressar a porcentagem com um valor decimal. Então, você deve digitar 0,2 em vez de 20[1] na caixa Porcentagem se quiser excluir os 20% extremos. (Pergunta rápida: Se você digitar 0 na caixa Porcentagem, o que irá obter? Resposta: MÉDIA(B2:B11).)

Qual porcentagem de valores que você deve preparar? Você é quem decide. Depende do que você está medindo, quão extremos seus valores podem ser e quão bem você conhece a área que está estudando. Ao preparar valores e reportar uma média, é importante deixar que as pessoas saibam o que você fez e também informar a porcentagem que foi preparada.

Na próxima seção sobre média, mostrarei outro modo de lidar com valores extremos.

Outros meios para um fim

Esta seção falará sobre dois tipos de média que são diferentes da média que você conhece. Falarei sobre elas porque você poderá encontrá-las enquanto estiver trabalhando com as capacidades estatísticas do Excel. (Quantos tipos diferentes de média são possíveis? Os matemáticos da Grécia antiga descobriram 11!)

Média geométrica

Suponha que você tenha um investimento de dois anos, que gere 25% no primeiro ano e 75% no segundo ano. (Se isso realmente acontecer, avise-me!) Qual a média de retorno anual?

Para responder a essa pergunta, você pode ficar tentado a encontrar a média de 25 e de 75 (cuja média é 50). Mas, ao fazer isso, você pula uma parte importante: no final do primeiro ano, você *multiplica* seu investimento por 1,25 — você não soma 1,25 a ele. No final do segundo ano, você multiplica o resultado do primeiro ano por 1,75.

A média que você usa todos os dias não fornecerá o lucro médio anual. Para fazer isso, você deve calcular:

$$\text{Taxa Média de Retorno} = \sqrt{1,25 \times 1,75} = 1,654$$

A média de retorno é aproximadamente 65,4%, não 50%. Esse tipo de média é chamado de *média geométrica*.

Neste exemplo, a média geométrica é a raiz quadrada do produto de dois números. No caso de haver três números, a média será a raiz cúbica do produto dos três. Em quatro números, calcula-se a raiz quarta do produto e assim por diante. Em geral, a média geométrica de N números é a raiz N de seu produto.

---

[1] Também pode escrever 20%.

A função MÉDIA.GEOMÉTRICA da planilha do Excel calcula a média geométrica de um grupo de números. Siga os mesmos passos que seguiu para MÉDIA, mas selecione MÉDIA.GEOMÉTRICA no menu Estatística.

Média harmônica

Outra média que você encontra quando precisa solucionar os tipos de problemas encontrados em livros de álgebra.

Suponha, por exemplo, que você esteja com pressa para ir ao trabalho de manhã e você dirige de casa até o escritório a 40 milhas por hora (65 km/h). No fim do dia, você quer chegar rápido em casa, então, na viagem de volta (exatamente a mesma distância), você dirige do trabalho para casa a 60 milhas por hora (95 km/h). Qual é a velocidade média para o tempo total que você passou dirigindo?

Não são 50 milhas por hora (80 km/h), pois você passou uma quantidade diferente de tempo dirigindo em cada parte da viagem. Sem entrar em muitos detalhes, a fórmula para descobrir a média é

$$\frac{1}{\text{Média}} = \frac{1}{2}\left[\frac{1}{40} + \frac{1}{60}\right] = \frac{1}{48}$$

A média aqui é 48. Esse tipo de média é chamado de *média harmônica*. Coloquei dois números no exemplo, mas você pode calcular essa média com qualquer quantidade de números. É só colocar cada número como denominador de uma fração em que o numerador é 1. Os matemáticos chamam isso de *recíproca* de um número. (Portanto, 1/40 é a recíproca de 40.) Some todas as recíprocas e tire a média. O resultado é a recíproca da média harmônica.

Na rara eventualidade de você se deparar com um caso desses no mundo real, o Excel poderá poupá-lo de todos os cálculos. A função de planilha MÉDIA.HARMÔNICA calcula a média harmônica de um grupo de números. Siga os mesmos passos utilizados para MÉDIA, mas selecione MÉDIA.HARMÔNICA no menu Funções Estatísticas.

Medianas: Pegos no Meio

DICA

A média é uma maneira útil de resumir um grupo de números. No entanto, ela é sensível a valores extremos: Se um número destoa muito dos outros, a média também destoará. Quando isso acontece, a média pode não ser uma boa representante do grupo.

Por exemplo, com estes números de velocidade de leitura (em palavras por minuto) para um grupo de crianças

56, 78, 45, 49, 55, 62

a média é 57,5. Suponha que a criança que lê 78 palavras por minuto saia do grupo e um leitor excepcionalmente rápido a substitua. A velocidade de leitura desta nova criança é 180 palavras por minuto. Agora, as velocidades de leitura do grupo são

56, 180, 45, 49, 55, 62

A nova média é 74,5. Ela não é precisa, pois, com exceção da nova criança, nenhuma outra criança do grupo lê tão rápido. Em um caso como esse, uma boa ideia é recorrer a uma medição diferente da tendência central — a *mediana*.

Simplificando, a mediana é o valor do meio em um grupo de números. Coloque os números em ordem, e a mediana é o valor abaixo do qual fica metade dos valores e acima do qual fica a outra metade dos valores.

Encontrando a mediana

Em nosso exemplo, o primeiro grupo de velocidades de leitura (em ordem crescente) é:

45, 49, 55, 56, 62, 78

A mediana fica bem no meio de 55 e 56 — 55,5.

E quanto ao grupo com a nova criança? Ele é

45, 49, 55, 56, 62, 180

A mediana continua sendo 55,5. O valor extremo não altera a mediana.

MED

A função de planilha MED (você adivinhou) calcula a mediana de um grupo de números. A seguir, os passos:

1. **Digite seus dados em uma planilha e selecione uma célula para o resultado.**

Eu usei 45, 49, 55, 56, 62, 78 neste exemplo, nas células B2 a B7, e selecionei a célula B8 para conter a mediana. Distribuí os números em ordem crescente, mas não é preciso fazer isso para usar a MED.

2. **No menu de Funções Estatísticas, selecione MED para abrir a janela Argumentos da Função de MED.**

3. **Na janela Argumentos da Função, digite os valores dos argumentos.**

A janela Argumentos da Função abrirá com o intervalo de dados na caixa Núm1. A mediana aparece nesta janela. (Neste exemplo, o valor é 55,5.) A Figura 4-6 mostra a janela junto ao intervalo de células e à célula selecionada.

104   PARTE 2 **Descrevendo Dados**

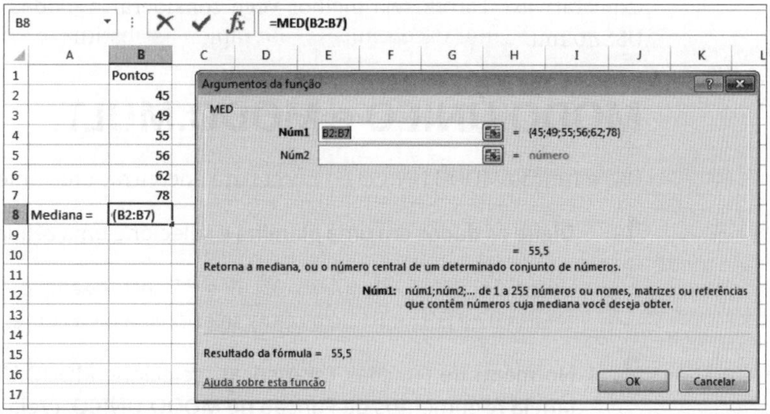

FIGURA 4-6:
A janela
Argumentos
da Função
de MED
juntamente
com o
intervalo
de células
e à célula
selecionada

4. Clique em OK para fechar a janela e a resposta aparecerá na célula selecionada.

Como um exercício, substitua 78 por 180 em B7 e você verá que a mediana não muda.

Estatísticas À La Moda

Outra medida de tendência central é importante. Esta é o valor que ocorre com mais frequência em um grupo de valores. Chama-se *moda*.

Encontrando a moda

Não há nada complicado em calcular a moda. Observe os valores, encontre aquele que ocorre com mais frequência e você terá a moda. Dois valores ficam empatados? Nesse caso, seu grupo de valores tem duas modas. (O nome técnico para esse fenômeno é *bimodal*.)

É possível haver mais de duas modas? Certamente.

Suponha que cada valor ocorra com a mesma frequência. Quando isso ocorre, não existe moda.

Às vezes, a moda é a medida mais representativa da tendência central. Imagine uma empresa de pequeno porte, composta por 30 consultores e dois executivos. Cada consultor tem um salário anual de US$ 40 mil. Cada executivo tem salário anual de US$ 250 mil. A média salarial nessa empresa é US$ 53.125.

A média oferece uma imagem clara da estrutura salarial da empresa? Se você estivesse procurando emprego nessa empresa, a média influenciaria suas

CAPÍTULO 4 **Encontrando seu Centro** 105

expectativas? Talvez seja melhor você considerar a moda, que, neste caso, é US$40 mil.

MODO.ÚNICO e MODO.MULT

Use a função MODO.ÚNICO do Excel para encontrar uma única moda.

1. Digite os dados em uma planilha e selecione uma célula para o resultado.

Utilizei 56, 23, 77, 75, 57, 75, 91, 59 e 75 neste exemplo. Os dados estão nas células B2 a B10, e B11 é a célula selecionada para conter a moda.

2. No menu de Funções Estatísticas, selecione MODO.ÚNICO para abrir a janela Argumentos da Função de MODO.ÚNICO. (Veja a Figura 4-7.)

3. Na janela Argumentos da Função, digite os valores dos argumentos.

A janela Argumentos da Função é aberta. Eu digitei B2:B10 na caixa Núm1, e a moda (75, neste exemplo) aparece na janela.

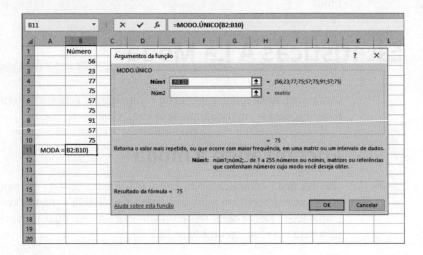

FIGURA 4-7: A janela Argumentos da Função de MODO.ÚNICO juntamente com o intervalo de células e à célula selecionada.

4. Clique em OK para fechar a janela e a resposta aparecerá na célula selecionada.

Para um conjunto de números que tenha mais de uma moda (ou seja, que é multimodal), use a função MODO.MULT do Excel. Ela é um conjunto de funções: Ela retorna (potencialmente) um conjunto de respostas, não apenas uma. Você seleciona um conjunto de células para os resultados e quando termina com a janela, você pressiona Ctrl+Shift+Enter para popular o conjunto.

Eis um exemplo de MODO.MULT.

1. **Digite seus dados em uma planilha e selecione um conjunto vertical de células para os resultados.**

Eu digitei 57, 23, 77, 75, 57, 75, 91, 57 e 75 nas células B2:B10. Selecionei B11:B14 para os resultados. Note que este conjunto de números tem duas modas, 57 e 75.

2. **No menu Funções Estatísticas, selecione MODO.MULT para abrir a janela Argumentos da Função MODO.MULT. (Veja a Figura 4-8.)**

3. **Na janela Argumentos da Função, digite os valores dos argumentos.**

IMPORTANTE: Não clique em OK.

4. **Como esta é uma função conjunta, pressione Ctrl+Shift+Enter para colocar as respostas de MODO.MULT no conjunto selecionado.**

Não há indicação na janela de que você necessite fazer isso.

A Figura 4-9 mostra o que acontece depois que você pressiona Ctrl+Shift+Enter. Como eu aloquei quatro células para os resultados e o conjunto de números só teve duas modas, mensagens de erro aparecem nas duas células restantes.

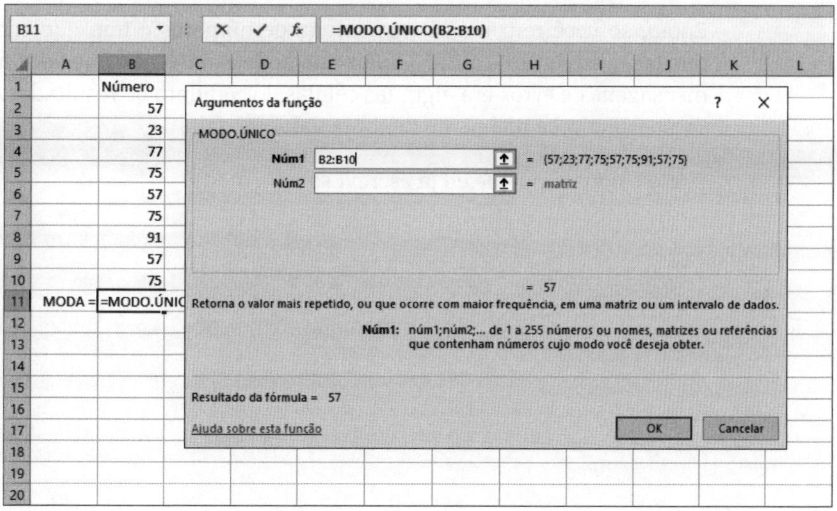

FIGURA 4-8: A janela Argumentos da Função MODO. MULT juntamente com o conjunto de células de dados e ao conjunto de células para os resultados.

CAPÍTULO 4 **Encontrando seu Centro** 107

FIGURA 4-9: Os resultados de MODO. MULT. Note as chaves ao redor da fórmula na barra de Fórmulas. Isso indica uma fórmula conjunta.

Célula	B11	f_x	{=MODO.MULT(B2:B10)}

	A	B	C	D	E	F	G	H	I	J	K
1		Número									
2		57									
3		23									
4		77									
5		75									
6		57									
7		75									
8		91									
9		57									
10		75									
11	MODA =	57									
12		75									
13		#N/D									
14		#N/D									
15											
16											
17											

O que acontece se você usar MODO.ÚNICO em um conjunto de números multimodal? O resultado é a moda com o menor valor numérico. O que acontece se você usa MODO.MULT em um conjunto de números com apenas uma moda? Meu primeiro palpite era que um modo aparece na primeira célula do conjunto e mensagens de erro aparecem no restante. Mas não. MODO.MULT popula todo o conjunto com esse modo. Sim, isso me surpreendeu também.

Então, se você tem uma longa coluna de números e tem que encontrar o(s) modo(s), use MODO.MULT. O pior que pode acontecer é que você acabará com mensagens de erros em algumas células do conjunto de resultados. A compensação é que você não perde nenhum valor modal.

E isso é o máximo que eu já escrevi sobre a moda!

108   PARTE 2 **Descrevendo Dados**

> **NESTE CAPÍTULO**
>
> **Descobrindo o que é variação**
>
> **Trabalhando com variação e desvio padrão**
>
> **Explorando as funções da planilha Excel que calculam variação**
>
> **Usando soluções para funções de planilha ausentes**
>
> **Usando funções de planilha adicionais para variação**

Capítulo 5
Desviando da Média

Eis três ditados sobre os estatísticos:

Ditado nº 1: "Um estatístico é uma pessoa que coloca os pés em um balde de água gelada, a cabeça dentro do forno e diz: 'na média, estou bem'." (K. Dunning)

Ditado nº 2: "Um estatístico se afogou ao cruzar um riacho com profundidade média de 15 centímetros." (Anônimo)

Ditado nº 3: "Três estatísticos vão caçar veados com arcos e flechas. Eles avistam um dos grandes e fazem mira. Um deles atira, e a flecha passa 3 metros à esquerda do alvo. O segundo atira, e a flecha passa 3 metros à direita do alvo. O terceiro estatístico pula alegremente gritando: 'Nós o pegamos! Nós o pegamos!'" (Bill Butz, citado por Diana McLellan em *Washingtonian*)

Qual é o tema recorrente? Calcular a média é uma ótima maneira de resumir um grupo de números, mas não fornece todas as informações tipicamente necessárias. Se você confiar apenas na média, pode deixar passar algo importante.

Para evitar a perda de informações importantes, é necessário outro tipo de estatística — uma estatística que mede a *variação*. É uma espécie de média do quanto cada número de um grupo difere da média do grupo. Existem diversas estatísticas para medir a variação. Todas elas têm o mesmo princípio: Quanto maior o valor da estatística, mais os números serão diferentes da média. Quanto menor o valor, menos eles diferem.

Medindo a Variação

Suponha que você tenha medido a altura de um grupo de crianças, e as alturas delas sejam (em polegadas)

48, 48, 48, 48 e 48

Em seguida, você mede outro grupo e obtém as seguintes alturas

50, 47, 52, 46 e 45

Se você calcular a média de cada grupo, verá que são as mesmas — 48 polegadas. Apenas de observar os números, você pode dizer que os dois grupos de alturas são diferentes: As alturas do primeiro grupo são todas iguais, enquanto as alturas do segundo grupo variam um pouco.

Calculando a média de desvios quadrados: Variação e como calculá-la

Uma maneira de indicar a não similaridade entre os dois grupos é avaliar os desvios em cada um deles. Pense em "desvio" como a diferença entre um valor e a média de todos os valores do grupo.

Eis o que eu quero dizer. A Tabela 5-1 mostra o primeiro grupo de alturas e seus desvios.

TABELA 5-1 O Primeiro Grupo de Alturas e Seus Desvios

Altura	Altura-Média	Desvio
48	48-48	0
48	48-48	0
48	48-48	0
48	48-48	0
48	48-48	0

- Uma maneira de proceder é tirar a média dos desvios. Claramente, a média dos números na coluna Desvio é zero.

A Tabela 5-2 mostra o segundo grupo de alturas e seus desvios.

TABELA 5-2 O Segundo Grupo de Alturas e Seus Desvios

Altura	Altura-Média	Desvio
50	50-48	2
47	47-48	–1
52	52-48	4
46	46-48	–2
45	45-48	–3

E qual é a média dos desvios na Tabela 5-2? É... zero!

Hmmm... e agora?

DICA

Encontrar a média dos desvios não nos ajuda a ver a diferença entre os dois grupos, pois a média dos desvios da média de qualquer grupo é *sempre* zero. Na verdade, estatísticos veteranos dirão que essa é uma propriedade que define a média.

O coringa do baralho, neste caso, são os números negativos. Como os estatísticos lidam com eles?

O truque é usar algo que você deve se lembrar de suas aulas de álgebra: Menos vezes menos é igual a mais. Soa familiar?

Então... isso significa que você multiplica cada desvio por ele mesmo e, em seguida, tira a média dos resultados? Acertou. Multiplicar um desvio por ele mesmo chama-se *desvio quadrado*. A média dos desvios quadrados é tão importante que tem um nome só para ela: *variação*.

A Tabela 5-3 mostra o grupo de alturas da Tabela 5-2, juntamente com os seus desvios e desvios quadrados.

TABELA 5-3 O Segundo Grupo de Alturas e Seus Desvios Quadrados

Altura	Altura-Média	Desvio	Quadrado
50	50-48	2	4
47	47-48	-1	1
52	52-48	4	16
46	46-48	-2	4
45	45-48	-3	9

A variação — a média dos desvios quadrados deste grupo — é (4 + 1 + 16 + 4 + 9)/5 = 34/5 = 6,8. Esse valor, claramente, é bem diferente do primeiro grupo, cuja variação é zero.

Para desenvolver a fórmula da variação e mostrar a você como ela funciona, utilizarei símbolos. X representa o título Altura da primeira coluna da tabela e $\bar{X}$ representa a média. Como um desvio é o resultado da subtração da média de cada número,

$$(X - \bar{X})$$

representa um desvio. Multiplicar um desvio por ele mesmo? Simples assim

$$(X - \bar{X})^2$$

Para calcular a variação, você precisa encontrar cada desvio quadrado, somá-los e encontrar a média deles. Se N representa a quantidade de desvios quadrados existentes (em nosso exemplo, são cinco), então, a fórmula para calcular a variação é

$$\frac{\sum (X - \bar{X})^2}{N}$$

Σ é a letra grega maiúscula sigma e representa uma soma.

Qual é o símbolo para a Variação? Como eu disse no Capítulo 1, as letras gregas representam parâmetros da população, e as letras do nosso alfabeto representam as estatísticas. Imagine que nosso pequeno grupo de cinco números seja uma população inteira. O alfabeto grego tem uma letra que corresponda ao V do mesmo modo que μ (símbolo da média da população) corresponde ao M?

LEMBRE-SE

Para falar a verdade, não. No lugar dele, usamos o sigma *minúsculo*! Seu símbolo é: σ. E não é só isso, como estamos falando em quantidades quadradas, o símbolo é σ^2.

Portanto, a fórmula para calcular a variação é:

$$\sigma^2 = \frac{\sum(X - \bar{X})^2}{N}$$

LEMBRE-SE

A variação será grande se os números de um grupo variarem muito com relação à média. A variação será baixa se os números forem similares à média.

A variação com que acabamos de trabalhar é ideal se o grupo de cinco medidas for uma população. Isso significa que a variação de uma amostra é diferente? Sim, e você verá o motivo em instantes. Primeiro, voltemos nossa atenção ao Excel.

VAR.P e VARPA

Duas funções de planilha do Excel, VAR.P e VARPA, calculam a variação da população.

Comecemos com VAR.P. A Figura 5-1 mostra a janela Argumentos da Função para VAR.P, juntamente com os dados.

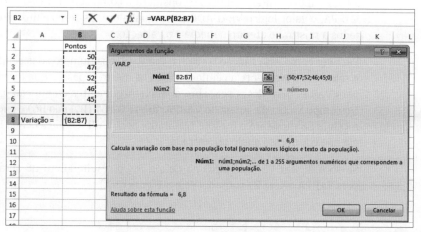

FIGURA 5-1: Trabalhando com VAR.P.

Aqui estão os passos a serem seguidos:

1. Coloque seus dados em uma planilha e selecione uma célula para exibir o resultado.

A Figura 5-1 mostra que, neste exemplo, usei os números 50, 47, 52, 46 e 45 nas células B2 a B6, e selecionei B8 para o resultado.

2. No menu Funções Estatísticas, selecione VAR.P para abrir a janela Argumentos da Função para VAR.P.

CAPÍTULO 5 **Desviando da Média** 113

3. Na janela Argumentos da Função, digite os valores adequados para os argumentos.

Digitei B2:B7 no campo Núm1 em vez de B2:B6. Fiz isso para lhe mostrar como VAR.P lida com células em branco. A variação da população, 6,8, aparece na janela Argumentos da Função.

4. Clique em OK para fechar a janela e o resultado será inserido na célula selecionada.

Se eu tivesse definido Valor como nome para o intervalo B2:B7 (veja o Capítulo 2), a fórmula na barra de fórmulas seria

```
=VAR.P(Valor)
```

Quando VAR.P calcula a variação em um intervalo de células, ela só vê números. Caso haja texto, células em branco ou valores lógicos em alguma célula, a função os ignora.

VARPA, por outro lado, não os ignora. VARPA considera os texto e valores lógicos e os inclui em seu cálculo de variação. Como? Se uma célula contiver texto, VARPA interpretará que o valor da célula é zero. Se uma célula contiver o valor lógico FALSO, VARPA também o considerará como zero. Na visão do mundo de VARPA, o valor lógico VERDADEIRO é igual a um. Os zeros e uns são acrescentados à mistura e afetam a média e a variação.

Para ver como essa função trabalha, mantenha os números das células B2 a B6 e selecione novamente a célula B8. Siga os mesmos passos que foram seguidos para VAR.P, mas, desta vez, abra a janela Argumentos da Função para VARPA. No campo Valor1 da janela de VARPA, digite B2:B7 (B7, *não* B6) e clique em OK. A célula B8 mostrará o mesmo resultado, pois VARPA valia a célula B7 como se ela não contivesse qualquer entrada.

Se você digitar VERDADEIRO na Célula B7, o resultado em B8 será diferente, pois VARPA avalia B7 como 1. (Veja a Figura 5-2.)

FIGURA 5-2: VARPA considera VERDADEIRO, como 1,0, mudando o valor da variação na Figura 5-1.

◢	A	B
1		Pontos
2		50
3		47
4		52
5		46
6		45
7		VERDADEIRO
8	Variação =	312,4722222
9		

Ao digitar FALSO (ou outro texto que não seja VERDADEIRO) na célula B7, o valor em B8 será alterado novamente. Nesses casos, VARPA avaliará B7 como zero.

Variação da amostra

Anteriormente, falei que você utiliza a seguinte fórmula para calcular a variação da população:

$$\sigma^2 = \frac{\sum(X - \bar{X})^2}{N}$$

Também disse que a variação da amostra é um pouco diferente. Eis a diferença. Se o seu conjunto de números é uma amostra retirada de uma população grande, você provavelmente terá interesse em utilizar a variação da amostra para estimar a variação da população.

A fórmula utilizada na variação não funciona como uma estimativa para a variação da população. Embora a média da amostra funcione bem como estimativa da média da população, o mesmo não se aplica à variação, por motivos que estão *muito* além do escopo deste livro.

LEMBRE-SE

Como você calcula uma boa estimativa da variação da população? É muito fácil. Utilize $N-1$ no denominador em vez de N. (Novamente, por motivos que estão muito além do escopo deste livro.)

Além disso, como estamos trabalhando com uma característica de uma amostra (e não de uma população), utilizamos o equivalente em português da letra grega — s no lugar de σ. Isso significa que a fórmula para a variação da amostra é

$$s^2 = \frac{\sum(X - \bar{X})^2}{N - 1}$$

O valor de s^2, dados os desvios quadrados no conjunto de cinco números é

(4 + 1 + 16 + 4 + 9)= 34/4 = 8,5

Portanto, se estes números

50, 47, 52, 46 e 45

fazem parte de uma população inteira, sua variação é 6,4. Se eles são uma amostra retirada de uma população maior, nossa melhor estimativa para a variação da população é 8,5.

VAR.A e VARA

As funções de planilha VAR.A e VARA calculam a variação da amostra.

A Figura 5-3 mostra a janela Argumentos da Função para VAR.A com os valores 50, 47, 52, 46 e 45 inseridos nas células B2 a B6. A célula B7 faz parte do intervalo de células, mas eu a deixei vazia.

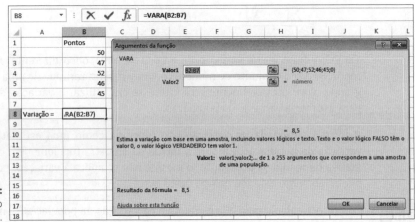

FIGURA 5-3: Trabalhando com VAR.A.

LEMBRE-SE

A relação entre VAR.A e VARA é a mesma relação entre VAR.P e VARPA: VAR.A ignora células que contenham valores lógicos (VERDADEIRO e FALSO) e texto. VARA inclui essas células. Novamente, VERDADEIRO é avaliado como 1 e FALSO é avaliado como 0. Outro texto na célula faz com que VARA enxergue o valor desta célula como 0.

Por isso deixei B7 em branco. Se você fizer alguns testes com VARA e valores lógicos ou texto em B7, verá exatamente o que VARA faz.

De Volta às Raízes: Desvio Padrão

Depois de calcular a variação de um conjunto de números, você tem um valor cujas unidades são diferentes de suas medidas originais. Por exemplo, se suas medidas originais estão em polegadas, sua variação será expressa em polegadas quadradas. Isso acontece porque você toma desvios quadrados antes de encontrar a média.

Geralmente, o processo é mais intuitivo se você tem uma variação estatística com as mesmas unidades utilizadas nas medidas originais. É fácil transformar a variação nesse tipo de estatística. Basta tirar a raiz quadrada da variação.

Assim como a variação, a raiz quadrada é tão importante que recebe um nome especial: *desvio padrão*.

Desvio padrão da população

O desvio padrão de uma população é a raiz quadrada da variação da população. O símbolo para o desvio padrão da população é σ (sigma). Sua fórmula é

$$\sigma = \sqrt{\sigma^2} = \sqrt{\frac{\sum(X - \bar{X})^2}{N}}$$

Para estas medidas (em polegadas)

50, 47, 52, 46 e 45

a variação da população é 6,8 polegadas quadradas, e o desvio padrão da população é 2,61 polegadas (arredondando).

DESVPAD.P e DESVPADPA

As funções DESVPAD.P e DESVPADPA da planilha Excel calculam o desvio padrão da população. Siga esses passos:

1. Digite seus dados em um intervalo e selecione uma célula para o resultado.

2. No menu Funções Estatísticas, selecione DESVPAD.P para abrir a janela de Argumentos da Função de DESVPAD.P.

3. Na janela Argumentos da Função, digite os valores adequados dos argumentos.

Após digitar o intervalo de dados, a janela mostrará o valor do desvio padrão da população para os números contidos no intervalo. A Figura 5-4 traz uma ilustração.

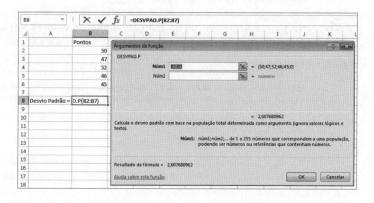

FIGURA 5-4: A janela Argumentos da Função para DESVPAD.P, juntamente com os dados.

4. Clique em OK para fechar a janela e inserir o resultado na célula selecionada.

CAPÍTULO 5 **Desviando da Média** 117

Assim como VARPA, DESVPADPA utiliza quaisquer valores lógicos e textos encontrados enquanto calcula o desvio padrão da população. VERDEIRO é avaliado como 1,0 e FALSO é avaliado como 0. O texto contido em uma célula dá a ela um valor 0.

Desvio padrão de amostra

O desvio padrão de uma amostra — uma estimativa do desvio padrão de uma população — é a raiz quadrada da variação da amostra. Seu símbolo é s e sua fórmula é

$$s = \sqrt{s^2} = \sqrt{\frac{\sum\left(X - \bar{X}\right)^2}{N - 1}}$$

Para estas medidas (em polegadas)

50, 47, 52, 46 e 45

a variação da população é 8,4 polegadas quadradas e o desvio padrão da população é 2,92 polegadas (arredondado).

DESVPAD.A e DESVPADA

As funções DESVPAD.A e DESVPADA da planilha Excel calculam o desvio padrão de amostra. Para trabalhar com a função DESVPAD.A, siga os seguintes passos:

1. Digite seus dados em um intervalo de células e selecione uma célula para o resultado.

2. No menu Funções Estatísticas, selecione DESVPAD.A para abrir a janela Argumentos da Função de DESVPAD.A.

3. Na janela Argumentos da Função, digite os valores adequados para os argumentos.

Ao inserir o intervalo de dados, a janela exibe o valor do desvio padrão da população para os números no intervalo de dados. A Figura 5-5 ilustra isso.

FIGURA 5-5:
A janela Argumentos da Função de DESV PAD.A.

4. Clique em OK para fechar a janela e inserir o resultado na célula selecionada.

DESVPADA utiliza texto e valores lógicos em seus cálculos. As células com texto têm valor 0 e as células cujo valor é FALSO também são avaliadas como 0. As células com o valor lógico VERDADEIRO têm valor 1,0.

Funções faltantes: DESVPADSE e DESVPADSES

Regra geral: Sempre que apresentar uma média, forneça um desvio padrão. Utilize MÉDIA e DESVPAD.A em conjunto.

Lembre-se de que o Excel oferece duas funções: MÉDIASE e MÉDIASES, para calcular médias com condicionais. (Veja o Capítulo 4.) Outras duas funções adicionais seriam úteis: DESVPADSE e DESVPADSES para calcular desvios padrão com condicionais ao calcular médias condicionais.

No entanto, o Excel não oferece estas funções. Por isso, mostrarei um truque para permitir que você calcule desvios padrão com condições.

Essas soluções filtram os dados que satisfazem um conjunto de condições e, em seguida, calculam o desvio padrão dos dados filtrados. A Figura 5-6 ilustra o que quero dizer. Os dados são do experimento psicológico fictício descrito no Capítulo 4.

▲	A	B	C	D	E	F	G	H	I	J	K
1	Teste	Cor	Forma	RT_ms				Círculo			Quadrado_Verde
2	1	Vermelha	Círculo	410				410			
3	2	Vermelha	Quadrado	334							
4	3	Verde	Quadrado	335							335
5	4	Verde	Círculo	336				336			
6	5	Vermelha	Quadrado	398							
7	6	Vermelha	Círculo	450				450			
8	7	Verde	Círculo	440				440			
9	8	Verde	Quadrado	467							467
10	9	Verde	Círculo	445				445			
11	10	Vermelha	Quadrado	296							
12	11	Verde	Quadrado	378							378
13	12	Vermelha	Círculo	496				496			
14	13	Vermelha	Círculo	544				544			
15	14	Verde	Quadrado	468							468
16	15	Vermelha	Quadrado	577							
17	16	Verde	Círculo	448				448			
18											
19			Média Geral =	426,375		Desvio Padrão Círculo =	60,42336			Desvio Padrão Quadrado Verde =	66,44797464
20			Média Círculo =	446,125							
21		Média Quadrado Verde =		412							

FIGURA 5-6: Filtrando dados para calcular o desvio padrão com condições.

A seguir, mais uma vez, a descrição:

Uma pessoa senta-se em frente a uma tela e uma forma colorida é exibida. A cor é vermelha ou verde e a forma é um quadrado ou um círculo. A combinação de cada teste é aleatória e todas as combinações aparecem um número igual de vezes. No jargão da área, cada exibição de uma forma colorida é chamada de *teste*. Portanto, a planilha mostra o resultado de 16 testes.

A pessoa que se senta em frente à tela pressiona um botão assim que vê a forma. A Coluna A representa o número do teste. As Colunas B e C mostram a cor e a forma, respectivamente, apresentadas em cada teste. A Coluna D (com título RT_ms) apresenta o tempo de reação da pessoa em milissegundos (milésimos de segundo) em cada teste. Portanto, a linha 2, por exemplo, diz que, no primeiro teste, um círculo vermelho apareceu e a pessoa respondeu a ele em 410ms (milissegundos).

Em cada coluna, eu defini o nome na célula do topo para me referir aos dados contidos na coluna. Se você não lembra como fazer isso, leia o Capítulo 2.

A célula D19 exibe a média geral de RT_ms. A fórmula para esta média, é claro, é

```
=MÉDIA(RT_ms)
```

A célula D20 mostra a média de todos os testes em que um círculo foi exibido. A fórmula que calcula a média condicional é

```
=MÉDIASE(Forma;"Círculo";RT_ms)
```

A célula D21 apresenta a média dos testes em que um quadrado verde foi exibido. A fórmula é

```
=MÉDIASES(RT_ms;Cor;"Verde";Forma;"Quadrado")
```

120 PARTE 2 **Descrevendo Dados**

As colunas H e K contêm os dados filtrados. A coluna H mostra os dados para os testes que exibiram um círculo. A célula H19 indica o desvio padrão (DES-VPAD.A) dos testes e seria equivalente a

```
=DESVPADSE(Forma;"Círculo";RT_ms)
```

se essa função existisse.

A coluna K mostra os dados para os testes que exibiram um quadrado verde. A célula K19 apresenta o desvio padrão (DESVPAD.A) para os testes e seria equivalente a

```
=DESVPADSES(RT_ms;Cor;"Verde";Forma;"Quadrado")
```

se esta função existisse.

Como filtrei os dados? Falarei em instantes, mas primeiro tenho que falar sobre...

Um pouco de lógica

Para continuarmos, você precisa conhecer duas funções de lógica do Excel: SE e E. Você pode acessá-las clicando em

```
Fórmulas | Lógica
```

e selecionando-as a partir do menu.

SE aceita três argumentos:

» Uma condição lógica a ser satisfeita

» A ação a ser tomada caso a condição lógica seja satisfeita (ou seja, se o valor da condição lógica for VERDADEIRO)

» Um argumento opcional que especifica a ação a ser tomada caso a condição lógica não seja satisfeita (ou seja, se o valor da condição lógica for FALSO)

A Figura 5-7 mostra a janela Argumentos da Função para SE.

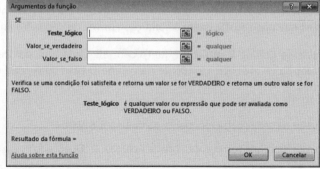

FIGURA 5-7: A janela Argumentos da Função para SE.

E pode aceitar até 255 argumentos. E verifica se todos os argumentos satisfazem cada condição específica — isto é, se cada condição é VERDADEIRA. Se todas forem verdadeiras, E retorna o valor VERDADEIRO. Caso contrário, E retorna FALSO.

A Figura 5-8 mostra a janela Argumentos da Função de E.

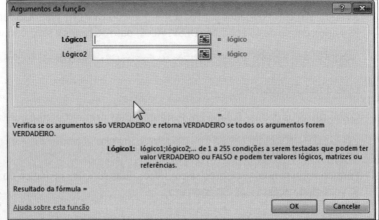

FIGURA 5-8: A janela Argumentos da Função de E.

Agora, voltemos ao espetáculo

Neste exemplo, utilizei SE para determinar o valor em uma célula da Coluna H ao valor correspondente na Coluna D se o valor correspondente na Coluna C for "Círculo". A fórmula na célula H2 é

```
=SE(C2="Círculo";D2;"")
```

Se isso fosse uma frase, seria, "Se o valor de C2 é 'Círculo', determinar o valor dessa célula com o valor em D2. Caso contrário, deixe a célula em branco." O preenchimento automático das próximas 15 células da Coluna H gera os dados filtrados da Coluna H mostrados na Figura 5-6. O desvio padrão na célula H19 é o valor que DESVPADSE teria fornecido.

DICA

Eu poderia ter omitido o terceiro argumento (as duas aspas duplas) sem afetar o valor do desvio padrão. Sem o terceiro argumento, o Excel preencheria FALSO nas células que não satisfizessem a condição em vez de deixá-las em branco.

Nas células da Coluna K, utilizei E junto com SE. Cada uma das células contém o valor da célula correspondente na coluna D caso duas condições sejam verdadeiras:

» O valor da célula correspondente da Coluna B é "Verde"
» O valor da célula correspondente da Coluna C é "Quadrado"

A fórmula para a célula K2 é

```
=SE(E(B2= "Verde";C2="Quadrado");D2;"")
```

Se *isso* fosse uma frase, seria, "Se o valor de B2 é 'Verde' e o valor de C2 é 'Quadrado', determinar o valor dessa célula com o valor de D2. Caso contrário, deixar a célula em branco." O preenchimento automático das 15 células seguintes da Coluna K resulta nos dados filtrados da Coluna K da Figura 5-6. O desvio padrão na célula K19 é o valor que DESVPADSES teria fornecido.

Funções Relacionadas

Antes de continuarmos, vamos observar rapidamente outras funções de planilha relacionadas às variações.

DESVQ

DESVQ calcula a soma dos desvios quadrados da média (sem dividir por N ou por $N-1$). Para estes números

50, 47, 52, 46 e 45

a soma é 34, como mostra a Figura 5-9.

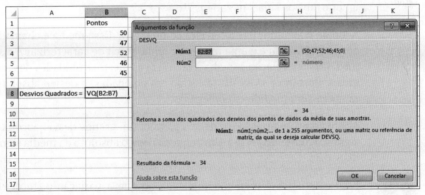

FIGURA 5-9: A janela de DESVQ.

Desvio médio

Outra função do Excel lida com desvios sem utilizar quadrados.

A variação e o desvio padrão lidam com desvios negativos elevando todos os desvios ao quadrado antes de tirar sua média. E se simplesmente ignorarmos os sinais negativos? Obteremos o *valor absoluto* de cada desvio. (É esse o termo que os matemáticos utilizam para dizer: "Que tal ignorarmos os sinais negativos?")

Se fizermos esse procedimento com as alturas

50, 47, 52, 46 e 45

poderemos colocar os valores absolutos dos desvios em uma tabela como a Tabela 5-4.

TABELA 5-4 **Um Grupo de Números e Seus Desvios Absolutos**

Altura	Altura-Média	|Desvio|
50	50-48	2
47	47-48	1
52	52-48	4
46	46-48	2
45	45-48	3

LEMBRE-SE

Na Tabela 5-4, observe as linhas verticais em torno de Desvio, no título da terceira coluna. As linhas verticais ao lado de um número simbolizam seu valor absoluto. Ou seja, as linhas verticais são o símbolo matemático para "Que tal ignorarmos os sinais negativos?"

A média dos números da terceira coluna é 2,4. Essa média é chamada de *desvio absoluto da média* e é uma maneira rápida e fácil de caracterizar a dispersão das medidas com relação à média. Ela utiliza as mesmas unidades das medidas originais. Portanto, se as alturas estão em polegadas, o desvio absoluto da média também será medido em polegadas.

Assim como a variação e o desvio padrão, um grande desvio absoluto da média significa muita dispersão. Um pequeno desvio absoluto da média significa pouca dispersão.

DICA

Essa estatística é menos complicada do que a variação ou o desvio padrão, mas raramente é usada. Por quê? Por motivos que estão (mais uma vez) além do escopo deste livro, os estatísticos não podem utilizá-la como base para as outras estatísticas que você verá mais adiante. A variação e o desvio padrão podem desempenhar esse papel.

DESV.MÉDIO

A função de planilha DESV.MÉDIO do Excel calcula o desvio absoluto da média de um grupo de números. A Figura 5-10 mostra a janela de DESV.MÉDIO, que apresenta o desvio absoluto da média para as células indicadas no intervalo.

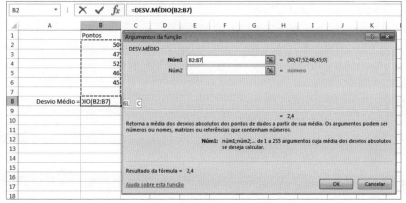

FIGURA 5-10: A janela Argumentos da Função de DESV.MÉDIO.

126   PARTE 2 **Descrevendo Dados**

NESTE CAPÍTULO

Padronizando valores

Fazendo comparações

Trabalhando com ordem nos arquivos

Calculando percentis

Capítulo 6
Seguindo Padrões e Constantes

N a minha mão esquerda tenho 15 Pesos argentinos. Na mão direita, 100 Pesos chilenos. Qual vale mais? As duas moedas se chamam *pesos*, certo? Então, 100 não deveria ser maior que 15? Não necessariamente. "Peso" é apenas uma mágica com palavras — uma coincidência de nomes. Cada moeda vem de um país diferente, e cada país tem sua própria economia. Para comparar as duas quantias de dinheiro, é preciso converter cada moeda para uma unidade padrão. O padrão mais intuitivo para nós é nossa própria moeda corrente. Quanto cada quantia vale em dólares? Quando escrevi o livro, 15 pesos argentinos valiam US$3. Cem pesos chilenos valiam US$0,21.

Neste capítulo, mostrarei como utilizar a estatística para criar unidades padrão. As unidades padrão mostram a você a posição de um valor com relação a outros valores de um grupo, e eu apresentarei outras maneiras de determinar a posição de um valor dentro de um grupo.

Conhecendo Alguns Zs

Como você pode ver no parágrafo anterior, um número isolado não conta uma história. Para compreender plenamente o significado de um número, é preciso analisar o processo que o criou. Para comparar um número com outro, ambos precisam estar na mesma escala.

Em alguns casos, como na conversão de moedas, é fácil descobrir um padrão. Em outros, como conversão de temperatura ou na conversão para o sistema métrico, uma fórmula pode ajudá-lo.

Se você não tiver tudo pronto, poderá utilizar a média e o desvio padrão para padronizar valores provenientes de processos diferentes. A ideia é tomar um conjunto de valores e utilizar sua média como ponto de partida e o desvio padrão como unidade de medida. Em seguida, você deve comparar o desvio de cada valor com relação à média do desvio padrão. Você deve perguntar, "Qual o tamanho de determinado desvio relacionado a (algo como) uma média de todos os desvios?"

Para fazer isso, você divide o desvio do valor pelo desvio padrão. Efetivamente, você transforma o valor em outro tipo de valor. O valor transformado é um *valor padrão* ou um *valor z*.

LEMBRE-SE

A fórmula para isto é

$$z = \frac{X - \overline{X}}{s}$$

se você estiver lidando com uma amostra, e

$$z = \frac{X - \mu}{\sigma}$$

se você estiver lidando com uma população. Seja qual for o caso, x representa o valor que está sendo transformado em valor z.

Características dos valores z

Um valor z pode ser positivo, negativo ou zero. Um valor z negativo representa um valor menor que a média, e um valor z positivo representa um valor maior que a média. Quando o valor é igual à média, o valor z é zero.

Ao calcular o valor z para cada valor do grupo, a média do valor z é ser 0, e o desvio padrão dos valores z é 1.

Depois de fazer isso com diversos grupos de valores, você poderá comparar um valor de um grupo com o valor de outro grupo. Se os dois grupos tiverem médias e desvios padrão diferentes, comparar sem padronizar é como comparar maçãs com laranjas.

Nos exemplos a seguir, mostrarei como utilizar os valores z para fazer comparações.

Bonds versus Bambino

Eis uma questão importante que sempre surge no contexto de discussões metafísicas sérias: Quem é o maior batedor de *home runs* de todos os tempos, Barry Bonds ou Babe Ruth? Embora essa seja uma questão de difícil resposta, uma maneira de lidar com ela é analisar a melhor temporada de cada jogador e comparar as duas. Bonds acertou 73 *home runs* em 2001, e Ruth acertou 60 em 1927. Superficialmente, Bonds parece ser o batedor mais eficaz.

No entanto, o ano de 1927 foi bastante diferente de 2001. O beisebol (e tudo o que nos cerca) passou por mudanças enormes em todos esses anos, e as estatísticas dos jogadores refletem essas mudanças. Era mais difícil fazer um *home run* nos anos 1920 do que nos anos 2000. Mesmo assim, 73 contra 60? Hmmm...

Valores padronizados podem nos ajudar a decidir qual foi a melhor temporada. Para padronizar, peguei os 50 melhores batedores de *home run* de 1927 e os 50 melhores de 2001. Calculei a média e o desvio padrão de cada grupo e, em seguida, transformei os 60 *home runs* de Ruth e os 73 de Bonds em valores z.

A média de 1927 é 12,68 batedores com *home run* com desvio padrão de 10,49. A média de 2001 é 37,02 batedores com *home run* com desvio padrão de 9,64. Embora as médias sejam bem diferentes, os desvios padrão são bem próximos.

E os valores z? O de Ruth é

$$z = \frac{60 - 12,68}{10,49} = 4,51$$

O de Bonds é

$$z = \frac{73 - 37,02}{9,64} = 3,73$$

Claramente, o vencedor como melhor batedor da temporada, por valores z, é Babe Ruth. Ponto final.

Só para mostrar como os tempos mudaram, Lou Gehrig acertou 47 *home runs* em 1927 (ficando atrás de Ruth) com um valor z de 3,27. Em 2001, 47 *home runs* chegaram a um valor z de 1,04.

Notas de provas

Saindo um pouco do debate esportivo, uma aplicação prática dos valores z é a atribuição de notas aos valores de provas. Com base na porcentagem de pontuação, os professores tradicionalmente avaliam uma nota de 90 pontos ou mais (em 100) como um A, 80–89 pontos como um B, 70–79 pontos como um C, 60–69 pontos como um D e menos de 60 pontos como um F. Em seguida, eles tiram a média de várias provas para conferir uma nota para o curso.

Isso é justo? Assim como o peso argentino vale mais que o peso chileno e um *home run* era mais difícil em 1927 do que em 2001, um ponto em uma prova vale o mesmo que um "ponto" em outra? Assim como o peso, não se trata apenas de um jogo de palavras?

Na verdade, sim. Um ponto em uma prova difícil é, por definição, mais difícil de conseguir do que um ponto em uma prova fácil. Como os pontos podem não significar a mesma coisa em duas provas, o mais justo é converter as notas de cada prova em valores z antes de tirar a média. Dessa forma, você tira a média dos números de maneira justa.

Nos cursos que ministro, faço exatamente isso. Geralmente, descubro que uma nota numericamente baixa em uma prova resulta em um valor z mais elevado do que uma nota numericamente alta em outra prova. Por exemplo, em uma prova em que a média é 65 e o desvio padrão é 12, uma nota 71 resulta em um valor z de 0,5. Em outra prova, com média 69 e desvio padrão de 14, uma nota 75 é equivalente a um valor z de 0,429. (Sim, é como os 60 *home runs* de Ruth contra os 73 de Bonds.) Moral da história: Números isolados não dizem muita coisa. É preciso compreender o processo que gerou os números.

PADRONIZAR

A função de planilha PADRONIZAR do Excel calcula valores z. A Figura 6-1 mostra um conjunto de notas de provas, juntamente com sua média e desvio padrão. Utilizei MÉDIA e DESVPADP para calcular as estatísticas. A janela Argumentos da Função de PADRONIZAR também aparece na figura.

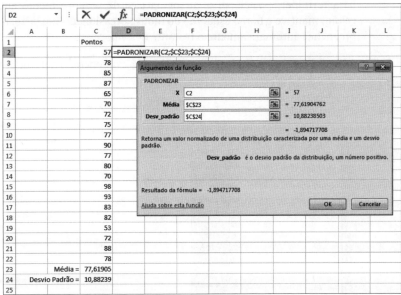

FIGURA 6-1: Notas de provas e a janela Argumentos da Função de PADRONIZAR.

Eis os passos:

1. **Digite os dados em um intervalo e selecione uma célula.**

Os dados estão em C2:C22. Selecionei D2 para conter o valor z para o valor em C2. No final, farei o preenchimento automático da Coluna D e alinharei todos os valores z ao lado das notas correspondentes.

2. **No menu Funções Estatísticas, selecione PADRONIZAR para abrir a janela Argumentos da Função de PADRONIZAR.**

3. **Na janela Argumentos da Função, digite os valores adequados dos argumentos.**

Primeiro, inseri a célula que contém a primeira nota na caixa X. Neste exemplo, a célula é D2.

Na caixa Média, digitei a célula que contém a média — C23 neste exemplo. É preciso que o valor esteja em um formato de referência absoluta, portanto digitamos $C$23. Você pode digitar assim, ou pode selecionar C23 e destacar a caixa Média e pressionar F4.

Na caixa Desv_padrão, digitei a célula que contém o desvio padrão. A célula correta nesse exemplo é C24. Esse valor também precisa estar em formato absoluto, portanto digite $C$24.

4. **Clique em OK para fechar a janela Argumentos da Função e coloque o valor z da primeira nota de provas na célula selecionada.**

CAPÍTULO 6 **Seguindo Padrões e Constantes** 131

Para terminar, posicionei o cursor na alça de preenchimento automático da célula, mantive o botão esquerdo do mouse pressionado e arrastei o cursor para preencher automaticamente o restante dos valores z.

A Figura 6-2 mostra o intervalo de valores z preenchido automaticamente.

D2		:	$\times$ $\checkmark$ f_x	=PADRONIZAR(C2;$C$23;$C$24)			
	A	B	C	D	E	F	G
1			Pontos				
2			57	-1,89472			
3			78	0,035006			
4			85	0,678248			
5			87	0,862031			
6			65	-1,15958			
7			70	-0,70013			
8			72	-0,51634			
9			75	-0,24067			
10			77	-0,05689			
11			90	1,137706			
12			77	-0,05689			
13			80	0,21879			
14			70	-0,70013			
15			98	1,872839			
16			93	1,413381			
17			83	0,494464			
18			82	0,402573			
19			53	-2,26228			
20			72	-0,51634			
21			88	0,953923			
22			78	0,035006			
23		Média =	77,61905				
24		Desvio Padrão =	10,88239				
25							

FIGURA 6-2: O intervalo de valores z preenchidos automaticamente.

ARMAZENANDO ALGUNS Z'S

Como valores z negativos podem ter conotações, bem... negativas, os educadores, às vezes, alteram o valor z quando avaliam os alunos. Efetivamente, eles escondem o valor z, mas o conceito é o mesmo — padronização com o desvio padrão como unidade de medida.

Uma transformação popular é chamada de valor T. O valor T elimina valores negativos, pois um conjunto de valores T tem média de 50 e desvio padrão 10. A ideia é aplicar uma prova, atribuir um valor a cada questão e calcular a média e o desvio padrão. Em seguida, deve-se transformar cada valor em um valor z. E, depois, segue-se a fórmula:

$$T = (z)(10) + 50$$

Geralmente, as pessoas que utilizam o valor T gostam de arredondar para o número inteiro mais próximo.

Valores SAT são outra variação do valor z. (Alguns chamam os valores SAT de valores C.) O SAT tem uma média de 500 e desvio padrão 100. Depois que as provas são graduadas e a média e o desvio padrão são calculados, cada nota de prova é transformada em um valor z da maneira usual. Esta fórmula converte o valor z em um valor SAT:

$$SAT = (z)(100) + 500$$

Arredondar para o número inteiro mais próximo também faz parte desse procedimento.

O valor de QI é mais um valor z transformado. Sua média é 100 e (na versão de Stanford-Binet) o desvio padrão é 16. Qual o procedimento para computar um valor de QI? Adivinhou. Em um grupo de valores de QI, calcule a média e o desvio padrão e, em seguida, calcule o valor z. Portanto

$$QI = (z)(16) + 100$$

Assim como ocorre nos outros dois exemplos, os valores de QI são arredondados para o número inteiro mais próximo.

Onde Você Fica?

Os valores padrão foram criados para mostrar a você a posição de um valor com relação a outros valores do mesmo grupo. Para fazer isso, os valores padrão utilizam o desvio padrão como unidade de medida.

Se você não quiser utilizar o desvio padrão, poderá demonstrar a posição relativa de um valor de modo mais simples. Você pode determinar a ordem do valor dentro do grupo: O valor mais alto fica na posição 1, o segundo maior fica na posição 2 e assim por diante.

ORDEM.EQ e ORDEM.MÉD

O Excel 2013 oferece duas funções de ordem. Elas diferem em como tratam os empates. Quando ORDEM.EQ encontra valores empatados, ela atribui a todos eles a classificação mais alta que esses valores podem ter. Portanto, três valores empatados em segundo, são todos classificados como segundo.

CAPÍTULO 6 **Seguindo Padrões e Constantes** 133

Quando ORDEM.MÉD encontra empates, ele atribui a todos os valores a média de posições que eles podem ter. Com essa função, três valores empatados em segundo são todos classificados em terceiro (a média das classificações 2, 3 e 4).

Para lhe dar uma ideia melhor de como essas duas funções trabalham, a Figura 6-3 mostra os resultados de aplicar cada função às notas na Coluna B.

⬜	A	B	C	D
1		Pontos	ORDEM.EQ	ORDEM.MÉD
2		45	10	10
3		44	11	11
4		34	12	12
5		23	13	13,5
6		22	15	15
7		48	8	8,5
8		48	8	8,5
9		67	5	5
10		65	6	6
11		78	2	3
12		78	2	3
13		80	1	1
14		78	2	3
15		23	13	13,5
16		54	7	7
17				

FIGURA 6-3: Aplicando ORDEM.EQ e ORDEM.MÉD.

A seguir, os passos para utilizar ORDEM.EQ:

1. **Digite os dados em um intervalo e selecione uma célula.**

Neste exemplo, eu digitei os valores nas células C2 a C16 e selecionei a célula D2.

2. **No menu Funções Estatísticas, selecione ORDEM.EQ para abrir a janela Argumentos da Função para ORDEM.EQ.**

3. **Na janela Argumentos da Função, digite os valores adequados para os argumentos.**

Na caixa Núm, digitei a célula que contem o valor cuja posição desejo inserir na célula selecionada. Neste exemplo, é C2.

Na caixa Ref, digitei o intervalo de células que contém os valores. Digitei C2:C16 na caixa Ref.

Esta parte é importante. Depois de inserir ORDEM em D2, arrastarei o cursor pela Coluna D e farei o preenchimento automático dos valores restantes. Para fazer isso, preciso fazer com que o Excel saiba que eu quero que o intervalo C2 a C16 seja o intervalo de cada valor, não apenas do primeiro.

134   PARTE 2 **Descrevendo Dados**

Isso significa que o intervalo na caixa Ref precisa ser expresso da seguinte maneira: $C$2:$C$16. Posso acrescentar os $ manualmente ou posso destacar o conteúdo da caixa Ref e, em seguida, pressionar F4.

Na caixa Ordem, indico a ordem de classificação dos valores. Para classificar os valores em ordem decrescente, posso deixar a caixa Ordem de lado ou digitar 0 (zero) nela. Para classificar os valores em ordem crescente, digito um valor diferente de zero na caixa Ordem. Deixei esta opção vazia. (Veja a Figura 6-4.)

4. **Clique em OK para colocar a posição na célula selecionada.**

Em seguida, coloquei o cursor no sinal de preenchimento automático da célula, pressionei e segurei o botão esquerdo do mouse e arrastei o cursor para preencher automaticamente as posições dos valores restantes. Isso, claro, foi como eu completei a Coluna C na Figura 6-3.

Você segue os mesmos passos para ORDEM.MÉD.

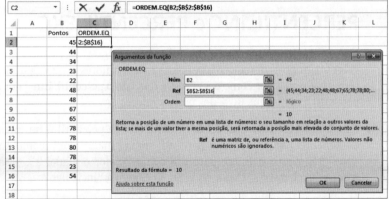

FIGURA 6-4:
A janela Argumentos da Função de ORDEM.EQ.

MAIOR e MENOR

Você pode inverter o processo de classificação fornecendo uma posição e perguntando qual valor ocupa essa posição. As funções de planilha MAIOR e MENOR podem fazer isso. Elas podem informar qual é o quinto maior valor ou o terceiro menor valor ou qualquer outra posição em que você tenha interesse.

A Figura 6-5 mostra a janela Argumentos da Função para MAIOR. Na caixa Matriz, você insere o intervalo de células que contém o grupo de valores. Na caixa K, você insere a posição cujo valor você deseja encontrar. Para encontrar o sétimo maior valor no intervalo, por exemplo, digite **7** na caixa K.

CAPÍTULO 6 **Seguindo Padrões e Constantes**   135

MENOR tem a mesma função, mas para encontrar as posições dos valores mais baixos do grupo. A janela Argumentos da Função de MENOR também tem uma caixa Matriz e uma caixa K. Ao digitar 7 na caixa K, você obterá o sétimo menor valor no intervalo.

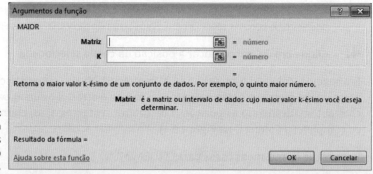

FIGURA 6-5: A janela Argumentos da Função para MAIOR.

PERCENTIL.INC e PERCENTIL.EXC

Muito parecido com a classificação é o *percentil*, que representa a posição de um valor no grupo com relação à porcentagem de valores abaixo dele. Se você já fez testes padronizados como o SAT, deve ter visto o percentil. Um valor SAT no 80º percentil é maior que 80% dos outros valores SAT.

Simples, certo? Não tão rápido. A definição de percentil é um pouco instável atualmente. Alguns definem percentil como "maior que" (como no parágrafo anterior), alguns definem percentil como "maior ou igual a". "Maior que" é igual a "exclusivo". "Maior ou igual a" é igual a "inclusivo".

Por essa razão, o Excel fornece duas fórmulas de planilhas para lidar com o percentil. PERCENTIL.INC é a fórmula PERCENTIL renomeada do Excel pré-2010. Ela funciona como "maior ou igual a". PERCENTIL.EXC funciona como "maior que".

Para usar cada uma delas, você digita um intervalo de pontuações e um percentil. Nestas fórmulas, K representa o percentil. PERCENTIL.INC encontra as pontuações que são maiores ou iguais ao percentil. PERCENTIL.EXC encontra a menor pontuação que é maior que o percentil.

Para mostrar como ambas diferem, eu criei uma planilha na Figura 6-6.

As pontuações na Coluna C são as mesmas dos exemplos anteriores deste capítulo, rearranjadas em ordem decrescente. K refere-se aos percentis. Note que eles estão em forma decimal, então 0,95 significa "95º percentil". Os valores nas Colunas F e G são os resultados do cálculo das fórmulas no topo de cada coluna. A pontuação em cada linha dessas colunas se referem ao percentil na mesma linha da Coluna C. Então, a Coluna F mostra percentis inclusivos e a Coluna G mostra percentis exclusivos. Eu coloquei o 75º, o 50º e o 25º percentis em negrito para preparar a discussão na próxima caixa de texto "Desenho e quartil".

	A	B	C	D	E	F	G
1			Pontos		K	PERCENTIL.INC	PERCENTIL.EXC
2			80		0,95	78,6	#NÚM!
3			78		0,90	78	78,8
4			78		0,85	78	78
5			78		0,80	78	78
6			67		0,75	72,5	78
7			65		0,70	66,6	69,2
8			54		0,65	65,2	65,8
9			48		0,60	58,4	60,6
10			48		0,55	52,2	52,8
11			45		0,50	48	48
12			44		0,45	48	48
13			34		0,40	46,8	46,2
14			23		0,35	44,9	44,6
15			23		0,30	44,2	42
16			22		0,25	39	34
17					0,20	31,8	25,2
18					0,15	24,1	23
19					0,10	23	22,6
20					0,05	22,7	#NÚM!

FIGURA 6-6: PERCENTIL. INC versus PERCENTIL. EXC.

Algumas diferenças se destacam. A mais óbvia são as mensagens de erro na Coluna G. PERCENTIL.EXC retorna uma mensagem de erro se o percentil solicitado for maior que $N/(N + 1)$, onde N é o número de pontuações. Esse é o valor máximo de K com o qual esta fórmula trabalha. Neste caso, o valor máximo é 0,94.

PERCENTIL.EXC também retorna uma mensagem de erro se o percentil solicitado por menor que $1/(N + 1)$. Esse é o valor mínimo com o qual a fórmula trabalha. Neste caso, é 0,06.

Além disso, como a figura mostra, as duas fórmulas localizam os percentis de maneira diferente. Por exemplo, o 70º percentil inclusivo está em algum lugar entre 65 e 67. PERCENTIL.INC o interpola em 66,6. (Os três empates em 78 puxam a interpolação para cima em 66.) PERCENTIL.EXC extrapola o 70º percentil exclusivo em 69,2, o menor número maior que a vizinhança 65-67.

Isso não significa que o percentil exclusivo é sempre maior que a versão inclusiva. Algumas entradas nas Colunas F e G mostram que o oposto às vezes acontece. Pontuações empatadas e onde elas estão têm os papéis mais importantes.

Eu duvido que a diferença importe muito em termos práticos, mas essa é só a minha opinião. Resumindo: Se você exige "maior ou igual a" para seu percentil, use INC. Se você estiver procurando apenas por "maior que", use EXC.

CAPÍTULO 6 **Seguindo Padrões e Constantes** 137

Aqui está como usar o PERCENTIL.INC.

1. Digite seus dados em uma planilha e selecione uma célula.

2. Do menu Estatística, escolha PERCENTIL.INC para abrir a janela de Argumentos da Função para PERCENTIL.INC.

3. Na janela Argumentos da Função, digite os valores adequados para os argumentos.

   A Figura 6-7 mostra os dados, a célula selecionada e a janela de Argumentos da Função para PERCENTIL.INC. Eu digitei C2:C16 na caixa Matriz e 0,90 na caixa K.

4. Clique em OK para colocar o percentil na célula selecionada.

Siga passos similares para PERCENTIL.EXC.

FIGURA 6-7: A janela Argumentos da Função de PERCENTIL.INC.

DICA

Na janela PERCENTIL, você pode digitar o percentil em K como um decimal (0,75) ou como uma porcentagem (75%). Se você o fizer da segunda maneira, você precisa incluir o sinal de porcentagem.

ORDEM.PORCENTUAL.INC e ORDEM.PORCENTUAL.EXC

As duas fórmulas ORDEM.PORCENTUAL do Excel lhe dão o percentil de uma dada pontuação. A versão INC retorna o percentil em termos de "maior ou igual a". A versão EXC retorna o percentil em termos de "maior que".

Novamente, eu ilustro a diferença com a planilha que coloca uma contra a outra. A Figura 6-8 mostra as pontuações (em ordem descendente) na Coluna C, ordens percentuais inclusivas na Coluna D e ordens percentuais exclusivas na Coluna E. Note que a ordem percentual inclusiva da pontuação mais alta (80) é 1 e que a ordem percentual exclusiva é 0,937. A ordem inclusiva da pontuação mais baixa (22) é 0 e a ordem exclusiva é 0,062.

FIGURA 6-8: ORDEM.PORCENTUAL.INC versus ORDEM.PORCENTUAL.EXC. Aqui estão os passos para usar ORDEM.PORCENTUAL.INC.

⬜	A	B	C	D	E
1			Pontos	ORDEM.PORCENTUAL.INC	ORDEM.PORCENTUAL.EXC
2			80	1	0,937
3			78	0,785	0,75
4			78	0,785	0,75
5			78	0,785	0,75
6			67	0,714	0,687
7			65	0,642	0,625
8			54	0,571	0,562
9			48	0,428	0,437
10			48	0,428	0,437
11			45	0,357	0,375
12			44	0,285	0,312
13			34	0,214	0,25
14			23	0,071	0,125
15			23	0,071	0,125
16			22	0	0,062
17					

DESENHO E QUARTIL

Alguns percentis específicas geralmente são usadas para resumir um grupo de valores: o 25°, o 50°, o 75° e o 100° percentis (a pontuação máxima. Como eles dividem um grupo de valores em quartos, esses quatro percentis específicos são chamados de *quartis*. As fórmulas QUARTIL.INC e QUARTIL.EXC do Excel servem para calculá-los. A versão INC calcula inclusivamente e a versão EXC exclusivamente. Para entender como essas fórmulas diferem, dê uma olhada nas linhas em negrito na Figura 6-6.

Ao selecionar QUARTIL.INC da janela Inserir Função, a janela Argumentos da Função (mostrada na figura) se abre. (A janela para QUARTIL.EXC é exatamente igual a essa.)

O truque é inserir o tipo certo de números na caixa Quarto — 1 para o 25° percentil, 2 para o 50°, 3 para o 75° e 4 para 100°. Ao digitar 0 na caixa Quarto você obterá o menor valor do grupo.

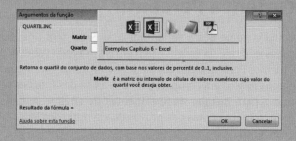

CAPÍTULO 6 **Seguindo Padrões e Constantes** 139

1. **Digite seus dados em uma planilha e selecione uma célula.**

   A partir do menu Estatística, escolha ORDEM.PORCENTUAL.INC para abrir a janela Argumentos da Função ORDEM.PORCENTUAL.INC.

2. **Na janela Argumentos da Função, digite os valores adequados para os argumentos.**

   A Figura 6-9 mostra os dados, a célula selecionada e a janela Argumentos da Função ORDEM.PORCENTUAL.INC. Eu digitei C2:C16 na caixa Matriz e C2 na caixa X. C2 contém a pontuação cuja ordem percentual eu quero calcular. A caixa de texto Significância é para a quantidade de dígitos significativos na resposta. Deixar essa caixa vazia retorna três dígitos significativos.

FIGURA 6-9: A janela Argumentos da Função ORDEM.PORCENTUAL.INC.

3. **Clique em OK para colocar o percentil na célula selecionada.**

Siga um conjunto de passos similares para ORDEM.PORCENTUAL.EXC.

Ferramenta de análise de dados: Ordem e Percentil

Como o nome desta seção indica, o Excel tem uma ferramenta de análise de dados que calcula ordem e percentis para cada valor de um grupo. A ferramenta Ordem e Percentil calcula os dois ao mesmo tempo, portanto você economiza alguns passos em comparação com o uso das funções de planilha. (Veja o Capítulo 2 para instalar as ferramentas de análise de dados do Excel.) Na Figura 6-10, tomei as notas das provas do exemplo dos valores z e abri a janela Ordem e Percentil.

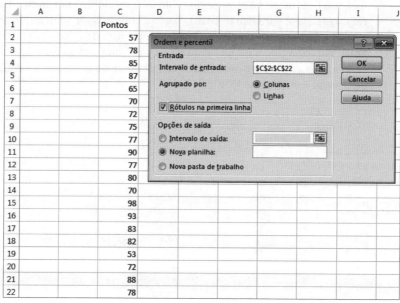

FIGURA 6-10: A ferramenta de análise Ordem e Percentil.

A seguir, os passos para utilizar Ordem e Percentil:

1. Digite os dados em um intervalo.

Neste exemplo, os dados estão nas células C2 a C22.

2. No menu Ferramentas, selecione Análise de Dados para abrir a janela Análise de Dados.

3. Na janela Análise de Dados, selecione Ordem e Percentil.

4. Clique em OK para abrir a janela Ordem e Percentil.

5. Na janela Ordem e Percentil, digite o intervalo de dados na caixa Intervalo de Entrada. Verifique se o valor está no formato de referência absoluta.

Neste exemplo, há uma legenda na primeira linha (na célula C1). Quero que a legenda seja incluída no resultado, portanto digito $C$1:$C$22 na caixa Intervalo de Entrada e seleciono a caixa Rótulos na primeira linha.

6. Clique no botão Colunas para indicar que os dados estão organizados em colunas.

7. Clique no botão Nova Planilha para criar uma nova página tabulada na planilha e, dessa forma, enviar os resultados para a página recém-criada.

8. Clique em OK e feche a janela. Abra a página recém-criada para ver os resultados.

A Figura 6-11 mostra a nova página com os resultados. A tabela classifica os valores do mais alto para o mais baixo, já que a coluna Valor aparece juntamente com a coluna Ordem. A coluna Ponto informa a posição do valor no agrupamento original. Por exemplo, o 98 na célula B2 é o 14º valor nos dados originais. A coluna Porcentagem informa o percentil de cada valor. Esta ferramenta calcula percentis da mesma maneira que PERCENTIL.INC.

⁄	A	B	C	D
1	Ponto	57	Ordem	Porcentagem
2	13	98	1	100,00%
3	14	93	2	94,70%
4	9	90	3	89,40%
5	19	88	4	84,20%
6	3	87	5	78,90%
7	2	85	6	73,60%
8	15	83	7	68,40%
9	16	82	8	63,10%
10	11	80	9	57,80%
11	1	78	10	47,30%
12	20	78	10	47,30%
13	8	77	12	36,80%
14	10	77	12	36,80%
15	7	75	14	31,50%
16	6	72	15	21,00%
17	18	72	15	21,00%
18	5	70	17	10,50%
19	12	70	17	10,50%
20	4	65	19	5,20%
21	17	53	20	0,00%

FIGURA 6-11: O resultado da ferramenta de análise Ordem e Percentil.

Para Usuários de Mac

O StatPlus LE fornece uma ferramenta Rank and Percentitle Tool (Ordem e Percentil) que é similar à versão do Analysis ToolPak. Para acessá-la, selecione Statistics (Estatística) | Nonparametric Statistics (Estatísticas Não Paramétricas) | Rank and Percentile (Ordem e Percentil) da barra do menu StatPlus. Forneça um intervalo de células em sua caixa Variáveis e ela retorna um resultado que parece muito com a Figura 6-11.

142   PARTE 2 **Descrevendo Dados**

> **NESTE CAPÍTULO**
>
> **Trabalhando com coisas grandes e pequenas**
>
> **Entendendo simetria, picos e platôs**
>
> **Ficando descritivo**
>
> **Servindo as estatísticas em uma bandeja**

Capítulo 7

Resumindo Tudo

As medidas de tendência central e variação são maneiras excelentes de resumir um grupo de valores. Mas não são as únicas maneiras. A tendência central e a variação formam um subconjunto de estatísticas descritivas. Algumas estatísticas descritivas são intuitivas — como contagem, máximo e mínimo. Algumas não são — como distorção e curtose.

Neste capítulo, falarei sobre as estatísticas descritivas e mostrarei as capacidades de cálculo do Excel para calculá-las e visualizá-las.

Contando

A estatística descritiva mais básica que posso imaginar é o número de valores em um conjunto de valores. O Excel oferece cinco maneiras de determinar esse número. Sim, cinco maneiras. Pode contar.

CONT.NÚM, CONT.VALORES, CONTAR.VAZIO, CONT.SE, CONT.SES

Dado um intervalo de células, CONT.NÚM calcula a quantidade de células que contém dados numéricos. A Figura 7-1 mostra que digitei um grupo de valores, selecionei uma célula para conter o resultado de CONT.NÚM e abri a janela Argumentos da Função de CONT.NÚM.

FIGURA 7-1: A janela Argumentos da Função para CONT.NÚM, mostrando diversos argumentos.

Eis os passos:

1. Digite seus dados na planilha e selecione uma célula para o resultado.

Digitei os dados nas colunas C, D e E para demonstrar a capacidade de aceitar diversos argumentos em CONT.NÚM. Selecionei a célula C14 para conter o resultado.

2. No menu Funções Estatísticas, selecione CONT.NÚM e clique em OK para abrir a janela Argumentos da Função CONT.NÚM.

3. Na janela Argumentos da Função, digite os valores adequados para os argumentos.

Na caixa Valor1, digitei uma das colunas de dados deste exemplo, como C1:C12.

Cliquei na caixa Valor2 e inseri outra coluna de dados. Digitei D1:D6.

Cliquei na caixa Valor3 e inseri a última coluna, que neste exemplo é E1:E2.

4. Clique em OK para colocar o resultado na célula selecionada.

CONT.VALORES funciona como CONT.NÚM, porém seu cálculo inclui células com texto e valores lógicos.

CONTAR.VAZIO conta o número de células em branco de um intervalo. Na Figura 7-2, utilizei os números do exemplo anterior, mas estendi o intervalo para incluir as células D7 a D12 e E3 a E12. O intervalo da caixa Intervalo é C1:E12. A janela Argumentos da Função de CONTAR.VAZIO mostra o número de células em branco (16 neste exemplo).

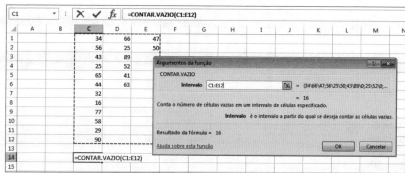

FIGURA 7-2: CONTAR.VAZIO calcula as células em branco em um intervalo específico.

CONT.SE mostra o número de células cujo valor satisfaz um critério específico. A Figura 7-3 reutiliza os dados novamente, mostrando a janela Argumentos da Função para CONT.SE. Embora o intervalo seja C1:E12, CONT.SE não inclui as células em branco.

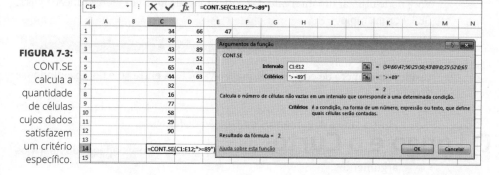

FIGURA 7-3: CONT.SE calcula a quantidade de células cujos dados satisfazem um critério específico.

O critério utilizado, >=89, diz a CONT.SE para contar somente as células cujos valores sejam maiores ou iguais a 89. Neste exemplo, o resultado é 1.

CAPÍTULO 7 **Resumindo Tudo** 145

DICA

Isso provavelmente não fará muita diferença quando você utilizar essa função, mas uma pequena pegadinha do Excel aparece aqui. Se você colocar o critério entre aspas duplas, o resultado aparecerá na janela antes de você clicar em OK. Caso contrário, não. Se você clicar em OK sem utilizar aspas, o Excel fornecerá as aspas e o resultado aparecerá na célula selecionada com as aspas aplicadas.

CONT.SES é uma função nova no Excel 2007. Essa função pode utilizar diversos critérios para determinar a contagem. Se os critérios vierem de dois intervalos, eles devem ter o mesmo número de células. Isso porque CONT.SES conta pares de células. Essa função inclui um par de células na contagem caso uma das células satisfaça um critério *e* a outra célula também satisfaça um critério. Observe a Figura 7-4.

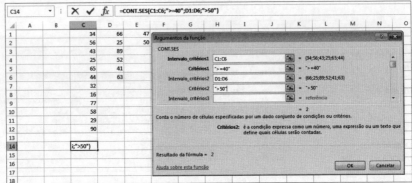

FIGURA 7-4: Trabalhando com CONT.SES.

Neste exemplo, CONT.SES opera em C1:C6 e em D1:D6. O critério para as células da coluna C é >=40. O critério para as células da coluna D é >50. Isso significa que CONT.SES conta os pares de célula cuja célula em C contenha um valor maior ou igual a 40 e cuja célula D contenha um valor maior que 50. Apenas dois pares de células satisfazem essa condição, como você pode ver na janela.

Você pode utilizar um intervalo de células mais de uma vez com a função CONT.SES. Por exemplo,

```
=CONT.SES(C1:C12;">30";C1:C12;"<60")
```

resulta no número de células nas quais o valor está entre 30 e 60 (excluindo-se 30 e 60).

O Longo e o Curto

Outras duas estatísticas descritivas que não precisam de apresentação são as funções de máximo e mínimo. Elas, é claro, representam o maior e o menor valor, respectivamente, em um grupo de valores.

MÁXIMO, MÁXIMOA, MÍNIMO e MÍNIMOA

O Excel tem funções de planilha que determinam os maiores e os menores valores de um grupo. Mostrarei a função MÁXIMO. As outras funcionam de modo similar.

A Figura 7-5 reutiliza os valores dos exemplos anteriores.

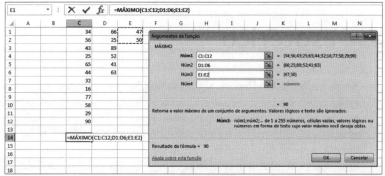

FIGURA 7-5: A janela Argumentos da Função de MÁXIMO.

Selecionei uma célula para conter o valor máximo e abri a janela Argumentos da Função de MÁXIMO. Veja o passo a passo:

1. Digite seus dados na planilha e selecione uma célula para conter o resultado.

Digitei os dados nas colunas C, D e E para demonstrar a capacidade que MÁXIMO tem de aceitar diversos argumentos. Neste exemplo, selecionei a célula C14 para conter o resultado.

2. No menu Funções Estatísticas, selecione MÁXIMO para abrir a janela Argumentos da Função de MÁXIMO.

3. Na janela Argumentos da Função, digite os valores adequados para os argumentos.

Na caixa Núm1, digitei uma coluna de dados, C1:C12.

Ao clicar sobre a caixa Núm2, você cria e abre a caixa Núm3. Na caixa Núm2, inseri outro intervalo, D1:D6.

Cliquei na caixa Núm3 e inseri o último intervalo: E1:E2.

4. Clique em OK para colocar o resultado na célula selecionada.

MÁXIMO ignora textos e valores lógicos que encontra pelo caminho. MÁXIMOA aceita texto e valores lógicos para encontrar o valor máximo. Se MÁXIMOA encontrar o valor lógico VERDADEIRO, ele será convertido para 1. MÁXIMOA converte FALSO ou qualquer texto que não seja "VERDADEIRO" para 0.

CAPÍTULO 7 **Resumindo Tudo** 147

MÍNIMO E MÍNIMOA funcionam do mesmo modo que MÁXIMO e MÁXIMOA, mas encontram o valor mínimo e não o máximo. Tome cuidado ao utilizar MÍNIMOA, pois a conversão de valores lógicos e texto para 0 e 1 influenciam o resultado. Com os números do exemplo anterior, o mínimo é 22. Se você digitar FALSO ou outro texto em uma célula de qualquer um dos intervalos, MÍNIMOA informará 0 como o valor mínimo. Se você digitar VERDADEIRO, MÍNIMOA retornará 1 como o valor mínimo.

Quase Esotérico

Nesta seção, falarei sobre algumas funções estatísticas menos usadas e que estão relacionadas à média e à variação. Para a maioria das pessoas, a média e a variação são suficientes para descrever um conjunto de dados. Estas outras estatísticas, *distorção* e *curtose*, vão um pouco além. Você pode precisar delas um dia, se tiver uma grande quantidade de dados para a qual deseje acrescentar uma descrição mais aprofundada.

Pense na média como a *localização* de um grupo de valores que informa qual é o seu centro. Esse é o ponto de partida para as outras estatísticas. Com relação à média

- » A variação informa quão *dispersos* estão seus valores.
- » A distorção indica quão *simetricamente* os valores estão distribuídos.
- » A curtose indica se os valores estão distribuídos ou não com um *pico* próximo à média.

PAPO DE ESPECIALISTA

Distorção e curtose estão relacionadas com a média e com a variação em termos, de certa forma, matemáticos. A variação envolve a soma dos desvios quadrados dos valores próximos à média. A distorção depende do cubo dos desvios próximos à média antes de efetuar a soma. A curtose eleva tudo a uma potência ainda maior — a quarta potência, para ser mais preciso. Entrarei em mais detalhes nas seções a seguir.

DISTORÇÃO e DISTORÇÃO.P

A Figura 7-6 mostra três histogramas. O primeiro é simétrico; os outros dois, não. A simetria e a assimetria são refletidas na estatística de distorção.

No histograma simétrico, a distorção é 0. No segundo histograma — que reduz à direita — o valor da distorção estatística é positivo. Também se diz que o histograma tem distorção para a direita. No terceiro histograma (que reduz à esquerda), o valor da distorção estatística é negativo. Também se diz que o histograma tem distorção para a esquerda.

PAPO DE ESPECIALISTA

De onde vem distorção zero, positiva e negativa? Desta fórmula:

$$\text{distorção} = \frac{\sum (X - \bar{X})^3}{(N-1)s^3}$$

Na fórmula, $\bar{X}$ é a média dos valores, N é o número de valores e s é o desvio padrão. Essa fórmula serve para a distorção de uma amostra. A fórmula para a distorção em uma população usa N em vez de $N-1$.

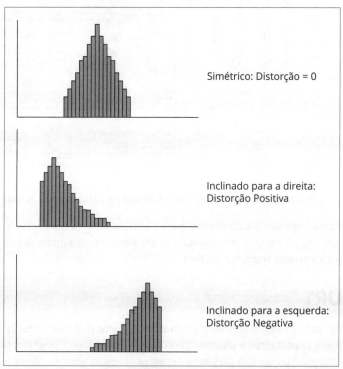

FIGURA 7-6: Três histogramas ilustrando três tipos de distorção.

Incluí esta fórmula para que o assunto ficasse completo. Se você, algum dia, se preocupar com a distorção de uma amostra, provavelmente não utilizará essa fórmula, pois a função DISTORÇÃO do Excel faz as contas para você.

Para utilizar a função DISTORÇÃO:

1. Digite os números em uma planilha e selecione uma célula para o resultado.

Neste exemplo, digitei os valores nas dez primeiras linhas das Colunas B, C, D e E. (Veja a Figura 7-7.) Selecionei a célula H2 para o resultado.

2. No menu Funções Estatísticas, selecione DISTORÇÃO para abrir a janela Argumentos da Função de DISTORÇÃO.

CAPÍTULO 7 **Resumindo Tudo** 149

3. **Na janela Argumentos da Função, digite os valores adequados para os argumentos.**

   Na caixa Núm1, insira o intervalo de células que contêm os dados. Neste exemplo, o intervalo é B1:E10. Com os dados inseridos, a janela Argumentos da Função exibe a distorção, que neste exemplo é negativa.

FIGURA 7-7: Utilizando a função DISTORÇÃO para calcular a distorção.

4. **Clique em OK para inserir o resultado na célula selecionada.**

   A janela Argumentos da Função para DISTORÇÃO.P (a distorção de uma população) é igual a esta. Como mencionei anteriormente, a distorção de uma população incorpora N em vez de N−1.

CURT

A Figura 7-8 mostra dois histogramas. O primeiro tem pico no centro; o segundo é plano. O primeiro se chama *leptocúrtico*. Sua curtose é positiva. O segundo se chama *platicúrtico*. Sua curtose é negativa.

PAPO DE ESPECIALISTA

Negativa? Espere um pouco. Como assim? Eu disse anteriormente que a curtose envolve a soma da quarta potência de desvios da média. Como quatro é um número par, até mesmo a quarta potência de um desvio negativo é positiva. Se você está somando apenas números positivos, como a curtose pode ser negativa?

Explico. A fórmula da curtose é

$$curtose = \frac{\sum(X - \bar{X})^4}{(N-1)s^4} - 3$$

onde $\bar{X}$ é a média dos valores, N é o número de valores e s é o desvio padrão.

Ah, por que 3? O 3 entra em cena, pois ele é a curtose de algo especial chamado *distribuição normal padrão*. (Falarei com mais detalhes sobre a distribuição normal no Capítulo 8.) Tecnicamente, os estatísticos referem-se a esta fórmula como *excesso de curtose* — isso significa que ela indica a curtose em um conjunto de valores que excede a curtose da distribuição normal padrão. Se você está prestes a perguntar "Por que a curtose da distribuição normal padrão é igual a 3?", não pergunte.

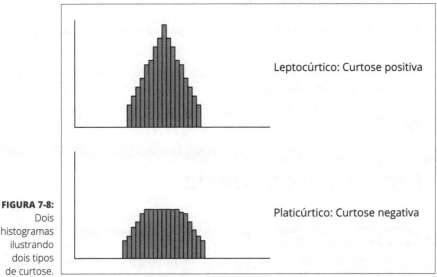

FIGURA 7-8: Dois histogramas ilustrando dois tipos de curtose.

Esta é outra fórmula que você provavelmente nunca usará, pois a função CURT do Excel cuida de tudo. A Figura 7-9 mostra os valores do exemplo anterior, uma célula selecionada e a janela Argumentos da Função para CURT.

FIGURA 7-9: Utilizando a função CURT para calcular a curtose.

CAPÍTULO 7 **Resumindo Tudo** 151

Para utilizar a função CURT:

1. Digite os números em uma planilha e selecione uma célula para o resultado.

Neste exemplo, inseri os valores nas dez primeiras linhas das colunas B, C, D e E. Selecionei a célula H2 para conter o resultado.

2. No menu Funções Estatísticas, selecione CURT para abrir a janela Argumentos da Função de CURT.

3. Na Janela Argumentos da Função, digite os valores adequados para os argumentos.

Na caixa Núm1, digitei o intervalo de células que contêm os dados. Neste exemplo, o intervalo é B1:E10. Com o intervalo de dados inserido, a janela Argumentos da Função mostra a curtose que, neste exemplo, é negativa.

4. Clique em OK para inserir o resultado na célula selecionada.

Ajustando a Frequência

Embora os cálculos de distorção e curtose sejam muito bons, é bom saber como os valores estão distribuídos. Para fazer isso, você cria uma *distribuição de frequência*, uma tabela que divide os valores possíveis em intervalos e mostra quantos valores (a frequência) pertencem a cada intervalo.

O Excel oferece duas maneiras de criar uma distribuição de frequência. Uma delas é uma função de planilha, e outra é uma ferramenta de análise de dados.

FREQÜÊNCIA

Falei sobre a função de planilha FREQÜÊNCIA no Capítulo 2, quando falei sobre as funções matriciais. Aqui, ofereço outro ponto de vista. No próximo exemplo, reutilizarei os dados das discussões de distorção e curtose para que você possa ver como é a distribuição destes valores.

A Figura 7-10 mostra os dados novamente, juntamente com um intervalo selecionado, chamado de Frequência. Também acrescentei a legenda Intervalos a uma coluna, e essa coluna determina os limites dos intervalos. Cada número dessa coluna é o limite maior de um intervalo. A figura também mostra a janela Argumentos da Função para FREQÜÊNCIA.

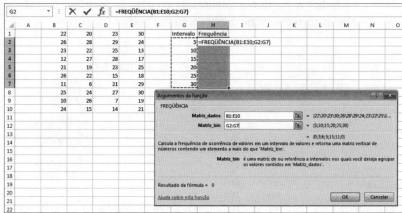

FIGURA 7-10: Encontrando frequências em um intervalo de células.

Essa é uma função matricial, portanto, os passos são um pouco diferentes dos passos seguidos nas funções apresentadas até agora neste capítulo.

1. Digite os valores em um intervalo de células.

O intervalo, como nos exemplos anteriores, é B1:E10.

2. Digite os intervalos em um grupo de células.

Eu usei 5, 10, 15, 20, 25 e 30 nas células G2:G7.

3. Selecione um grupo de células para as frequências resultantes.

Determinei Frequência como legenda no topo da coluna H, então, selecionei H2 a H7 para conter as frequências resultantes.

4. No menu Funções Estatísticas, selecione FREQÜÊNCIA para abrir a janela Argumentos da Função de FREQÜÊNCIA.

5. Na janela Argumentos da Função, digite os valores adequados dos argumentos.

Na caixa Matriz_dados, inseri as células que contêm os valores. Neste exemplo, elas são B1:E10.

FREQÜÊNCIA refere-se aos intervalos como "bins" e contém os intervalos na caixa Matriz_bin. Neste exemplo, G2:G7 deve ser digitado na caixa Matriz_bin.

Depois de identificar as duas matrizes, a janela Argumentos da Função mostra a frequência dentro de um par de chaves. Observe com atenção a Figura 7-10 e você verá que o Excel acrescenta uma frequência zero ao final do conjunto de frequências.

6. Pressione Ctrl+Shift+Enter para fechar a janela Argumentos da Função.'

Utilize esta combinação de teclas, pois FREQÜÊNCIA é uma função matricial.

CAPÍTULO 7 **Resumindo Tudo** 153

Ao fechar a janela Argumentos da Função, as frequências serão inseridas nas células corretas, como mostra a Figura 7-11.

	A	B	C	D	E	F	G	H
1		22	20	23	30		Intervalo	Frequência
2		26	28	29	24		5	0
3		23	22	25	13		10	3
4		12	27	28	17		15	6
5		21	19	23	25		20	5
6		26	22	15	18		25	15
7		11	6	21	29		30	11
8		25	24	27	30			
9		10	26	7	19			
10		24	15	14	21			

FIGURA 7-11:
As frequências de FREQÜÊNCIA.

Se eu tivesse dado o nome Dados a B1:E10 e o nome Intervalo a G2:G7, e tivesse utilizado estes nomes na janela Argumentos da Função, a fórmula resultante seria

```
=FREQÜÊNCIA(Dados;Intervalo)
```

que é muito mais simples de compreender do que

```
=FREQÜÊNCIA(B1:E10;G2:G7)
```

(Não se lembra como atribuir um nome a um intervalo de células? Dê uma olhada no Capítulo 2.)

Ferramenta de análise de dados: Histograma

Esta é outra maneira de criar uma distribuição de frequência — com a ferramenta de análise de dados Histograma. Para mostrar a você que os dois métodos são equivalentes, utilizarei os dados do exemplo de FREQÜÊNCIA. A Figura 7-12 mostra os dados juntamente com janela Histograma.

Os passos são:

1. Digite os valores em um grupo de células e os intervalos em outro grupo.

2. Clique em Dados | Análise de Dados para abrir a janela Análise de Dados.

3. Na janela Análise de Dados, selecione Histograma para abrir a janela Histograma.

FIGURA 7-12: A ferramenta de análise Histograma.

◢	A	B	C	D	E	F	G	H	I	J	K	L	M
1		22	20	23	30		Intervalo	Frequência					
2		26	28	29	24		5						
3		23	22	25	13		10						
4		12	27	28	17		15						
5		21	19	23	25		20						
6		26	22	15	18		25						
7		11	6	21	29		30						
8		25	24	27	30								
9		10	26	7	19								
10		24	15	14	21								
11													
12													
13													
14													
15													
16													
17													
18													
19													
20													
21													
22													

Histograma

Entrada

Intervalo de entrada: $B$1:$E$10

Intervalo do bloco: $G$2:$G$7

☐ Rótulos

Opções de saída

○ Intervalo de saída:

◉ Nova planilha:

○ Nova pasta de trabalho

☐ Pareto (histograma classificado)
☐ Porcentagem cumulativa
☑ Resultado do gráfico

OK   Cancelar   Ajuda

4. **Na janela Histograma, digite os valores adequados.**

Os dados estão nas células B1 a E10, portanto B1:E10 deve ser colocado na caixa Intervalo de entrada. A maneira mais fácil de inserir este intervalo é clicar em B1, pressionar e manter pressionada a tecla Shift, em seguida, clicar em E10. O Excel coloca o formato de referência absoluta ($B$1:$E$10) na caixa Intervalo de entrada.

Na caixa Intervalo do bloco, insira o intervalo que contém os intervalos. Neste exemplo, G2 a G7. Clique em G2, pressione e mantenha pressionada a tecla Shift, e clique em G7. O formato de referência absoluta ($G$2:$G$7) aparecerá na caixa Intervalo do bloco.

5. **Clique no botão Nova Planilha para criar uma nova página tabulada e colocar os resultados nela.**

6. **Clique na caixa de seleção Resultado do Gráfico para criar um histograma e visualizar os resultados.**

7. **Clique em OK para fechar a janela.**

A Figura 7-13 mostra o resultado do Histograma. A tabela é compatível com o resultado de FREQÜÊNCIA. Note que Histograma acrescenta "Mais" na coluna Bloco. O tamanho do histograma é um pouco menor quando é exibido pela primeira vez. Usei o mouse para aumentar o histograma e dar a ele a aparência que você vê na figura. O histograma mostra que a distribuição diminui para a esquerda (consistente com a estatística de distorção negativa) e parece não ter um pico distinto (consistente com a estatística de curtose negativa). Note também o conjunto de ferramentas do gráfico (os três ícones) que aparecem à direita do histograma. As ferramentas permitem que você modifique o histograma de várias maneiras. (Veja o Capítulo 3.)

CAPÍTULO 7 **Resumindo Tudo** 155

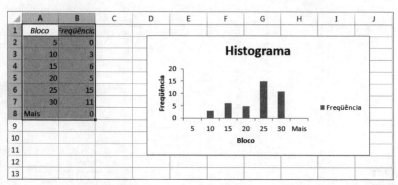

FIGURA 7-13: O resultado da ferramenta Histograma (depois que aumentei o gráfico).

A propósito, as outras opções das caixas de seleção da janela Histograma são Pareto (histograma classificado) e Porcentagem Cumulativa. A opção Pareto classifica os intervalos em ordem da maior para a menor frequência antes de criar o gráfico. A porcentagem cumulativa mostra a porcentagem de valores de um intervalo combinada com as porcentagens de todos os intervalos anteriores. Se você selecionar essa caixa, também inserirá uma linha de porcentagem cumulativa ao seu histograma.

Você Pode Me Dar Uma Descrição?

Se você está lidando com estatística descritiva individual, as funções de planilha apresentadas servem muito bem. Se você deseja obter um relatório geral, que apresente todas as informações estatísticas descritivas em um só lugar, utilize a ferramenta de análise de dados que será apresentada na próxima seção.

Ferramenta de análise de dados: Estatística Descritiva

No Capítulo 2, mostrei a ferramenta Estatística Descritiva para apresentar as ferramentas de análise de dados do Excel. A seguir, um exemplo um pouco mais complexo. A Figura 7-14 mostra três colunas de valores e a janela Estatística Descritiva. Identifiquei as colunas como Primeira, Segunda e Terceira para que você possa ver como essa ferramenta incorpora as legendas.

A seguir, os passos para utilizar esta ferramenta:

1. Digite os dados em um intervalo.
2. Selecione Dados | Análise de Dados para abrir a janela Análise de Dados.
3. Selecione Estatística Descritiva para abrir a janela Estatística Descritiva.

FIGURA 7-14:
A ferramenta Estatística Descritiva em ação.

4. **Na janela Estatística Descritiva, digite os valores adequados.**

   Na caixa Intervalo de entrada, insira os dados. A maneira mais fácil de fazer isso é mover o cursor para a célula no canto superior esquerdo (C1), pressionar a tecla Shift e clicar na célula do canto inferior direito (E9). Essa ação insere $C$1:$E$9 na caixa Intervalo de entrada.

5. **Clique no botão Colunas para indicar que os dados estão organizados em colunas.**

6. **Marque a caixa de seleção Rótulos na primeira linha, pois o Intervalo de entrada inclui os títulos das colunas.**

7. **Clique no botão Nova Planilha para criar uma nova folha tabulada dentro da planilha atual e para enviar os resultados para a folha recém-criada.**

8. **Marque a caixa de seleção Resumo Estatístico e deixe as outras caixas sem seleção.**

9. **Clique em OK para fechar a janela.**

   A nova folha tabulada (*planilha*) será aberta, exibindo as estatísticas que resumem os dados.

   Como você pode ver na Figura 7-15, as estatísticas resumem cada coluna separadamente. Quando a página é aberta pela primeira vez, as colunas que mostram os nomes das estatísticas são estreitas demais, assim, a figura mostra a aparência da página depois que eu aumentei as colunas.

A ferramenta Estatística Descritiva atribui valores às estatísticas: média, erro padrão, mediana, modo, desvio padrão, variância da amostra, curtose, distorção, intervalo, mínimo, máximo, soma e contagem. Com exceção de erro padrão e intervalo, eu discuto todas as outras.

CAPÍTULO 7 **Resumindo Tudo** 157

▲	A	B	C	D	E	F
1	*Primeira*		*Segunda*		*Terceira*	
2						
3	Média	55,5	Média	55,75	Média	56,875
4	Erro padrão	8,343089527	Erro padrão	9,497650085	Erro padrão	9,990062026
5	Mediana	53,5	Mediana	54,5	Mediana	68
6	Modo	#N/D	Modo	#N/D	Modo	#N/D
7	Desvio padrão	23,59782072	Desvio padrão	26,86341112	Desvio padrão	28,25616241
8	Variância da amostra	556,8571429	Variância da amostra	721,6428571	Variância da amostra	798,4107143
9	Curtose	0,288278448	Curtose	-1,387273189	Curtose	-1,303364816
10	Assimetria	0,567053259	Assimetria	-0,106049703	Assimetria	-0,661035774
11	Intervalo	75	Intervalo	71	Intervalo	73
12	Mínimo	23	Mínimo	20	Mínimo	12
13	Máximo	98	Máximo	91	Máximo	85
14	Soma	444	Soma	446	Soma	455
15	Contagem	8	Contagem	8	Contagem	8
16						

FIGURA 7-15: O resultado da ferramenta Estatística Descritiva.

O intervalo é apenas a diferença entre o máximo e o mínimo. O erro padrão é um pouco mais complexo e adiarei a explicação para o Capítulo 9. Por enquanto, direi apenas que o erro padrão é o desvio padrão dividido pela raiz quadrada do tamanho da amostra e deixarei assim.

A propósito, uma das caixas de seleção que não foram marcadas no Passo 6 do exemplo oferece algo chamado *Nível de Confiabilidade p/ Média*, que também será explicado em detalhes no Capítulo 9. As outras duas caixas de seleção, Enésimo maior e Enésimo menor funcionam como MAIOR e MENOR.

Seja Rápido!

A Análise Rápida é outra ótima adição do Excel 2013. Você seleciona um intervalo de dados e um ícone aparece no canto inferior direito da seleção. Clicando neste ícone, inúmeras possibilidades são abertas para visualizar e resumir os dados selecionados. Passar com o mouse sobre essas possibilidades lhe dá uma pré--visualização de como elas se parecem. Selecionar uma a coloca na sua planilha.

A planilha na Figura 7-16 mostra as porcentagens por grupo etário que usaram a mídia indicada em 2006 (Fonte: U.S. Statistical Abstract). Eu selecionei os dados, o que fez com que o ícone Análise Rápida aparecesse. Clicando no ícone, o painel com as opções se abriu.

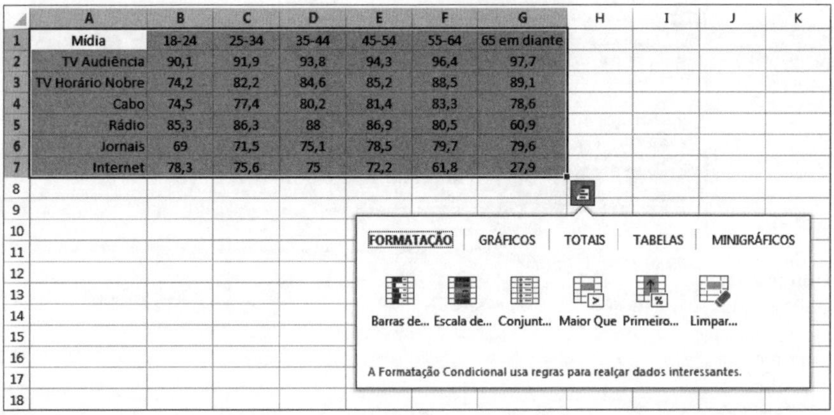

FIGURA 7-16: Os dados selecionados, o ícone Análise Rápida e o painel de opções para visualizar e resumir os dados.

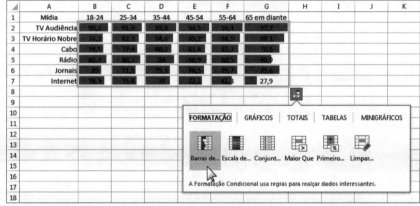

A Figura 7-17 mostra o que acontece quando passo com o mouse sobre FORMATAR | Barras de Dados.

FIGURA 7-17: Passando com o mouse sobre FORMATAR | Barras de Dados.

Quer ver como um gráfico de colunas se parece? Passe com o mouse sobre GRÁFICOS | Colunas Agrupadas. (Veja a Figura 7-18.)

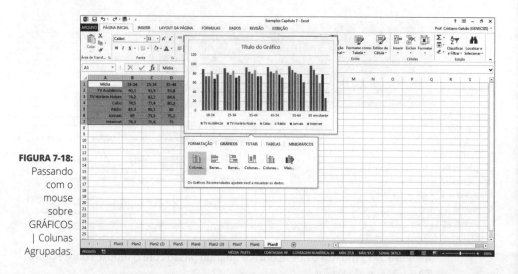

FIGURA 7-18: Passando com o mouse sobre GRÁFICOS | Colunas Agrupadas.

E que tal inserir as médias? É só ir em TOTAIS | Média, como na Figura 7-19.

FIGURA 7-19: Passando com o mouse sobre TOTAIS | Média.

Eu poderia ficar o dia todo nisso, mas vou mostrar só mais algumas. Se você quisesse adicionar alguns efeitos de tabela que parecem profissionais à seleção, tente TABELAS | Tabela (veja a Figura 7-20).

FIGURA 7-20: Passando com o mouse sobre TABELAS | Tabela.

Eu não poderia terminar isso sem dar uma olhada nos minigráficos na Análise Rápida. Quando passo o mouse sobre MINIGRÁFICOS | Coluna, o resultado é a Figura 7-21. As colunas dão uma aparência concisa às importantes tendências relacionadas à idade: Compare o minigráfico para Internet com o minigráfico para Jornais e TV.

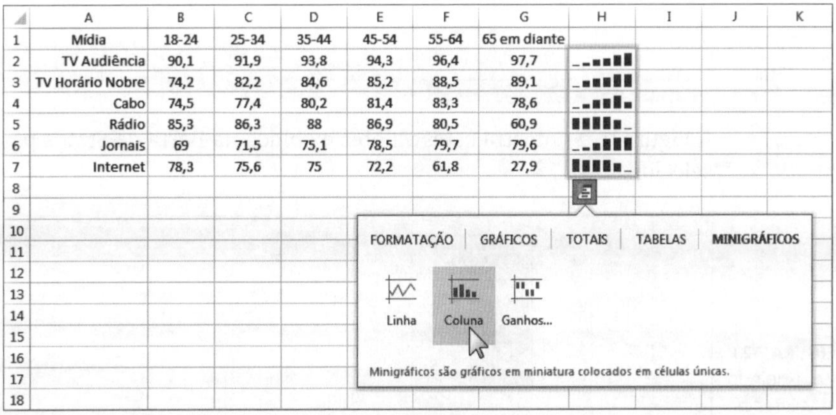

FIGURA 7-21: Passando com o mouse sobre MINIGRÁFICOS | Coluna.

Estatística Instantânea

Suponha que você esteja trabalhando com um intervalo de células cheias de dados. Você pode querer saber rapidamente o status da média e, talvez, algumas outras estatísticas descritivas sobre os dados sem precisar se preocupar em utilizar várias funções estatísticas. Você pode personalizar a barra de status na parte inferior da planilha para poder manter contato com esses valores e exibi--los sempre que selecionar o intervalo de células. Para fazer isso, clique com o botão direito do mouse sobre a barra de status para abrir o menu Personalizar

Barra de Status. (Veja a Figura 7-22.) Na penúltima área de opções, se você selecionar todos os itens, verá os valores mencionados na seção anterior (juntamente com a contagem de itens no intervalo — numéricos e não numéricos).

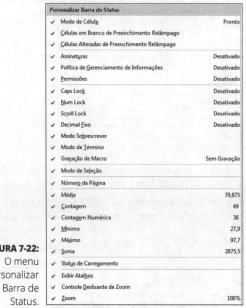

FIGURA 7-22: O menu Personalizar Barra de Status.

A Figura 7-23 mostra estes valores exibidos na Barra de Status para as células selecionadas.

FIGURA 7-23: Exibindo valores na barra de status.

Para Usuários de Mac

O Excel 2011 tem as mesmas funções de planilha do Excel 2013. Infelizmente, ele não tem a Análise Rápida.

Nesta seção, eu descrevo a Data Analysis Descriptive Statistics Tool (ferramenta Análise de Dados de Estatística Descritiva) e falo sobre o recurso Instant Statistics (Estatística Instantânea) do Excel 2011. É um pouco diferente da versão do Windows.

Estatística descritiva

Eu descrevo a ferramenta Descriptive Statistics (Estatística Descritiva) no Capítulo 2. Eu a revisito aqui e a aplico ao exemplo da seção anterior "Você Pode Me Dar Uma Descrição?".

A Figura 7-24 mostra três colunas de valores e a janela Estatística Descritiva do StatPlus. Identifiquei as colunas como Primeira, Segunda e Terceira para que você possa ver como esta ferramenta incorpora as legendas.

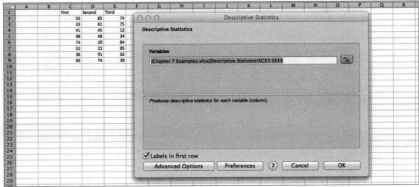

FIGURA 7-24: Os dados e a janela de Descriptive Statistics (Estatística Descritiva) do StatPlus.

Os passos são:

1. Abra o Excel e o StatPlus LE.

2. Digite os dados na planilha.

3. Volte para o StatPlus.

4. No menu do StatPlus, selecione Statistics (Estatística) | Basic Statistics and Tables (Estatística Básica e Tabelas) | Descriptive Statistics (Estatística Descritiva) para abrir a janela Estatística Descritiva.

5. Clique no ícone à direita da caixa de Entrada de intervalo.

6. Na planilha, selecione o intervalo que contém os dados.

   É o intervalo C1:E9.

7. Volte ao StatPlus.

8. Com a caixa Labels (Rótulos) na primeira linha selecionada, clique em OK para fechar a janela.

   Uma nova folha tabelada se abre, exibindo as estatísticas que resumem os dados.

   Como mostra a Figura 7-25, a estatística resume cada coluna separadamente, uma abaixo da outra (compare com a Figura 7-15, onde estão lado a lado).

DICA

Você pode usar uma Opção Avançada para adicionar um histograma. E falando em histogramas...

	A	B	C	D
1	*Alpha value (for confidence interval)*	0.02		
2		**Variable #1 (First)**		
3	*Count*	8	*Skewness*	0.45465
4	*Mean*	55.5	*Skewness Standard Error*	0.65134
5	*Mean LCL*	30.48782	*Kurtosis*	2.47061
6	*Mean UCL*	80.51218	*Kurtosis Standard Error*	0.90666
7	*Variance*	556.85714	*Alternative Skewness (Fisher's)*	0.56705
8	*Standard Deviation*	23.59782	*Alternative Kurtosis (Fisher's)*	0.28828
9	*Mean Standard Error*	8.34309	*Coefficient of Variation*	0.42519
10	*Minimum*	23.	*Mean Deviation*	17.625
11	*Maximum*	98.	*Second Moment*	487.25
12	*Range*	75.	*Third Moment*	4,890.
13	*Sum*	444.	*Fourth Moment*	586,553.5625
14	*Sum Standard Error*	66.74472	*Median*	53.5
15	*Total Sum Squares*	28,540.	*Median Error*	3.69694
16	*Adjusted Sum Squares*	3,898.	*Percentile 25% (Q1)*	41.
17	*Geometric Mean*	50.99985	*Percentile 75% (Q2)*	74.
18	*Harmonic Mean*	46.46811	*IQR*	33.
19	*Mode*	#N/A	*MAD*	15.
20		**Variable #2 (Second)**		
21	*Count*	8	*Skewness*	-0.08503
22	*Mean*	55.75	*Skewness Standard Error*	0.65134
23	*Mean LCL*	27.27651	*Kurtosis*	1.67273
24	*Mean UCL*	84.22349	*Kurtosis Standard Error*	0.90666
25	*Variance*	721.64286	*Alternative Skewness (Fisher's)*	-0.10605
26	*Standard Deviation*	26.86341	*Alternative Kurtosis (Fisher's)*	-1.38727
27	*Mean Standard Error*	9.49765	*Coefficient of Variation*	0.48185
28	*Minimum*	20.	*Mean Deviation*	22.
29	*Maximum*	91.	*Second Moment*	631.4375
30	*Range*	71.	*Third Moment*	-1,349.15625
31	*Sum*	446.	*Fourth Moment*	666,938.55078
32	*Sum Standard Error*	75.9812	*Median*	54.5
33	*Total Sum Squares*	29,916.	*Median Error*	4.20854
34	*Adjusted Sum Squares*	5,051.5	*Percentile 25% (Q1)*	45.
35	*Geometric Mean*	48.99097	*Percentile 75% (Q2)*	85.
36	*Harmonic Mean*	41.8474	*IQR*	40.
37	*Mode*	#N/A	*MAD*	25.
38		**Variable #3 (Third)**		
39	*Count*	8	*Skewness*	-0.53001
40	*Mean*	56.875	*Skewness Standard Error*	0.65134
41	*Mean LCL*	26.92528	*Kurtosis*	1.71268
42	*Mean UCL*	86.82472	*Kurtosis Standard Error*	0.90666
43	*Variance*	798.41071	*Alternative Skewness (Fisher's)*	-0.66104
44	*Standard Deviation*	28.25616	*Alternative Kurtosis (Fisher's)*	-1.30336
45	*Mean Standard Error*	9.99006	*Coefficient of Variation*	0.49681
46	*Minimum*	12.	*Mean Deviation*	23.90625
47	*Maximum*	85.	*Second Moment*	698.60938
48	*Range*	73.	*Third Moment*	-9,786.64453
49	*Sum*	455.	*Fourth Moment*	835,883.80786
50	*Sum Standard Error*	79.9205	*Median*	68.

FIGURA 7-25: O resultado da ferramenta Descriptive Statistics (Estatística Descritiva) do StatPlus.

Histograma

O StatPlus tem uma ferramenta de histogramas similar à que existe no Analysis Toolpak.

Eis como usá-la:

1. **Abra o Excel e o StatPlus LE.**
2. **Digite os valores em uma coluna e os bins (intervalos) em outra.**

   Como mostra a Figura 7-26, eu coloco os valores em C1:C41 e os bins em D1:D7 (incluindo os títulos). Note que a organização da coluna de dados é diferente da organização na Figura 7-12.

3. Volte ao StatPlus. No menu do StatPlus, selecione Statistics (Estatística) | Basic Statistics and Tables (Estatística Básica e Tabelas) | Histogram (Histograma).

   Isso abre a janela na Figura 7-26, juntamente com uma janela de Opções Avançadas (não exibida). Eu cliquei em OK para selecionar a Opção Avançada padrão.

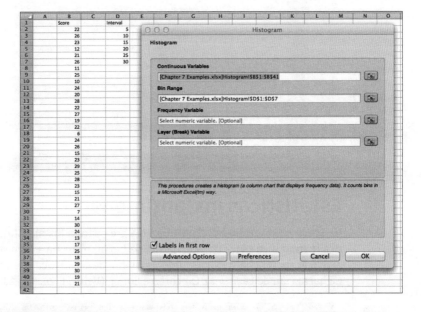

FIGURA 7-26: A janela Histogram (Histograma) do StatPlus e os dados.

4. Clique no ícone à direita da caixa Continuous Variables (Variáveis Contínuas).

5. Na planilha, selecione o intervalo de células que contém os valores.

   Eu selecionei C1:C41.

6. Volte ao StatPlus, clique no ícone à direita da janela Intervalo Bin.

7. Na planilha, selecione o intervalo de células que contém os intervalos.

   É D1:D7.

8. Com a caixa Rótulos na primeira linha selecionada, clique em OK.

   Os resultados aparecem, como mostrado na Figura 7-27.

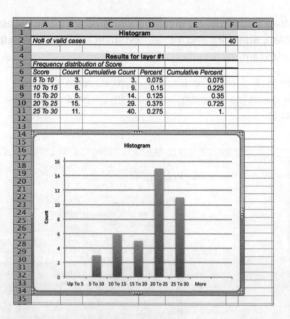

FIGURA 7-27: O resultado da ferramenta Histogram (Histograma) do StatPlus.

Estatísticas instantâneas

Na barra de status do Excel 2011 há uma área para a Instant Statistics (Estatística Instantânea). Fica do lado direito da barra, próxima a uma seta para baixo. Ao clicar na seta para baixo, surge um menu de estatística que você pode exibir na barra (um de cada vez). O padrão é Soma. (Veja a Figura 7-28.)

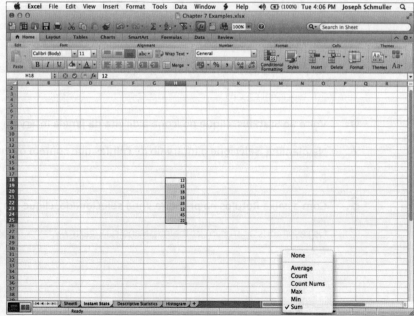

FIGURA 7-28: Instant Statistics (Estatísticas Instantâneas) no Excel 2011.

166   PARTE 2 **Descrevendo Dados**

NESTE CAPÍTULO

Conhecendo a distribuição normal

Trabalhando com desvios padrão e distribuição normal

Entendendo as funções do Excel relacionadas à distribuição normal

Capítulo 8
O Que é Normal?

Um dos principais trabalhos de um estatístico é estimar as características da população. O trabalho fica mais fácil se ele puder fazer algumas suposições sobre as populações estudadas.

Uma suposição específica aparece repetidas vezes: Um atributo, um traço ou uma habilidade específica é distribuída em uma população para que a maioria das pessoas tenha uma quantidade média, ou próxima da média, deste atributo, e, progressivamente, menos pessoas tenham quantidades extremas deste atributo. Neste capítulo, discutirei esta suposição e seu significado em estatística. Também descreverei as funções do Excel relacionadas a esta suposição.

Atingindo a Curva

Ao medir algo no mundo físico, como comprimento ou peso, você lida com objetos que pode ver e tocar. Os estatísticos, cientistas sociais, pesquisadores de mercado e empresários, por outro lado, geralmente precisam medir algo que não podem ver ou tocar. Características como inteligência, habilidades musicais ou vontade de comprar um novo produto fazem parte dessa categoria.

Esses tipos de traço geralmente são distribuídos em toda a população para que a maioria das pessoas esteja próxima da média — com cada vez menos pessoas representando os extremos. Como isso acontece com frequência, passou a ser uma suposição de como a maioria das características está distribuída.

É possível capturar a suposição de que "a maioria das pessoas está próxima da média" em um gráfico. A Figura 8-1 mostra a familiar *curva de sino*, que caracteriza o modo como uma variedade de atributos está distribuída. A área abaixo da curva representa a população. O eixo horizontal representa medidas da capacidade que está sendo considerada. Uma linha vertical desenhada no centro da curva corresponderia à média das medidas.

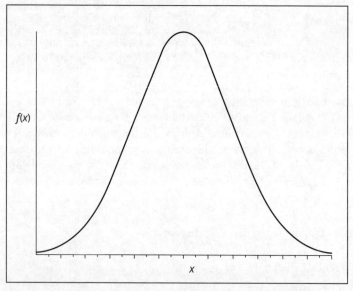

FIGURA 8-1: A Curva de Sino.

Então, se assumirmos que é possível medir uma característica como a inteligência, e se supormos que esta curva representa como a inteligência está distribuída na população, podemos afirmar o seguinte: A curva de sino mostra que a maioria das pessoas tem inteligência mediana, muito poucas têm pouca inteligência e muito poucas são gênios. Isso parece se encaixar perfeitamente com nossas intuições sobre inteligência, não é mesmo?

Aprofundando

No eixo horizontal da Figura 8-1, você vê x, e no eixo vertical, $f(x)$. O que esses símbolos significam? O eixo horizontal, como acabei de dizer, representa as medidas, portanto, pense em cada medida como um x.

A explicação de $f(x)$ é um pouco mais complexa. Uma relação matemática entre x e $f(x)$ cria a curva do sino e permite que você a visualize. A relação é um pouco complexa e não vou sobrecarregá-lo com uma explicação. Apenas compreenda que $f(x)$ representa a altura da curva para um valor específico de x. Você fornece um valor para x (e para alguns outros elementos) e esta relação complexa sobre a qual falei retorna um valor de $f(x)$.

Agora, serei mais específico. A curva do sino é chamada formalmente de *distribuição normal*. O termo $f(x)$ é chamado de *densidade da probabilidade*, portanto, a distribuição normal é um exemplo de *função de densidade da probabilidade*. Em vez de dar uma definição técnica da densidade da probabilidade, pedirei que você pense nela como algo que transforma a área abaixo da curva em probabilidade. Probabilidade... de quê? Falarei sobre isso na próxima seção.

Parâmetros de uma distribuição normal

As pessoas geralmente falam sobre *a* distribuição normal. Esse não é o nome apropriado. Trata-se, na verdade, de uma família de distribuições. Os membros da família diferem uns dos outros em dois parâmetros — sim, *parâmetros*, pois estou falando de populações. Esses dois parâmetros são a média (μ) e o desvio padrão (σ). A média informa onde está o centro da distribuição, e o desvio padrão informa a dispersão da distribuição em torno da média. A média fica no meio da distribuição. Cada membro da família da distribuição normal é simétrico — o lado esquerdo da distribuição é um espelho do lado direito.

As características da distribuição normal são bem conhecidas pelos estatísticos. O mais importante de tudo é que você pode aplicar essas características em seu trabalho.

Como? Isso nos leva de volta à probabilidade. Você poderá encontrar probabilidades úteis se puder fazer quatro coisas:

>> Se você conseguir criar uma linha que represente a escala do atributo que está medindo

>> Se você conseguir indicar na linha onde está a média das medidas

>> Se você conhecer o desvio padrão

>> Se você souber (ou puder supor) que o atributo foi distribuído normalmente entre a população

Trabalharei com valores de QI para demonstrar o que quero dizer. Os valores do teste de QI Stanford-Binet seguem uma distribuição normal. A média da distribuição desses valores é 100 e o desvio padrão é 16. A Figura 8-2 mostra esta distribuição.

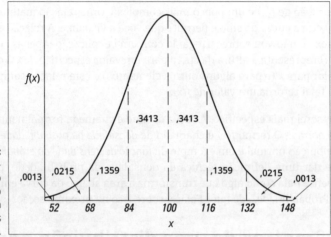

FIGURA 8-2: A distribuição normal do QI dividida em desvios padrão.

Como você pode ver na figura, criei uma linha para a escala de QI. Cada ponto da linha representa um valor de QI. Tendo 100 (a média) como ponto de referência, fiz marcações a cada 16 pontos (o desvio padrão). Desenhei uma linha tracejada a partir da média até $f(100)$ (a altura da distribuição normal, em que $x = 100$) e uma linha tracejada a partir de cada ponto do desvio padrão.

A figura também mostra a proporção da área limitada pela curva e o eixo horizontal, e por sucessivos pares de desvios padrão. Também mostra a proporção 3 desvios padrão para cada lado (52 e 148). Observe que a curva não toca o eixo horizontal. Ela se aproxima cada vez mais, mas nunca o toca. (Os matemáticos dizem que a curva é *assintótica* com relação ao eixo horizontal.)

Portanto, entre a média e o desvio padrão — entre 100 e 116 — estão 0,3413 (ou 34,13%) dos valores da população. Outra maneira de dizer a mesma coisa é: A probabilidade de um valor de QI estar entre 100 e 116 é 0,3413. Nos extremos, nas caudas da distribuição, 0,0013 (0,13%) dos valores estão em cada lado.

LEMBRE-SE

A proporção na Figura 8-2 é verdadeira para cada membro da família da distribuição normal e não apenas para os valores de QI de Stanford-Binet. Por exemplo, em um quadro do Capítulo 6, falei sobre os valores SAT que têm média de 500 e desvio padrão de 100. Eles também têm distribuição normal. Isso significa que 34,13% dos valores SAT estão entre 500 e 600, 34,13% estão entre 400 e 500, e... bem, você pode usar a Figura 8-2 como guia para as outras proporções.

DIST.NORM.N

A Figura 8-2 mostra apenas as áreas divididas pelos valores dos desvios padrão. E se tomarmos a proporção de valores de QI entre 100 e 125? Ou entre 75 e 91? Ou maiores que 118? Se você já fez um curso de estatística, deve lembrar-se dos deveres de casa que envolviam encontrar as proporções das áreas sob a distribuição normal. Você também deve lembrar que usava as tabelas de distribuição normal para resolver esses problemas.

A função de planilha Excel DIST.NORM.N permite que você encontre as áreas de distribuição normal sem precisar consultar tabelas. DIST.NORM.N encontra uma *área cumulativa*. Você fornece um valor, uma média e um desvio padrão para uma distribuição normal e DIST.NORM.N retorna a proporção da área à esquerda do valor (também chamada de *proporção cumulativa* ou *probabilidade cumulativa*). Por exemplo, a Figura 8-2 indica que na distribuição de QI, 0,8413 da área está à esquerda de 116.

Como cheguei a essa proporção? Todas as proporções à esquerda de 100 somam 0,5000. (E todas as proporções à direita também somam 0,5000.) Some 0,5000 aos 0,3413 que estão entre 100 e 116 e você terá 0,8413.

Reapresentando isso de outra maneira, a probabilidade de um valor de QI ser menor ou igual a 116 é 0,8413.

Na Figura 8-3, eu usei DIST.NORM.N para encontrar esta proporção. A seguir, o passo a passo:

1. Selecione uma célula para a resposta de DIST.NORM.N.

Neste exemplo, selecionei C2.

2. No menu Funções Estatísticas, selecione DIST.NORM.N para abrir a janela Argumentos da Função de DIST.NORM.N.

3. Na janela Argumentos da Função, digite os valores adequados para os argumentos.

Na caixa X, digitei o valor para o qual desejo encontrar a área cumulativa. Neste exemplo, o valor é 116.

Na caixa Média, inseri a média da distribuição, e na caixa Desv_padrão, inseri o desvio padrão. Aqui, a média é 100 e o desvio padrão, 116.

Na caixa Cumulativo, digitei VERDADEIRO. Isso diz a DIST.NORM.N para encontrar a área cumulativa. A janela mostra o resultado.

4. Clique em OK para ver o resultado na célula selecionada.

CAPÍTULO 8 **O Que é Normal?** 171

A Figura 8-3 mostra que a área cumulativa é 0,84134476 (na janela). Se você digitar FALSO na caixa Cumulativo, DIST.NORM.N retornará a altura da distribuição normal em 116.

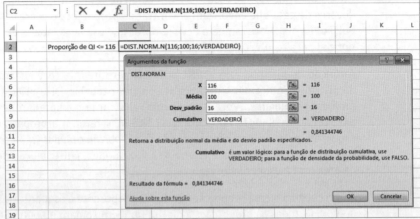

FIGURA 8-3: Trabalhando com DIST. NORM.

Para encontrar a proporção de valores de QI maiores de 116, subtraia o resultado de 1,0. (Só para registrar, o resultado é 0,15865524.)

E quanto à proporção de valores de QI entre 116 e 125? Aplique DIST.NORM.N para cada valor e subtraia os resultados. Neste exemplo específico, a fórmula é

```
=DIST.NOR.N(125;100;16;VERDADEIRO)-DIST.NORM.N(116;100;16;VERDADEIRO)
```

A resposta, a propósito, é 0,9957.

INV.NORM.N

INV.NORM.N é o contrário de DIST.NORM.N. Você fornece uma probabilidade cumulativa, uma média e um desvio padrão, e INV.NORM.N retorna o valor que corta a probabilidade cumulativa. Por exemplo, se você fornecer 0,5000 juntamente com uma média e um desvio padrão, INV.NORM.N retornará a média.

Essa função é útil se você precisa calcular o valor de um percentil específico em uma distribuição normal. A Figura 8-4 mostra a janela Argumentos da Função de INV.NORM.N com 0,75 como probabilidade cumulativa, 500 como a média e 100 como o desvio padrão. Como o SAT segue uma distribuição normal que tem 500 como média e 100 como desvio padrão, o resultado corresponde ao valor do 75º percentil do valor SAT. (Para saber mais sobre percentis, consulte o Capítulo 6.)

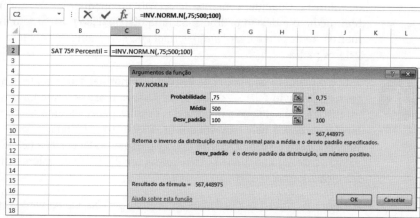

FIGURA 8-4: Trabalhando com INV. NORM. N.

Um Membro Distinto da Família

Para padronizar um conjunto de valores para que você possa compará-lo com outros conjuntos de valores, é preciso converter cada grupo em um valor z. (Veja o Capítulo 6.) A fórmula para converter um valor em um valor z (também conhecido como valor padrão) é:

$$z = \frac{x - \mu}{\sigma}$$

A ideia é usar o desvio padrão como unidade de medida. Por exemplo, a versão Stanford-Binet do teste de QI tem média 100 e desvio padrão 16. A versão Wechsler tem média 100 e desvio padrão 15. Qual seria a relação entre o valor 110 da escala Stanford-Binet e o valor 110 na escala Wechsler?

Uma maneira fácil de responder a essa pergunta é colocar as duas versões em um campo nivelado padronizando os dois valores. Na escala Stanford-Binet

$$z = \frac{110 - 100}{16} = {,}625$$

Na escala Wechsler

$$z = \frac{110 - 100}{15} = {,}667$$

Portanto, 110 na escala Wechsler é um valor um pouco mais elevado do que o 110 da escala Stanford-Binet.

Agora, se você converter todos os valores de uma distribuição normal (como em qualquer uma das versões do teste de QI), terá uma distribuição normal de valores z. Qualquer conjunto de valores z (com distribuição normal ou não) tem média 0 e desvio padrão 1. Se uma distribuição normal tem esses parâmetros, temos uma *distribuição normal padrão* — uma distribuição normal de valores padrão.

CUIDADO

Este é o membro da família da distribuição normal sobre o qual a maioria das pessoas já ouviu falar. É dele que as pessoas mais se lembram dos cursos de estatística, e é nele que a maioria das pessoas pensa quando se refere *à* distribuição normal. É nele também que as pessoas pensam quando ouvem falar em *valores z*. Essa distribuição leva muitas pessoas à ideia errada de que converter valores z de alguma maneira transforma um conjunto de valores em uma distribuição normal.

A Figura 8-5 mostra a distribuição normal padrão. Ela se parece com a ilustração da Figura 8-2, porém, coloquei 0 como média, e as unidades do desvio padrão estão nos lugares corretos.

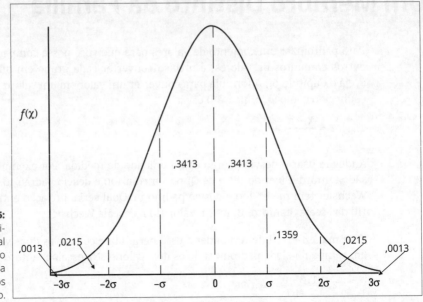

FIGURA 8-5: A distribuição normal padrão dividida em desvios padrão.

Nas duas seções a seguir, descreverei as funções do Excel que trabalham com a distribuição normal padrão.

DIST.NORMP.N

DIST.NORMP.N é similar a DIST.NORM.N, mas foi criada para uma distribuição normal cuja média é 0 e cujo desvio padrão é 1,00 (ou seja, uma distribuição normal padrão). Você fornece um valor z e a função retorna à área à esquerda do valor z — a probabilidade de um valor z ser menor ou igual ao valor fornecido. Você também fornece VERDADEIRO ou FALSO para um argumento chamado Cumulativo: VERDADEIRO se estiver buscando a probabilidade cumulativa, FALSO e estiver tentando encontrar $f(x)$.

A Figura 8-6 mostra a janela Argumentos da Função com 1 como valor z e VERDADEIRO na caixa Cumulativo. A janela apresenta 0,841344746, a probabilidade de o valor z ser menor ou igual a 1,00 em uma distribuição normal padrão. Se clicar em OK, você colocará este resultado na célula selecionada.

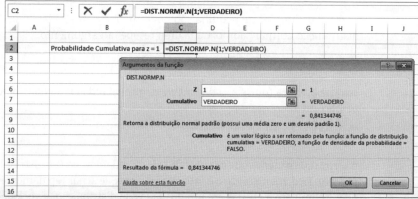

FIGURA 8-6: Trabalhando com DIST. NORMP. N.

INV.NORMP.N

INV.NORMP.N é o inverso de DIST.NORMP.N. Você fornece uma probabilidade cumulativa e INV.NORMP.N retorna o valor z que a corta. Por exemplo, se você fornecer 0,5000, INV.NORMP.N retornará 0, a média da distribuição normal padrão.

A Figura 8-7 mostra a janela Argumentos da Função de INV.NORMP.N com 0,75 como probabilidade cumulativa. A janela exibe a resposta, 0,67448975, o valor z no 75º percentil da distribuição normal padrão.

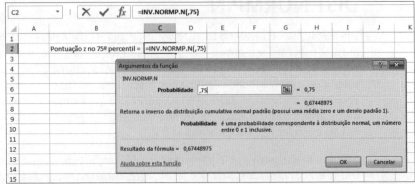

FIGURA 8-7: Trabalhando com INV. NORMP. N.

PHI e GAUSS

Essas duas funções de planilha são novas no Excel 2013. Elas trabalham com a distribuição normal padrão. Cada uma recebe um argumento.

```
=PHI(x)
```

retorna a altura (ou seja, a densidade da probabilidade) da distribuição normal padrão em x.

```
=GAUSS(x)
```

retorna 0,05 a menos que a probabilidade cumulativa de x (na distribuição normal padrão). Isso, muitas vezes, é útil se você tiver que achar rapidamente a probabilidade cumulativa apenas em um dos lados da distribuição, e você não quer usar DIST.NORMP.N, fornecendo todos os seus argumentos e, então, subtraindo 0,5.

ESTÁ BEM, SÓ PORQUE VOCÊ PEDIU...

PAPO DE ESPECIALISTA

A relação entre x e f(x) para a distribuição normal é, como eu disse, bastante complexa. Eis a equação:

$$f(x) = \frac{1}{\sigma\sqrt{2\pi}} e^{\left[-\frac{(x-\mu)^2}{2\sigma^2}\right]}$$

Se você fornecer valores para μ (a média), σ (o desvio padrão) e x (um valor), a equação retornará um valor para f(x), a altura da distribuição normal em x. π e e são constantes importantes na matemática. π tem valor aproximado de 3,1416 (a proporção da circunferência de um círculo com relação ao seu diâmetro). e vale aproximadamente 2,71828. Essa constante está relacionada a algo chamado *logaritmos naturais* e a uma variedade de outros conceitos matemáticos. (Falarei mais sobre e no Capítulo 20.)

Em uma distribuição normal padrão, μ = 0 e σ = 1, portanto a equação passa a ser

$$f(z) = \frac{1}{\sqrt{2\pi}} e^{\left[\frac{-z^2}{2}\right]}$$

Alterei *x* para *z*, pois você trabalha com valores z neste membro da família da distribuição normal.

No Excel, você pode configurar um intervalo de células que contenha valores padrão, criar uma fórmula que capture a equação mencionada e preencher automaticamente outro intervalo de células com os resultados da fórmula. Em seguida, selecione o intervalo com os resultados da fórmula. Você pode selecionar Inserir | Gráficos Recomendados | Todos os Gráficos e selecionar o layout Linhas com Marcadores. Você precisa de um pouco mais de trabalho para colocar os valores do eixo *x* no gráfico como aparecem na Figura — mais do que você pode fazer normalmente quando usa os Gráficos Recomendados. Como você pode ver na figura abaixo, este layout mostra perfeitamente a distribuição normal padrão. A figura também mostra os valores preenchidos automaticamente.

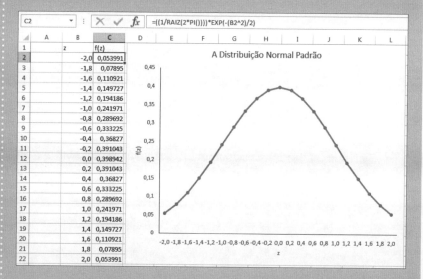

A Barra de Fórmulas mostra a fórmula do Excel correspondente à equação da distribuição normal:

```
=((1/RAIZ(2*PI()))) *EXP(-(B2^2)/2)
```

PI() é uma função do Excel que atribui o valor de π. A função EXP() eleva e à potência indicada pelo valor entre parênteses.

(continua)

(continuação)

Eu mostrei tudo isso porque quero que você enxergue a equação da distribuição normal como uma fórmula do Excel. A nova função de planilha PHI tem um modo muito mais fácil de fornecer valores para f(z). Insira a seguinte fórmula em C2

```
=PHI(B2)
```

Efetue o preenchimento automático da coluna C e você terá os mesmos valores mostrados na figura.

PHI não está disponível no Excel 2011 para Mac. Para fornecer os valores f(z), os usuários Mac inserem esta fórmula em C2:

```
= DIST.NORMP.N(B2;FALSO)
```

e, então, realizam o preenchimento automático da Coluna C.

3 Tirando Conclusões a Partir dos Dados

NESTA PARTE . . .

Crie distribuições amostrais

Entenda os limites de confiança

Trabalhe com testes t

Trabalhe com análises de variância

Entenda correlação e regressão

> **NESTE CAPÍTULO**
>
> **Introduzindo as distribuições amostrais**
>
> **Compreendendo o erro padrão**
>
> **Simulando a distribuição amostral da média**
>
> **Ligando os limites de confiança às estimativas**

Capítulo 9

O Jogo da Confiança: Estimativas

Populações e amostras são ideias bastante diretas. Uma população é um grande conjunto de indivíduos a partir do qual você retira uma amostra. Avalie os membros de uma amostra com base em alguma característica ou atributo, calcule as estatísticas que resumem a amostra e você estará no ramo.

Além de resumir os valores da amostra, você pode utilizar a estatística para criar estimativas dos parâmetros da população. E essa não é uma tarefa fácil. Com base em uma pequena porcentagem de indivíduos da população, você pode criar uma imagem dessa população.

No entanto, surge uma questão: Quanto se pode confiar nas estimativas criadas? Para responder a essa pergunta, é preciso ter um contexto no qual você colocará suas estimativas. Qual a probabilidade delas acontecerem? Qual a probabilidade de um valor verdadeiro de um parâmetro estar dentro de um determinado limite inferior e de um determinado limite superior?

Neste capítulo, apresentarei o contexto das estimativas, mostrarei como a confiança interage com as estimativas e descreverei uma função do Excel que permite a você calcular seu nível de confiança.

Entendendo a Distribuição Amostral

Imagine que você tenha uma população e retire uma amostra dessa população. Você mede os indivíduos da amostra com base em determinado atributo e calcula a média da amostra. Você devolve os membros da amostra à população. Retira outra amostra, avalia os membros da nova amostra e calcula a *nova* média. Repita este processo mais algumas vezes, sempre utilizando o mesmo número de indivíduos da amostra original. Se pudesse fazer isso infinitas vezes (com o mesmo tamanho de amostra em todas as vezes), você teria uma quantidade infinita de médias de amostra. Essas médias de amostra formam uma distribuição específica. Essa distribuição é chamada de *distribuição amostral da média*.

No caso de uma média de amostra, esse é o contexto sobre o qual falei no início deste capítulo. Assim como qualquer outro número, uma estatística não faz sentido sozinha. É preciso saber de onde ela vem para poder compreendê-la. É claro que uma estatística *vem de* um cálculo executado sobre dados de amostra. Por outro lado, uma estatística faz parte de uma distribuição amostral.

LEMBRE-SE

Em geral, *uma distribuição amostral é a distribuição de todos os valores possíveis de uma estatística para determinado tamanho de amostra*.

Coloquei essa definição em itálico por um motivo: Ela é extremamente importante. Depois de muitos anos ensinando estatística, posso dizer que esse conceito geralmente determina o limite entre as pessoas que compreendem estatística e pessoas que não entendem nada.

Então... se você compreender o que é uma distribuição amostral, entenderá do que se trata o campo da estatística. Do contrário, não entenderá. É simples assim.

Se você não sabe o que é uma distribuição amostral, as estatísticas serão como um livro de receitas para você: Sempre que precisar aplicar a estatística, precisará ligar números a fórmulas e esperar o melhor. Por outro lado, se você se sente confortável com a ideia de uma distribuição amostral, compreenderá com mais facilidade as estatísticas inferenciais.

Para ajudar a esclarecer a ideia de uma distribuição amostral, observe a Figura 9-1. Ela resume os passos da criação de uma distribuição amostral da média.

Uma distribuição amostral — assim como qualquer outro grupo de valores — tem uma média e um desvio padrão. O símbolo da média da distribuição amostral da média (sim, eu sei que é demais) é $\mu_{\bar{x}}$.

LEMBRE-SE

O desvio padrão de uma distribuição amostral é um assunto bastante complexo. Ele tem um nome especial — *erro padrão*. Para a distribuição amostral da média, o desvio padrão se chama *erro padrão da média*. Seu símbolo é $\sigma_{\bar{x}}$.

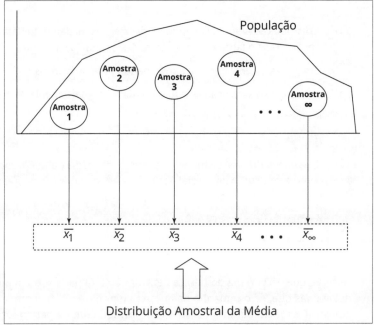

FIGURA 9-1: A distribuição amostral da média.

Uma Ideia EXTREMAMENTE Importante: o Teorema do Limite Central

A situação que pedirei que você imagine nunca acontece na vida real. Você nunca pegará um número infinito de amostras e calculará suas médias, e nunca criará uma distribuição amostral da média. Normalmente, você retira uma amostra e calcula sua estatística.

Então, se você tem apenas uma amostra, como poderá saber algo sobre a distribuição amostral — uma distribuição teórica que envolve um número infinito de amostras? Isso é uma caça ao elefante branco?

LEMBRE-SE

Não, não é. Você pode descobrir muitas coisas sobre a distribuição amostral devido a um grande presente dos matemáticos ao campo da estatística. Esse presente se chama *Teorema do Limite Central*.

De acordo com o Teorema do Limite Central

» A distribuição amostral de uma média é aproximadamente uma distribuição normal, caso o tamanho da amostra seja grande o suficiente.

Grande o suficiente significa aproximadamente 30 ou mais.

» A média da distribuição amostral da média é igual à média da população.

Na forma de equação, isso seria

$\mu_{\bar{x}} = \mu$

» O desvio padrão da distribuição amostral da média (também conhecido como erro padrão da média) é igual ao desvio padrão da população dividido pela raiz quadrada do tamanho da amostra.

A equação neste caso é

$\sigma_{\bar{x}} = \sigma / \sqrt{N}$

Observe que o Teorema do Limite Central não fala nada sobre a população. Ele diz apenas que, se o tamanho da amostra é grande o suficiente, a distribuição amostral da média é uma distribuição normal, com os parâmetros indicados. A população que fornece as amostras não precisa ser uma distribuição normal para que o Teorema do Limite Central seja verdadeiro.

E se a população for uma distribuição normal? Nesse caso, a distribuição amostral da média será uma distribuição normal, independentemente do tamanho da amostra.

A Figura 9-2 mostra uma imagem genérica da distribuição amostral da média, dividida em unidades de erro padrão.

Simulando o Teorema do Limite Central

Quase não soa correto. Como uma população que não tem distribuição normal poderia resultar em uma distribuição amostral normalmente distribuída?

Para dar uma ideia de como o Teorema do Limite Central funciona, criei uma simulação. Essa simulação cria algo parecido com uma distribuição amostral da média de uma amostra bem pequena, baseada em uma população que não está normalmente distribuída. Como você verá, embora a população não seja uma distribuição normal e, embora a amostra seja pequena, a distribuição amostral da média se parece muito com uma distribuição normal.

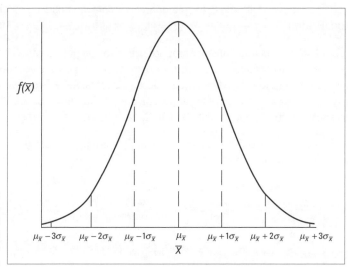

FIGURA 9-2: A distribuição amostral da média, particionada.

Imagine uma população enorme, composta por apenas três valores — 1, 2 e 3 — sendo que cada um deles tem probabilidade igual de aparecer em uma amostra. (Esse tipo de população certamente *não* é uma distribuição normal.) Imagine também que você pode selecionar aleatoriamente uma amostra de três valores a partir dessa população. A Tabela 9-1 mostra todas as amostras possíveis e suas médias.

TABELA 9-1 Todas as Amostras Possíveis para Três Valores (E Suas Médias) De uma População Composta pelos Valores 1, 2 e 3

Amostra	Média	Amostra	Média	Amostra	Média
1, 1, 1	1,00	2, 1, 1	1,33	3, 1, 1	1,67
1, 1, 2	1,33	2, 1, 2	1,67	3, 1, 2	2,00
1, 1, 3	1,67	2, 1, 3	2,00	3, 1, 3	2,33
1, 2, 1	1,33	2, 2, 1	1,67	3, 2, 1	2,00
1, 2, 2	1,67	2, 2, 2	2,00	3, 2, 2	2,33
1, 2, 3	2,00	2, 2, 3	2,33	3, 2, 3	2,67
1, 3, 1	1,67	2, 3, 1	2,00	3, 3, 1	2,33
1, 3, 2	2,00	2, 3, 2	2,33	3, 3, 2	2,67
1, 3, 3	2,33	2, 3, 3	2,67	3, 3, 3	3,00

Se você observar a tabela atentamente, quase poderá ver o que está prestes a acontecer na simulação. A média da amostra que aparece com mais frequência é 2,00. As médias das amostras que aparecem com menos frequência são 1,00 e 3,00. Hmmm...

Na simulação, selecionei aleatoriamente um valor da população e, em seguida, selecionei aleatoriamente mais dois valores. Esse grupo de três valores é uma amostra. Em seguida, calculei a média dessa amostra. Repeti esse processo para um total de 60 amostras, resultando em 60 médias de amostra. Finalmente, representei graficamente a distribuição das médias das amostras.

Qual é a aparência da distribuição amostral da média? A Figura 9-3 mostra uma planilha que responde a esta pergunta.

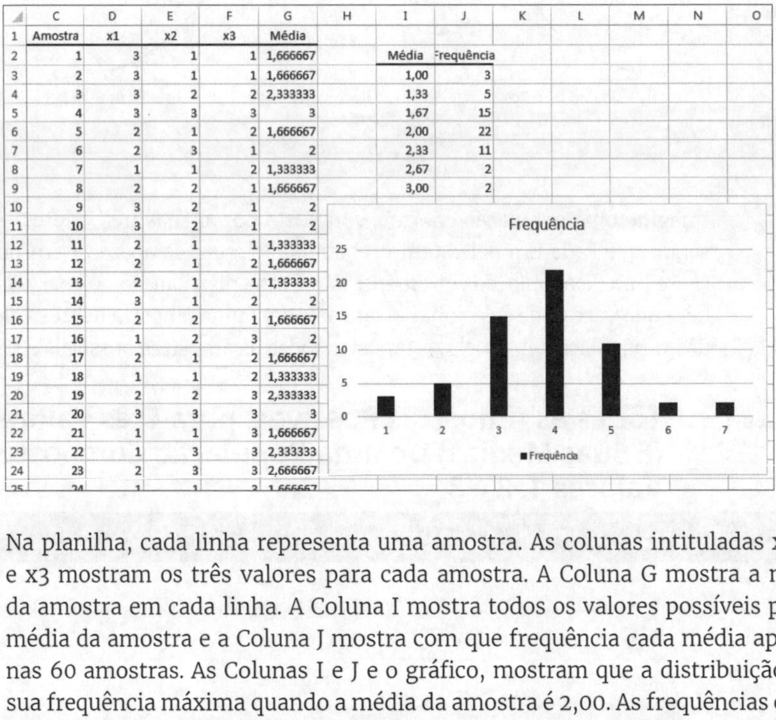

	C	D	E	F	G	H	I	J	K	L	M	N	O
1	Amostra	x1	x2	x3	Média								
2	1	3	1	1	1,666667		Média	Frequência					
3	2	3	1	1	1,666667		1,00	3					
4	3	3	2	2	2,333333		1,33	5					
5	4	3	3	3	3		1,67	15					
6	5	2	1	2	1,666667		2,00	22					
7	6	2	3	1	2		2,33	11					
8	7	1	1	2	1,333333		2,67	2					
9	8	2	2	1	1,666667		3,00	2					
10	9	3	2	1	2								
11	10	3	2	1	2								
12	11	2	1	1	1,333333								
13	12	2	1	2	1,666667								
14	13	2	1	1	1,333333								
15	14	3	1	2	2								
16	15	2	2	1	1,666667								
17	16	1	2	3	2								
18	17	2	1	2	1,666667								
19	18	1	1	2	1,333333								
20	19	2	2	3	2,333333								
21	20	3	3	3	3								
22	21	1	1	3	1,666667								
23	22	1	3	3	2,333333								
24	23	2	3	3	2,666667								
25	24	1	1	3	1,666667								

FIGURA 9-3: Simulando a distribuição amostral da média (N=3) de uma população composta pelos valores 1, 2 e 3. A simulação é composta por 60 amostras.

Na planilha, cada linha representa uma amostra. As colunas intituladas x1, x2 e x3 mostram os três valores para cada amostra. A Coluna G mostra a média da amostra em cada linha. A Coluna I mostra todos os valores possíveis para a média da amostra e a Coluna J mostra com que frequência cada média aparece nas 60 amostras. As Colunas I e J e o gráfico, mostram que a distribuição tem sua frequência máxima quando a média da amostra é 2,00. As frequências criam caudas conforme as médias das amostras se distanciam cada vez mais de 2,00.

Isso tudo é para mostrar que a população não se parece em nada com uma distribuição normal e o tamanho da amostra é muito pequeno. Mesmo com estas limitações, a distribuição amostral da média baseada em 60 amostras começa a ficar bem parecida com uma distribuição normal.

E os parâmetros que o Teorema do Limite Central prevê para a distribuição amostral? Comece pela população. A média da população é 2,00 e o desvio padrão da população é 0,67. (Esse tipo de população requer uma matemática um pouco mais elaborada para descobrir os parâmetros. A matemática está um pouco além de onde estamos, portanto não entrarei em mais detalhes.)

Continuemos com a distribuição amostral. A média das 60 médias é 1,97, e seu desvio padrão (uma estimativa do erro padrão da média) é 0,47. Esses números aproximam-se bastante dos parâmetros previstos pelo Teorema do Limite Central para a distribuição amostral da média, 2,00 (igual à média da população) e 0,47 (o desvio padrão da população, 0,67 dividido pela raiz quadrada de 3, que é o tamanho da amostra).

Caso você tenha interesse em fazer esta simulação, siga o passo a passo:

1. Escolha uma célula para seu primeiro número selecionado aleatoriamente.

Eu escolhi a célula D2.

2. Utilize a função de planilha ALEATÓRIOENTRE para selecionar 1, 2 ou 3.

Essa ação simula a retirada de um número de uma população composta pelos números 1, 2 e 3, em que há chances iguais de escolher cada número. Você também pode selecionar FÓRMULAS | Matemática e Trigonometria | ALEATÓRIOENTRE e utilizar a janela Argumentos da Função, ou simplesmente digitar

```
=ALEATÓRIOENTRE(1;3)
```

em D2 e pressionar Enter. O primeiro argumento é o menor número retornado por ALEATÓRIOENTRE, e o segundo argumento é o maior número.

3. Selecione a célula à direita da célula original e escolha outro número aleatório entre um e três. Repita a operação para um terceiro número aleatório na célula à direita da segunda.

A maneira mais fácil de fazer isso é fazer o preenchimento automático das células à direita da célula original. Em minha planilha, as células são E2 e F2.

4. Considere essas três células como uma amostra e calcule sua média na célula à direita da terceira célula.

A maneira mais fácil de fazer isso é simplesmente digitar

```
=MÉDIA(D2:F2)
```

na célula G2 e pressionar Enter.

5. Repita este processo para quantas amostras quiser incluir na simulação. Faça com que cada linha corresponda a uma amostra.

Eu utilizei 60 amostras. O modo mais fácil de fazer esse trabalho é selecionar a primeira linha de três números selecionados aleatoriamente, juntamente com sua média, e preencher automaticamente as linhas restantes. O grupo de médias das amostras da Coluna G é a distribuição amostral simulada da média. Utilize MÉDIA e DESVPADP para encontrar a média e o desvio padrão.

Para ver a aparência desta distribuição amostral, utilize a função matricial FREQÜÊNCIA nas médias de amostra da Coluna G. Siga estes passos:

1. Digite os valores possíveis para a média da amostra em um intervalo.

Eu usei a Coluna I para fazer isso. Expressei os valores possíveis da média da amostra em forma de frações (3/3, 4/3, 5/3, 6/3, 7/3, 8/3 e 9/3) nas células I3 a I9. O Excel converte as frações para o formato decimal. Certifique-se que essas células estejam no formato Número.

2. Selecione um intervalo para as frequências dos valores possíveis da média da amostra.

Utilizei a Coluna J para conter as frequências, selecionando as células J3 a J9.

3. No menu Funções Estatísticas, selecione FREQÜÊNCIA para abrir a janela Argumentos da Função de FREQÜÊNCIA.

4. Na janela Argumentos da Função, digite os valores adequados para os argumentos.

Na caixa Intervalo_dados, inseri as células que contêm as médias das amostras. Neste exemplo, as células são G2:G61.

5. Identifique o intervalo que contém os valores possíveis da média da amostra.

FREQÜÊNCIA contém este intervalo na caixa Matriz_bin. Em minha planilha, I3:I9 é inserido na caixa Matriz_bin. Depois de identificar os dois intervalos, a janela Argumentos da Função exibe as frequências dentro de chaves. (Veja a Figura 9-4.)

FIGURA 9-4:
A janela Argumentos da Função para FREQÜÊNCIA na planilha de distribuição amostral simulada.

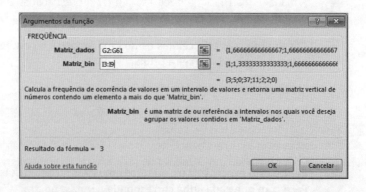

6. Pressione Ctrl+Shift+Enter para fechar a janela Argumentos da Função e exibir as frequências.

Utilize esta combinação de teclas, pois FREQÜÊNCIA é uma função matricial. (Para saber mais sobre FREQÜÊNCIA, veja o Capítulo 7.)

Por fim, destacando I3:I9, selecione

Inserir | Gráficos Recomendados

e escolha o layout Colunas Agrupadas para gerar o gráfico de frequências, que eu modifiquei para que você visse o que vê na figura. (Veja o Capítulo 3.) Seu gráfico provavelmente ficará um pouco diferente do meu.

A propósito, o Excel repete o processo de seleção aleatória sempre que você faz algo que faz com que o Excel recalcule a planilha. O efeito dessa ação é que os números podem mudar conforme você trabalha. (Ou seja, você repete a reprodução.) Por exemplo, se você voltar e fizer o preenchimento automático das linhas novamente, os números mudam e o gráfico também.

Os Limites da Confiança

Falei sobre as distribuições amostrais porque elas ajudam a responder à questão proposta no início deste capítulo: quanto se pode confiar nas estimativas criadas?

A ideia é calcular uma estatística e, em seguida, utilizá-la para estabelecer limites inferiores e superiores para o parâmetro da população com, digamos, 95% de confiança. Você só poderá fazer isso se conhecer a distribuição amostral da estatística e o erro padrão. Na próxima seção, mostrarei como fazer o mesmo com a média.

Calculando limites de confiança para uma média

A FarBlonJet Corporation fabrica sistemas de navegação. Seu lema é: "Se você viaja, use FarBlonJet." Ela desenvolveu uma nova bateria para abastecer seu modelo portátil. Para ajudar a comercializar seu sistema, a FarBlonJet quer saber quanto tempo, em média, cada bateria dura.

Eles gostariam de estimar esta média com 95% de confiança. Eles testaram uma amostra de 100 baterias e descobriram que a média da amostra era de 60 horas, com desvio padrão de 20 horas. Lembre-se de que o Teorema do Limite Central diz que com uma amostra grande o suficiente (30 ou mais), a distribuição amostral da média fica próxima a uma distribuição normal. O erro padrão da média (o desvio padrão da distribuição amostral da média) é

$$\sigma_{\bar{x}} = \sigma/{\sqrt{N}}$$

O tamanho da amostra N, é 100. E quanto a σ? Esse valor é desconhecido, portanto você precisa estimá-lo. Se você soubesse o valor de σ, também saberia o valor de μ, e seria desnecessário estabelecer os limites de confiança.

A melhor estimativa para σ é o desvio padrão da amostra. Neste caso, 20. Isso nos leva a uma estimativa do erro padrão da média

$$s_{\bar{x}} = s/\sqrt{N} = 20/\sqrt{100} = 20/10 = 2$$

A melhor estimativa da média da população é a média da amostra, 60. Munido dessas informações — média estimada, erro padrão estimado da média, distribuição normal — você pode visualizar a distribuição amostral da média, ilustrada na Figura 9-5. Consistente com a Figura 9-2, cada desvio padrão é um erro padrão da média.

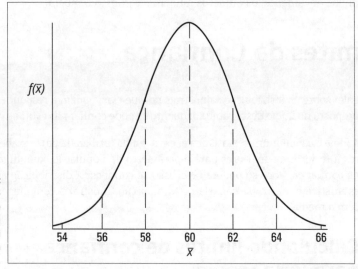

FIGURA 9-5:
A distribuição amostral da média para a bateria da FarBlonJet.

Agora que você tem a distribuição amostral, pode estabelecer os limites de confiança em 95% para a média. Isso significa que, começando pelo centro da distribuição, até onde você pode estender para os lados até chegar a 95% da área sob a curva? (Para saber mais sobre a área sob a distribuição normal e seu significado, veja o Capítulo 8.)

Uma maneira de responder a esta pergunta é trabalhar com a distribuição normal padrão e encontrar o valor z que corta 47,5% no lado direito e 47,5% no lado esquerdo (sim, Capítulo 8 novamente). O valor no lado direito é um valor z positivo, o valor no lado esquerdo é um valor z negativo. Em seguida, multiplique cada valor z pelo erro padrão. Some cada resultado à média da amostra para obter os limites de confiança superior e inferior.

Você descobrirá que o valor z é 1,96 para o limite à direita da distribuição normal padrão, e −1,96 para o limite à esquerda. Você pode calcular estes valores (difícil), obtê-los a partir de uma tabela da distribuição normal que geralmente se encontra em um livro de estatística (mais fácil) ou pode usar a função de planilha Excel descrita na próxima seção para fazer todos os cálculos (muito mais fácil). O fato é que o limite superior da distribuição amostral é 63,92 (60 + 1,96$S_{\bar{x}}$) e o limite inferior é 56,08 (60 − 1,96$S_{\bar{x}}$). A Figura 9-6 mostra estes limites na distribuição amostral.

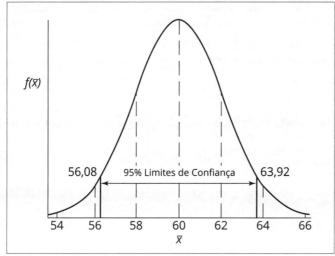

FIGURA 9-6: Os limites de confiança em 95% para a distribuição amostral da FarBlonJet.

Isso significa que você pode afirmar com 95% de confiança que a bateria Far-BlonJet dura, em média, entre 56,08 e 63,92 horas. Quer uma variação menor? Você pode reduzir seu nível de confiança (para, digamos, 90%) ou pode testar uma amostra maior de baterias.

INT.CONFIANÇA.NORM

A função de planilha INT.CONFIANÇA.NORM faz a parte mais difícil do trabalho de construção de intervalos de confiança. Você fornece o nível de confiança, o desvio padrão e o tamanho da amostra. INT.CONFIANÇA.NORM retorna o resultado da multiplicação do valor z adequado pelo erro padrão da média. Para determinar o limite superior de confiança, você soma o resultado à média da amostra. Para determinar o limite inferior, você subtrai o resultado da média da amostra.

Para mostrar como isso funciona, usarei novamente o exemplo das baterias FarBlonJet. Siga o passo a passo:

1. Selecione uma célula.

2. No menu Funções Estatísticas, escolha INT.CONFIANÇA.NORM para abrir a janela Argumentos da Função de INT.CONFIANÇA.NORM.

(Veja a Figura 9-7)

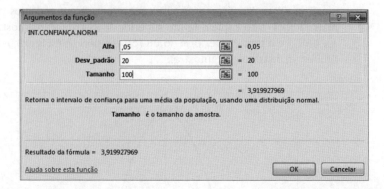

FIGURA 9-7:
A janela
Argumentos
da Função
para INT.
CONFIANÇA.
NORM.

3. Na janela Argumentos da Função, digite os argumentos adequados.

A caixa Alfa contém o resultado da subtração do nível de confiança desejado de 1,00.

Sim, é um pouco confuso. Em vez de digitar 0,95 para o limite de confiança de 95%, é preciso digitar 0,05. Pense nesse valor como a porcentagem da área *além* dos limites de confiança e não na área *dentro* dos limites de confiança. E por que essa caixa se chama "Alfa"? Falarei sobre isso no Capítulo 10.

A caixa Tamanho contém o número de indivíduos na amostra. O exemplo especifica 100 baterias testadas. Depois de digitar este número, a resposta (3,919928) aparecerá na janela.

4. Clique em OK para inserir a resposta na célula selecionada.

Para encerrar, somei a resposta à média da amostra (60) para determinar o limite de confiança superior (63,92) e subtraí a resposta da média para determinar o nível de confiança inferior (56,08).

Inserindo um t

O Teorema do Limite Central especifica (aproximadamente) uma distribuição normal para amostras grandes. No entanto, em muitas situações, você não pode contar com amostras grandes e a distribuição normal não é adequada. O que você faz?

Para amostras pequenas, a distribuição amostral da média é um membro de uma família de distribuições chamada *distribuição t*. O parâmetro que diferencia os membros dessa família entre si é chamado de *graus de liberdade*.

DICA

Pense nos graus de liberdade como o denominador de sua estimativa de variação. Por exemplo, se sua amostra é composta por 25 indivíduos, a variação da amostra que estima a variação da população é

$$s^2 = \frac{\sum(x-\bar{x})^2}{N-1} = \frac{\sum(x-\bar{x})^2}{25-1} = \frac{\sum(x-\bar{x})^2}{24}$$

O número no denominador é 24, e este é o valor do parâmetro dos graus de liberdade. Em geral, os graus de liberdade (gl)=$N-1$ (N é o tamanho da amostra) ocorrem quando você utiliza a distribuição t da maneira como farei nesta seção.

A Figura 9-8 mostra dois membros da família da distribuição t (gl=3 e gl=10), juntamente com a distribuição normal para comparação. Como você pode ver na figura, quanto maior o gl, mais próximo t fica de uma distribuição normal.

Portanto, para determinar o nível de confiança de 95% quando você tiver uma amostra pequena, trabalhe com o membro da família de distribuição t que tenha o gl adequado. Encontre o valor que corte 47,5% da área à direita da distribuição e 47,5% da área à esquerda da distribuição. O que fica do lado direito tem valor positivo, e o do lado esquerdo, negativo. Em seguida, multiplique cada valor pelo erro padrão. Some cada resultado à média para obter os limites de confiança superior e inferior.

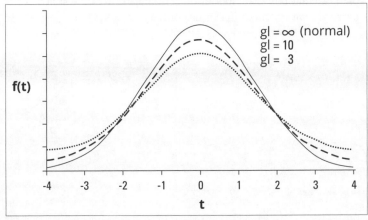

FIGURA 9-8: Alguns membros da família de distribuição t.

No exemplo das baterias FarBlonJet, suponha que a amostra seja composta por 25 baterias, com média de 60 e desvio padrão de 20. A estimativa para o erro padrão da média é

$$s_{\bar{x}} = s/\sqrt{N} = 20/\sqrt{25} = 20/5 = 4$$

CAPÍTULO 9 **O Jogo da Confiança: Estimativas**   193

O gl=N–1=24. O valor que corta 47,5% da área à direita desta distribuição é 2,064, e à esquerda é −2,064. Como eu disse anteriormente, você pode calcular estes valores (difícil), pode procurá-los em uma tabela em livros de estatística (mais fácil) ou pode usar a função do Excel descrita na próxima seção (muito mais fácil).

O fato é que o limite de confiança superior é 68,256 (60 + 2,064$s_{\bar{x}}$) e o limite de confiança inferior é 51,744 (60 − 2,064). Com uma amostra de 25 baterias, você pode afirmar com 95% de confiança que a vida média de uma bateria FarBlonJet está entre 51,744 e 68,256 horas. Note que, com uma amostra menor, a variação é maior para o mesmo nível de confiança utilizado no exemplo anterior.

INT.CONFIANÇA.T

A função de planilha INT.CONFIANÇA.T do Excel funciona da mesma maneira que INT.CONFIANÇA.NORM, só que ela trabalha com a distribuição t em vez da distribuição normal. Use-a quando seus dados não satisfazem as exigências para a distribuição normal. Sua janela Argumentos da Função parece exatamente igual à de INT.CONFIANÇA.NORM, e você segue os mesmos passos.

Para o segundo exemplo FarBlonJet (média = 60, desvio padrão = 20 e tamanho amostral = 25), INT.CONFIANÇA.T retorna 8,256. Eu adicionei este valor a 60 para calcular o limite superior de confiança (68,256) e subtraí este valor de 60 para calcular o limite inferior de confiança (51,744).

NESTE CAPÍTULO

Introduzindo testes de hipótese

Testando hipóteses sobre médias

Testando hipóteses sobre variações

Capítulo 10

Teste de Hipótese com Uma Amostra

Qualquer que seja sua profissão, você geralmente precisa avaliar se algo fora do comum aconteceu. Às vezes, você começa com uma amostra da população cujos parâmetros você conhece muito bem. Você precisa decidir se essa amostra é como o restante da população ou se é diferente.

Meça a amostra e calcule suas estatísticas. Por fim, compare as estatísticas com os parâmetros da população. Eles são iguais? São diferentes? A amostra representa algo que está muito fora do normal? O uso correto da estatística ajuda você a decidir.

Às vezes, você pode não conhecer os parâmetros da população com a qual está lidando. E aí? Neste capítulo, falarei sobre as técnicas estatísticas e funções de planilha que lidam com ambos os casos.

Hipóteses, Testes e Erros

Uma *hipótese* é um palpite sobre o funcionamento do mundo. É uma tentativa de explicar um processo, seja ele natural ou artificial. Antes de estudar e medir indivíduos de uma amostra, um pesquisador elabora hipóteses que preveem como serão os dados.

Geralmente, uma hipótese prevê que os dados não mostrarão nada de novo ou interessante. Chamada de *hipótese nula* (abreviada como H_0), essa hipótese sustenta que se os dados se desviarem da norma de alguma maneira, este desvio deve-se estritamente ao acaso. Outra hipótese, a *hipótese alternativa* (abreviada como H_1), explica as coisas de modo diferente. De acordo com a hipótese alternativa, os dados mostram algo importante.

Após reunir os dados, cabe ao pesquisador tomar uma decisão. No funcionamento da lógica, a decisão gira em torno da hipótese nula. O pesquisador deve decidir rejeitar ou não a hipótese nula. O *teste de hipóteses* é o processo de formulação de hipóteses, coleta de dados e decisão se a hipótese nula será ou não rejeitada.

LEMBRE-SE

Na lógica, não é obrigatório *aceitar* qualquer hipótese. E a lógica também não obriga qualquer decisão sobre a hipótese alternativa. Trata-se apenas de rejeitar ou não H_0.

Independentemente da decisão de rejeitar ou não, há lugar para erros. Um tipo de erro ocorre quando você acredita que os dados mostram algo importante e rejeita H_0 quando, na verdade, os dados se devem ao acaso. Isto se chama erro Tipo I. Dentro de um estudo, você determina os critérios para rejeitar H_0. Ao fazer isso, você cria a possibilidade de um erro Tipo I. Esta probabilidade se chama *alfa* (α).

O outro tipo de erro ocorre quando você não rejeita H_0 e os dados realmente se devem a algo fora do comum. Por um ou outro motivo, você acabou não notando isso. Este erro se chama Tipo II. Sua probabilidade se chama *beta* (β). A Tabela 10-1 resume as possíveis decisões e possíveis erros.

TABELA 10-1 Decisões e Erros no Teste de Hipóteses

		"Estado Real" do Mundo	
		H_0 é verdadeiro	H_1 é verdadeiro
	Rejeitar H_0	Erro Tipo I	Decisão Correta
Decisão			
	Não rejeitar H_0	Decisão Correta	Erro Tipo II

Observe que não há como conhecer o verdadeiro estado do mundo. Tudo o que se pode fazer é medir os indivíduos de uma amostra, calcular as estatísticas e tomar uma decisão sobre H_o.

Testes de hipótese e distribuições amostrais

No Capítulo 9, falei sobre distribuições amostrais. Lembre-se de que uma distribuição amostral é o conjunto de todos os valores possíveis de uma estatística para determinado tamanho de amostra.

Também no Capítulo 9, falei sobre o Teorema do Limite Central. Esse teorema nos diz que a distribuição amostral da média aproxima-se de uma distribuição normal caso o tamanho da amostra seja grande (em termos práticos, pelo menos 30). Isso determina se a população está distribuída normalmente ou não. Se a população é uma distribuição normal, a distribuição amostral será normal para qualquer tamanho de amostra. Mais duas observações sobre o Teorema do Limite Central:

» A média da distribuição amostral da média é igual à média da população.

A equação para fazer este cálculo é

$$\mu_{\bar{x}} = \mu$$

» O erro padrão da média (o desvio padrão da distribuição amostral) é igual ao desvio padrão da população dividido pela raiz quadrada do tamanho da amostra.

Esta equação é

$$\sigma_{\bar{x}} = \sigma \Big/ \sqrt{N}$$

A distribuição amostral da média surge de forma proeminente no tipo de teste de hipótese que será discutido neste capítulo. Teoricamente, ao testar uma hipótese nula contra uma hipótese alternativa, cada hipótese corresponde a uma distribuição amostral diferente.

A Figura 10-1 ilustra o que quero dizer. A figura mostra duas distribuições normais. Eu as inseri aleatoriamente. Cada distribuição normal representa uma distribuição amostral da média. A da esquerda representa a distribuição das possíveis médias de amostra caso a hipótese nula seja realmente o modo como o mundo funciona. A da direita representa a distribuição das possíveis médias de amostra caso a hipótese alternativa seja realmente o modo como o mundo funciona.

É claro que quando você faz um teste de hipótese, nunca sabe qual distribuição gera os resultados. Você trabalha com uma média de amostra — um ponto no eixo horizontal. Cabe a você decidir a qual distribuição pertence a média da amostra. Você determina um *valor crítico* — um critério de decisão. Se a média da amostra estiver de um lado do valor crítico, você rejeita H_0. Caso contrário, não a rejeita.

Seguindo essa linha de raciocínio, a figura também ilustra α e β. Estas, como eu disse anteriormente, são as probabilidades dos erros de decisão. A área que corresponde a α está na distribuição H_0. Deixei essa área sombreada em cinza escuro. Ela representa a possibilidade de uma média de amostra vir da distribuição H_0, mas é tão extrema que você acaba rejeitando H_0.

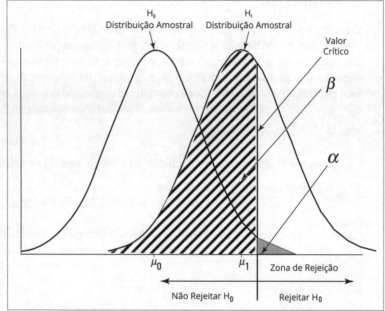

FIGURA 10-1:
H_0 e H_1 correspondem, cada um, a uma distribuição amostral.

LEMBRE-SE

O ponto onde você coloca o valor crítico determina α. Na maioria dos testes de hipótese, você determina α em 0,05. Isso significa que você pode tolerar um erro Tipo I (rejeitar H_0 incorretamente) em 5% do tempo. Graficamente, o valor crítico corta 5% da área da distribuição amostral. A propósito, se você está falando em 5% da área que está na cauda direita da distribuição (como na Figura 10-1), está se referindo aos 5% superiores. Se você está interessado nos 5% à esquerda, tratam-se dos 5% inferiores.

A área que corresponde a β está na distribuição H_1. Ela foi destacada em cinza claro. Essa área representa a probabilidade de uma média de amostra vir da distribuição H_1, mas está tão próxima ao centro da distribuição H_0 que você não rejeita H_0. Você não pode determinar β. O tamanho desta área depende da separação entre as médias das duas distribuições e isso cabe ao mundo em que vivemos — não a você.

Essas distribuições amostrais são adequadas quando seu trabalho corresponde às condições do Teorema do Limite Central: se você sabe que a população com a qual está trabalhando é uma distribuição normal ou se tem uma amostra grande.

Mais Alguns Zs

Eis um exemplo de teste de hipótese que envolve uma amostra de uma população normalmente distribuída. Como a população tem distribuição normal, qualquer tamanho de amostra resultará em uma distribuição amostral normalmente distribuída. Por se tratar de uma distribuição normal, você utiliza valores z no teste de hipótese:

$$z = \frac{\bar{x} - \mu}{\sigma / \sqrt{N}}$$

Mais um "porque": Como você utiliza o valor z no teste de hipótese, ele passa a se chamar *estatística de teste*.

Suponha que você acredite que as pessoas que vivem em determinado CEP têm QI acima da média. Você pega uma amostra de 16 pessoas desse CEP, aplica testes de QI, tabula os resultados e calcula as estatísticas. Para a população de valores de QI, $\mu = 100$ e $\sigma = 16$ (na versão de Stanford-Binet).

As hipóteses são:

H_0: $\mu_{CEP} \leq 100$

H_1: $\mu_{CEP} > 100$

Suponha que $\alpha = 0{,}05$. Esta é a área sombreada na cauda da distribuição H_0 da Figura 10-1.

Por que o sinal $\leq$ em H_0? Este símbolo é utilizado porque você só rejeitará H_0 se a média da amostra for maior que o valor hipotético. Todo o resto são provas a favor da não rejeição de H_0.

Suponha que a média da amostra seja 107,75. Você pode rejeitar H_0?

O teste envolve a transformação de 107,75 em um valor padrão da distribuição amostral da média:

$$z = \frac{\bar{x} - \mu_0}{\sigma / \sqrt{N}} = \frac{107,75 - 100}{16 / \sqrt{16}} = \frac{7,75}{16 / 4} = \frac{7,75}{4} = 1,94$$

O valor da estatística de teste é grande o suficiente para permitir que você rejeite H_0 com $\alpha = 0,05$? O valor crítico — valor de z que corta 5% da área em uma distribuição normal padrão — é 1,645. (Depois de anos trabalhando com a distribuição normal padrão, eu já sei isso de cor. Leia o Capítulo 8, conheça a função INV.NORMP e você também terá estas informações na ponta da língua.) O valor calculado, 1,94, excede 1,645, portanto está na zona de rejeição. A decisão é rejeitar H_0.

Isso significa que, se H_0 é verdadeiro, a probabilidade de obter um valor de estatística de teste que tenha pelo menos este tamanho é menor que 0,05. Esta é uma evidência bem forte em favor da rejeição de H_0. No jargão estatístico, sempre que você rejeita H_0, o resultado passa a ser "estatisticamente significativo".

Este tipo de teste de hipótese chama-se *teste de uma cauda*, pois a área de rejeição fica em uma das caudas da distribuição amostral.

Um teste de hipótese pode ser um teste de uma cauda na direção contrária. Suponha que você tivesse motivos para crer que as pessoas deste CEP tinham um QI abaixo da média. Neste caso, as hipóteses seriam:

H_0: $\mu_{CEP} \geq 100$

H_1: $\mu_{CEP} < 100$

Neste teste de hipótese, o valor crítico da estatística de teste é $-1,645$ se $\alpha = 0,05$.

Um teste de hipótese pode ser um *teste de duas caudas*, significando que a área de rejeição está nas duas caudas da distribuição amostral H_0. Isso ocorre com a seguinte hipótese:

H_0: $\mu_{CEP} = 100$

H_1: $\mu_{CEP} \neq 100$

Neste caso, a hipótese alternativa apenas especifica que a média é diferente do valor da hipótese nula, sem afirmar se ela é maior ou menor. A Figura 10-2 mostra a aparência da zona de rejeição de duas caudas para $\alpha = 0,05$. Os 5% são divididos igualmente entre a cauda da esquerda (também chamada de cauda inferior) e a cauda da direita (a cauda superior).

Em uma distribuição normal padrão, incidentalmente, o valor z que corta 2,5% na cauda da direita é 1,96. O valor z que corta 2,5% da cauda da esquerda é $-1,96$. (Novamente, eu conheço estes valores porque trabalho há anos com a distribuição normal padrão.) O valor z do exemplo anterior, 1,94, não é maior que 1,96. A decisão, no caso das duas caudas, é *não* rejeitar H_0.

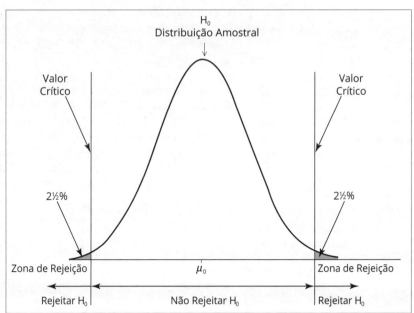

FIGURA 10-2:
A zona de rejeição de duas caudas para α=0,05.

DICA

Isso levanta um ponto importante. Um teste de hipótese de uma cauda pode rejeitar H_0, enquanto um teste de duas caudas com os mesmos dados, pode não fazê-lo. Um teste de duas caudas indica que você procura uma diferença entre a média da amostra e a média da hipótese nula, mas não sabe em qual direção. Um teste de uma cauda indica que você tem uma boa ideia de qual será o resultado da diferença. Em termos práticos, isso significa que você deve tentar ter conhecimento suficiente para conseguir especificar um teste de uma cauda.

TESTE.Z

A função de planilha Excel TESTE.Z faz o cálculo dos testes de hipótese que envolvem valores z em uma distribuição normal padrão. Você fornece os dados da amostra, um valor da hipótese nula e o desvio padrão da população. TESTE.Z retorna a probabilidade em uma cauda da distribuição amostral de H_0.

Isto é um pouco diferente do modo como as coisas funcionam quando você aplica as fórmulas que acabei de mostrar. A fórmula calcula um valor z. Então, cabe a você ver a posição deste valor em uma distribuição normal padrão com relação à probabilidade. O TESTE.Z elimina o intermediário (a necessidade de calcular o valor z) e vai direto para a probabilidade.

A Figura 10-3 mostra os dados e a janela Argumentos da Função para TESTE.Z. Os dados são os valores de QI das 16 pessoas do exemplo do CEP na seção anterior. Lembre-se, aquele exemplo testa a hipótese de as pessoas de determinado CEP terem um QI acima da média.

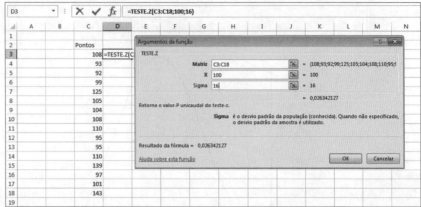

FIGURA 10-3:
Os dados e a janela Argumentos da Função de TESTE.Z.

Eis o passo a passo:

1. Digite os dados em um intervalo de células e selecione uma célula para o resultado.

Os dados deste exemplo estão nas células C3 a C18. Eu selecionei D3 para conter o resultado.

2. No menu de funções estatísticas, selecione TESTE.Z para abrir a janela Argumentos da Função de TESTE.Z. (Veja a Figura 10-3.)

3. Na janela Argumentos da Função, digite os valores adequados dos argumentos.

Neste exemplo, o Intervalo é C3:C18. Na caixa X digite a média. Neste exemplo, é 100, a média dos valores de QI da população. Na caixa Sigma, digite 16, o desvio padrão da população de valores de QI. A resposta (0,026342) aparecerá na janela.

4. Clique em OK para inserir a resposta na célula selecionada.

Com $\alpha = 0,05$ e um teste de uma cauda (H_1: $\mu > 100$), a decisão é rejeitar H_0, pois a resposta (0,026) é menor que 0,05. Note que com o teste de duas caudas (H_1: $\mu \neq 100$), a decisão é não rejeitar H_0. Isso porque 2 x 0,026 é maior que 0,05 — só um pouquinho maior (0,052) —, mas se você desenha a linha em 0,05, não pode rejeitar H_0.

t para Um

No exemplo anterior, trabalhei com valores de QI. A população de valores de QI é uma distribuição normal com média e desvio padrão conhecido. Isso me permitiu trabalhar com o Teorema do Limite Central e descrever a distribuição amostral da média como uma distribuição normal. Então, pude usar z como a estatística de teste.

Entretanto, no mundo real, você normalmente não tem o luxo de trabalhar com populações tão bem definidas. Você geralmente tem amostras pequenas e, normalmente, mede algo que não é tão conhecido quanto o QI. O que quero dizer é que você geralmente não conhece os parâmetros da população, nem sabe se a população é distribuída normalmente ou não.

Quando isso acontece, você utiliza os dados de amostra para estimar o desvio padrão da população e trata a distribuição amostral da média como um membro da família das distribuições chamado distribuição t. Você usa t como estatística de teste. No Capítulo 9, eu falei sobre essa distribuição e disse que você pode diferenciar os membros desta família por um parâmetro chamado *graus de liberdade* (gl).

A fórmula da estatística de teste é

$$t = \frac{\bar{X} - \mu}{s / \sqrt{N}}$$

Pense em gl como o denominador da estimativa da variação da população. Para os testes de hipótese desta seção, será $N - 1$, onde N é o número de valores na amostra. Quanto maior o gl, mais próxima da distribuição normal estará a distribuição t.

Eis um exemplo. A FarKlempt Robotics Inc. comercializa microrrobôs. Ela afirma que seu produto tem, em média, quatro defeitos por unidade. Um grupo consumidor acredita que esta média é maior. O grupo consumidor pega uma amostra de 9 microrrobôs da FarKlempt e descobre uma média de 7 defeitos, com desvio padrão de 3,16. O teste de hipótese é:

H_0: $\mu \leq 4$

H_1: $\mu > 4$

$\alpha = 0,05$

A fórmula é:

$$t = \frac{\bar{X} - \mu}{s / \sqrt{N}} = \frac{7 - 4}{3,16 / \sqrt{9}} = \frac{3}{3,16 / 3} = 2,85$$

Você pode rejeitar H_0? A função Excel da próxima seção tem a resposta.

CAPÍTULO 10 **Teste de Hipótese com Uma Amostra** 203

DIST.T, DIST.T.CD e DIST.T.BC

A família de funções de planilha DIST.T indica se o seu valor t calculado está ou não na área de rejeição. Com DIST.T, você fornece um valor para t, um valor para gl e um valor para um argumento chamado Cumulativo. E DIST.T retorna a probabilidade de se obter um valor t no mínimo do mesmo tamanho que o seu caso H_0 seja verdadeiro. Se essa probabilidade for menor que seu α, rejeite H_0.

Os passos são:

1. Selecione uma célula para armazenar o resultado.

2. No menu Funções Estatísticas, selecione DIST.T para abrir a janela Argumentos da Função para DIST.T.

    (Veja a Figura 10-4.)

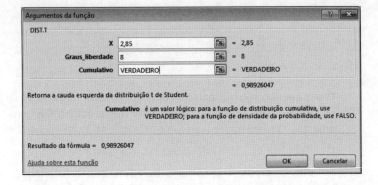

FIGURA 10-4: A janela Argumentos da Função para DIST.T.

3. Na janela Argumentos da Função, digite os valores adequados para os argumentos.

    O valor t calculado é inserido na caixa X. Neste exemplo, o valor t calculado é 2,85.

    Os graus de liberdade são inseridos na caixa Graus_liberdade. Os graus de liberdade neste exemplo são 8 (9 valores – 1).

    A caixa Cumulativo recebe ou VERDADEIRO ou FALSO. Eu digitei VERDADEIRO nesta caixa para dar a probabilidade de conseguir um valor de X ou menos na distribuição t com os graus de liberdade indicados. O Excel refere-se a isso como uma distribuição "de cauda esquerda". Inserir FALSO fornece a altura da distribuição t em X. A não ser que você esteja criando um gráfico da distribuição t, eu não sei por que você usaria FALSO nesta caixa.

    Depois de digitar VERDADEIRO, a resposta (0,98926047) aparece na janela.

4. Clique em OK para fechar a janela e inserir a resposta na célula selecionada.

O valor na janela da Figura 10-4 é maior que 0,95, portanto a decisão é rejeitar H_0.

Você talvez ache que DIST.T.CD é um pouco mais direta, pelo menos para este exemplo. Sua janela de Argumentos da Função é igual à da Figura 10-4, mas sem a caixa Cumulativo. Esta função retorna a probabilidade de conseguir um valor de X ou mais na distribuição *t*. CD no nome da função significa "cauda direita". Para este exemplo, a função retorna 0,01073953. Como este valor é menor que 0,05, a decisão é rejeitar H_0.

DIST.T.BC dá a probabilidade "bicaudal". Sua janela Argumentos da Função é igual à da DIST.T.CD. Ela retorna a probabilidade à direita de X na distribuição *t* mais a probabilidade à esquerda de −X na distribuição.

INV.T e INV.T.BC

A família INV.T é o oposto da família DIST.T. Dê a INV.T uma probabilidade e os graus de liberdade e ela retornara o valor de *t* que corta essa probabilidade à sua esquerda. Para usar INV.T:

1. Selecione uma célula para armazenar o resultado.

2. Do menu Funções Estatísticas, selecione INV.T para abrir a janela Argumentos da Função para INV.T.

(Veja a Figura 10-5.)

3. Na janela Argumentos da Função, digite os valores adequados para os argumentos.

Eu digitei 0,05na caixa Probabilidade e 8 na caixa Graus_liberdade. A resposta (−1,859548038) aparece na janela.

4. Clique em OK para fechar a janela para inserir a resposta na célula selecionada.

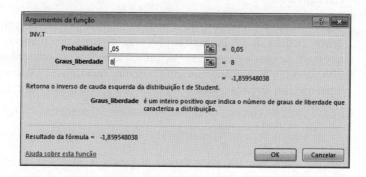

FIGURA 10-5:
A janela Argumentos da Função de INV.T.

INV.T.BC tem uma janela Argumentos da Função idêntica. Dada a Probabilidade e os Graus_liberdade, esta função corta a probabilidade ao meio. Ela retorna o valor de t na cauda direita que corta a probabilidade ao meio. E a outra metade? Ela seria o mesmo valor numérico multiplicado por −1. Esse valor negativo de t corta a outra metade da probabilidade na cauda esquerda da distribuição.

Testando uma Variação

Até agora, falei sobre o teste de hipóteses com uma amostra para médias. Você também pode testar hipóteses sobre variações.

Esta situação geralmente surge no ramo da manufatura. Por exemplo, suponha que a FarKlempt Robotics Inc. produza uma peça que precisa ter determinado comprimento com uma variação muito pequena. Você pode pegar uma amostra de peças, medi-las, encontrar a variação da amostra e executar um teste de hipótese com base na variação desejada.

A família de distribuições para este teste é chamada de *qui-quadrado*. Seu símbolo é X2. Não entrarei nos detalhes matemáticos. Só direi, mais uma vez, que o gl é o parâmetro que diferencia os membros da família. A Figura 10-6 mostra dois membros da família qui-quadrado.

A fórmula para esta estatística de teste é

$$\chi^2 = \frac{(N-1)s^2}{\sigma^2}$$

N é o número de valores da amostra, s^2 é a variação da amostra e σ^2 é a variação da população especificada em H_0.

Com este teste, você precisa supor que o que está sendo medido tem uma distribuição normal.

Suponha que o processo para a peça FarKlempt precise ter, no máximo, um desvio padrão de 1,5 polegadas (3,8 centímetros) no comprimento. (Observe que eu disse *desvio padrão*. Isso permite que eu fale em polegadas. Se eu tivesse dito *variação*, as unidades seriam polegadas quadradas.) Depois de medir uma amostra com 26 peças, você descobrirá um desvio padrão de 1,8 polegadas (4,5 centímetros).

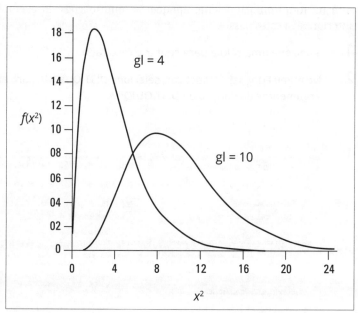

FIGURA 10-6: Dois membros da família qui-quadrado.

As hipóteses são:

H_0: $\sigma^2 \leq 2,25$ (lembre-se de elevar ao quadrado o desvio padrão "ao máximo" de 1,5 polegadas)

H_1: $\sigma^2 > 2,25$

$\alpha = 0,05$

Trabalhando com a fórmula,

$$\chi^2 = \frac{(N-1)s^2}{\sigma^2} = \frac{(26-1)(1,8)^2}{(1,5)^2} = \frac{(25)(3,24)}{2,25} = 36$$

você pode rejeitar H_0? Continue lendo.

DIST.QUIQUA e DIST.QUIQUA.CD

Depois de calcular um valor para sua estatística de teste qui-quadrado, você utiliza a função de planilha DIST.QUIQUA para fazer um julgamento. Você fornece o valor qui-quadrado e o gl. Como na função DIST.T, você fornece um valor VERDADEIRO ou FALSO para o Cumulativo. Se você digitar VERDADEIRO, DIST.QUIQUA lhe dá a probabilidade de obter um valor pelo menos igual caso H_0 seja verdadeiro. (Esta é a "probabilidade de cauda esquerda".) Se essa probabilidade for maior que 1-α, rejeite H_0.

Para mostrar como funciona, apliquei as informações do exemplo da seção anterior. Siga estes passos:

1. Selecione uma célula para conter o resultado.

2. No menu Funções Estatísticas, selecione DIST.QUIQUA para abrir a janela Argumentos da Função de DIST.QUIQUA.

(Veja a Figura 10-7.)

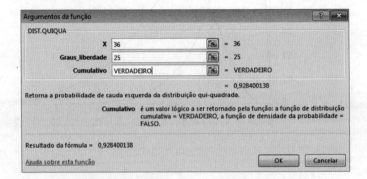

FIGURA 10-7:
A janela Argumentos da Função para DIST.QUIQUA.

3. Na janela Argumentos da Função, digite os valores corretos para os argumentos.

Na caixa X, digitei o valor calculado de qui-quadrado. Neste exemplo, este valor é 36.

Na caixa Graus_liberdade, digitei os graus de liberdade. Os graus de liberdade deste exemplo são 25 (26 – 1).

Na caixa Cumulativo, eu digitei VERDADEIRO. Isso retorna a "probabilidade de cauda esquerda" — a probabilidade de obter, no máximo, o valor que digitei na caixa X. Se eu digitasse FALSO, DIST.QUIQUA retornaria a altura da distribuição qui-quadrado em X. Isso é útil se você estiver representando graficamente a distribuição de qui-quadrado, caso contrário, não é muito útil.

Depois de digitar VERDADEIRO, a janela mostra a probabilidade de obter, no máximo, este valor de qui-quadrado se H_0 for verdadeiro.

4. Clique em OK para fechar a janela e inserir a resposta na célula selecionada.

O valor da janela na Figura 10-7 é maior que 1–0,05, portanto a decisão é não rejeitar H_0. (Você pode concluir que o processo está dentro de limites aceitáveis de variação? Consulte o box "Um ponto a ser considerado".)

DIST.QUIQUA.BC funciona como DIST.QUIQUA, mas sua janela Argumentos da Função não tem uma caixa Cumulativo. Forneça um valor para qui-quadrado e os graus de liberdade e ela retorna a "probabilidade de cauda direita" — a probabilidade de obter um qui-quadrado, pelo menos, do mesmo valor que você digitou em X.

INV.QUIQUA e INV.QUIQUA.CD

A família INV.QUIQUA é o inverso de DIST.QUIQUA. Você fornece uma probabilidade e um gl, e INV.QUIQUA informa o valor de qui-quadrado que corta a probabilidade na cauda esquerda da distribuição de qui-quadrado. Siga estes passos:

1. Selecione uma célula para armazenar o resultado.

2. No menu Funções Estatísticas, selecione INV.QUIQUA e clique em OK para abrir a janela Argumentos da Função de INV.QUIQUA

   (Veja a Figura 10-8.)

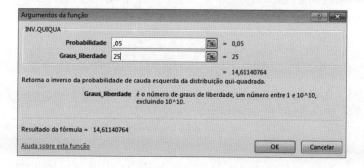

FIGURA 10-8: Janela Argumentos da Função de INV.QUIQUA.

3. Na janela Argumentos da Função, digite os valores adequados para os argumentos.

   Na caixa Probabilidade, digitei 0,05, que é a probabilidade na qual tenho interesse neste exemplo.

   Na caixa Graus_liberdade, digitei os graus de liberdade. O valor dos graus de liberdade neste exemplo é 25 (26 – 1). Depois de digitar o gl, a janela mostra o valor (14,61140764) que corta os 5% inferiores da área desta distribuição de qui-quadrado.

4. Clique em OK para fechar a janela e inserir o resultado na célula selecionada.

UM PONTO A SER CONSIDERADO

Retornemos ao exemplo anterior. A FarKlempt Robotics quer mostrar que seu processo de fabricação está dentro dos limites aceitáveis de variação. A hipótese nula, na prática, afirma que o processo é aceitável. Os dados não apresentam provas para rejeitar H_0. O valor da estatística de teste não é igual ao valor crítico. Isso significa que o processo de fabricação está dentro dos limites aceitáveis?

As estatísticas ajudam o bom senso, mas não o substituem. Se os dados estão muito próximos do aceitável, esse fato deveria chamar a atenção.

Geralmente, você tenta rejeitar H_0. Esse é um caso raro em que não rejeitar H_0 é mais desejável, pois a não rejeição significa algo positivo — o processo de fabricação funciona de modo adequado. Você ainda pode utilizar as técnicas de teste de hipótese nesta situação?

Sim, você pode — com uma diferença importante. Em vez de um pequeno valor para α, como 0,05, você opta por um valor maior, como 0,20. Isso faz com que a situação seja *contra* a não rejeição de H_0 — valores pequenos da estatística de teste podem levar à rejeição. Se α é igual a 0,20 neste exemplo, o valor crítico passa a ser 30,6752. (Utilize INV.QUIQUA para verificar isso.) Como o valor obtido, 36, é maior que este valor crítico, a decisão com este valor de α é rejeitar H_0.

A utilização de um valor elevado em α não é comum. Quando o resultado desejado é *não* rejeitar H_0, recomendo que você o faça.

A janela Argumentos da Função de INV.QUIQUA.CD é idêntica à de INV.QUIQUA. A versão CD retorna o valor de qui-quadrado que corta a "probabilidade de cauda direita". Isso é útil se você quiser saber o valor que você tem que exceder para rejeitar H_0. Neste exemplo, eu digitei 0,05 e 25 como os argumentos desta função. A resposta retornada foi 37,65248413. O valor calculado, 36, não ficou muito longe do valor de corte. Um erro ainda é um erro (parafraseando a música "As Time Goes By", do filme Casablanca), e você não pode rejeitar H_0.

NESTE CAPÍTULO

Testando as diferenças entre as médias de duas amostras

Testando a média de amostras pareadas

Testando hipóteses sobre variações

Capítulo 11

Teste de Hipótese com Duas Amostras

Nos negócios, na educação e na pesquisa científica, geralmente surge a necessidade de comparar uma amostra com outra. Às vezes, as amostras são independentes, às vezes, elas têm alguma relação. Cada amostra vem de uma população diferente. O objetivo é decidir se as populações nas quais as amostras têm origem são diferentes entre si.

Geralmente, isso envolve testes de hipótese sobre as médias da população. Também é possível testar hipóteses sobre variações de população. Neste capítulo, mostrarei a você como fazer esses testes. Também falarei sobre as funções de planilha e sobre as ferramentas de análise de dados que podem ajudá-lo a executar seu trabalho.

Hipóteses para Dois

Como no caso do teste de hipótese com uma amostra (Capítulo 10), o teste de hipótese com duas amostras começa com uma hipótese nula (H_0) e uma hipótese alternativa (H_1). A hipótese nula especifica que quaisquer diferenças encontradas entre as duas amostras devem-se, estritamente, ao acaso. A hipótese alternativa afirma que quaisquer diferenças encontradas são reais, não ao acaso.

É possível haver um *teste de uma cauda*, no qual a hipótese alternativa especifica a direção da diferença entre as duas médias, ou um *teste de duas caudas*, no qual a hipótese alternativa não especifica a direção da diferença.

Em um teste de uma cauda, as hipóteses são parecidas com as seguintes:

$H_0: \mu_1 - \mu_2 = 0$

$H_1: \mu_1 - \mu_2 > 0$

ou com as seguintes:

$H_0: \mu_1 - \mu_2 = 0$

$H_1: \mu_1 - \mu_2 < 0$

Em um teste de duas caudas, as hipóteses são:

$H_0: \mu_1 - \mu_2 = 0$

$H_1: \mu_1 - \mu_2 \neq 0$

O zero que aparece nessas hipóteses é o caso típico. No entanto, é possível testar qualquer valor — apenas coloque o valor no lugar do zero.

Para executar o teste, primeiro, é preciso determinar o valor de α, que é a probabilidade de um erro Tipo I que você está disposto a aceitar (veja o Capítulo 9). Em seguida, você calcula a média e o desvio padrão de cada amostra, subtrai uma média da outra e utiliza uma fórmula para converter o resultado em uma estatística de teste. Compare a estatística de teste com uma distribuição amostral de estatísticas de teste. Se ela estiver na zona de rejeição especificada por α (veja o Capítulo 10), rejeite H_0. Caso contrário, não rejeite H_0.

212   PARTE 3 **Tirando Conclusões a Partir dos Dados**

Revisão das Distribuições Amostrais

No Capítulo 9, apresentei a ideia de uma distribuição amostral — uma distribuição de todos os valores possíveis de uma estatística para um tamanho de amostra específico. Naquele capítulo, descrevi a distribuição amostral da média. No Capítulo 10, mostrei sua ligação com o teste de hipótese para uma amostra.

Nesse tipo de teste de hipótese, outra distribuição amostral se faz necessária. Trata-se da *distribuição amostral da diferença entre médias*.

LEMBRE-SE

A distribuição amostral da diferença entre médias é a distribuição de todos os valores possíveis das diferenças entre pares de médias de amostra, sendo que o tamanho das amostras é constante em cada par. (Sim, é um bocado de coisa.) *Constante em cada par* significa que a primeira amostra do par sempre tem o mesmo tamanho, e a segunda amostra do par também tem sempre o mesmo tamanho. O tamanho das duas amostras não é, necessariamente, igual.

Dentro de cada par, cada amostra vem de uma população diferente. Todas as amostras são independentes entre si, assim, escolher indivíduos para uma amostra não tem efeito algum sobre a escolha de indivíduos para outra amostra.

A Figura 11-1 mostra os passos da criação desta distribuição amostral. Isso é algo que você nunca fará na prática. Tudo é apenas teórico. Como você pode ver na figura, a ideia é pegar uma amostra a partir de uma população, uma amostra de outra população, calcular sua média e subtrair uma média da outra. Devolva as amostras às populações e repita o procedimento diversas vezes. O resultado deste processo é um conjunto de diferenças entre as médias. Este conjunto de diferenças é a distribuição amostral.

Aplicando o Teorema do Limite Central

Assim como qualquer outro conjunto de números, essa distribuição amostral tem uma média e um desvio padrão. Como no caso da distribuição amostral da média (Capítulos 9 e 10), o Teorema do Limite Central também pode ser aplicado neste caso.

De acordo com o Teorema do Limite Central, se as amostras são grandes, a distribuição amostral da diferença entre médias será mais próxima de uma distribuição normal. Se as populações são distribuídas normalmente, a distribuição amostral é uma distribuição normal mesmo que as amostras sejam pequenas.

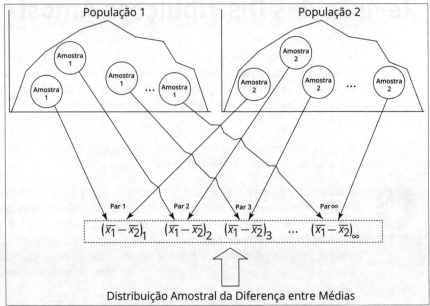

FIGURA 11-1: Criando a distribuição amostral da diferença entre médias.

O Teorema do Limite Central também tem algo a dizer sobre a média e o desvio padrão desta distribuição amostral. Suponha que os parâmetros para a primeira população sejam μ_1 e σ_1, e que os parâmetros para a segunda população sejam μ_2 e σ_2. A média da distribuição amostral será

$$\mu_{\bar{x}_1-\bar{x}_2} = \mu_1 - \mu_2$$

O desvio padrão da distribuição amostral será

$$\sigma_{\bar{x}_1-\bar{x}_2} = \sqrt{\frac{\sigma_1^2}{N_1} + \frac{\sigma_2^2}{N_2}}$$

N é o número de indivíduos na amostra da primeira população, N_2 é o número de indivíduos na amostra da segunda população.

LEMBRE-SE

Este desvio padrão é chamado de *erro padrão da diferença entre médias*.

A Figura 11-2 mostra a distribuição amostral juntamente com seus parâmetros, como especifica o Teorema do Limite Central.

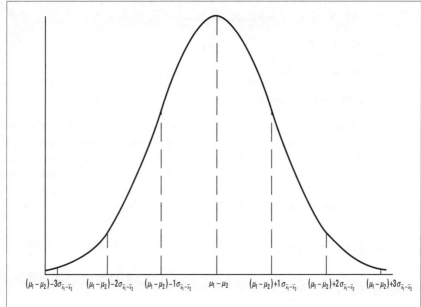

FIGURA 11-2: A distribuição amostral da diferença entre médias de acordo com o Teorema do Limite Central.

Ainda Mais Zs

Como o Teorema do Limite Central afirma que a distribuição amostral é quase normal para amostras grandes (ou para amostras pequenas de populações distribuídas normalmente), você pode utilizar valores z como sua estatística de teste. Outra maneira de dizer "utilize o valor z como estatística de teste" é "faça um teste z". Eis a fórmula:

$$s_p^2 = \frac{(N_1-1)s_1^2 + (N_2-1)s_2^2}{(N_1-1)+(N_2-1)}$$

O termo $(\mu_1 - \mu_2)$ representa a diferença entre as médias de H_0.

Essa fórmula converte a diferença entre as médias das amostras em um valor padrão. Compare o valor padrão com a distribuição normal padrão — uma distribuição normal onde $\mu = 0$ e $\sigma = 1$. Se o valor estiver na zona de rejeição definida por α, rejeite H_0. Caso contrário, não rejeite H_0.

Você pode utilizar esta fórmula quando conhecer o valor de σ_1^2 e σ_2^2.

Eis um exemplo. Imagine uma nova técnica de treinamento criada para aumentar o QI. Pegue uma amostra de 25 pessoas e treine-as utilizando a nova técnica. Pegue outra amostra de 25 pessoas e não lhes dê qualquer treinamento especial.

Suponha que a média da amostra para a nova técnica seja 107, e para a amostra que não foi treinada, 101,2. O teste de hipótese é:

$H_0: \mu_1 - \mu_2 = 0$

$H_1: \mu_1 - \mu_2 > 0$

Determinarei que α seja 0,05.

Sabe-se que o QI tem desvio padrão 16, e suponho que o valor seria o mesmo para a população de pessoas treinadas com a nova técnica. É claro que essa população não existe. Supomos que, se ela existisse, teria o mesmo valor para o desvio padrão da população de valores de QI comum. A média dessa população (teórica) tem o mesmo valor da média da população comum? H_0 diz que sim. H_1 diz que o valor é maior.

A estatística de teste é

$$z = \frac{(\bar{x}_1 - \bar{x}_2) - (\mu_1 - \mu_2)}{\sigma_{\bar{x}_1 - \bar{x}_2}} = \frac{(\bar{x}_1 - \bar{x}_2) - (\mu_1 - \mu_2)}{\sqrt{\frac{\sigma_1^2}{N_1} + \frac{\sigma_2^2}{N_2}}} = \frac{(107 - 101,2)}{\sqrt{\frac{16^2}{25} + \frac{16^2}{25}}} = \frac{5,8}{4,53} = 1,28$$

Com α = 0,05, o valor crítico de z — valor que corta os 5% superiores da área sob a distribuição normal padrão — é 1,645. (Você pode usar a função de planilha INV.NORMP.N do Capítulo 8 para verificar.) O valor calculado da estatística de teste é menor que o valor crítico, portanto a decisão é não rejeitar H_0. A Figura 11-3 ilustra este processo.

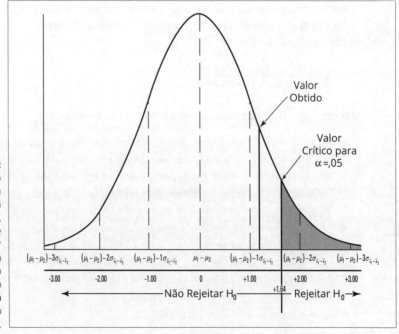

FIGURA 11-3: A distribuição amostral da diferença entre médias, juntamente com o valor crítico para α = 0,05 e o valor obtido da estatística de teste no exemplo do QI.

216 PARTE 3 **Tirando Conclusões a Partir dos Dados**

Ferramenta de Análise de Dados: Teste Z: Duas Amostras para Médias

O Excel oferece uma ferramenta de análise de dados que facilita a execução de testes como que foi feito no exemplo do QI. Essa ferramenta se chama Teste z: Duas Amostras para Médias. A Figura 11-4 mostra a janela dessa ferramenta juntamente com os dados de amostra que correspondem ao exemplo do QI.

Para usar esta ferramenta, siga estes passos:

1. Digite os dados para cada amostra em um intervalo de dados separado.

Neste exemplo, os dados da amostra Nova Técnica estão na Coluna E, e os dados da amostra Sem Treinamento estão na Coluna G.

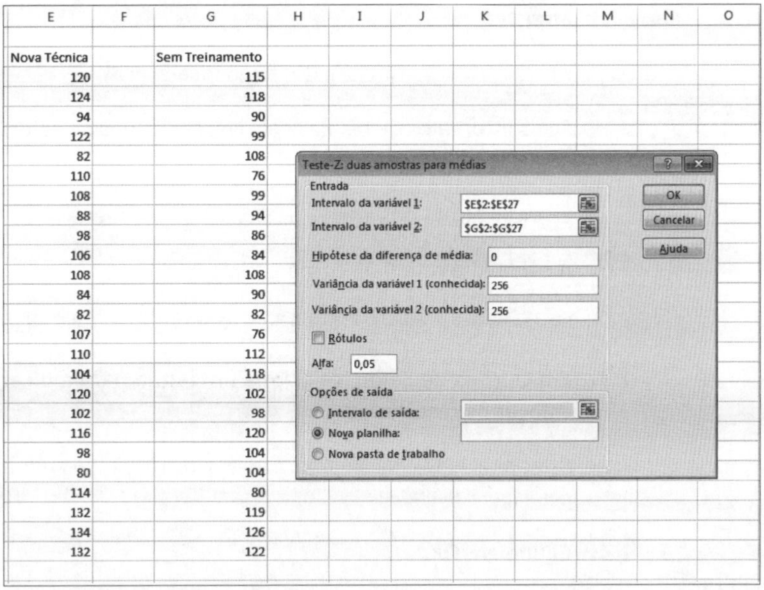

FIGURA 11-4: A ferramenta de análise de dados Teste Z e os dados de duas amostras.

2. Selecione Dados | Análise de Dados para abrir a janela Análise de Dados.

3. Na janela Análise de Dados, procure na lista de Ferramentas de Análise e selecione Teste Z: Duas Amostras para Médias. Clique em OK para abrir a janela de Teste Z: Duas Amostras para Médias (veja a Figura 11-4).

4. Na caixa Intervalo da Variável 1, digite o intervalo de células que contém os dados de uma das amostras.

Neste exemplo, os dados de Nova Técnica estão em $E\$2:\$E\$27. (Repare nos sinais \$, que representam a referência absoluta.)

CAPÍTULO 11 **Teste de Hipótese com Duas Amostras** 217

5. Na caixa Intervalo de Variável 2, digite o intervalo de células que contém os dados da outra amostra.

Os dados de Sem Treinamento estão em $G$2:$G$27.

6. Na caixa Hipótese da Diferença de Média, digite a diferença entre μ_1 e μ_2, especificada por H_0.

Neste exemplo, esta diferença é 0.

7. Na caixa Variância da Variável 1 (conhecida), digite a variação da primeira amostra.

O desvio padrão da população de valores de QI é 16, portanto, esta variação é $16^2 = 256$.

8. Na caixa Variância da Variável 2 (conhecida), digite a variação da segunda amostra.

Neste exemplo, esta variação também é 256.

9. Se os intervalos de células contiverem títulos de colunas, marque a caixa de seleção Rótulos.

Eu incluí títulos nos intervalos, portanto, marquei a caixa.

10. A caixa Alfa tem 0,05 como padrão.

Utilizei o valor padrão, que é consistente com o valor de α neste exemplo.

11. Em Opções de Saída, selecione um botão para indicar onde você deseja colocar os resultados.

Selecionei Nova Planilha para inserir os resultados em uma nova página da planilha.

12. Clique em OK.

Como eu selecionei Nova Planilha, uma página recém-criada é aberta com os resultados.

A Figura 11-5 mostra os resultados da ferramenta depois que expandi as colunas. As linhas 4, 5 e 7 contêm os valores inseridos na janela. A linha 6 conta o número de valores de cada amostra.

FIGURA 11-5:
Resultados da
ferramenta
de análise
de dados
Teste z.

⊿	A	B	C	D
1	Teste-z: duas amostras para médias			
2				
3		*Nova Técnica*	*Sem Treinamento*	
4	Média	107	101,2	
5	Variância conhecida	256	256	
6	Observações	25	25	
7	Hipótese da diferença de média	0		
8	z	1,281631041		
9	P(Z<=z) uni-caudal	0,099986053		
10	z crítico uni-caudal	1,644853627		
11	P(Z<=z) bi-caudal	0,199972106		
12	z crítico bi-caudal	1,959963985		
13				

O valor da estatística de teste está na célula B8. O valor crítico de um teste de uma cauda está em B10, e o valor crítico de um teste de duas caudas está em B12.

A célula B9 exibe a proporção da área cortada pela estatística de teste em uma cauda da distribuição normal padrão. A célula B11 dobra este valor — é a proporção da área cortada pelo valor positivo da estatística de teste (na cauda à direita da distribuição) mais a proporção cortada pelo valor negativo da estatística de teste (na cauda à esquerda da distribuição).

t para Dois

O exemplo da seção anterior envolve uma situação que raramente será encontrada — variações conhecidas da população. Se você conhece a variação de uma população, provavelmente conhece sua média. Se você conhece a média, provavelmente não precisará fazer testes de hipótese sobre ela.

Não conhecer as variações tira o Teorema do Limite Central da jogada. Isso significa que você não pode utilizar a distribuição normal como aproximação para a distribuição amostral da diferença entre médias. Em vez disso, você utiliza a distribuição t, uma família de distribuições apresentada no Capítulo 9, e aplicada ao teste de hipótese com uma amostra no Capítulo 10. Os membros dessa família de distribuições são diferentes entre si em termos de um parâmetro chamado *graus de liberdade* (gl). Pense no gl como o denominador da estimativa de variação utilizado para calcular um valor de t como estatística de teste. Outro modo de dizer "calcule um valor de t como estatística de teste" é: "execute um teste t".

Variações desconhecidas da população levam a duas possibilidades no teste de hipótese. Uma possibilidade é que, embora as variações sejam desconhecidas, você tem razão em supor que elas sejam iguais. A outra possibilidade é que você não pode supor que elas sejam iguais. Nas próximas subseções, falarei sobre estas possibilidades.

CAPÍTULO 11 **Teste de Hipótese com Duas Amostras** 219

Cara de um, focinho de outro: variações iguais

Quando você não conhece a variação de uma população, utiliza a variação de amostra para estimá-la. Se houver duas amostras, você tira a média (mais ou menos) das duas variações de amostra para chegar à estimativa.

LEMBRE-SE

Juntar variações de amostra para estimar a variação de uma população chama--se *combinação*. Com duas variações de amostra, você deve fazer o seguinte:

$$s_p^2 = \frac{(N_1-1)s_1^2 + (N_2-1)s_2^2}{(N_1-1)+(N_2-1)}$$

Nesta fórmula, s_p^2 representa a estimativa combinada. Note que o denominador desta estimativa é $(N_1-1) + (N_2-1)$. Este é o gl? Claro!

A fórmula para calcular *t* é

$$t = \frac{(\bar{x}_1 - \bar{x}_2) - (\mu_1 - \mu_2)}{s_p\sqrt{\frac{1}{N_1} + \frac{1}{N_2}}}$$

Vamos a um exemplo. A FarKlempt Robotics está tentando escolher entre duas máquinas para produzir um componente para seu novo microrrobô. A velocidade é essencial, portanto eles fazem com que cada máquina produza dez cópias do componente e verificam o tempo de produção de cada máquina. As hipóteses são:

$H_0: \mu_1 - \mu_2 = 0$

$H_1: \mu_1 - \mu_2 \neq 0$

A empresa determina que o valor de α é 0,05. Esse é um teste de duas caudas, pois não se sabe com antecedência qual máquina será mais rápida.

A Tabela 11-1 apresenta os dados para os tempos de produção em minutos.

TABELA 11-1 Estatísticas de Amostra do Estudo de Máquinas FarKlempt

	Máquina 1	Máquina 2
Média de Tempo de Produção	23,00	20,00
Desvio Padrão	2,71	2,79
Tamanho da Amostra	10	10

A estimativa combinada de σ^2 é

$$s_p{}^2 = \frac{(n_1-1)s_1{}^2+(n_2-1)s_2{}^2}{(n_1-1)+(n_2-1)} = \frac{(10-1)(2,71)^2+(10-1)(2,79)^2}{(10-1)+(10-1)}$$

$$= \frac{(9)(2,71)^2+(9)(2,79)^2}{9+9} = \frac{66+70}{18} = 7,56$$

A estimativa de σ é 2,75, que é a raiz quadrada de 7,56.

A estatística de teste é

$$t = \frac{(\bar{x}_1-\bar{x}_2)-(\mu_1-\mu_2)}{s_p\sqrt{\frac{1}{n_1}+\frac{1}{n_2}}} = \frac{(23-20)}{2,75\sqrt{\frac{1}{10}+\frac{1}{10}}} = \frac{3}{1,23} = 2,44$$

Para esta estatística de teste, gl = 18, que é o denominador da estimativa de variação. Em uma distribuição t com 18 gl, o valor crítico é 2,10 na cauda do lado direito (superior), e −2,10 para a cauda do lado esquerdo (inferior). Se não acredita em mim, aplique a função INV.T.BC (veja o Capítulo 10). O valor calculado da estatística de teste é maior que 2,10, portanto, a decisão é rejeitar H_0. Os dados provam que a Máquina 2 é significativamente mais rápida do que a Máquina 1. (Você pode usar a palavra "significativamente" sempre que rejeitar H_0.)

Como p's e q's: variações desiguais

O caso das variações desiguais apresenta um desafio. Como acontece quando as variáveis não são iguais, a distribuição t com $(N_1-1) + (N_2-1)$ graus de liberdade não está, nem de longe, próxima à distribuição amostral como os estatísticos gostariam.

Os estatísticos enfrentam esse desafio reduzindo os graus de liberdade. Para conseguir esta redução, eles utilizam uma fórmula um tanto complexa, que depende do desvio padrão da amostra e do tamanho das amostras.

Como as variações não são iguais, uma estimativa combinada não é adequada. Portanto, você deve calcular o teste t de forma diferente:

$$t = \frac{(\bar{x}_1-\bar{x}_2)-(\mu_1-\mu_2)}{\sqrt{\frac{s_1{}^2}{n_1}+\frac{s_2{}^2}{n_2}}}$$

Você avalia a estatística de teste com relação a um membro da família da distribuição t que tenha os graus de liberdade reduzidos.

TESTE.T

A função de planilha TESTE.T elimina a confusão, a bagunça e a chatice de trabalhar com as fórmulas do teste *t*.

A Figura 11-6 mostra os dados do exemplo das máquinas FarKlempt que mostrei anteriormente neste capítulo. Ela também traz a janela Argumentos da Função para TESTE.T.

FIGURA 11-6: Trabalhando com a função TESTE.T.

Siga estes passos:

1. **Digite os dados para cada amostra em um intervalo de dados separado e selecione uma célula para o resultado.**

    Neste exemplo, os dados para a amostra da Máquina 1 estão na Coluna B, e os dados da Máquina 2 estão na Coluna D.

2. **No menu Funções Estatísticas, selecione TESTE.T para abrir a janela Argumentos da Função TESTE.T.**

3. **Na janela Argumentos da Função, digite os valores adequados para os argumentos.**

    Na caixa Matriz1, insira a sequência de células que contém os dados de uma das amostras.

    Neste exemplo, os dados da Máquina 1 estão no intervalo B3:B12.

    Na caixa Matriz2, insira a sequência de células que contém os dados da outra amostra.

    Os dados da Máquina 2 estão no intervalo D3:D12.

A caixa Cauda indica se este é um teste de uma ou de duas caudas. Neste exemplo, trata-se de um teste de duas caudas, portanto digite 2 nesta caixa.

A caixa Tipo contém um número que indica o tipo de teste t. As opções são 1 para teste pareado (sobre o qual você lerá em uma próxima seção), 2 para duas amostras supondo variações iguais e 3 para duas amostras supondo variações desiguais. Digitei 2.

Com os valores fornecidos para todos os argumentos, a janela exibe a probabilidade associada ao valor t para os dados. Ela não mostra o valor de t.

4. **Clique em OK para inserir a resposta na célula escolhida.**

O valor mostrado na janela da Figura 11-6 é menor que 0,05, portanto a decisão é rejeitar H_0.

A propósito, para este exemplo, digitar 3 na caixa Tipo (indicando variações desiguais) resultaria em um pequeno ajuste na probabilidade com relação ao teste com variação igual. O ajuste seria pequeno porque as variações de amostra são quase iguais e os tamanhos das amostras são os mesmos.

Ferramenta de Análise de Dados: Teste t: Duas Amostras

O Excel tem ferramentas de análise de dados para fazer testes t. Uma das ferramentas funciona em casos de variações iguais, e outra em casos de variações desiguais. Como você verá, ao utilizar estas ferramentas, você sempre acaba com mais informações do que as fornecidas por TESTE.T.

A seguir, um exemplo que aplica a ferramenta de teste t para variações iguais aos dados do exemplo das máquinas da FarKlempt. A Figura 11-7 mostra os dados juntamente com a janela da ferramenta Teste t: Duas Amostras Presumindo Variâncias Equivalentes.

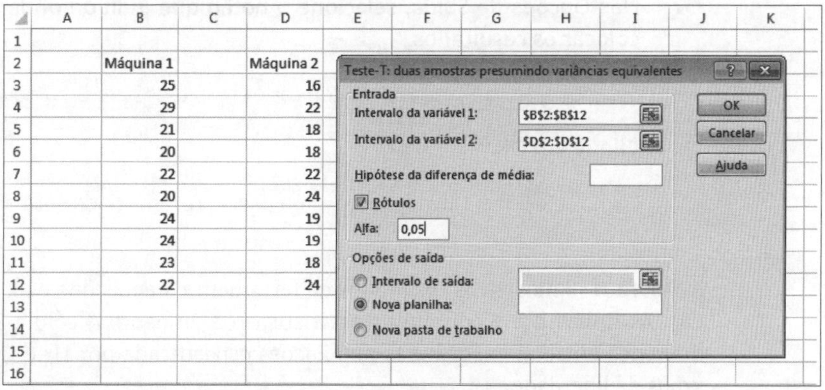

FIGURA 11-7: A ferramenta de análise de dados para o teste t com variâncias equivalentes e dados de duas amostras.

CAPÍTULO 11 **Teste de Hipótese com Duas Amostras** 223

Para utilizar esta ferramenta, siga estes passos:

1. **Digite os dados de cada amostra em um intervalo de células separado.**

Neste exemplo, os dados da amostra da Máquina 1 estão na Coluna B, e os dados da amostra da Máquina 2 estão na Coluna D.

2. **Selecione Dados | Análise de Dados para abrir a janela Análise de Dados.**

3. **Na janela Análise de Dados, procure na lista de Ferramentas de Análise até encontrar Teste t: Duas Amostras Presumindo Variâncias Equivalentes. Clique em OK para abrir a janela desta ferramenta.**

Esta é a janela mostrada na Figura 11-7.

4. **Na caixa Intervalo da Variável 1, insira o intervalo de células que contém os dados de uma das amostras.**

Neste exemplo, os dados da Máquina 1 estão no intervalo $B$2:$B$12, incluindo o título da coluna. (Repare nos sinais $, que indicam referência absoluta.)

5. **Na caixa Intervalo da Variável 2, insira o intervalo de células que contém os dados da outra amostra.**

Os dados da Máquina 2 estão no intervalo $D$2:$D$12, incluindo o título da coluna.

6. **Na caixa Hipótese da Diferença de Média, digite a diferença entre μ_1 e μ_2 especificada por H_0.**

Neste exemplo, a diferença é 0. Se os intervalos de célula incluírem os títulos das colunas, marque a caixa Rótulos. Incluí os títulos nos intervalos, portanto marquei a caixa.

7. **A caixa Alfa tem valor 0,05 por padrão. Altere o valor se necessário.**

8. **Nas Opções de Saída, selecione o botão que indique onde você deseja colocar os resultados.**

Selecionei Nova Planilha para colocar os resultados em uma nova página.

9. **Clique em OK.**

Como selecionei Nova Planilha, uma página recém-criada será aberta com os resultados.

A Figura 11-8 mostra os resultados da ferramenta, depois que expandi as colunas. As linhas 4 a 7 contêm as estatísticas da amostra. A célula B8 mostra a diferença entre as médias das populações especificada por H_0 e B9 mostra os graus de liberdade.

224   PARTE 3 **Tirando Conclusões a Partir dos Dados**

As linhas restantes fornecem informações relacionadas a t. O valor calculado da estatística de teste está em B10. A célula B11 mostra a proporção da área que o valor positivo da estatística de teste corta na cauda superior da distribuição t com o gl indicado. A célula B12 mostra o valor crítico para um teste de uma cauda: Esse é o valor que corta a proporção da área da cauda superior que é igual a α.

A célula B13 dobra a proporção de B11. Essa célula contém a proporção da área de B11 somada à proporção da área que o valor negativo da estatística de teste corta na cauda inferior. A célula B14 mostra o valor crítico para um teste de duas caudas: Esse é o valor positivo que corta $\alpha/2$ na cauda superior. O valor negativo correspondente (que não foi mostrado) corta $\alpha/2$ na cauda inferior.

FIGURA 11-8:
Resultados da ferramenta de análise de dados Teste t para Variações Iguais.

	A	B	C
1	Teste-t: duas amostras presumindo variâncias equivalentes		
2			
3		*Máquina 1*	*Máquina 2*
4	Média	23	20
5	Variância	7,333333333	7,777777778
6	Observações	10	10
7	Variância agrupada	7,555555556	
8	Hipótese da diferença de média	0	
9	gl	18	
10	Stat t	2,44046765	
11	P(T<=t) uni-caudal	0,012617628	
12	t crítico uni-caudal	1,734063607	
13	P(T<=t) bi-caudal	0,025235255	
14	t crítico bi-caudal	2,10092204	
15			
16			

As amostras do exemplo utilizado têm o mesmo número de valores e variações aproximadas, portanto, aplicar a versão para variações diferentes da ferramenta de Teste t a esse conjunto de dados não mostraria tanta diferença neste caso.

Para mostrar as diferenças, criei outro exemplo, que foi resumido na Tabela 11-2. As amostras deste exemplo têm tamanhos diferentes e variações bastante desiguais.

TABELA 11-1 **Estatísticas de Amostra para o Exemplo de Teste t com Variações Diferentes**

	Amostra 1	Amostra 2
Média	100,125	67,00
Desvio Padrão	561,84	102,80
Tamanho da Amostra	8	6

Para mostrar a diferença entre a ferramenta para variações iguais e a ferramenta para variações desiguais, executei ambas as ferramentas sobre os dados e coloquei os resultados lado a lado. A Figura 11-9 mostra os resultados das duas ferramentas. Para executar a ferramenta para Variações Desiguais, siga os mesmos passos descritos para a ferramenta de Variações Iguais, com uma exceção: Na janela Ferramentas de Análise de Dados, escolha Teste t: Duas Amostras Presumindo Variâncias Diferentes.

FIGURA 11-9:
Resultados das ferramentas de análise de dados Teste t para Variâncias Equivalentes e Teste t para Variâncias Diferentes para os dados resumidos na Tabela 11-2.

	A	B	C	D	E	F	G
1	Teste-t: duas amostras presumindo variâncias equivalentes				Teste-t: duas amostras presumindo variâncias diferentes		
2							
3		Máquina 1	Máquina 2			Máquina 1	Máquina 2
4	Média	23	20		Média	23	20
5	Variância	7,333333333	7,777777778		Variância	7,333333333	7,777777778
6	Observações	10	10		Observações	10	10
7	Variância agrupada	7,555555556			Hipótese da diferença de média	0	
8	Hipótese da diferença de média	0			gl	18	
9	gl	18			Stat t	2,44046765	
10	Stat t	2,44046765			P(T<=t) uni-caudal	0,012617628	
11	P(T<=t) uni-caudal	0,012617628			t crítico uni-caudal	1,734063607	
12	t crítico uni-caudal	1,734063607			P(T<=t) bi-caudal	0,025235255	
13	P(T<=t) bi-caudal	0,025235255			t crítico bi-caudal	2,10092204	
14	t crítico bi-caudal	2,10092204					
15							

A Figura 11-9 mostra uma diferença óbvia entre as duas ferramentas: A ferramenta para Variações Diferentes não apresenta uma estimativa combinada de σ^2, pois o teste t para esse caso não utiliza essa estimativa. Outra diferença está no gl. Como falei antes, no caso das variações diferentes, você reduz o gl com base nas variações e no tamanho das amostras. No caso das variações iguais, o gl deste exemplo é 12, e no caso das variações diferentes, é 10.

Os efeitos dessas diferenças aparecem nas outras estatísticas. Os valores t, valores críticos e probabilidades são diferentes.

Um Conjunto Harmonioso: Teste de Hipótese para Amostras Pareadas

Nos testes de hipótese descritos até agora, as amostras eram independentes umas das outras. Escolher um indivíduo para uma amostra não tinha qualquer consequência na escolha de um indivíduo de outra amostra.

Às vezes, as amostras são parecidas. O caso mais óbvio é quando o mesmo indivíduo fornece um valor sob cada uma das duas condições — como em um estudo de antes e depois. Por exemplo, suponha que dez pessoas estejam participando de um programa de perda de peso. Elas se pesam antes de começar o programa e após um mês de programa. Os dados importantes são o conjunto das diferenças de antes e depois. A Tabela 11-3 mostra os dados:

226   PARTE 3 **Tirando Conclusões a Partir dos Dados**

TABELA 11-3   Dados para o Exemplo de Perda de Peso

Pessoa	Peso Antes do Programa	Peso Após Um Mês	Diferença
1	198	194	4
2	201	203	-2
3	210	200	10
4	185	183	2
5	204	200	4
6	156	153	3
7	167	166	1
8	197	197	0
9	220	215	5
10	186	184	2
Média			2,9
Desvio Padrão			3,25

A ideia é pensar nessas diferenças como uma amostra de valores e tratá-las como as trataria em um teste t de uma amostra (Capítulo 10).

Você executa um teste sobre estas hipóteses:

$H_0: \mu_d \leq 0$

$H_1: \mu_d > 0$

A letra d representa a "Diferença". Estabeleça $\alpha = 0,05$.

A fórmula para este tipo de teste t é:

$$t = \frac{\bar{d} - \mu_d}{s_{\bar{d}}}$$

Nesta fórmula, $\bar{d}$ é a média das diferenças. Para encontrar o valor de $s_{\bar{d}}$, é preciso calcular o desvio padrão das diferenças e dividir pela raiz quadrada do número de pares:

$$s_{\bar{d}} = \frac{s}{\sqrt{N}}$$

O gl é $N-1$.

Com base nos dados da Tabela 11-3,

$$t = \frac{\bar{d} - \mu_d}{s_{\bar{d}}} = \frac{2,9}{3,25/\sqrt{10}} = 2,82$$

Com gl = 9 (Número de pares −1), o valor crítico para α = 0,05 é 2,26. (Utilize INV.T para verificar.) O valor calculado excede esse valor, portanto a decisão é rejeitar H_0.

TESTE.T para amostras combinadas

Anteriormente, descrevi a função de planilha TESTE.T e mostrei como utilizá-la com amostras independentes. Desta vez, eu a utilizarei com as amostras combinadas do exemplo da perda de peso. A Figura 11-10 mostra a janela Argumentos da Função para TESTE.T, juntamente com os dados do exemplo da perda de peso.

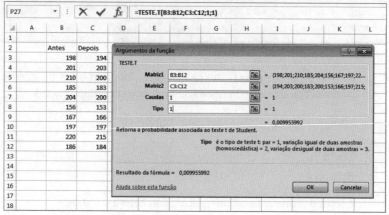

FIGURA 11-10: A janela Argumentos da Função de TESTE.T, juntamente com os dados de amostras combinadas.

Siga o passo a passo:

1. Digite os dados para cada amostra em um intervalo de células separado e selecione uma célula.

Neste exemplo, os dados da amostra Antes estão na Coluna B e os dados da amostra Depois estão na Coluna C.

2. No menu Funções Estatísticas, selecione TESTE.T para abrir a janela Argumentos da Função para TESTE.T.

3. Na janela Argumentos da Função, digite os valores adequados para os argumentos.

Na caixa Matriz1, digite o intervalo de células que contém os dados de uma das amostras. Neste exemplo, os dados de Antes estão no intervalo B3:B12.

Na caixa Matriz2, digite o intervalo de células que contém os dados da outra amostra.

Os dados de Depois estão no intervalo C3:C12.

A caixa Caudas indica se é um teste com uma ou duas caudas. Neste exemplo, temos um teste de uma cauda, portanto, digite 1 na caixa Caudas.

A caixa Tipo contém um número que indica o tipo de teste t que deverá ser executado. As opções são 1 para um teste pareado, 2 para duas amostras supondo variações iguais e 3 para duas amostras supondo variações diferentes. Digite 1.

Com valores fornecidos para todos os argumentos, a janela exibirá a probabilidade associada ao valor t dos dados. Ela não mostrará o valor de t.

4. Clique em OK para inserir a resposta na célula selecionada.

O valor na janela da Figura 11-10 é menor que 0,05, portanto, a decisão é rejeitar H_0.

Se eu determinar que os títulos das colunas da Figura 11-10 são nomes dos respectivos intervalos, a fórmula exibida na Barra de Fórmulas poderia ser

```
=TESTE.T(Antes;Depois;1;1)
```

Esse formato é mais fácil de explicar se você precisar mostrar a planilha para alguém. (Se você não lembra como definir um nome para um intervalo de células, veja o Capítulo 2.)

Ferramenta de análise de dados: teste t: Duas Amostras em Par para Médias

O Excel fornece uma ferramenta de análise de dados que cuida de praticamente tudo quando se trata de amostras combinadas. Esta ferramenta chama-se teste t: Duas Amostras em Par para Médias. Nesta seção, utilizarei essa ferramenta com os dados da perda de peso.

A Figura 11-11 mostra os dados juntamente com a janela da ferramenta.

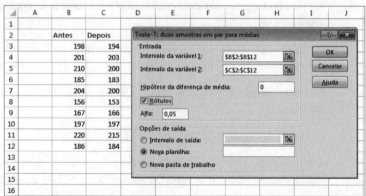

FIGURA 11-11:
A ferramenta de análise de dados teste t: Duas Amostras em Par para Médias e os dados das amostras combinadas.

Eis os passos que devem ser seguidos:

1. Digite os dados de cada amostra em um intervalo de células separado.

Neste exemplo, os dados da amostra Antes estão na Coluna B, e os dados da amostra Depois estão na Coluna C.

2. Selecione Dados | Análise de Dados para abrir a janela Análise de Dados.

3. Na janela Análise de Dados, procure na Lista de Ferramentas de Análise até encontrar Teste t: Duas Amostras em Par para Médias. Clique em OK para abrir a janela desta ferramenta.

Esta é a janela mostrada na Figura 11-11.

4. Na caixa Intervalo da Variável 1, insira o intervalo de células que contém os dados de uma das amostras.

Neste exemplo, os dados de Antes estão no intervalo $B$2:$B$12, incluindo o título. (Repare no símbolo $, que representa a referência absoluta.)

5. Na caixa Intervalo da Variável 2, insira o intervalo de células que contém os dados da outra amostra.

Os dados de Depois estão no intervalo $C$2:$C$12, incluindo o título.

6. Na caixa Hipótese da Diferença de Média, digite a diferença entre μ_1 e μ_2 especificada por H_0.

Neste exemplo, a diferença é 0.

7. Se os intervalos de células tiverem títulos, marque a caixa Rótulos.

Eu incluí os títulos nos intervalos, portanto, marquei a caixa.

230   PARTE 3 **Tirando Conclusões a Partir dos Dados**

8. A caixa Alfa tem valor 0,05 por padrão. Altere o valor caso queira utilizar um valor α diferente.

9. Nas Opções de Saída, selecione um botão para indicar onde deseja colocar os resultados.

Selecionei Nova Planilha para colocar os resultados em uma nova página na planilha.

10. Clique em OK.

Como selecionei Nova Planilha, uma página recém-criada será aberta com os resultados.

A Figura 11-12 mostra os resultados da ferramenta depois que expandi as colunas. As linhas 4 a 7 contêm estatísticas da amostra. O único elemento novo é o número da célula B7, o Coeficiente de Correlação de Pearson. Esse é um número entre −1 e +1 que indica a força da relação entre os dados da primeira e da segunda amostra.

Se o número for próximo de 1 (como neste exemplo), os valores elevados de uma amostra estão associados aos valores elevados da outra amostra, e os valores baixos de uma estão associados aos valores baixos da outra. Se o número for próximo de −1, os valores elevados da primeira amostra estão associados com os valores mais baixos da segunda amostra, e os valores mais baixos da primeira amostra estão associados com os valores elevados da segunda.

Se o número for próximo de zero, os valores da primeira amostra não têm relação com os valores da segunda. Como as duas amostras são compostas por valores sobre as mesmas pessoas, espera-se um valor elevado. (Falarei sobre esse assunto com mais detalhes no Capítulo 15.)

A célula B8 mostra a diferença entre as médias da população especificada por H_0 e B9 mostra os graus de liberdade.

As outras linhas fornecem informações relacionadas a t. O valor calculado da estatística de teste está na célula B10. A célula B11 exibe a proporção da área de valor positivo em que a estatística de teste corta a cauda superior da distribuição t com o gl indicado. A célula B12 exibe o valor crítico para um teste de uma cauda: Esse é o valor que corta a proporção da área da cauda superior que é igual a α.

A célula B13 dobra a proporção de B11. Essa célula contém a proporção da área de B11 somada à proporção da área cujo valor negativo da estatística de teste corta a cauda inferior. A célula B13 exibe o valor crítico para um teste de duas caudas: O valor positivo que corta $\alpha/2$ na cauda superior. O valor negativo correspondente (não exibido) corta $\alpha/2$ na cauda inferior.

FIGURA 11-12: Resultado da ferramenta de análise de dados Teste t: Duas Amostras em Par para Médias.

⊿	A	B	C
1	Teste-t: duas amostras em par para médias		
2			
3		*Antes*	*Depois*
4	Média	192,4	189,5
5	Variância	377,6	342,9444444
6	Observações	10	10
7	Correlação de Pearson	0,986507688	
8	Hipótese da diferença de média	0	
9	gl	9	
10	Stat t	2,824139508	
11	P(T<=t) uni-caudal	0,009955992	
12	t crítico uni-caudal	1,833112933	
13	P(T<=t) bi-caudal	0,019911984	
14	t crítico bi-caudal	2,262157163	
15			

Testando Duas Variações

O teste de hipótese para duas amostras descrito até agora pertence às médias. Também é possível testar hipóteses de variações.

Nesta seção, usarei novamente o exemplo da manufatura com uma variação, que foi usado no Capítulo 10. A FarKlempt Robotics, Inc. produz uma peça que precisa ter um comprimento específico e muito pouca variação. A empresa está avaliando duas máquinas para produzir essa peça e quer escolher aquela que tenha menos variação. A empresa toma uma amostra de peças de cada máquina, faz a medição, calcula a variação de cada amostra e faz um teste de hipótese para verificar se a variação de uma máquina é significativamente maior que a variação da outra.

As hipóteses são:

$H_0: \sigma_1^2 = \sigma_2^2$

$H_1: \sigma_1^2 = \sigma_2^2$

Como sempre, é necessário ter um α. Como sempre, o valor dele é 0,05.

Ao testar duas variações, não se subtrai uma da outra. Em vez disso, dividimos uma pela outra para calcular a estatística de teste. Sir Ronald Fisher é um famoso estatístico que estudou a matemática e a família de distribuições para trabalhar com as variações desta maneira. A estatística de teste foi nomeada em sua homenagem. Ela se chama *razão F*, e o teste se chama *teste F*. A família de distribuições desse teste chama-se *distribuição F*.

Sem entrar em muitos detalhes matemáticos, direi apenas que gl é o parâmetro que diferencia um membro de outro dentro da família. O que é diferente nesta família é que existem duas estimativas de variação, portanto cada membro da família está associado a dois valores de gl, e não a um, como no teste t. Outra diferença entre a distribuição F e as outras que você já viu é que F não pode ter um valor negativo. A Figura 11-13 mostra dois membros da família da distribuição F.

A estatística de teste é:

$$F = \frac{\text{maior } s^2}{\text{menor } s^2}$$

Suponha que a FarKlempt Robotics produza 10 peças com a Máquina 1 com variação amostral de 0,60 polegadas quadradas. A empresa produz 15 peças com a máquina 2 e obtém uma variação de amostra de 0,44 polegadas quadradas. Eles podem rejeitar H_0?

Calculando a estatística de teste,

$$F = \frac{,60}{,44} = 1,36$$

Os graus de liberdade são 9 e 14. A estimativa de variação no numerador da proporção F baseia-se em 10 casos e a estimativa de variação no denominador baseia-se em 15 casos.

Como os graus de liberdade são 9 e 14, e se trata de um teste bicaudal com α = 0,05, o valor crítico de F é 3,21. (Em instantes, mostrarei uma função do Excel que calcula este valor para você.) O valor calculado é menor que o valor crítico, portanto, a decisão é não rejeitar H_0.

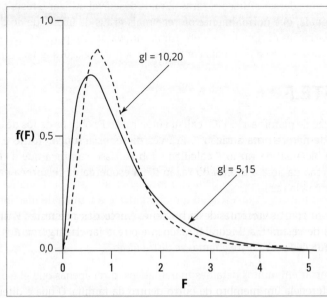

FIGURA 11-13: Dois membros da família da distribuição F.

Faz diferença qual gl está no numerador e qual gl está no denominador. A distribuição F para gl = 9 e gl = 14 é diferente da distribuição F para gl = 14 e gl = 9. Por exemplo, o valor crítico neste último caso seria 3,98, não 3,21.

Utilizando F em combinação com t

Um dos usos da distribuição F é em conjunto com o teste t para amostras independentes. Antes de fazer o teste t, você utiliza F para ajudar a decidir se deve supor variações iguais ou desiguais nas amostras.

No exemplo do teste t para variações iguais que mostrei anteriormente, os desvios padrão eram 2,71 e 2,79. As variações eram 7,34 e 7,78. A razão F desta variação é

$$F = \frac{7,78}{7,34} = 1,06$$

Cada amostra baseia-se em 10 observações, portanto, gl = 9 para cada variação de amostra. Uma razão F de 1,06 corta os 47% superiores da distribuição F cujos graus de liberdade são 9 e 9, portanto, é seguro utilizar a versão das variações iguais do teste t com estes dados.

Na caixa de texto ao final do Capítulo 10, falei que, em raras ocasiões, um valor elevado de α é algo bom. Quando H_0 é um resultado desejável e você prefere não rejeitá-lo, você dá as cartas de modo a não rejeitar esta hipótese colocando α em um patamar elevado para que as diferenças pequenas não façam com que você rejeite H_0.

Essa é uma dessas situações raras. É mais desejável utilizar o teste t para variações iguais, que normalmente oferece mais graus de liberdade do que o teste t para variações desiguais. Ao determinar um valor alto para α (0,20 está ótimo) para o teste F, você fica mais confiante ao supor variações iguais.

TESTE.F

A função de planilha TESTE.F calcula uma razão F sobre os dados de duas amostras. Ela não retorna a razão F. Em vez disso, essa função fornece a probabilidade bicaudal da razão F calculada sob H_0. Isso significa que a resposta é a proporção da área à direita da razão F e à esquerda da recíproca da razão F (1 dividido pela razão F).

A Figura 11-14 apresenta os dados do exemplo das máquinas FarKlempt que acabei de resumir. A Figura também mostra a janela Argumentos da Função para TESTE.F.

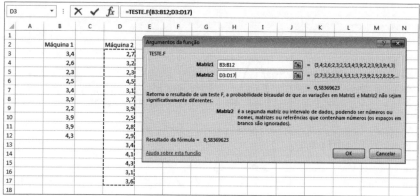

FIGURA 11-14:
Trabalhando com TESTE.F.

Siga estes passos:

1. Digite os dados de cada amostra em um intervalo de células separado e selecione uma célula para a resposta.

Neste exemplo, os dados da Máquina 1 estão na Coluna B, e os dados da Máquina 2 estão na Coluna D.

2. No menu Funções Estatísticas, selecione TESTE.F para abrir a janela Argumentos da Função de TESTE.F.

3. Na janela Argumentos da Função, insira os valores adequados para os argumentos.

Na caixa Matriz1, digite o intervalo de células que contém os dados da amostra com mais variação. Neste exemplo, os dados da Máquina 1 estão no intervalo B3:B12.

Na caixa Matriz2, digite o intervalo de células que contém os dados da outra amostra. Os dados da Máquina 2 estão no intervalo D3:D17.

Com os valores inseridos para todos os argumentos, a resposta aparecerá na janela.

4. Clique em OK para colocar a resposta na célula selecionada.

O valor da janela mostrada na Figura 11-14 é maior que 0,05, portanto a decisão é não rejeitar H_0. A Figura 11-15 mostra a área representada pela resposta.

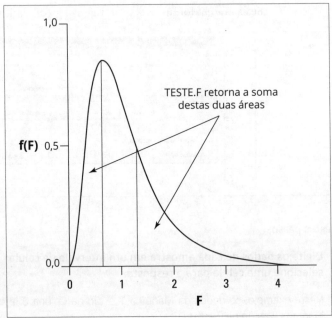

FIGURA 11-15:
O resultado
de TESTE.F.

Se eu tivesse atribuído nomes aos dois intervalos, a fórmula da Barra de Fórmulas seria:

```
=TESTE.F(Máquina_1;Máquina_2)
```

Se você não sabe como atribuir nomes a intervalos, veja o Capítulo 2. Lá, você também descobrirá por quê inseri um *underscore* em cada nome.

DIST.F e DIST.F.CD

Você pode utilizar a função de planilha DIST.F ou a função DIST.F.CD para decidir se sua razão F calculada está ou não na área de rejeição. Para DIST.F, você fornece um valor para F, um valor para cada gl, e um valor (VERDADEIRO ou FALSO) para um argumento chamado Cumulativo. Se o valor para Cumulativo for VERDADEIRO, DIST.F retorna a probabilidade de obter uma razão F de, no máximo, no mesmo valor que a sua se H_0 é verdadeiro. (O Excel chama isso de probabilidade de "cauda esquerda".) Se essa probabilidade é maior que $1 - \alpha$, você rejeita H_0. Se o valor para Cumulativo for FALSO, DIST.F retorna a altura da distribuição F no seu valor de F. A não ser que você esteja planejando criar um gráfico da distribuição F, você provavelmente não usará FALSO como o valor de Cumulativo.

DIST.F.CD retorna a probabilidade de obter uma razão F, pelo menos, do mesmo tamanho que a sua se H_0 for verdadeiro. (O Excel chama isso de probabilidade de "cauda direita".) Se esse valor for menor que α, rejeite H_0. Na prática, DIST.F.CD é mais direta.

Aqui, apliquei DIST.F.CD ao exemplo que acabei de usar. A razão F é 1,36, com 9 e 14 como gl.

Os passos são:

1. **Selecione uma célula para a resposta.**

2. **No menu Funções Estatísticas, selecione DIST.F.CD para abrir a janela Argumentos da Função para DIST.F.CD.**

(Veja a Figura 11-16.)

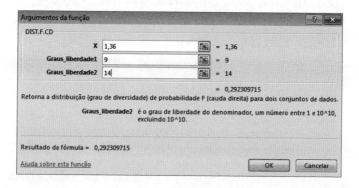

FIGURA 11-16: Janela Argumentos da Função para DIST.F.CD.

3. **Na janela Argumentos da Função, digite os valores adequados para os argumentos.**

Na caixa X, digite o valor calculado de F. Neste exemplo, este valor é 1,36.

Na caixa Graus_liberdade1, digite os graus de liberdade para a estimativa de variação no numerador da razão F. Os graus de liberdade para o numerador, neste exemplo, são 9 (10 valores - 1).

Na caixa Graus_liberdade2, digite os graus de liberdade para a estimativa de variação no denominador da razão F.

Os graus de liberdade para o denominador, neste exemplo, são 14 (15 valores - 1).

Com os valores inseridos para todos os argumentos, a resposta aparecerá na janela.

4. **Clique em OK para fechar a janela e inserir a resposta na célula selecionada.**

O valor na janela ilustrada na Figura 11-16 é maior que 0,05, portanto a decisão é não rejeitar H_0.

INV.F e INV.F.CD

As funções de planilha INV.F são o inverso das funções DIST.F. INV.F calcula o valor na distribuição F que corta determinada proporção da área da cauda inferior (lado esquerdo). INV.F.CD calcula o valor que corta dada proporção da área na cauda superiorsuperior (lado direito). Você pode usar INV.F.CD para calcular o valor crítico de F. Aqui, eu a utilizei para calcular o valor crítico para o teste bicaudal no exemplo das máquinas da FarKlempt.

1. Selecione uma célula para a resposta.

2. No menu Funções Estatísticas, selecione INV.F.CD para abrir a janela Argumentos da Função de INV.F.CD.

3. Na janela Argumentos da Função, digite os valores adequados para os argumentos.

    Na caixa Probabilidade, digite a proporção da área na cauda superior. Neste exemplo, o valor é 0,025, pois se trata de um teste bicaudal com $\alpha = 0,05$.

    Na caixa Graus_liberdade1, digite o grau de liberdade do numerador. Neste exemplo, o gl do numerador = 9.

    Na caixa Graus_liberdade2, digite o grau de liberdade do denominador. Neste exemplo, o gl do denominador = 14.

    Com os valores inseridos para todos os argumentos, a resposta aparecerá na janela. (Veja a Figura 11-17.)

4. Clique em OK para colocar a resposta na célula selecionada.

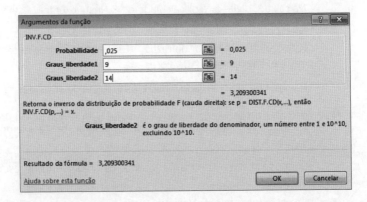

FIGURA 11-17: A janela Argumentos da Função para INV.F.CD.

Ferramenta de Análise de Dados: teste F: Duas Amostras para Variâncias

O Excel tem uma ferramenta de análise de dados para executar um teste F em duas variações de amostra. Apliquei essa ferramenta aqui ao exemplo das variações de amostra que venho utilizando. A Figura 11-18 mostra os dados, juntamente com a janela do teste F: Duas Amostras para Variâncias.

FIGURA 11-18: A ferramenta de análise de dados teste F e os dados de duas amostras.

	A	B	C	D	E	F	G	H	I	J	K
1											
2		Máquina 1		Máquina 2							
3		3,4		2,7							
4		2,6		3,2							
5		2,3		2,3							
6		2,5		4,5							
7		3,4		3,1							
8		3,9		3,7							
9		2,2		3,9							
10		3,9		2,5							
11		3,9		2,8							
12		4,3		2,9							
13				3,4							
14				4,1							
15				4,3							
16				3,1							
17				3,6							
18											

Janela: Teste-F: duas amostras para variâncias

Entrada
Intervalo da variável 1: $B$2:$B$12
Intervalo da variável 2: $D$2:$D$17
☑ Rótulos
Alfa: 0,025

Opções de saída
○ Intervalo de saída:
◉ Nova planilha:
○ Nova pasta de trabalho

Para usar esta ferramenta, siga estes passos:

1. Digite os dados de cada amostra em um intervalo de células separado.

Neste exemplo, os dados da amostra da Máquina 1 estão na Coluna B, e os dados da amostra da Máquina 2 estão na Coluna D.

2. Selecione Dados | Análise de Dados para abrir a janela Análise de Dados.

3. Na janela Análise de Dados, procure na lista de Ferramentas de Análise a ferramenta Teste F: Duas Amostras para Variâncias. Clique em OK para abrir a janela desta ferramenta.

A janela está ilustrada na Figura 11-18.

4. Na caixa Intervalo da Variável 1, digite o intervalo de células que contém os dados da primeira amostra.

Neste exemplo, os dados da Máquina 1 estão no intervalo $B$2:$B$12, incluindo o título. (Repare no símbolo $, que indica referência absoluta.)

5. Na caixa Intervalo da Variável 2, digite o intervalo de células que contém os dados da segunda amostra.

Os dados da Máquina 2 estão no intervalo $D$2:$D$17, incluindo o título.

CAPÍTULO 11 **Teste de Hipótese com Duas Amostras** 239

6. Se os intervalos de células incluírem os títulos das colunas, marque a caixa Rótulos.

Incluí títulos nos intervalos, portanto, marquei esta caixa.

7. A caixa Alfa tem valor 0,05 por padrão. Altere o valor caso α seja diferente de 0,05.

A caixa Alfa oferece um alfa unicaudal. Quero um teste bicaudal, portanto, alterei o valor para 0,025.

8. Nas Opções de Saída, selecione um botão para indicar onde deseja colocar os resultados.

Selecionei Nova Planilha para inserir os resultados em uma nova página na planilha.

9. Clique em OK.

Como selecionei Nova Planilha, uma página recém-criada será aberta com os resultados.

A Figura 11-19 mostra os resultados da ferramenta, depois que expandi as colunas. As linhas 4 a 6 contêm as estatísticas de amostra. A célula B7 mostra os graus de liberdade.

As linhas restantes representam informações relacionadas a F. O valor calculado de F está na célula B8. A célula B9 traz a proporção da área que o valor calculado de F corta na cauda superior da distribuição F. Esta é a área do lado direito na Figura 11-15. A célula B10 traz o valor crítico de um teste unicaudal: O valor que corta a proporção da área da cauda superior que é igual ao valor mencionado na caixa Alfa.

	A	B	C	D
1	Teste-F: duas amostras para variâncias			
2				
3		Máquina 1	Máquina 2	
4	Média	3,24	3,34	
5	Variância	0,600444444	0,441142857	
6	Observações	10	15	
7	gl	9	14	
8	F	1,361111111		
9	P(F<=f) uni-caudal	0,291848115		
10	F crítico uni-caudal	3,209300341		
11				

FIGURA 11-19: Resultados da ferramenta de análise de dados Teste F.

Para Usuários de Mac

O StatPlus LE fornece ferramentas de análise de dados para o Mac similares às que descrevi neste capítulo. Nesta seção, falarei sobre uma dessas ferramentas.

240   PARTE 3 **Tirando Conclusões a Partir dos Dados**

Ela é chamada de Comparando Médias (Teste-T) (Comparing Means (T-Test)). Esta ferramenta oferece opções para variações iguais, variações desiguais e amostras combinadas.

Para usar a ferramenta Teste T, abra o Excel e o StatPlus LE. Eis os passos para a opção de variações iguais:

1. **No Excel, digite os dados para cada amostra em um intervalo separado.**

Para este exemplo, os dados da Amostra 1 estão na Coluna D e os dados da Amostra 2 estão na Coluna F. (Veja a Figura 11-20.) Incidentalmente, esses são os dados resumidos na Tabela 11-2.

	A	B	C	D	E	F	G
1							
2				Sample 1		Sample 2	
3				88		64	
4				156		77	
5				90		81	
6				98		55	
7				98		66	
8				102		59	
9				79			
10				90			
11							

FIGURA 11-20: Os dados do exemplo do T-Test (Teste T) do StatPlus.

2. **Vá ao StatPlus. Do menu do StatPlus, selecione Statistics (Estatística) | Basic Statistics And Tables (Estatística Básica e Tabelas) | Comparing Means (Comparando Médias) (T-Test) (Teste T).**

Isso abre a janela Compare Means (Comparar Médias). A Figura 11-21 mostra a janela com os valores adequados preenchidos. Como você pode ver, a janela apresenta a opção de digitar os dados amostrais ou dados resumidos. Neste exemplo, eu usei os dados das Colunas D e F.

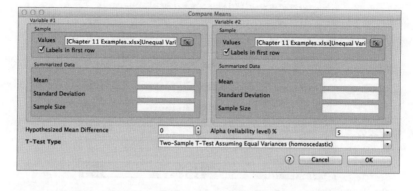

FIGURA 11-21: A janela Compare Means (Comparar Médias).

3. **Na janela Compare Means (Comparar Médias), digite o intervalo de células da primeira amostra na caixa Values (Valores) na área Variável 1.**

Primeiro, eu selecionei a caixa Valores para incluir o intervalo de células. Para fazer isso, clique no ícone à direita da caixa Valores. Então, volte à planilha e selecione o intervalo de células. Neste exemplo, é D2:D10 (incluindo o título). Volte ao StatPlus e certifique-se de selecionar a caixa Labels (Rótulos) na primeira linha, porque o título está incluso no intervalo de células.

4. **Na área Variable 2 (Variável 2), digite o intervalo de células para a segunda amostra na caixa Values (Valores).**

Novamente, primeiro clique no ícone à direita da caixa Valores. Então, volte à planilha e selecione F2:F8. Esse intervalo inclui o título. Volte ao StatPlus e certifique-se de selecionar a caixa Rótulos na primeira linha.

5. **Digite os valores adequados para Diferença Média Hipotética e para Alfa.**

Os valores padrão são 0 para a Diferença Média Hipotética e 5 (alfa expresso como uma porcentagem) para Alfa.

6. **Do menu suspenso T-Test Type (Tipo de Teste T), selecione o teste *t* a ser realizado.**

Eu selecionei a primeira opção, Teste T de Duas Amostras Supondo Variações Iguais.

7. **Clique em OK.**

A Figura 11-22 mostra os resultados.

Compare a Figura 11-22 com o lado esquerdo da Figura 11-9. O teste mais adequado, claro, é o teste *t* para variações desiguais. Eu deixo isso como um exercício para você, e você pode comparar esse resultado com o lado direito da Figura 11-9. Como outro exercício, use esta ferramenta para analisar os dados da Tabela 11-3.

FIGURA 11-22: O resultado da ferramenta T-Test (Teste T) do StatPlus.

LEMBRE-SE

Antes de incluir um intervalo de células em uma caixa no StatPlus LE, certifique-se de ter clicado primeiro no ícone à direita da caixa.

> **NESTE CAPÍTULO**
>
> **Entendendo por que múltiplos testes t não funcionam**
>
> **Trabalhando com ANOVA**
>
> **Dando o passo seguinte após uma ANOVA**
>
> **Trabalhando com medidas repetidas**
>
> **Executando uma análise de tendência**

Capítulo 12

Testando Mais de Duas Amostras

As estatísticas seriam limitadas se você só pudesse fazer inferências sobre uma ou duas amostras. Neste capítulo, falarei sobre os procedimentos para testar hipóteses com três ou mais amostras. Mostrarei o que fazer quando elas forem independentes entre si e o que fazer quando não forem. Em ambos os casos, falarei o que se deve fazer depois de testar as hipóteses.

Também apresentarei ferramentas de análise de dados do Excel que fazem o trabalho por você. Embora tais ferramentas não estejam no nível em que você encontraria um pacote estatístico, elas podem ser combinadas com os recursos padrão do Excel para gerar análises mais sofisticadas.

Testando Mais de Duas

Imagine a seguinte situação. Sua empresa pede que você avalie três métodos diferentes a fim de treinar seus funcionários para uma tarefa específica. Aleatoriamente, você escolhe 30 funcionários para cada um dos três métodos. Seu plano é treiná-los, testá-los, tabular os resultados e chegar a algumas conclusões. Antes de terminar o estudo, três pessoas saem da empresa — uma delas do grupo do Método 1 e duas do grupo do Método 3.

A Tabela 12-1 mostra os dados.

TABELA 12-1   ## Dados dos Três Métodos de Treinamento

	Método 1	Método 2	Método 3
	95	83	68
	91	89	75
	89	85	79
	90	89	74
	99	81	75
	88	89	81
	96	90	73
	98	82	77
	95	84	
		80	
Média	93,44	85,20	75,25
Variação	16,28	14,18	15,64
Desvio padrão	4,03	3,77	3,96

Os três métodos têm resultados diferentes ou são tão similares que não é possível diferenciá-los? Para decidir, você precisará fazer um teste de hipóteses:

$H_0: \mu_1 = \mu_2 = \mu_3$

$H_1:$ Não H_0

com $\alpha = 0,05$.

244   PARTE 3 **Tirando Conclusões a Partir dos Dados**

Um grande problema

Parece bem fácil, principalmente se você leu o Capítulo 11. Pegue a média dos valores do Método 1 e a média dos valores do Método 2 e faça um teste t para ver se elas são diferentes. Repita o mesmo procedimento para os Métodos 1 e 3 e para os Métodos 2 e 3. Se ao menos um destes testes t mostrar uma diferença significativa, rejeite H_0. Simples, certo? Errado. Se seu α é 0,05 em cada teste t, você está a caminho de um erro Tipo I, com uma probabilidade maior do que a planejada. A probabilidade de que pelo menos um dos três testes t resulte em uma diferença significativa está muito acima de 0,05. Na verdade, é de 0,14, que está bem além do aceitável. (A matemática que há por trás do cálculo deste número é um pouco complexa, portanto não entrarei em detalhes.)

Com mais de três amostras, a situação fica ainda pior. Quatro grupos exigem seis testes t, e a probabilidade de pelo menos um deles ser significativo é 0,26. A Tabela 12-2 mostra o que acontece com números cada vez maiores de amostras.

TABELA 12-2   **O Incrível Crescimento de Alfa**

Número de Amostras t	Número de Testes	Pr (Pelo Menos Um t Significativo)
3	3	0,14
4	6	0,26
5	10	0,40
6	15	0,54
7	21	0,66
8	28	0,76
9	36	0,84
10	45	0,90

Claramente, executar diversos testes t não é a resposta. Então, o que fazer?

Uma solução

É necessário adotar uma abordagem diferente. A ideia é pensar em termos de variações, não de médias.

Gostaria que você pensasse em variações de um modo um pouco diferente. Lembre-se de que a fórmula para estimar a variação da população é

$$s^2 = \frac{\sum \left(x - \overline{x}\right)^2}{N-1}$$

Como a variação é quase uma média dos desvios quadrados da média, os estatísticos referem-se a ela como *Média Quadrática*. De certa forma, este é um nome infeliz: Ele exclui o "desvio da média", mas aqui está ele.

O numerador da variação, perdão, a Média Quadrática é a soma dos desvios quadrados da média. Isto nos leva a outro apelido, *Soma dos Quadrados*. O denominador, como eu disse no Capítulo 10, são os *graus de liberdade* (gl). Portanto, um modo um pouco diferente de pensarmos na variação é

$$\text{Média Quadrática} = \frac{\text{Soma dos Quadros}}{\text{gl}}$$

Podemos abreviar da seguinte maneira

$$MQ = \frac{SQ}{gl}$$

Agora, voltemos ao grande problema. Um passo importante é encontrar as Médias Quadráticas que se escondem nos dados. Outro passo importante é compreender que você utiliza estas Médias Quadráticas para estimar as variações das populações que geraram as amostras. Neste caso, suponha que as variações sejam iguais, portanto, você estará, na verdade, estimando apenas uma variação. O passo final é compreender que você utiliza estas estimativas para testar as hipóteses mostradas no início do capítulo.

Existem três Médias Quadráticas diferentes nos dados da Tabela 12-1. Comece com todo o conjunto de 27 valores, esquecendo por um instante que eles estão divididos em três grupos. Suponha que você queira usar estes 27 valores para calcular uma estimativa da variação da população. (Uma ideia arriscada, mas gosto de me divertir.) A média destes 27 valores é 85. Irei chamá-la de *grande média*, pois ela é a média de tudo.

Portanto, a Média Quadrática seria

$$\frac{\left(95-85\right)^2 + \left(91-85\right)^2 + \dots + \left(73-85\right)^2 + \left(77-85\right)^2}{\left(27-1\right)} = 68,08$$

O denominador tem 26 (27 −1) graus de liberdade. Refiro-me a esta variação como *Variação Total* ou, pela nova maneira de pensar, MQ_{Total}. Geralmente, abrevia-se MQ_T.

Eis outra variação a ser considerada. No Capítulo 11, descrevi o teste *t* para duas amostras com variações iguais. Naquele teste, você somou duas variações de amostra para gerar uma estimativa *combinada* da variação da população. Os dados da Tabela 12-1 fornecem três variações de amostra para uma estimativa combinada: 16,28; 14,18; 15,64. Supondo que estes números representam variações iguais da população, a estimativa combinada é:

$$s_p^{\ 2} = \frac{\left(n_1-1\right)s_1^{\ 2} + \left(n_2-1\right)s_2^{\ 2} + \left(n_3-1\right)s_3^{\ 2}}{\left(n_1-1\right) + \left(n_2-1\right) + \left(n_3-1\right)}$$

246 PARTE 3 **Tirando Conclusões a Partir dos Dados**

$$= \frac{(9-1)(16{,}28)+(10-1)(14{,}18)+(8-1)(15{,}64)}{(9-1)+(10-1)+(8-1)} = 15{,}31$$

Como esta estimativa combinada vem da variação entre os grupos, ela se chama $MQ_{Interna}$ ou MQ_I.

Ainda temos mais uma Média Quadrática para comentar — a variação da média da amostra com relação à grande média. Neste exemplo, isso significa a variação nos seguintes números: 93,44; 85,20 e 75,25 — mais ou menos. Eu disse "mais ou menos" porque estamos falando em médias, não valores. Ao lidar com médias, é preciso levar em conta quantos valores geraram cada média. Para se fazer isso, multiplica-se cada desvio quadrado pelo número de valores na amostra.

Portanto, a variação é:

$$\frac{(9)(93{,}44-85)^2 + (10)(85{,}20-85)^2 + (8)(75{,}25-85)^2}{3-1} = 701{,}34$$

O gl para esta variação é 2 (número de amostras − 1).

Os estatísticos, que não são conhecidos pela vivacidade no uso, referem-se a isto como a variação *entre* médias de amostra. (*Entre* é a palavra correta quando se fala em mais de dois itens.) Esta variação é conhecida como MQ_{Entre} ou MQ_E.

Portanto, agora, você tem três estimativas da variação da população: MQ_T, MQ_I e MQ_E. O que fazer com elas?

Lembre-se de que o objetivo original é testar uma hipótese para três médias. Segundo H_0, quaisquer diferenças encontradas entre as três médias das amostras devem-se, estritamente, ao acaso. A implicação é que a variação entre estas médias é a mesma que a variação de qualquer um dos três números aleatórios da população.

Se, de alguma forma, você pudesse comparar a variação entre as médias (lembre-se de que isso é MQ_E) com a variação da população, veria se esta afirmação é verdadeira. Se você tivesse uma estimativa da variação da população que fosse independente das diferenças entre os grupos, estaria no caminho certo.

Ah! Mas você tem esta estimativa. Você tem MQ_I, uma estimativa baseada na combinação das variações dentro das amostras. Supondo que estas variações representem variações iguais da população, esta é uma estimativa bastante sólida. Neste exemplo, ela se baseia em 24 graus de liberdade.

Agora, o raciocínio passa a ser: se MQ_E é praticamente a mesma que MQ_I, você terá provas consistentes com H_0. Se MQ_E é significativamente maior que MQ_I, você terá provas de inconsistência com H_0. Efetivamente, você transforma estas hipóteses

H_0: $\mu_1 = \mu_2 = \mu_3$

H_1: Não H_0

nestas

$H_0: \sigma_E^2 \leq \sigma_I^2$

$H_1: \sigma_E^2 > \sigma_I^2$

Em vez de executar vários testes *t* entre as médias das amostras, você executa um teste da diferença entre duas variações.

O que é esse teste? No Capítulo 11, falei sobre o teste de hipóteses para duas variações. Ele se chama teste *F*. Para fazê-lo, você divide uma variação pela outra. O resultado é avaliado com relação a uma família de distribuições chamada distribuição *F*. Como há duas variações envolvidas, dois valores de graus de liberdade definem cada membro da família.

Neste exemplo, *F* tem gl = 2 (para a MQ_E) e gl = 24 (para a MQ_I). A Figura 12-1 mostra a aparência deste membro da família *F*. Neste caso, temos a distribuição de possíveis valores de *F* caso H_0 seja verdadeiro.

A estatística de teste para o exemplo é:

$$F = \frac{701,34}{15,31} = 45,82$$

Qual proporção da área este valor corta na cauda superior da distribuição *F*? Na Figura 12-1, você pode ver que esta proporção é microscópica, já que os valores do eixo horizontal só chegam a 5. (E a proporção da área além de 5 é muito pequena.) É muito menor que 0,05.

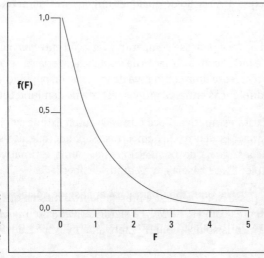

FIGURA 12-1: A distribuição *F* com 2 e 24 graus de liberdade.

Isso significa que é altamente improvável que as diferenças entre as médias devam-se ao acaso. Portanto, você precisa rejeitar H_0.

LEMBRE-SE

Todo este procedimento para testar mais de duas amostras chama-se *análise da variação*, geralmente abreviado como ANOVA. No contexto de uma ANOVA, o denominador de uma razão F tem o nome genérico de *termo de erro*. Às vezes, a variável independente é chamada de *fator*. Portanto, esta é uma ANOVA de fator único (ou de um fator).

Neste exemplo, o fator é o Método de Treinamento. Cada instância da variável independente é chamada de *nível*. A variável independente deste exemplo tem três níveis.

Estudos mais complexos têm mais de um fator e cada fator pode ter vários níveis.

Relações significativas

Observe novamente as Médias Quadráticas deste exemplo, cada uma delas com sua Soma de Quadrados e graus de liberdade. Antes, quando calculei cada Média Quadrática para você, não mostrei explicitamente cada Soma de Quadrados, mas agora as incluí:

$$MQ_E = \frac{SQ_E}{gl_E} = \frac{1402,68}{2} = 701,34$$

$$MQ_I = \frac{SQ_I}{gl_I} = \frac{367,32}{24} = 15,31$$

$$MQ_T = \frac{SQ_T}{gl_T} = \frac{1770}{26} = 68,08$$

Comece com os graus de liberdade: gl_E = 2; gl_I = 24; e gl_T = 26. É coincidência que o último seja a soma dos dois primeiros? Dificilmente. Sempre acontece que

$$gl_E + gl_I = gl_T$$

E quanto à Soma dos Quadrados?

1402,68 + 367,32 = 1770

Novamente, não é coincidência. Na análise da variação, isso sempre acontece:

$$SQ_E + SQ_I = SQ_T$$

Na verdade, os estatísticos que trabalham com análise de variação falam em particionar (leia-se: "divisão em partes não sobrepostas") a SQ_T em uma parte da SQ_E e outra parte da SQ_I, e particionar o gl_T em uma quantidade de gl_E e outra de gl_I.

Depois do teste F

O teste F permite que você decida se deve ou não rejeitar H_0. O que acontece depois que optar por rejeitar H_0? Você só pode dizer que, em algum lugar do conjunto de médias, algo está diferente. O teste F não especifica *o que* mudou.

Comparações planejadas

Para ser mais específico, você precisa fazer mais alguns testes. Não é só isso, também é necessário planejá-los antes de executar a ANOVA.

Que testes são esses? Devido ao que já disse anteriormente, você poderá surpreender-se: testes t. Ao mesmo tempo em que parece inconsistente com o valor cada vez maior de alfa em vários testes t, ele não é. Se uma análise de variação permite que você rejeite H_0, então, não tem problema usar testes t para posicionar a lente de aumento sobre os dados e descobrir onde estão as diferenças. E como estou prestes a mostrar, o teste t que será utilizado é um pouco diferente daquele discutido no Capítulo 11.

Estes testes t pós-ANOVA são chamados de *comparações planejadas*. Alguns os chamam de *testes a priori*. Entrarei em detalhes por meio de um exemplo. Suponha que, antes de reunir os dados, você tivesse motivos para crer que o Método 1 resultaria em valores mais elevados que o Método 2, e que o Método 2 teria valores mais elevados que o Método 3. Neste caso, você planejaria com antecedência comparar as médias destas amostras caso sua decisão, baseada na ANOVA, fosse rejeitar H_0.

A fórmula para este tipo de teste t é

$$t = \frac{\bar{x}_1 - \bar{x}_2}{\sqrt{MQ_I \left[\frac{1}{n_1} + \frac{1}{n_2} \right]}}$$

Trata-se de um teste de

$H_0: \mu_1 \leq \mu_2$

$H_1: \mu_1 > \mu_2$

MQ_I fica no lugar da estimativa combinada s_p^2 apresentada no Capítulo 11. Na verdade, quando introduzi MQ_I, mostrei como se trata apenas de uma estimativa combinada que pode incorporar variações de mais de duas amostras. O gl para este teste t é gl_I, e não $(n_1 - 1) + (n_2 - 1)$.

Neste exemplo, a comparação entre os Métodos 1 e 2 é a seguinte:

$$t = \frac{\bar{x}_1 - \bar{x}_2}{\sqrt{MQ_I \left[\frac{1}{n_1} + \frac{1}{n_2} \right]}} = \frac{93,44 - 85,2}{\sqrt{15,31 \left[\frac{1}{9} + \frac{1}{10} \right]}} = 4,59$$

250 PARTE 3 **Tirando Conclusões a Partir dos Dados**

Com gl = 24, este valor de t corta uma porção minúscula da área da cauda superior da distribuição t. A decisão é rejeitar H_0.

A fórmula para o teste t de comparação planejada que acabei de mostrar é similar ao teste t para duas amostras. Você pode escrever a fórmula do teste t de comparação planejada com abertura para possibilidades adicionais. Comece escrevendo o numerador

$$\bar{X}_1 - \bar{X}_2$$

de forma um pouco diferente:

$$(+1)\bar{X}_1 + (-1)\bar{X}_2$$

+1 e −1 são os *coeficientes de comparação*. Refiro-me a eles, de modo geral, como c_1 e c_2. Na verdade, c_3 e $\bar{X}_3$ podem fazer parte da comparação, mesmo que você esteja comparando apenas $\bar{X}_1$ e $\bar{X}_2$:

$$(+1)\bar{X}_1 + (-1)\bar{X}_2 + (0)\bar{X}_3$$

O importante é que a soma dos coeficientes some zero.

Eis como os coeficientes de comparação aparecem na fórmula do teste t de comparação planejada em um estudo envolvendo três amostras:

$$t = \frac{c_1\bar{X}_1 + c_2\bar{X}_2 + c_3\bar{X}_3}{\sqrt{MQ_I\left[\dfrac{c_1^2}{n_1} + \dfrac{c_1^2}{n_2} + \dfrac{c_1^2}{n_3}\right]}}$$

Aplicando esta fórmula na comparação dos Métodos 2 e 3:

$$t = \frac{c_1\bar{X}_1 + c_2\bar{X}_2 + c_3\bar{X}_3}{\sqrt{MQ_I\left[\dfrac{c_1^2}{n_1} + \dfrac{c_2^2}{n_2} + \dfrac{c_3^2}{n_3}\right]}} = \frac{(0)(93,44) + (+1)(85,2) + (-1)(75,25)}{\sqrt{15,31\left[\dfrac{0^2}{9} + \dfrac{1^2}{10} + \dfrac{1^2}{8}\right]}} = 5,36$$

O valor de t indica que os resultados do Método 2 são significativamente maiores que os resultados do Método 3.

Você também pode planejar uma comparação mais elaborada — digamos do Método 1 com as médias dos Métodos 2 e 3. Comece pelo numerador. Isso seria

$$\bar{x}_1 - \frac{(\bar{x}_2 + \bar{x}_3)}{2}$$

Com os coeficientes de comparação, você pode escrever o seguinte

$$(+1)\bar{x}_1 + \left(-\frac{1}{2}\right)\bar{x}_2 + \left(-\frac{1}{2}\right)\bar{x}_3$$

CAPÍTULO 12 **Testando Mais de Duas Amostras** 251

Se você se sente mais à vontade com números inteiros, pode escrever assim:

$$(+2)\bar{x}_1 + (-1)\bar{x}_2 + (-1)\bar{x}_3$$

Colocando estes números na fórmula, obtém-se

$$t = \frac{c_1\bar{x}_1 + c_2\bar{x}_2 + c_3\bar{x}_3}{\sqrt{MQ_I\left[\dfrac{c_1^2}{n_1} + \dfrac{c_2^2}{n_2} + \dfrac{c_3^2}{n_3}\right]}} = \frac{(2)(93,44) + (-1)(85,2) + (-1)(75,25)}{\sqrt{15,31\left[\dfrac{2^2}{9} + \dfrac{1^2}{10} + \dfrac{1^2}{8}\right]}} = 9,97$$

Novamente, fortes evidências para rejeitar H_0.

Comparações não planejadas

Tudo ficaria muito chato se os testes pós-ANOVA fossem limitados às comparações que precisam ser planejadas com antecedência. Às vezes, você só quer mexer nos dados para ver se descobre algo interessante. Às vezes, alguma coisa aparece e você nem havia previsto.

Quando isso acontecer, pode fazer comparações que não havia planejado. Essas comparações são chamadas de *testes a posteriori*, *testes post hoc* ou *comparações simplesmente não planejadas*. Os estatísticos criaram vários testes como estes, e um grande número deles tem nomes bem exóticos; muitos outros dependem de distribuições amostrais especiais.

A ideia por trás destes testes é que, por não tê-los planejado antecipadamente, você paga um preço. Esse preço tem a ver com dar as cartas de modo a não rejeitar H_0 para a comparação em questão.

Dentre todos os testes não planejados disponíveis, aquele de que eu mais gosto é a criação do famoso estatístico Henry Scheffé. Ao contrário das fórmulas e distribuições esotéricas, você começa pelo teste que já mostrei e, em seguida, acrescenta alguns extras bem fáceis.

O primeiro extra é compreender a relação entre t e F. Eu já mostrei o teste F para três amostras. Você também pode fazer um teste F para duas amostras. Este teste F tem gl = 1 e gl = $(n_1 - 1) + (n_2 - 1)$. O gl do teste t, é claro, é $(n_1 - 1) + (n_2 - 1)$. Hummm, parece-me que estão relacionados de alguma maneira...

E estão. A relação entre o teste t de duas amostras e o teste F de duas amostras é

$$t^2 = F$$

Agora, posso dizer os passos para executar o teste de Scheffé:

1. Calcule o teste t de comparação planejada.

2. Tire a raiz quadrada do valor para criar *F*.

3. Calcule o valor crítico de *F* para gl_E e gl_I com $\alpha = 0{,}05$ (ou qualquer valor de α que você determine).

4. Multiplique o **F** crítico pelo número de amostras – 1.

O resultado será seu F crítico para a comparação não planejada. Chamarei esta variável de F'.

5. Compare o **F** calculado a **F'**.

Se o F calculado for maior, rejeite H_0 para este teste. Caso contrário, não rejeite H_0.

Imagine que, neste exemplo, você não tenha planejado comparar a média do Método 1 com a média do Método 3. (Em um estudo que envolve apenas três amostras, é difícil imaginar isso, posso garantir.) O teste t é o seguinte:

$$t = \frac{c_1\bar{X}_1 + c_2\bar{X}_2 + c_3\bar{X}_3}{\sqrt{MQ_I\left[\frac{c_1^2}{n_1} + \frac{c_2^2}{n_2} + \frac{c_3^2}{n_3}\right]}} = \frac{(+1)(93,44) + (0)(85,2) + (-1)(75,25)}{\sqrt{15,31\left[\frac{1^2}{9} + \frac{0^2}{10} + \frac{-1^2}{8}\right]}} = 9,57$$

A raiz quadrada do resultado é

$$F = t^2 = (9,57)^2 = 91,61$$

Tendo F com gl 2 e 24, e α = 0,05, o valor crítico é 3,403. (Você pode procurar este valor em uma tabela de um livro de estatística ou pode usar a função INV.F.CD.) Portanto

$$F' = (3-1)F = (2)(3,403) = 6,806$$

Como F calculado, 91,61, é maior que F', a decisão é rejeitar H_0. Temos provas de que os resultados do Método 1 são diferentes dos resultados do Método 3.

Ferramenta de análise de dados: Anova: Fator Único

Os cálculos de ANOVA podem ser bastante complexos. O Excel tem uma ferramenta de análise de dados que faz o trabalho pesado. Ela se chama *Anova: Fator Único*. A Figura 12-2 mostra esta ferramenta, juntamente com os dados do exemplo anterior.

FIGURA 12-2: A janela da ferramenta de análise de dados Anova: Fator Único.

Os passos para usar esta ferramenta são:

1. **Digite os dados de cada amostra em um intervalo de células separado.**

Neste exemplo, os dados do Método 1 estão na Coluna B, os dados do Método 2 estão na Coluna C, e os dados do Método 3 estão na Coluna D.

2. **Selecione Dados | Análise de Dados para abrir a janela Análise de Dados.**

3. **Na janela Análise de Dados, procure na lista de Ferramentas de Análise e selecione Anova: Fator Único. Clique em OK para abrir a janela desta ferramenta.**

A janela está ilustrada na Figura 12-2.

4. **Na caixa Intervalo de Entrada, insira o intervalo de células que contém todos os dados.**

Neste exemplo, os dados estão em $B$2:$D$12. (Repare nos símbolos $, que representam a referência absoluta.)

5. **Se os intervalos de células tiverem títulos nas colunas, marque a caixa Rótulos na primeira linha.**

Eu incluí os títulos, portanto, marquei a caixa.

6. **A caixa Alfa tem valor padrão de 0,05. Altere este valor caso seja necessário.**

7. **Em Opções de Saída, selecione um botão para indicar onde deseja colocar os resultados.**

Selecionei Nova Planilha para colocar os resultados em uma nova página na planilha.

8. **Clique em OK.**

Como selecionei Nova Planilha, uma página recém-criada é aberta com os resultados.

A Figura 12-3 mostra os resultados da ferramenta, depois que expandi as colunas. O resultado apresenta duas tabelas, RESUMO e ANOVA. A tabela RESUMO traz as estatísticas resumidas das amostras — o número de amostras por grupo, as somas, médias e variações dos grupos. A tabela ANOVA traz as Somas dos Quadrados, o gl, as Médias Quadráticas, F, valor P e F crítico para o gl indicado. O valor P é a proporção da área que F corta na cauda superior da distribuição F. Se este valor for menor que 0,05, rejeite H_0.

254   PARTE 3 **Tirando Conclusões a Partir dos Dados**

⊿	A	B	C	D	E	F	G
1	Anova: fator único						
2							
3	RESUMO						
4	*Grupo*	*Contagem*	*Soma*	*Média*	*Variância*		
5	Método 1	9	841	93,44444444	16,27777778		
6	Método 2	10	852	85,2	14,17777778		
7	Método 3	8	602	75,25	15,64285714		
8							
9							
10	ANOVA						
11	*Fonte da variação*	*SQ*	*gl*	*MQ*	*F*	*valor-P*	*F crítico*
12	Entre grupos	1402,677778	2	701,3388889	45,82389062	6,38098E-09	3,402826105
13	Dentro dos grupos	367,3222222	24	15,30509259			
14							
15	Total	1770	26				
16							

FIGURA 12-3: Resultados da ferramenta de análise de dados Anova: Fator Único.

Comparando as médias

A ferramenta ANOVA do Excel não fornece uma capacidade integrada para fazer comparações planejadas (ou não) entre as médias. Com um pouco de tática, no entanto, você pode utilizar a função de planilha SOMARPRODUTO para fazer tais comparações.

A planilha com os resultados de ANOVA é o ponto de partida para as comparações planejadas. Nesta seção, você será guiado por uma comparação planejada — a média do Método 1 *versus* a média do Método 2.

Comece criando colunas que contenham informações importantes para as comparações. A Figura 12-4 traz uma ilustração. Coloquei os coeficientes de comparação na Coluna J, os quadrados dos coeficientes na Coluna K e a recíproca de cada tamanho de amostra (1/n) na Coluna L.

⊿	A	B	C	D	E	F	G	H	I	J	K	L
1	Anova: fator único											
2												
3	RESUMO											
4	*Grupo*	*Contagem*	*Soma*	*Média*	*Variância*					*c*	*c^2*	*1/n*
5	Método 1	9	841	93,44444444	16,27777778					1	1	0,111
6	Método 2	10	852	85,2	14,17777778					-1	1	0,100
7	Método 3	8	602	75,25	15,64285714					0	0	0,125
8												
9												
10	ANOVA									Comparação		
11	*Fonte da variação*	*SQ*	*gl*	*MQ*	*F*	*valor-P*	*F crítico*			numerador	2,244444444	
12	Entre grupos	1402,677778	2	701,3388889	45,82389062	6,38098E-09	3,402826105			denominador	1,797519152	
13	Dentro dos grupos	367,3222222	24	15,30509259						t=	4,586568346	
14										Valor-P=	5,94147E-05	
15	Total	1770	26									
16												

FIGURA 12-4: Realizando uma comparação planejada.

Algumas linhas abaixo destas células, coloquei informações relacionadas ao teste *t* — numerador e denominador do teste *t*, e o valor de *t*. Utilizei células separadas para o numerador e o denominador a fim de simplificar as fórmulas.

CAPÍTULO 12 **Testando Mais de Duas Amostras** 255

Você pode colocá-los juntos em uma grande fórmula e ter apenas uma célula para t, mas assim fica difícil visualizar tudo.

SOMARPRODUTO toma intervalos de células, multiplica os números das células correspondentes e soma os produtos. (Esta função está no menu de Funções Matemáticas e Trigonometria, não no menu de Funções Estatísticas.) Utilize SOMARPRODUTO para multiplicar cada coeficiente por cada média de amostra e, em seguida, somar os produtos. Armazenei este resultado na célula K11. Este é o numerador do teste t para a comparação planejada. A fórmula de K11 é

```
=SOMARPRODUTO(J5:J7;D5:D7)
```

O intervalo J5:J7 contém os coeficientes de comparação, e D5:D7 contém as médias das amostras.

K12 contém o denominador. Selecionei K12 para que você possa ver a fórmula na Barra de Fórmulas:

```
=RAIZ(D13*(SOMARPRODUTO(K5:K7;L5:L7)))
```

D13 contém a MQ_I. SOMARPRODUTO multiplica os coeficientes quadrados em K5:K7 pelas recíprocas dos tamanhos de amostra em L5:L7 e soma os produtos. RAIZ tira a raiz quadrada de tudo.

K13 contém o valor de t. Este valor é apenas K11 dividido por K12.

K14 representa o valor P para t — a proporção da área cortada por t na cauda superior da distribuição t, com gl = 24. A fórmula para esta célula é

```
=DIST.T.CD(K13;C13)
```

Os argumentos são aqueles calculados em t (em K13) e os graus de liberdade para MQ_I (em C13).

Se você alterar os coeficientes em J5:J7, criará e preencherá instantaneamente outra comparação.

Na verdade, farei isso imediatamente e mostrarei a comparação *post hoc* de Scheffé. Esta comparação, neste exemplo, compara a média do Método 1 com a média do Método 3. A Figura 12-5 traz informações extras para o teste, começando com duas linhas abaixo do teste t.

FIGURA 12-5:
Realizando uma comparação *post hoc.*

	A	B	C	D	E	F	G	H	I	J	K	L
1	Anova: fator único											
2												
3	RESUMO											
4	*Grupo*	*Contagem*	*Soma*	*Média*	*Variância*					c	c^2	1/n
5	Método 1	9	841	93,44444444	16,27777778					1	1	0,111
6	Método 2	10	852	85,2	14,17777778					-1	1	0,100
7	Método 3	8	602	75,25	15,64285714					0	0	0,125
8												
9												
10	ANOVA									Comparação		
11	*Fonte da variação*	*SQ*	*gl*	*MQ*	*F*	*valor-P*	*F crítico*			numerador	2,244444444	
12	Entre grupos	1402,677778	2	701,3388889	45,82389062	6,38098E-09	3,402826105			denominador	1,797519152	
13	Dentro dos grupos	367,3222222	24	15,30509259						t=	4,586568346	
14										Valor-P=	5,94147E-05	
15	Total	1770	26									
16										F=	91,60627256	
17										F'=	6,805652211	
18												

A célula K16 contém F, o quadrado do valor t está em K13. K17 contém F', o produto de C12 (gl_E, que é o número de amostras − 1) e G12 (o valor crítico de F para 2 e 24 graus de liberdade e α = 0,05). K16 é maior que K17, portanto, rejeite H_0 nesta comparação.

Outro Tipo de Hipótese, Outro Tipo de Teste

A ANOVA que acabei de mostrar funciona com amostras independentes. Como você deve lembrar do Capítulo 11, em algumas ocasiões, trabalhamos com amostras combinadas. Por exemplo, às vezes, uma pessoa fornece dados em várias condições diferentes. Nesta seção, apresentarei a ANOVA que deve ser utilizada quando se tem mais de duas amostras combinadas.

Este tipo de ANOVA é chamado de *medidas repetidas*. Você também poderá encontrar outros nomes para ela, como *blocos aleatorizados* ou *entre assuntos*.

Trabalhando com a ANOVA de medidas repetidas

Para mostrar como funciona, estendi o exemplo do Capítulo 11. Nesse exemplo, dez pessoas participavam de um programa de perda de peso. A Tabela 12-3 mostra os dados em um período de três meses.

CAPÍTULO 12 **Testando Mais de Duas Amostras** 257

TABELA 12-3	Dados do Exemplo do Programa de Perda de Peso				
Pessoa	Antes	Um Mês	Dois Meses	Três Meses	Média
1	198	194	191	188	192,75
2	201	203	200	196	200,00
3	210	200	192	188	197,50
4	185	183	180	178	181,50
5	204	200	195	191	197,50
6	156	153	150	145	151,00
7	167	166	167	166	166,50
8	197	197	195	192	195,25
9	220	215	209	205	212,25
10	186	184	179	175	181,00
Média	192,4	189,5	185,8	182,4	187,525

O programa é eficaz? Esta pergunta exige um teste de hipótese:

H_0: $\mu_{Antes} = \mu_1 = \mu_2 = \mu_3$

H_1: Não H_0

Mais uma vez, $\alpha = 0,05$.

Assim como na ANOVA anterior, comece com as variações nos dados. A MQ_T é a variação em todos os 40 valores envolvidos na grande média, que é 187,525:

$$MQ_T = \frac{(198-187,525)^2 + (201-187,525)^2 + ... + (175-187,525)^2}{40-1} = 318,20$$

As pessoas que participam do programa de perda de peso também têm variações. A média geral de cada um (a média entre as quatro medidas) é diferente da grande média. Como estes dados estão nas linhas, chamarei esta média de MQ_{Linhas}.

$$MQ_{Linhas} = \frac{(192,75 - 187,525)^2 + (200 - 187,525)^2 + ... + (181 - 187,525)^2}{10-1} = 1292,41$$

A média das colunas também é diferente da grande média:

$$MQ_{Colunas} = \frac{(192,4 - 187,525)^2 + (189,5 - 187,525)^2 + (185,8 - 187,525)^2 + (182,4 - 187,525)^2}{4-1} = 189,69$$

Mais uma fonte de variação está nos dados. Pense nela como uma sobra depois que você subtraiu a variação das linhas e das colunas da variação total. Na verdade, é mais correto dizer que se trata da Soma dos Quadrados restantes da subtração de SQ_{Linhas} e $SQ_{Colunas}$ de SQ_{Total}.

A variação chama-se MQ_{Erro}. Como eu disse anteriormente, na ANOVA, o denominador de um F chama-se "termo de erro". Portanto, a palavra "erro" dá a dica de que esta MQ é um denominador de F.

Para calcular MQ_{Erro}, você deve utilizar as relações entre as Somas dos Quadrados e entre os gl.

$$MQ_{Erro} = \frac{SQ_{Erro}}{gl_{Erro}} = \frac{SQ_T - SQ_{Linhas} - SQ_{Colunas}}{gl_T - gl_{Linhas} - gl_{Colunas}} = \frac{209,175}{27} = 7,75$$

Eis outro modo de calcular gl_{Erro}:

$$gl_{Erro} = (\text{número de linhas} - 1)(\text{número de colunas} - 1)$$

Para fazer o teste de hipótese, você deve calcular o valor de F:

$$F = \frac{MQ_{Colunas}}{MQ_{Erro}} = \frac{189,69}{7,75} = 24,49$$

Com graus de liberdade 3 e 27, o valor crítico de F para $\alpha = 0,05$ é 2,96. (Procure este valor ou utilize a função de planilha Excel INV.F.CD.) O valor calculado de F é maior que o F crítico, portanto, a decisão é rejeitar H_0.

Que tal um F envolvendo MQ_{Linhas}? Esta hipótese não aparece em H_0 neste exemplo. Se você encontrar um valor significativo para F, ele mostrará apenas que as pessoas são diferentes entre si com relação ao peso, e isso não quer dizer muito.

Como no caso da ANOVA mostrada anteriormente, você planeja comparações para acabar com as diferenças. Você pode usar a mesma fórmula, mas deve substituir MQ_I por MQ_{Erro}:

$$t = \frac{c_1 \bar{x}_1 + c_2 \bar{x}_2 + c_3 \bar{x}_3 + c_4 \bar{x}_4}{\sqrt{MQ_{Erro} \left[\frac{c_1^2}{n_1} + \frac{c_2^2}{n_2} + \frac{c_3^2}{n_3} + \frac{c_4^2}{n_4} \right]}}$$

O grau de liberdade para este teste é gl_{Erro}.

No teste *post hoc* de Scheffé, você também deve seguir o mesmo procedimento e substituir MQ_{Erro} por MQ_I. A outra alteração que tem de ser feita é substituir $gl_{Colunas}$ por gl_E e gl_{Erro} por gl_I quando calcular F'.

Seguindo tendências

Em situações como a do exemplo de perda de peso, temos uma variável independente que é quantitativa — seus níveis são números (0 meses, 1 mês, 2 meses, 3 meses). E não é só isso, mas neste caso, os intervalos são iguais.

Com este tipo de variável independente, geralmente é uma boa ideia procurar tendências nos dados, em vez de apenas planejar comparações entre as médias. Se colocar as médias do exemplo da perda de peso em um gráfico, elas seguirão uma linha, como você pode ver na Figura 12-6. A *análise de tendência* é um procedimento estatístico que avalia o padrão. O objetivo é verificar se o padrão contribui com diferenças significativas entre as médias.

Uma tendência pode ser linear, como aparentemente acontece neste exemplo, ou não linear (na qual as médias formam uma curva). Neste exemplo, falarei apenas sobre a tendência linear.

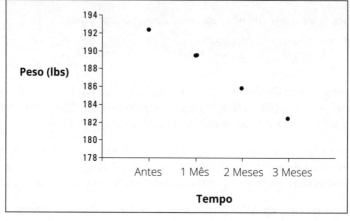

FIGURA 12-6: As médias do exemplo de perda de peso.

Para avaliar uma tendência, utilizamos coeficientes de comparação — aqueles números que também são usados nas comparações planejadas. No entanto, estes números serão usados de maneira um pouco diferente.

Aqui, você utilizará o coeficiente de comparação para calcular a Soma dos Quadrados da tendência linear. Abreviarei este termo como SQ_{Linear}. Ela é uma parte da $SQ_{Colunas}$. Na verdade,

$$SQ_{Linear} + SQ_{Não\ linear} = SQ_{Colunas}$$

Além disso,

$$gl_{Linear} + gl_{Não\ linear} = gl_{Colunas}$$

Depois de calcular SQ_{Linear}, você deve dividi-lo por gl_{Linear} para gerar a MQ_{Linear}. Isto é extremamente fácil, pois $gl_{Linear} = 1$. Divida MQ_{Linear} por MQ_{Erro}, e você terá um valor de F. Se este for maior que o valor crítico de F para $gl = 1$ e gl_{Erro} em seu α com nível negativo, o peso será decrescente de modo linear com o passar do tempo do programa de perda de peso.

Os coeficientes de comparação são diferentes para diferentes números de amostra. Para quatro amostras, os coeficientes são -3, -1, 1 e 3. Para formar a SQ_{Linear}, a fórmula é

$$SQ_{Linear} = \frac{n\left(\sum c\bar{x}\right)^2}{\sum c^2}$$

Nesta fórmula, n é o número de pessoas e c representa os coeficientes. Aplicando a fórmula a este exemplo,

$$SQ_{Linear} = \frac{n\left(\sum c\bar{x}\right)^2}{\sum c^2} = \frac{10\left[(-3)(192,4)+(-1)(189,5)+(1)(185,8)+(3)(182,4)\right]^2}{(-3)^2+(-1)^2+(3)^2+(1)^2} = 567,845$$

Esta é uma grande proporção de $SQ_{Colunas}$ cuja $SQ_{Não\ linear}$ é realmente pequena:

$$SQ_{Não\ linear} = SQ_{Colunas} - SQ_{Linear} = 569,075 - 567,845 = 1,23$$

Como eu disse anteriormente, $gl = 1$, portanto, a MQ_{Linear} é convenientemente a mesma que a SQ_{Linear}.

Por fim,

$$F = \frac{MQ_{Linear}}{MQ_{Erro}} = \frac{567,85}{7,75} = 73,30$$

O valor crítico para F com graus de liberdade 1 e 27, e $\alpha = 0,05$, é 4,21. Como o valor calculado é maior que o valor crítico, os estatísticos diriam que os dados demonstram um *componente linear significativo*. É claro que isto comprova o que foi visto na Figura 12-6.

UM POUCO MAIS SOBRE TENDÊNCIAS

Os coeficientes apresentados representam um dos componentes possíveis daquilo que representa as diferenças entre as quatro médias do exemplo — o componente linear. Com quatro médias, também é possível que haja outros componentes. Reuni estes outros componentes em uma categoria chamada *não linear*. Agora, entrarei em detalhes sobre eles.

Uma possibilidade é que as quatro médias possam ser diferentes entre si e formar uma tendência parecida com uma curva, como você pode ver na figura a seguir.

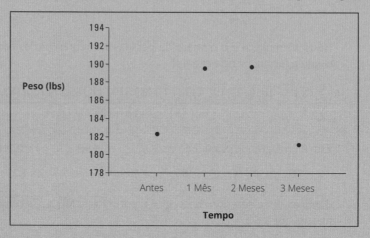

Quatro médias podem formar outro tipo de tendência:

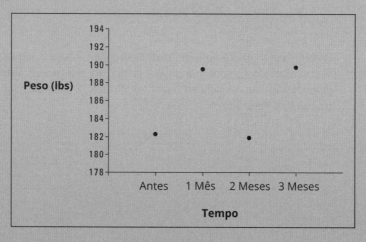

O primeiro tipo, onde a tendência muda de direção uma vez, chama-se componente *quadrático*. Na primeira figura, ele aumenta e em seguida, diminui. O segundo, onde a tendência muda de direção duas vezes, chama-se componente *cúbico*. Na segunda figura, ele aumenta, diminui e aumenta novamente. Na Figura 12-6, a tendência é linear e não muda de direção (ela apenas continua caindo).

Componentes quadráticos e cúbicos também têm coeficientes. Aqui estão eles:

- Quadrático: 1, -1, -1, 1

- Cúbico: -1, 3, -3, 1

Estes componentes são testados do mesmo modo como se testa um componente linear. Uma tendência pode ser uma combinação de componentes: Se você tem um F significativo, um ou mais componentes de tendência pode ser significativo.

Linear, quadrático e cúbico é o máximo que se consegue com quatro médias. Com cinco médias, podemos ter estes três componentes e mais um, o *componente quártico* (três mudanças de direção); com seis componentes, é possível testar todos os anteriores mais um *componente quíntico* (quatro mudanças de direção). Como são os coeficientes?

Para cinco médias, são os seguintes:

- Linear: -2, -1, 0, 1, 2

- Quadrático: 2, -1, -2, -1, 2

- Cúbico: -1, 2, 0, -2, 1

- Quártico: 1, -4, 6, -4, 1

- E para seis médias:

- Linear: -5, -3, -1, 1, 3, 5

- Quadrático: 5, -1, -4, -4, -1, 5

- Cúbico: -5, 7, 4, -4, -7, 5

- Quártico: 1, -3, 2, 2, -3, 1

- Quíntico: -1, 5, -10, 10, -5, 1

Poderia continuar com mais médias, coeficientes e nomes exóticos para os componentes (sêxtico? sético?), mas assim já está bom. Isso deverá entretê-lo por um tempo.

CAPÍTULO 12 **Testando Mais de Duas Amostras** 263

Ferramenta de análise de dados: Anova: Fator Duplo Sem Repetição

O quê? É um erro de impressão? *Fator duplo?* Sem Repetição? O que é isso?

É o seguinte: Se você procurar entre as ferramentas de análise de dados algo como *Anova: Fator Único com Medidas Repetidas*, não irá encontrar. A ferramenta que procura está na lista, mas se esconde atrás de outro nome.

A Figura 12-7 mostra a janela desta ferramenta e os dados do exemplo da perda de peso.

CUIDADO

Se você for um usuário de Mac, vá para a seção "Para Usuários de Mac" e leia "Medidas Repetidas". A ferramenta Mac para esta análise requer que você reorganize os dados de uma maneira diferente da que você vê na Figura 12-7.

FIGURA 12-7: A janela da ferramenta de análise de dados Anova: Fator Duplo Sem Repetição.

Os passos para usar esta ferramenta são:

1. **Digite os dados de cada amostra em um intervalo de células separado. Coloque a legenda de cada pessoa em um intervalo de dados.**

   Neste exemplo, as legendas para Pessoa estão na Coluna B. Os dados da amostra Antes estão na Coluna C, os dados da amostra 1 Mês estão na Coluna D, os dados da amostra 2 Meses estão na Coluna E e os dados da amostra 3 Meses estão na Coluna F.

2. **Selecione Dados | Análise de Dados para abrir a janela Análise de Dados.**

3. **Na janela Análise de Dados, procure na lista de Ferramentas de Análise e selecione Anova: Fator Duplo sem Repetição. Clique em OK para abrir a janela desta ferramenta.**

   A janela está ilustrada na Figura 12-7.

4. Na caixa Intervalo de Entrada, digite o intervalo de células que contém todos os dados.

Neste exemplo, os dados estão no intervalo $B$2:$F$12. Repare nos sinais de $, que representam a referência absoluta. Note também — e isto é importante — que a coluna Pessoa faz parte dos dados.

5. Se os intervalos de células contiverem legendas, marque a opção Rótulos.

Eu incluí os títulos nos intervalos, portanto, marquei esta caixa.

6. A caixa Alfa tem valor 0,05 como padrão. Altere caso queira um valor diferente para α.

7. Nas Opções de Saída, selecione um botão para indicar onde deseja colocar os resultados.

Selecionei Nova Planilha para colocar os resultados em uma nova página na planilha.

8. Clique em OK.

Como selecionei Nova Planilha, uma página recém-criada será aberta com os resultados.

A Figura 12-8 mostra os resultados da ferramenta, depois que expandi as colunas. Os dados de saída têm duas tabelas, RESUMO e ANOVA.

A tabela RESUMO tem duas partes. A primeira parte contém um resumo estatístico das linhas. A segunda parte traz um resumo estatístico das colunas. As estatísticas resumidas incluem o número de valores de cada linha e de cada coluna, juntamente com as somas, médias e variações.

A tabela ANOVA apresenta as Somas dos Quadrados, gl, Médias Quadráticas, F, valores P e F crítico para o gl indicado. A tabela tem dois valores de F. Um F é para as linhas e o outro, para as colunas. O valor P é a proporção da área que F corta na cauda superior da distribuição F. Se este valor for menor que 0,05, rejeite H_o.

Embora a tabela ANOVA inclua um F para as linhas, isso não representa nada para você, pois H_o trata apenas das colunas de dados. Cada linha representa os dados de uma pessoa. Um valor alto de F apenas implica que as pessoas são diferentes umas das outras, e isso não é novidade.

FIGURA 12-8: Resultados da ferramenta de análise de dados Anova: Fator Duplo Sem Repetição.

	A	B	C	D	E	F	G
1	Anova: fator duplo sem repetição						
2							
3	RESUMO	Contagem	Soma	Média	Variância		
4	1	4	771	192,75	18,25		
5	2	4	800	200	8,666666667		
6	3	4	790	197,5	94,33333333		
7	4	4	726	181,5	9,666666667		
8	5	4	790	197,5	32,33333333		
9	6	4	604	151	22		
10	7	4	666	166,5	0,333333333		
11	8	4	781	195,25	5,583333333		
12	9	4	849	212,25	43,58333333		
13	10	4	724	181	24,66666667		
14							
15	Antes	10	1924	192,4	377,6		
16	1 Mês	10	1895	189,5	342,9444444		
17	2 Meses	10	1858	185,8	298,8444444		
18	3 Meses	10	1824	182,4	296,2666667		
19							
20							
21	ANOVA						
22	Fonte da variação	SQ	gl	MQ	F	valor-P	F crítico
23	Linhas	11631,725	9	1292,413889	166,8228756	2,70981E-21	2,250131477
24	Colunas	569,075	3	189,6916667	24,48512011	7,3047E-08	2,960351318
25	Erro	209,175	27	7,747222222			
26							
27	Total	12409,975	39				
28							

Analisando tendências

A ferramenta Anova: Fator Duplo Sem Repetição não oferece uma maneira de executar análise de tendência. Assim como acontece com as comparações planejadas, um pouco de esperteza pode levá-lo longe. As funções de planilha do Excel SOMARPRODUTO e SOMAQUAD podem ajudar com os cálculos.

A página com os resultados da ANOVA oferece as informações necessárias para começar. Nesta seção, faremos a análise da tendência linear.

Começarei colocando os coeficientes de comparação para a tendência linear nas células J15 a J18, como mostra a Figura 12-9.

FIGURA 12-9: Executando uma análise de tendência.

	A	B	C	D	E	F	G	H	I	J
1	Anova: fator duplo sem repetição									
2										
3	RESUMO	Contagem	Soma	Média	Variância					
4	1	4	771	192,75	18,25					
5	2	4	800	200	8,666666667					
6	3	4	790	197,5	94,33333333					
7	4	4	726	181,5	9,666666667					
8	5	4	790	197,5	32,33333333					
9	6	4	604	151	22					
10	7	4	666	166,5	0,333333333					
11	8	4	781	195,25	5,583333333					
12	9	4	849	212,25	43,58333333					
13	10	4	724	181	24,66666667					
14										Coeficientes
15	Antes	10	1924	192,4	377,6					-3
16	1 Mês	10	1895	189,5	342,9444444					-1
17	2 Meses	10	1858	185,8	298,8444444					1
18	3 Meses	10	1824	182,4	296,2666667					3
19										
20										
21	ANOVA									
22	Fonte da variação	SQ	gl	MQ	F	valor-P	F crítico		Numerador	11356,9
23	Linhas	11631,725	9	1292,413889	166,8228756	2,70981E-21	2,250131477		Denominador	20
24	Colunas	569,075	3	189,6916667	24,48512011	7,3047E-08	2,960351318		SQ Linear =	567,845
25	Erro	209,175	27	7,747222222						
26										
27	Total	12409,975	39							
28										

266 PARTE 3 **Tirando Conclusões a Partir dos Dados**

Em J22 a J24, coloquei informações relacionadas à SQ_{Linear} — o numerador, o denominador e o valor da Soma dos Quadrados. Usei células separadas para o numerador e o denominador para simplificar as fórmulas.

Como eu disse antes, SOMARPRODUTO pega intervalos de células, multiplica os números das células correspondentes e soma os produtos. (Esta função está no menu Matemática e Trigonometria, não no menu de funções estatísticas.) Usei SOMARPRODUTO para multiplicar cada coeficiente por cada média de amostra e, em seguida, somar os produtos. Armazenei este resultado em J22. Este é o numerador de SQ_{Linear}. Selecionei J22 para que você pudesse ver a fórmula na Barra de Fórmulas:

```
=B15*SOMARPRODUTO(J15:J18;D15:D18)^2
```

O valor em B15 é o número de cada coluna. O intervalo J15:J18 contém os coeficientes de comparação, e D15:D18 contém as médias das colunas.

J23 contém o denominador. A fórmula é:

```
=SOMAQUAD(J15:J18)
```

SOMAQUAD (outra função do menu Matemática e Trigonometria) eleva os coeficientes em J15:J18 ao quadrado e soma seus valores.

J24 contém o valor de SQ_{Linear}. Chega-se a este valor calculando J22 dividido por J23.

A Figura 12-9 mostra que, na tabela ANOVA, eu inseri duas linhas acima da linha Erro. Uma linha contém SQ, gl, MQ, F, valor P e F crítico para Linear e a outra linha contém estes valores para Não Linear. $SQ_{Não Linear}$ de B26 é B24-B25.

O F de Linear é D25 dividido por D27. A fórmula para o valor P de F25 é

```
=DIST.F.CD(E25;C25;C27)
```

O primeiro argumento, E25, é o F. O segundo e o terceiro argumentos são o gl.

A fórmula para F crítico em F25 é

```
=INV.F.CD(0,05;C25;C27)
```

O primeiro argumento é α, e o segundo e terceiro argumentos são o gl.

Para Usuários de Mac

Nesta seção, eu mostro como usar as ferramentas ANOVA do StatPlus LE para analisar os dados neste capítulo.

Análise de Variância com Fator Único

A ferramenta do StatPlus LE para análise de fator único é chamada ANOVA de um critério (simples). A Figura 12-10 mostra a janela para esta ferramenta juntamente com os dados.

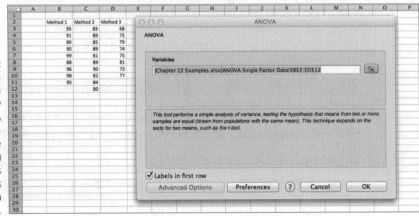

FIGURA 12-10:
A janela da ferramenta One-Way ANOVA Dialogue- (ANOVA de um critério) do StatPlus e os dados para a análise.

Eis os passos:

1. Abra o Excel e o StatPlus LE.

2. Insira os dados no Excel.

   Os dados estão em B2:D12.

3. Volte ao StatPlus LE. Na barra de menu, selecione Analysis of Variance (ANOVA) (Análise de Variância (ANOVA)) | One-way ANOVA (simple) (ANOVA de um critério (simples)).

   Isso abre a janela da Figura 12-10.

4. Na caixa Variables (Variáveis), digite o intervalo de células que contém os dados, incluindo o título das colunas.

   Eu cliquei no ícone à direita da caixa Variáveis. Isso me levou de volta à planilha. Na planilha, eu selecionei B2:D12. Certifique-se de selecionar a caixa Labels (Rótulos) na primeira linha.

5. Clique em OK.

   Isso coloca os resultados em uma nova página. (Veja a Figura 12-11 e compare-a com a Figura 12-3.)

FIGURA 12-11: Os One-Way ANOVA results (resultados do ANOVA de critério único) do StatPlus.

Medidas Repetidas

Assim como o Repeated Measures ANOVA (ANOVA Medidas Repetidas) está escondido sob um nome diferente na versão do Windows, ela também está camuflada na versão do Mac. Na verdade, você precisa procurar um pouco mais para encontrá-la no StatPlus LE.

Antes de descrever a ferramenta, tenho que lhe falar sobre como organizar os dados. A Figura 12-12 mostra como o StatPlus quer que os dados se pareçam. Note como está diferente das linhas e colunas da Figura 12-7. Aqui, tudo está em uma coluna. Por que o StatPlus faz isso desse jeito? Eu falo sobre isso na seção "Para Usuários de Mac" no Capítulo 13.

Note também que eu substitui "Antes", "Um Mês", "Dois Meses" e "Três Meses" por 0, 1, 2 e 3, respectivamente. O StatPlus não trabalha com caracteres alfabéticos.

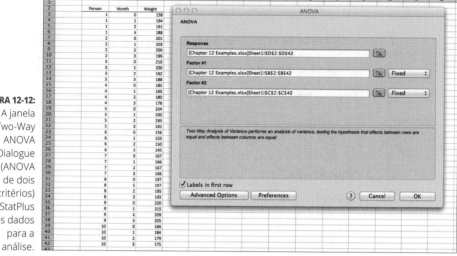

FIGURA 12-12: A janela Two-Way ANOVA Dialogue (ANOVA de dois critérios) do StatPlus e os dados para a análise.

CAPÍTULO 12 **Testando Mais de Duas Amostras** 269

A Figura 12-12 também mostra a janela ANOVA para a execução da análise. Os passos são:

1. Abra o Excel e o StatPlus LE.

2. Digite os dados no Excel.

Como mostra a Figura 12-12, eu coloquei os dados em B2:D42, incluindo os títulos de coluna.

3. Volte ao StatPlus LE. Na barra de menu, selecione Statistics (Estatística) | Analysis of Varience (ANOVA) (Análise de Variância (ANOVA)) | Two-Way ANOVA (ANOVA de dois critérios).

Ao fazer isso a janela ANOVA ilustrada na Figura 12-12 é aberta.

4. Na caixa Resposta, insira o intervalo de células para a variável dependente.

Neste caso, é o peso. (Não sabe o que é uma variável dependente? Vá ao Capítulo 1 e leia "Variáveis: Dependente e independente".) Eu cliquei no ícone à direita da caixa para voltar ao Excel e, na planilha, selecionei D2:D42.

5. Volte ao StatPlus. Na caixa Factor #1 (Fator1), digite o intervalo de células para a primeira variável independente.

Nesta análise, a primeira variável independente é Pessoa, então, clique no ícone à direita da caixa Fator1 e selecione B2:B42 na planilha.

6. Volte ao StatPlus. Na caixa Factor#2 (Fator2), digite o intervalo de células para a segunda variável independente.

Isso seria Mês. Eu cliquei no ícone à direita da caixa Fator2 e selecionei C2:C42 na planilha.

7. Certifique-se de selecionar a caixa Labels (Rótulos) na primeira linha.

Eu incluí os títulos nos intervalos de células, então, isso é importante.

8. Clique no botão Advanced Options (Opções Avançadas).

Este passo abre a janela Opções Avançadas ANOVA. (Veja a Figura 12-13.) Eu selecionei a caixa à direita de Sem Interação(ões) (Delineamento em Blocos Casualizados). (Interações? O que é isso? Eu falarei sobre isso no Capítulo 13.) Depois, eu cliquei em OK para fechar esta janela.

9. Clique em OK na janela ANOVA.

Isso coloca os resultados em uma nova página, que aparece na Figura 12-14. (Compare com a Figura 12-8.)

270   PARTE 3 **Tirando Conclusões a Partir dos Dados**

O resultado desta ferramenta é muito extenso. Se você navegar pela página de resultado, verá uma grande quantidade de comparações intergrupais. Muitas delas são testes de nomes exóticos aos quais me refiro na seção anterior "Comparações não planejadas".

FIGURA 12-13: A janela Advanced Options (Opções Avançadas) ANOVA.

	A	B	C	D	E	F	G	H	I
1				Two-way ANOVA					
2									
3	**Summary**								
4	Response	*Weight*							
5	Factor #1	*Person*	*Fixed*						
6	Factor #2	*Month*	*Fixed*						
7	**Descriptive Statistics**								
8	*Factor*	*Group*	*Sample size*	*Mean*	*Variance*	*Standard Deviation*			
9	*Person x Month*	*1 x 0*	1	198.	#N/A	#N/A			
10	*Person x Month*	*1 x 1*	1	194.	#N/A	#N/A			
11	*Person x Month*	*1 x 2*	1	191.	#N/A	#N/A			
12	*Person x Month*	*1 x 3*	1	188.	#N/A	#N/A			
13	*Person x Month*	*2 x 0*	1	201.	#N/A	#N/A			
14	*Person x Month*	*2 x 1*	1	203.	#N/A	#N/A			
15	*Person x Month*	*2 x 2*	1	200.	#N/A	#N/A			
16	*Person x Month*	*2 x 3*	1	196.	#N/A	#N/A			
17	*Person x Month*	*3 x 0*	1	210.	#N/A	#N/A			
18	*Person x Month*	*3 x 1*	1	200.	#N/A	#N/A			
19	*Person x Month*	*3 x 2*	1	192.	#N/A	#N/A			
20	*Person x Month*	*3 x 3*	1	188.	#N/A	#N/A			
21	*Person x Month*	*4 x 0*	1	185.	#N/A	#N/A			
22	*Person x Month*	*4 x 1*	1	183.	#N/A	#N/A			
23	*Person x Month*	*4 x 2*	1	180.	#N/A	#N/A			
24	*Person x Month*	*4 x 3*	1	178.	#N/A	#N/A			
25	*Person*	*1*	4	192.75	18.25	4.272			
26	*Person*	*2*	4	200.	8.66667	2.94392			
27	*Person*	*3*	4	197.5	94.33333	9.71253			
28	*Person*	*4*	4	181.5	9.66667	3.10913			
29	*Month*	*0*	4	198.5	107.	10.34408			
30	*Month*	*1*	4	195.	78.	8.83176			
31	*Month*	*2*	4	190.75	67.58333	8.22091			
32	*Month*	*3*	4	187.5	54.33333	7.37111			
33									
34	**ANOVA**								
35	*Source of Variation*	*SS*	*d.f.*	*MS*	*F*	*p-level*	*F crit*	*Omega Sqr.*	
36	*Factor #1 (Person)*	806.1875	3	268.72917	21.11129	0.00021	5.50967	#N/A	
37	*Factor #2 (Month)*	278.1875	3	92.72917	7.28478	0.00882	5.50967	#N/A	
38	*Within Groups*	114.5625	9	12.72917					
39	*Total*	1,198.9375	15	79.92917					
40									

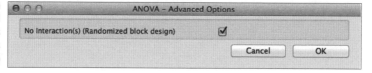

FIGURA 12-14: Os resultados da Two-Way ANOVA (ANOVA de dois critérios) do StatPlus.

272   PARTE 3 **Tirando Conclusões a Partir dos Dados**

NESTE CAPÍTULO

Trabalhando com duas variáveis

Trabalhando com replicações

Compreendendo as interações

Capítulo 13

Testes Um Pouco Mais Complicados

No Capítulo 11, mostrei como testar hipóteses com duas amostras. No Capítulo 12, revelei como testar hipóteses quando se tem mais de duas amostras. O que estes dois capítulos têm em comum é o envolvimento da variável independente (também chamada de *fator*).

Muitas vezes, é preciso testar os efeitos de mais de um fator. Neste capítulo, falarei sobre como analisar dois fatores dentro do mesmo grupo de dados. Existem diversas situações possíveis, e descreverei as ferramentas de análise de dados do Excel que se encaixam em cada uma delas.

Decifrando as Combinações

A FarKlempt Robotics, Inc. fabrica robôs movidos a bateria. A empresa quer testar três baterias recarregáveis para estes robôs em um conjunto de três tarefas — escalar, caminhar e montar. Qual combinação de bateria e tarefa resultará na maior vida útil da bateria?

Eles testam uma amostra de nove robôs. Aleatoriamente, atribuem uma bateria e um tipo de tarefa a cada robô. A FarKlempt avalia o número de dias que cada robô trabalha antes de precisar recarregar a bateria. Os dados estão na Tabela 13-1.

TABELA 13-1 **FarKlempt Robots: Número de Dias antes do Recarregamento em Três Tarefas com Três Baterias**

Tarefa	Bateria 1	Bateria 2	Bateria 3	Média
Escalar	12	15	20	15,67
Caminhar	14	16	19	16,33
Montar	11	14	18	14,33
Média	12,33	15,00	19,00	15,44

Isto exige dois testes de hipótese:

H_0: $\mu_{Bateria1} = \mu_{Bateria2} = \mu_{Bateria3}$

H_1: Não H_0

e

H_0: $\mu_{Escalar} = \mu_{Caminhar} = \mu_{Montar}$

H_1: Não H_0

Em ambos os testes, $\alpha = 0,05$.

Dividindo as variações

A análise correta para estes testes é uma análise de variação (ANOVA). Cada variável — Baterias e Tarefas — também é chamada de *fator*. Portanto, esta análise chama-se *ANOVA fator duplo*.

Para compreender esta ANOVA, considere as variações dentro dos dados. Primeiro, concentre-se na variação em todo o conjunto de nove números — MQ_T.

("T" significa "Total".) A média destes números é 15,44. Como é a média de todos os números, ela é chamada de *grande média*.

Esta variação é

$$MQ_T = \frac{(12-15,44)^2 + (15-15,44)^2 + \dots + (18-15,44)^2}{9-1} = \frac{76,22}{8} = 9,53$$

As médias das três baterias (as médias das colunas) também têm variação 15,44. Esta variação é

$$MQ_{Baterias} = \frac{(3)(12,33-15,44)^2 + (3)(15,00-15,44)^2 + (3)(19,00-15,44)^2}{3-1} = \frac{67,56}{2} = 33,78$$

Por que o número 3 aparece como multiplicador em cada desvio quadrado? Ao lidar com médias, é preciso levar em conta o número de valores que produziram cada média.

De modo similar, as médias das tarefas (as médias das linhas) têm variação 15,44:

$$MQ_{Tarefas} = \frac{(3)(15,67-15,44)^2 + (3)(16,33-15,44)^2 + (3)(14,33-15,44)^2}{3-1} = \frac{6,22}{2} = 3,11$$

Ainda falta uma variação. Ela é chamada de MQ_{Erro}. É isso o que sobra quando você subtrai $SQ_{Baterias}$ e $SQ_{Tarefas}$ de SQ_T e divide o resultado pelo gl obtido quando se subtrai $gl_{Baterias}$ e $gl_{Tarefas}$ de gl_T.

$$MQ_{Erro} = \frac{SQ_T - SQ_{Baterias} - SQ_{Tarefas}}{gl_T - gl_{Baterias} - gl_{Tarefas}} = \frac{2,44}{4} = 0,61$$

Para testar as hipóteses, você calcula um F para a eficácia das baterias e outro para as tarefas. Em ambos os casos, o denominador (ou "termo de erro") é MQ_{Erro}.

$$F = \frac{MQ_{Baterias}}{MQ_{Erro}} = \frac{33,77}{0,61} = 55,27$$

$$F = \frac{MQ_{Tarefas}}{MQ_{Erro}} = \frac{2,44}{0,61} = 5,09$$

Cada F tem 2 e 4 graus de liberdade. Com $\alpha = 0,05$, o F crítico em cada caso é 6,94. A decisão é rejeitar H_0 para as baterias (elas diferem entre si em uma proporção maior que o acaso), mas não para as tarefas.

Para acabar com as diferenças entre as baterias, você efetua comparações planejadas entre as médias das colunas. (Veja o Capítulo 12 para mais detalhes.)

Ferramenta de análise de dados: Anova: Fator Duplo Sem Replicação

A ferramenta Anova: Fator Duplo Sem Replicação executa a análise que acabei de descrever. (Usei esta ferramenta para outro tipo de análise no Capítulo 12.) *Sem Replicação* significa que apenas um robô é atribuído a cada combinação de tarefa e bateria. Se você atribuir esta combinação a mais de um robô, terá uma *replicação*.

A Figura 13-1 mostra a janela desta ferramenta juntamente com os dados do exemplo das baterias e tarefas.

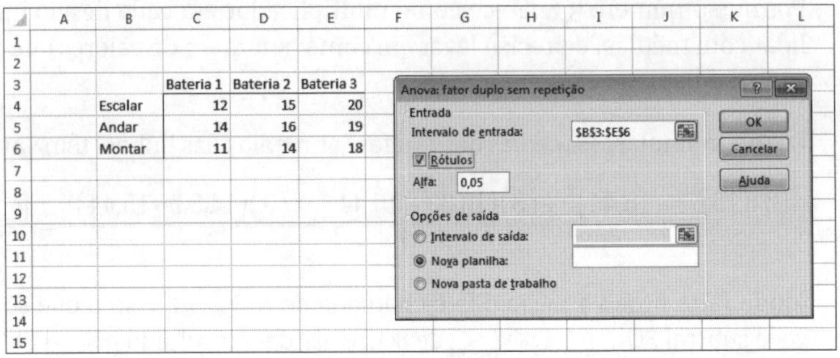

FIGURA 13-1: A janela da ferramenta de análise de dados Anova: Fator Duplo Sem Replicação e os dados para as baterias e tarefas.

Os passos para usar esta ferramenta são:

1. **Digite os dados na planilha e inclua títulos para as linhas e colunas.**

Neste exemplo, os títulos para as tarefas estão nas células B4, B5 e B6. Os títulos para as baterias estão nas células C3, D3 e E3. Os dados estão nas células C4 a E6.

2. **Selecione DADOS | Análise de Dados para abrir a janela Análise de Dados.**

3. **Na janela Análise de Dados, procure na lista a Ferramenta de Análise Anova: Fator Duplo Sem Replicação. Clique em OK para abrir a janela desta ferramenta.**

Esta janela está ilustrada na Figura 13-1.

4. **Na caixa Intervalo de Entrada, insira o intervalo de células que contém todos os dados.**

Neste exemplo, o intervalo com os dados é $B$3:$E$6. Repare nos sinais de $, que indicam referência absoluta. Note também — e isto é importante — que os títulos das linhas fazem parte do intervalo de dados. Assim como os títulos das colunas. A primeira célula do intervalo de dados, B2, está em branco, mas não tem importância.

276   PARTE 3 **Tirando Conclusões a Partir dos Dados**

5. Se o intervalo de células contiver os títulos das colunas, marque a opção Rótulos.

Como incluí os títulos nos intervalos, marquei esta caixa.

6. A caixa Alfa tem valor 0,05 como padrão. Altere este valor se quiser um α diferente.

7. Nas Opções de Saída, selecione um botão para indicar onde deseja visualizar os resultados.

Selecionei Nova Planilha para colocar os resultados em uma nova página na planilha.

8. Clique em OK.

Como selecionei Nova Planilha, uma página recém-criada será aberta com os resultados.

A Figura 13-2 mostra os resultados da ferramenta, depois que expandi as colunas. Os resultados têm duas tabelas, RESUMO e ANOVA.

A tabela RESUMO está dividida em duas partes. A primeira traz um resumo estatístico das linhas. A segunda, um resumo estatístico das colunas. O resumo estatístico inclui o número de valores em casa linha e em cada coluna, juntamente com as somas, médias e variações.

A tabela ANOVA apresenta as Somas dos Quadrados, gl, Médias Quadráticas, F, valores P e F crítico para o gl indicado. A tabela tem dois valores para F. Um para as linhas, o outro para as colunas. O valor P é a proporção da área que F corta na cauda superior da distribuição F. Se esse valor for menor que 0,05, rejeite H_0.

Neste exemplo, as decisões são de rejeitar H_0 para as baterias (colunas) e não rejeitar H_0 para as tarefas (linhas).

▲	A	B	C	D	E	F	G	H
1	Anova: fator duplo sem repetição							
2								
3	RESUMO	Contagem	Soma	Média	Variância			
4	Escalar	3	47	15,66666667	16,33333333			
5	Andar	3	49	16,33333333	6,333333333			
6	Montar	3	43	14,33333333	12,33333333			
7								
8	Bateria 1	3	37	12,33333333	2,333333333			
9	Bateria 2	3	45	15	1			
10	Bateria 3	3	57	19	1			
11								
12								
13	ANOVA							
14	Fonte da variação	SQ	gl	MQ	F	valor-P	F crítico	
15	Linhas	6,222222222	2	3,111111111	5,090909091	0,079552926	6,94427191	
16	Colunas	67,55555556	2	33,77777778	55,27272727	0,001219451	6,94427191	
17	Erro	2,444444444	4	0,611111111				
18								
19	Total	76,22222222	8					
20								

FIGURA 13-2: Resultados da ferramenta de análise de dados Anova: Fator Duplo Sem Replicação.

CAPÍTULO 13 **Testes Um Pouco Mais Complicados** 277

Decifrando as Combinações Mais Uma Vez

A análise que acabei de mostrar envolve um valor para cada combinação dos dois fatores. Atribuir um indivíduo para cada combinação é adequado para robôs e outros objetos industrializados, quando se pode supor que um é bastante parecido com o outro.

Quando falamos em pessoas, tudo muda. A variação individual entre os humanos é algo que não se pode subestimar. Por este motivo, é preciso atribuir uma amostra de pessoas a uma combinação de fatores — não apenas uma pessoa.

Linhas e colunas

Explicarei usando um exemplo. Imagine que uma empresa tenha dois métodos para apresentar suas informações de treinamento. Uma delas é por intermédio de uma pessoa, que apresenta as informações oralmente, e a outra é por meio de um texto. Imagine também que as informações são apresentadas de maneira bem humorada ou técnica. Chamarei o primeiro fator de Método de Apresentação e o segundo de Estilo de Apresentação.

Ao combinar os dois níveis do Método de Apresentação com os dois níveis do Estilo de Apresentação, temos quatro combinações. A empresa atribui, aleatoriamente, quatro pessoas para cada combinação, tendo um total de 16 pessoas. Após oferecer o treinamento, a empresa testa as 16 pessoas sobre sua compreensão do material.

A Figura 13-3 mostra as combinações, os quatro valores de compreensão dentro de cada combinação e o resumo das estatísticas para as combinações, linhas e colunas.

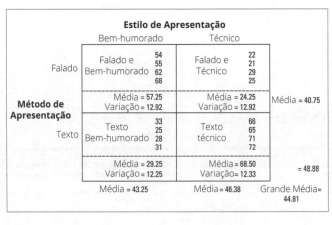

FIGURA 13-3: Combinando os níveis de Método de Apresentação com os níveis de Estilo de Apresentação.

Eis as hipóteses:

H_0: $\mu_{Falado} = \mu_{Texto}$

H_1: Não H_0

e

H_0: $\mu_{Bem\text{-}humorado} = \mu_{Técnico}$

H_1: Não H_0

Como os dois métodos de apresentação (Falado e Texto) estão nas linhas, chamarei o Tipo de Apresentação de *fator linha*. Os dois estilos de apresentação (Bem-humorado e Técnico) estão nas colunas, portanto, o Estilo de Apresentação será o *fator coluna*.

Interações

Quando temos linhas e colunas de dados e precisamos testar as hipóteses sobre fator linha e o fator coluna, temos algo mais a levar em conta. Em outras palavras, temos de nos preocupar com a combinação linha-coluna. A combinação resulta em efeitos peculiares?

No exemplo apresentado, é possível que a combinação de Falado e Texto com Bem-humorado e Técnico, gere algo inesperado. Na verdade, você pode ver isso nos dados da Figura 13-3: Para a apresentação Falada, o estilo Bem-humorado produz uma média maior do que o estilo Técnico. Na apresentação em Texto, o estilo Bem-humorado gera uma média menor do que o estilo Técnico.

LEMBRE-SE

Uma situação como esta se chama *interação*. Em termos formais, uma interação ocorre quando os níveis de um fator afetam os níveis de outro fator de modos diferentes. A legenda para a interação é fator linha × fator coluna, portanto, para este exemplo, Método × Tipo.

Neste caso, as hipóteses são:

H_0: O Método de Apresentação não interage com o Estilo de Apresentação

H_1: Não H_0

A análise

A análise estatística, mais uma vez, é uma análise de variação (ANOVA). Como acontece com as outras ANOVAs já mostradas, tudo depende da variação nos dados.

A primeira variação é a total, identificada por MQ_T. Esta é a variação de todos os 16 valores que formam a média (a "grande média"), que é 44,81:

$$MQ_T = \frac{(54-44,81)^2 + (55-44,81)^2 + ... + (72-44,81)^2}{16-1} = \frac{5674,44}{15} = 378,30$$

O denominador nos diz que gl = 15 para MQ_T.

A próxima variação vem do fator linha. Ela se chama $MQ_{Método}$ e é a variação das médias das linhas com relação à grande média:

$$MQ_{Método} = \frac{(8)(40,75-44,81)^2 + (8)(48,88-44,81)^2}{2-1} = \frac{264,06}{1} = 264,06$$

O número 8 multiplica cada desvio quadrado, pois é preciso levar em conta o número de valores que produziram cada média de linha. O gl para $MQ_{Método}$ é o número de linhas −1, que é 1.

De modo similar, a variação para o fator coluna é

$$MQ_{Estilo} = \frac{(8)(43,25-44,81)^2 + (8)(46,38-44,81)^2}{2-1} = \frac{39,06}{1} = 39,06$$

O gl para MQ_{Estilo} é 1 (número de colunas − 1).

Outra variação é a estimativa combinada com base nas variações existentes dentro das quatro combinações linha–coluna. Ela se chama $MQ_{Interna}$, ou MQ_I. (Para saber mais detalhes sobre MQ_I e estimativas combinadas, veja o Capítulo 12.) Neste exemplo,

$$MQ_I = \frac{(4-1)(12,92) + (4-1)(12,92) + (4-1)(12,25) + (4-1)(12,33)}{(4-1) + (4-1) + (4-1) + (4-1)} = \frac{151,25}{12} = 12,60$$

Este valor é o termo de erro (o denominador) para cada F calculado. Seu denominador informa que gl = 12 para esta MQ.

A última variação vem da interação entre o fator linha e o fator coluna. Neste exemplo, ela é chamada de $MQ_{Método \times Tipo}$. É possível calcular este valor de algumas maneiras. A mais fácil é aproveitar a seguinte relação:

$$SQ_{Linha \times Coluna} = SQ_T - SQ_{Fator Linha} - SQ_{Fator Coluna} - SQ_I$$

E esta:

$$gl_{Linha \times Coluna} = gl_T - gl_{Fator Linha} - gl_{Fator Coluna} - gl_I$$

Outro modo de calcular é:

$$gl_{Linha \times Coluna} = (\text{número de linhas} - 1)(\text{número de colunas} - 1)$$

A MQ é

$$MQ_{Linha\ X\ Coluna} = \frac{SQ_{Linha\ X\ Coluna}}{gl_{Linha\ X\ Coluna}}$$

Neste exemplo,

$$MQ_{M\acute{e}todo\ X\ Estilo} = \frac{SQ_{M\acute{e}todo\ X\ Estilo}}{gl_{M\acute{e}todo\ X\ Estilo}} = \frac{5764,44 - 264,06 - 39,06 - 151,25}{15 - 12 - 1 - 1} = \frac{5220,06}{1} = 5220,06$$

Para testar as hipóteses, você deve calcular os três Fs:

$$F = \frac{MQ_{Estilo}}{MQ_I} = \frac{39,06}{12,60} = 3,10$$

$$F = \frac{MQ_{M\acute{e}todo}}{MQ_I} = \frac{264,06}{12,60} = 20,95$$

$$F = \frac{MQ_{M\acute{e}todo\ X\ Estilo}}{MQ_I} = \frac{5220,06}{12,60} = 414,15$$

Para gl = 1 e 12, o F crítico com α = 0,05 é 4,75. (Você pode usar a função INV.F.CD do Excel para verificar.) A decisão é rejeitar H_0 para o Método de Apresentação e para a interação Método × Estilo, e não rejeitar H_0 para o Estilo de Apresentação.

Ferramenta de análise de dados: Anova: Fator Duplo Com Replicação

O Excel fornece uma ferramenta de análise de dados que faz tudo. Ela se chama Anova: Fator Duplo Com Replicação. "Replicação" significa a existência de mais de um valor em cada combinação linha-coluna.

A Figura 13-4 mostra a janela desta ferramenta juntamente com os dados do exemplo dos tipos de treinamento.

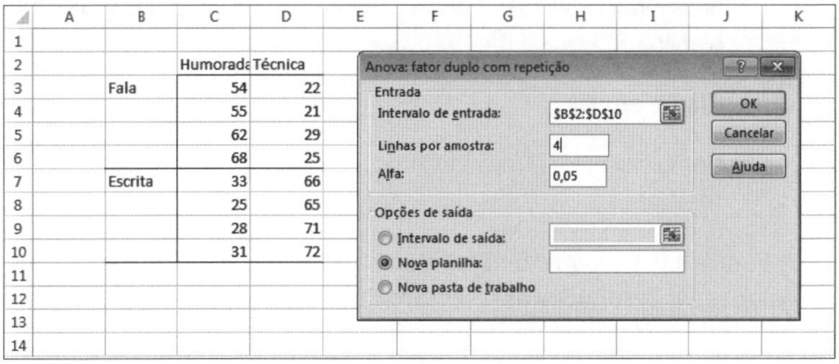

FIGURA 13-4:
A janela da ferramenta de análise de dados Anova: Fator Duplo com Replicação e os dados dos tipos e métodos de treinamento.

CAPÍTULO 13 **Testes Um Pouco Mais Complicados** 281

Os passos para usar esta ferramenta são:

1. **Digite os dados na planilha e inclua as legendas para as linhas e colunas.**

Neste exemplo, as legendas para os métodos de apresentação estão nas células B3 e B7. Os tipos de apresentação estão em C2 e D2. Os dados estão nas células C3 a D10.

2. **Selecione Dados | Análise de Dados para abrir a janela Análise de Dados.**

3. **Na janela Análise de Dados, procure na lista de Ferramentas de Análises e selecione Anova: Fator Duplo com Replicação. Clique em OK para abrir a janela desta ferramenta.**

Esta é a janela ilustrada na Figura 13-4.

4. **Na caixa Intervalo de Entrada, digite o intervalo de células que contém todos os dados.**

Neste exemplo, os dados estão no intervalo $B$2:$D$10. Repare nos sinais de $, que indicam referência absoluta. Note também — repito: Isto é importante — que as legendas para o fator linha (método de apresentação) fazem parte do intervalo de dados, assim como as legendas do fator coluna. A primeira célula do intervalo, B2, está em branco, mas isso não tem importância.

5. **Na caixa Linhas por Amostra, digite o número de valores existentes em cada combinação de dois fatores.**

Eu digitei 4 nesta caixa.

6. **A caixa Alfa tem valor padrão de 0,05. Altere-o caso queira um valor diferente para α.**

7. **Nas Opções de Saída, selecione um botão que indique onde você deseja colocar os resultados.**

Selecionei Nova Planilha para colocar os resultados em uma nova página na planilha.

8. **Clique em OK.**

Como selecionei Nova Planilha, uma página recém-criada será aberta com os resultados.

A Figura 13-5 mostra os resultados desta ferramenta, depois que expandi as colunas. Os resultados apresentam duas tabelas, RESUMO e ANOVA.

A tabela RESUMO está dividida em duas partes. A primeira parte traz o resumo estatístico das combinações de fatores e para o fator linha. A segunda, o resumo estatístico para o fator coluna. O resumo estatístico inclui o número de valores em cada combinação linha-coluna, em cada linha e em cada coluna, juntamente com as contagens, somas, médias e variações.

A tabela ANOVA apresenta as Somas dos Quadrados, gl, Médias Quadráticas, F, valores P e F crítico para o gl indicado. A tabela apresenta três valores para F. Um F é para o fator linha, outro para o fator coluna e outro para a interação. Na tabela, o fator linha é chamado de Amostra. O valor P é a proporção da área cortada por F na cauda superior da distribuição F. Se este valor for menor que 0,05, rejeite H_0.

Neste exemplo, as decisões são rejeitar H_0 para o Método de Apresentação (o fator linha, chamado de Amostra na tabela), não rejeitar H_0 para o Estilo de Apresentação (o fator coluna) e rejeitar H_0 para a interação.

	A	B	C	D	E	F	G
1	Anova: fator duplo com repetição						
2							
3	RESUMO	Humorada	Técnica	Total			
4	Fala						
5	Contagem	4	4	8			
6	Soma	239	97	336			
7	Média	59,75	24,25	42			
8	Variância	42,91666667	12,91666667	384			
9							
10	Escrita						
11	Contagem	4	4	8			
12	Soma	117	274	391			
13	Média	29,25	68,5	48,875			
14	Variância	12,25	12,33333333	450,6964286			
15							
16	Total						
17	Contagem	8	8				
18	Soma	356	371				
19	Média	44,5	46,375				
20	Variância	289,4285714	570,2678571				
21							
22							
23	ANOVA						
24	Fonte da variação	SQ	gl	MQ	F	valor-P	F crítico
25	Amostra	189,0625	1	189,0625	9,404145078	0,009778056	4,747225347
26	Colunas	14,0625	1	14,0625	0,699481865	0,419300922	4,747225347
27	Interações	5587,5625	1	5587,5625	277,9305699	1,15474E-09	4,747225347
28	Dentro	241,25	12	20,10416667			
29							
30	Total	6031,9375	15				

FIGURA 13-5: Resultados da ferramenta de análise de dados Anova: Fator Duplo com Replicação.

Para Usuários de Mac

Nesta seção, eu mostro como analisar dois fatores com replicação. Para ter uma ideia de como analisar sem replicação, leia a seção de Usuários de Mac do Capítulo 12.

A ferramenta ANOVA de dois critérios do StatPlus LE é mais versátil que sua correspondente no Analysis ToolPak. A razão para isso é que ela requer que você organize os dados em colunas em vez de em linhas e colunas.

CAPÍTULO 13 **Testes Um Pouco Mais Complicados** 283

A Figura 13-6 mostra o que eu quero dizer. O layout dos dados à esquerda transforma a organização row-column (linha-coluna) da Figura 13-4 somente em colunas. Como o StatPlus LE não trabalha com caracteres alfabéticos como valores de variáveis, eu codifiquei Falado como 1 e Escrito como 2, e codifiquei Bem-Humorado como 1 e Técnico como 2.

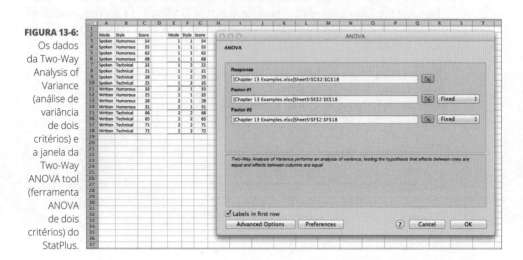

FIGURA 13-6: Os dados da Two-Way Analysis of Variance (análise de variância de dois critérios) e a janela da Two-Way ANOVA tool (ferramenta ANOVA de dois critérios) do StatPlus.

A figura também mostra a janela para a Two-Way ANOVA tool (ferramenta ANOVA de dois critérios), da qual falarei em instantes.

Por que o layout em colunas faz essa ferramenta mais versátil? Primeiro, você não tem que especificar o número de linhas por amostra. Isso significa que você pode ter um número diferente de valores em cada combinação de variáveis. Este exemplo tem quatro em cada combinação. Com a ferramenta do StatPlus, esse número pode mudar de combinação para combinação.

Segundo, você não precisa ter uma organização rígida dos valores como no layout linha-coluna do Analysis ToolPak. Em vez disso, você pode ter um valor (e sua combinação variável correspondente, como Falado-Bem-Humorado) em qualquer linha.

Por fim, o layout baseado em colunas permite que o StatPlus forneça facilmente uma Three-Way ANOVA tool (ferramenta ANOVA de três critérios) (embora ela não esteja incluída no LE). A terceira variável independente é apenas outra coluna.

Para executar esta ferramenta, siga estes passos:

1. Abra o Excel e o StatPlus LE.

2. Digite os dados no Excel.

Como mostra a Figura 13-6, eu coloquei os dados em E2:G18, incluindo os títulos das colunas.

3. Volte ao StatPlus LE. Na barra de menu, selecione Statistics (Estatística) | Analysis of Varience (ANOVA) (Análise de Variância (ANOVA)) | Two-Way ANOVA (ANOVA de dois critérios).

Isso abre a janela ANOVA ilustrada na Figura 13-6.

4. Na caixa Resposta, digite o intervalo de células para a variável dependente.

Neste caso, Valor. (Não entende o que é uma variável dependente? Vá ao Capítulo 1 e leia "Variáveis: Dependente e independente".) Eu cliquei no ícone à direita da caixa para voltar ao Excel, e selecionei G2:G18 na planilha.

5. Volte ao StatPlus. Na caixa Factor#1 (Fator1), digite o intervalo de células para a primeira variável independente.

A primeira variável independente é Modo, depois, eu cliquei no ícone à direita da caixa Fator1 e selecionei E2:E18 na planilha.

6. Volte ao StatPlus. Na caixa Factor#2 (Fator2), digite o intervalo de células para a segunda variável independente.

A segunda variável independente é Estilo. Eu cliquei no ícone à direita da caixa Fator2 e selecionei F2:F18 na planilha.

7. Certifique-se de selecionar a caixa Labels (Rótulos) na primeira linha.

Eu incluí os títulos nos intervalos de células, então, isso é importante.

8. Clique em OK na janela ANOVA.

Isso coloca os resultados em uma nova página, que aparece na Figura 13-7. (Compare com a Figura 13-5.)

FIGURA 13-7: Os resultados para a Two-Way ANOVA tool (ferramenta ANOVA de dois critérios) do StatPlus.

	A	B	C	D	E	F	G	H	I
1				Two-way ANOVA					
2									
3	Summary								
4	Response	Score							
5	Factor #1	Mode	Fixed						
6	Factor #2	Style	Fixed						
7	Descriptive Statistics								
8	Factor	Group	Sample size	Mean	Variance	Standard Deviation			
9	Mode x Style	1 x 1	4	59.75	42.91667	6.55108			
10	Mode x Style	1 x 2	4	24.25	12.91667	3.59398			
11	Mode x Style	2 x 1	4	29.25	12.25	3.5			
12	Mode x Style	2 x 2	4	68.5	12.33333	3.51188			
13	Mode	1	8	42.	384.	19.59592			
14	Mode	2	8	48.875	450.69643	21.22961			
15	Style	1	8	44.5	289.42857	17.0126			
16	Style	2	8	46.375	570.26786	23.88028			
17									
18	ANOVA								
19	Source of Variation	SS	d.f.	MS	F	p-level	F crit	Omega Sqr.	
20	Factor #1 (Mode)	189.0625	1	189.0625	9.40415	0.00978	7.18775	0.02792	
21	Factor #2 (Style)	14.0625	1	14.0625	0.69948	0.4193	7.18775	0.E+0	
22	Factor #1 + #2 (Mode x Style)	5,587.5625	1	5,587.5625	277.93057	0.	7.18775	0.91993	
23	Within Groups	241.25	12	20.10417					
24	Total	6,031.9375	15	402.12917					
25	Omega squared for combined effect	0.94685							
26									

A tabela ANOVA tem uma coluna chamada Omega Sqr (Omega Qua) e uma linha chamada Omega Squared (Omega Quadrada). A explicação detalhada é um pouco complicada. Resumindo, Omega Quadrada mede o tamanho do relacionamento entre uma variável independente (como Modo) e a variável dependente (Valor). Se você não é inteiramente novo à estatística, e isso soa parecido com correlação (que eu discuto no Capítulo 15), você está no caminho certo. Mas vamos deixar isso por aqui.

A Figura 13-7 não mostra a planilha completa. O StatPlus fornece os resultados de um número de testes pós-análise.

NESTE CAPÍTULO

Resumindo uma relação

Trabalhando com a regressão

Testes de hipótese e regressão

Equilibrando várias relações

Capítulo 14

Regressão: Linear e Múltipla

Uma das principais coisas que você faz quando trabalha com estatísticas são previsões. A ideia é tomar os dados de uma ou mais variáveis e utilizá-los para prever um valor de outra variável. Para fazer isso, é preciso compreender como resumir as relações entre as variáveis e também testar hipóteses sobre estas relações.

Neste capítulo, falarei sobre *regressão*, um modo estatístico de fazer exatamente isso. A regressão também permite que você utilize os detalhes das relações para fazer previsões. Para começar, mostrarei como analisar a relação entre duas variáveis. Em seguida, ensinarei a analisar a relação entre uma variável e outras duas. Estas análises envolvem bastante cálculo, e o Excel é mais do que necessário nesta tarefa.

O Gráfico da Difusão

A Universidade Sahutsket é uma instituição dinâmica e animada. Todos os anos ela recebe milhares de inscrições. Um dos desafios enfrentados pelo Comitê de Aprovação é o seguinte: Os candidatos querem que o comitê preveja quais serão seus GPAs (abreviação, em inglês, para média de notas, que tem escala de 0 a 4,0), caso eles frequentem a Sahutsket.

Qual a melhor previsão? Sem saber nada sobre o candidato, e conhecendo apenas os GPAs de seus próprios alunos, a resposta é clara: É a GPA média na Universidade Sahutsket. Não importa quem seja o candidato, o Comitê de Aprovação só pode afirmar isso por causa de seu conhecimento limitado.

Com mais conhecimento sobre os alunos e sobre os candidatos, é possível fazer uma previsão mais precisa. Por exemplo, se a Sahutsket mantém registros dos valores SAT de seus alunos (Oral e Matemática combinadas), o Comitê de Aprovação pode comparar o GPA de cada aluno com seu valor SAT e verificar se os dois dados têm alguma relação. Se tiverem, um candidato poderá fornecer seu valor SAT e o Comitê de Aprovação poderá usá-lo para ajudar a fazer uma previsão.

A Figura 14-1 mostra a combinação GPA-SAT em um gráfico. Como os pontos estão dispersos, temos um *gráfico de dispersão*. Por convenção, o eixo vertical (o *eixo y*) representa o que estamos tentando prever. Ele também pode ser chamado de *variável dependente* ou *variável y*. Neste caso, é o GPA. Também por convenção, o eixo horizontal (o *eixo x*) representa o que estamos utilizando para fazer a previsão. Ele também pode ser chamado de *variável independente* ou *variável x*. Neste exemplo, é o SAT.

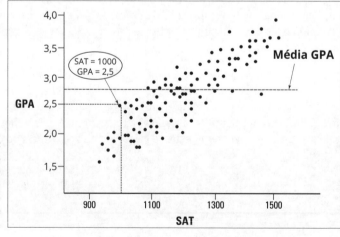

FIGURA 14-1: SATs e GPAs no corpo estudantil da Universidade Sahutsket.

Cada ponto do gráfico representa um GPA e um SAT individual de cada aluno. Em um gráfico de dispersão real de uma universidade, você veria muito mais pontos do que os mostrados aqui. A tendência geral do grupo de pontos parece ser que valores elevados de SAT estão associados a GPAs elevados, e valores baixos de SAT estão associados a GPAs baixos.

Eu destaquei um dos pontos. Ele mostra um aluno com valor SAT de 1.000 e GPA de 2,5. Também indico a média de GPA para que você tenha noção de que conhecer a relação GPA–SAT oferece uma vantagem sobre apenas conhecer a média.

Como você faz com que esta vantagem trabalhe a seu favor? Comece resumindo a relação entre SAT e GPA. O resumo é uma linha que passa pelos pontos. Como e onde desenhar a linha?

Falarei sobre isso em breve. Primeiro, preciso falar sobre linhas em geral.

Linhas de Gráfico

No mundo da matemática, uma linha é uma forma de ilustrar uma relação entre uma variável independente (x) e uma variável dependente (y). Na relação,

$$y = 4 + 2x$$

sempre que fornecer um valor para x, poderei calcular o valor correspondente de y. A equação me diz que devo pegar o valor de x, multiplicar por 2 e somar 4 ao resultado.

Se $x = 1$, por exemplo, $y = 6$. Se $x = 2$, $y = 8$. A Tabela 14-1 mostra diversos pares x-y para esta relação, inclusive o par em que $x = 0$.

TABELA 14-1 **Pares x-y em $y = 4 + 2x$**

x	y
0	4
1	6
2	8
3	10
4	12
5	14
6	16

A Figura 14-2 mostra estes pares como pontos em um conjunto de eixos x-y, juntamente com uma linha que passa pelos pontos. Sempre que listo um par x-y entre parênteses, o *valor de x* vem primeiro.

CAPÍTULO 14 **Regressão: Linear e Múltipla** 289

Como se pode ver na figura, os pontos formam exatamente uma linha, que representa em *gráfico* a equação y = 4 + 2x. Na verdade, sempre que temos uma equação como esta, onde x não está elevado ao quadrado ou ao cubo, nem elevado a qualquer potência maior que 1, temos o que os matemáticos chamam de equação *linear*. (Se x for elevado a uma potência maior que 1, os pontos formarão uma curva, e não uma linha.)

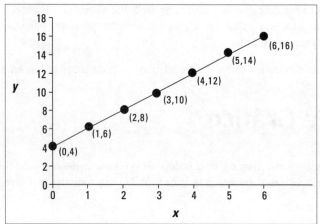

FIGURA 14-2:
O gráfico para y = 4 + 2x.

LEMBRE-SE

Alguns pontos a serem lembrados sobre uma linha: É possível descrever uma linha em termos de inclinação e também pelo ponto em que ela encontra o eixo y.

Temos, então, uma *inclinação* que informa a você o quanto y muda com as mudanças de x em uma unidade. Na linha da Figura 14-2, quando x é alterado em uma unidade (de 4 para 5, por exemplo), y muda em 2 (de 12 para 14).

O ponto em que a linha encontra o eixo y é chamada de *intercepção de y* (às vezes, apenas *intercepção*). Ela representa o valor de y quando x = 0. Na Figura 14-2, a intercepção de y é 4.

Você pode ver estes números na equação. A inclinação é o número que multiplica x e a intercepção é o número somado a x. Em geral,

y = a + bx

onde *a* representa a intercepção e *b* representa a inclinação.

A inclinação pode ser um número positivo, um número negativo ou zero. Na Figura 14-2, a inclinação é positiva. Se for negativa, a linha ficará inclinada na direção oposta ao que se vê na Figura 14-2. Uma inclinação negativa significa que y *diminui* enquanto x aumenta. Se a inclinação é zero, a linha será paralela ao eixo horizontal. Neste caso, y não se altera com as mudanças de x.

O mesmo se aplica à intercepção — ela pode ser um número positivo, um número negativo ou zero. Se é positiva, a linha cortará o eixo *y acima* do eixo *x*. Se a intercepção é negativa, a linha cortará o eixo *y abaixo* do eixo *x*. Se a intercepção é zero, a linha fará a intersecção com os eixos *x* e *y* em um ponto chamado *origem*.

E, agora, voltaremos ao que estávamos falando.

Regressão: Que Linha!

Eu disse que uma linha é a melhor maneira de resumir uma relação no gráfico de dispersão da Figura 14-1. É possível desenhar uma quantidade infinita de linhas retas neste gráfico de dispersão. Qual das linhas melhor resume a relação?

Intuitivamente, a linha que "melhor se encaixa" deve ser aquela que passa pelo maior número de pontos possível e que não está tão distante dos pontos pelos quais ela não passa. Para os estatísticos, esta linha tem uma propriedade especial: Se você desenhá-la em um gráfico de dispersão, medir as distâncias (na direção vertical) entre os pontos e a linha e, depois, elevar estas distâncias ao quadrado e somá-las, a soma dos quadrados das distâncias será um mínimo.

Os estatísticos chamam esta linha de *linha de regressão*, e a indicam pela equação

$$y' = a + bx$$

Cada *y'* é um ponto da linha. Ele representa a melhor previsão de *y* para um determinado valor de *x*.

Para descobrir exatamente onde fica esta linha, você deve calcular sua inclinação e sua intercepção. Em uma linha de regressão, a inclinação e a intercepção são chamados de *coeficientes de regressão*.

As fórmulas para os coeficientes de regressão são bastante diretas. Para a inclinação, a fórmula é

$$b = \frac{\sum (x - \bar{x})(y - \bar{y})}{\sum (x - \bar{x})^2}$$

A fórmula da intercepção é

$$a = \bar{y} + b\bar{x}$$

Estas fórmulas serão ilustradas em um exemplo. Para manter os números gerenciáveis e inteligíveis, utilizei uma amostra pequena no lugar dos milhares de estudantes que se veria em um gráfico de dispersão de todo o corpo discente de uma universidade. A Tabela 14-2 apresenta uma amostra de dados de 20 alunos da Universidade Sahutsket.

TABELA 14-2 Valores SAT e GPAs de 20 Alunos da Universidade Sahutsket

Aluno	SAT	GPA
1	990	2,2
2	1150	3,2
3	1080	2,6
4	1100	3,3
5	1280	3,8
6	990	2,2
7	1110	3,2
8	920	2,0
9	1000	2,2
10	1200	3,6
11	1000	2,1
12	1150	2,8
13	1070	2,2
14	1120	2,1
15	1250	2,4
16	1020	2,2
17	1060	2,3
18	1550	3,9
19	1480	3,8
20	1010	2,0
Média	1126,5	2,705
Variação	26171,32	0,46
Desvio padrão	161,78	0,82

Para este conjunto de dados, a inclinação da linha de regressão é

$$b = \frac{(990-1126,5)(2,2-2,705)+(1150-1126,5)(3,2-2,705)+...+(1010-1126,5)(2,0-2,705)}{(2,2-2,705)^2+(3,2-2,705)^2+...+(2,0-2,705)^2} = 0,0034$$

A intercepção é

$$a = \bar{y} - b\bar{x} = 2{,}705 - 0{,}0034(1126{,}5) = -1{,}1538$$

Portanto, a equação para a melhor linha a atravessar estes 20 pontos é

$$y' = -1{,}1538 + 0{,}0034x$$

ou em termos de GPAs e SATs,

$$GPA\ Previsto = -1{,}1538 + 0{,}0034(SAT)$$

Utilizando a regressão para prever

Com base nesta amostra e nesta linha de regressão, você pode pegar um valor SAT de um candidato, digamos 1230, e prever seu GPA:

$$GPA\ Previsto = -1{,}1538 + 0{,}0034\ (1230) = 3{,}028$$

Sem esta regra, a única previsão seria a média GPA, 2,705.

Variação em torno da linha de regressão

No Capítulo 5, descrevi como a média não conta toda a história de um conjunto de dados. É preciso mostrar como os valores variam em torno da média. Por este motivo, apresentei a variação e o desvio padrão.

Aqui, temos uma situação parecida. Para compreender totalmente a relação em um gráfico de dispersão, é preciso mostrar como os valores variam em torno da linha de regressão. Aqui, apresentarei a *variação residual* e o *erro padrão de estimativa*, que são similares à variação e ao desvio padrão.

A variação residual é uma espécie de média dos desvios quadrados dos valores y observados com relação aos valores previstos de y. Cada desvio de um ponto de dados com relação a um ponto previsto $(y - y')$ é chamado de *residual*, daí o nome. A fórmula é

$$s_{yx}^{2} = \frac{\Sigma\left(y - y'\right)^{2}}{N - 2}$$

Eu disse "uma espécie de" porque o denominador é $N-2$, e não N. O motivo para o -2 está além de nosso escopo. Como falei anteriormente, o denominador de uma estimativa de variação são os *graus de liberdade* (gl), e este conceito será útil em instantes.

O erro padrão da estimativa é

$$s_{yx} = \sqrt{s_{yx}^{2}} = \sqrt{\frac{\Sigma\left(y - y'\right)^{2}}{N - 2}}$$

Para mostrar como o erro residual e o erro padrão de estimativa funcionam com os dados do exemplo, eis a Tabela 14-3. Ela estende a Tabela 14-2 mostrando o GPA previsto para cada SAT:

TABELA 14-3   **Valores SAT, GPAs e GPAs Previstos para 20 alunos da Universidade Sahutsket**

Aluno	SAT	GPA	GPA Previsto
1	990	2,2	2,24
2	1150	3,2	2,79
3	1080	2,6	2,55
4	1100	3,3	2,61
5	1280	3,8	3,23
6	990	2,2	2,24
7	1110	3,2	2,65
8	920	2,0	2,00
9	1000	2,2	2,27
10	1200	3,6	2,96
11	1000	2,1	2,27
12	1150	2,8	2,79
13	1070	2,2	2,51
14	1120	2,1	2,68
15	1250	2,4	3,13
16	1020	2,2	2,34
17	1060	2,3	2,48
18	1550	3,9	4,16
19	1480	3,8	3,92
20	1010	2,0	2,31
Média	1126,5	2,705	
Variação	26171,32	0,46	
Desvio padrão	161,78	0,82	

Como você pode ver na tabela, às vezes, o GPA previsto é bastante próximo do real; outras vezes, não. Um dos valores previstos (4,16) é impossível.

294   PARTE 3 **Tirando Conclusões a Partir dos Dados**

Para estes dados, a variação residual é

$$s_{yx}^2 = \frac{\Sigma(y-y')^2}{N-2} = \frac{(2,2-2,24)^2+(3,2-2,79)^2+...+(2,0-2,31)^2}{20-2} = \frac{2,91}{18} = ,16$$

O erro padrão de estimativa é

$$s_{yx} = \sqrt{s_{yx}^2} = \sqrt{,16} = ,40$$

Se a variação residual e o erro padrão de estimativa são pequenos, a linha de regressão é ideal para os dados do gráfico de dispersão. Se a variação residual e o erro padrão de estimativa são grandes, a linha de regressão não serve.

O que é "pequeno"? O que é "grande"? O que é "ideal"?

Continue lendo.

Testando hipóteses sobre regressão

A equação de regressão com a qual venho trabalhando,

$$y' = a + bx$$

resume uma relação em um gráfico de dispersão de uma amostra. Os coeficientes de regressão a e b são estatísticas da amostra. Você pode usá-las a fim de testar hipóteses sobre os parâmetros da população. É o que farei nesta seção.

A linha de regressão da população que gera esta amostra (como todo o corpo discente da Universidade Sahutsket, antigo e atual) é o gráfico de uma equação composta por parâmetros, não por estatísticas. Lembre-se: por convenção, letras gregas representam parâmetros, portanto, a equação de regressão para a população é

$$y' = \alpha + \beta x + \varepsilon$$

As duas primeiras letras gregas à direita são α (alfa) e β (beta), equivalentes de a e b. E quanto à última? Parece um equivalente grego para o e. O que ela está fazendo aí?

O último termo é a letra grega *épsilon*. Ela representa o "erro" na população. De certa forma, "erro" é um termo infeliz e genérico para "elementos desconhecidos ou sobre os quais não se tem controle". O erro é refletido nos resíduos — os desvios com relação às previsões. Quanto mais você entende sobre o que está medindo, menor será o erro.

Não é possível medir o erro na relação entre SAT e GPA, mas ele está à espreita. Um aluno pode ter um valor SAT baixo, por exemplo, mas depois construir uma grande carreira acadêmica e obter um GPA maior do que o previsto. Em um gráfico de dispersão, o ponto SAT-GPA deste aluno parece um erro na previsão.

Conforme você descobre mais sobre este aluno, torna-se possível descobrir que ele estava doente no dia do SAT, e isso explica o "erro".

É possível testar hipóteses sobre α, β e ε. Farei isso nas próximas seções.

Testando o encaixe

Começarei com um teste sobre como a regressão se encaixa no gráfico de dispersão. Este é um teste de ε, o erro na relação.

O objetivo é decidir se a linha realmente representa ou não uma relação entre as variáveis. É possível que o que se parece com uma relação deva-se apenas ao acaso, e a equação da linha de regressão não signifique nada (pois a quantidade de erro é surpreendente) — ou é possível que as variáveis estejam fortemente relacionadas.

Estas possibilidades podem ser testadas, e você tem condições de determinar hipóteses para testá-las:

H_0: Sem relação real

H_1: Não H_0

Embora estas hipóteses sejam bem fáceis de ler, elas não determinam um teste estatístico. Para criá-lo, é preciso considerar as variações. E para considerá-las, começamos pelos desvios. A Figura 14-3 concentra-se em um ponto de um gráfico de dispersão e em seu desvio com relação à linha de regressão (o resíduo) e com relação à média da variável y. A figura também mostra o desvio entre a linha de regressão e a média.

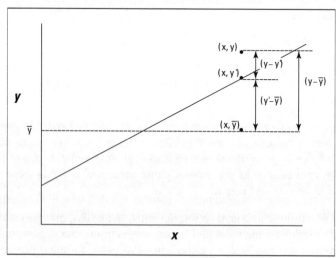

FIGURA 14-3: Os desvios em um gráfico de dispersão.

Como você pode ver na figura, a distância entre o ponto e a linha de regressão e a distância entre a linha de regressão e a média formam a distância entre o ponto e a média:

$$(y - y)' + (y' - \bar{y}) = (y - \bar{y})$$

Isso prepara o terreno para outras relações importantes.

Comece elevando cada desvio ao quadrado. Isso nos dá: $(y - y')^2$, $(y' - \bar{y})^2$ e $(y - \bar{y})^2$. Se você somar cada um dos desvios quadrados, terá

» $$\sum (y - y')^2$$

Acabei de mostrar esta fórmula. Ela é o numerador da variação residual. Ela representa a variação com relação à linha de regressão — o "erro" que mencionei anteriormente. Na terminologia do Capítulo 12, o numerador de uma variação é chamado de Soma dos Quadrados ou SQ. Portanto, esta é a $SQ_{Residual}$.

» $$\sum (y' - \bar{y})^2$$

Esta fórmula é nova. O desvio $(y' - \bar{y})$ representa o ganho na previsão devido ao uso da linha de regressão no lugar da média. A soma reflete este ganho e é chamada de $SQ_{Regressão}$.

» $$\sum (y - \bar{y})^2$$

Apresentei esta fórmula no Capítulo 5 — embora tenha usado x no lugar de y. Este é o numerador da variação de y. Nos termos do Capítulo 12, ela é o numerador da *variação total*, ou SQ_{Total}.

Esta relação é verdadeira entre estas três somas:

$$SQ_{Residual} + SQ_{Regressão} = SQ_{Total}$$

Cada uma está associada com um valor para grau de liberdade — o denominador de estimativa de variação. Como foi apontado na seção anterior, o denominador para $SQ_{Residual}$ é $N-2$. O gl para SQ_{Total} é $N-1$ (veja os Capítulos 5 e 12). Assim como o SQ, os graus de liberdade são somados:

$$gl_{Regressão} + gl_{Residual} = gl_{Total}$$

Isso resulta em um grau de liberdade para a Regressão.

Para onde isso nos leva e o que tem a ver com o teste de hipóteses? Bem, já que surgiu a pergunta, obtemos as estimativas de variação dividindo a SQ pelo gl. Cada estimativa de variação é chamada de *Média Quadrática*, abreviada MQ (novamente, veja o Capítulo 12):

$$MQ_{Regressão} = \frac{SQ_{Regressão}}{gl_{Regressão}}$$

CAPÍTULO 14 **Regressão: Linear e Múltipla**   297

$$MQ_{Residual} = \frac{SQ_{Residual}}{gl_{Residual}}$$

$$MQ_{Total} = \frac{SQ_{Total}}{gl_{Total}}$$

Agora, passemos à parte das hipóteses. Se H_0 é verdadeiro e o que parece uma relação entre x e y na verdade não é nada de mais, a parte que representa o ganho na previsão por causa da linha de regressão ($MQ_{Regressão}$) não deve ser maior que a variação relacionada à linha de regressão ($MQ_{Residual}$). Se H_0 não é verdadeiro e o ganho na previsão é substancial, a $MQ_{Regressão}$ deve ser muito maior que a $MQ_{Residual}$.

Portanto, as hipóteses passam a se apresentar da seguinte como

H_0: $\sigma^2_{Regressão} \leq \sigma^2_{Residual}$

H_1: $\sigma^2_{Regressão} > \sigma^2_{Residual}$

Estas são as hipóteses que podem ser testadas. Como? Para testar uma hipótese sobre duas variações, utilizamos um teste F (veja o Capítulo 11). A estatística de teste, neste caso, é

$$F = \frac{MQ_{Regressão}}{MQ_{Residual}}$$

Para mostrar como tudo isso funciona, apliquei as fórmulas ao exemplo dos alunos de Sahutsket. A $MQ_{Residual}$ é a mesma que $s_{yx}2$ da seção anterior, cujo valor é 0,16. A $MQ_{Regressão}$ é

$$MQ_{Regressão} = \frac{(2,24-2,705)^2 + (2,79-2,705)^2 + ... + (2,31-2,705)^2}{1} = 5,83$$

Daí, temos o valor de F:

$$F = \frac{MQ_{Regressão}}{MQ_{Residual}} = \frac{5,83}{0,16} = 36,03$$

Com gl igual a 1 e 18 e $\alpha = 0,05$, o valor crítico de F é 4,41. (Você pode usar a função de planilha INV.F.CD para verificar.) O valor calculado de F é maior que o valor de F crítico, portanto, a decisão é rejeitar H_0. Isso significa que a linha de regressão é ideal para os dados da amostra.

Testando a inclinação

Outra questão que surge na regressão linear é se a inclinação da linha de regressão é muito diferente de zero ou não. Caso não seja, a média é um modo de previsão tão bom quanto a linha de regressão.

298   PARTE 3 **Tirando Conclusões a Partir dos Dados**

As hipóteses para este teste são:

$H_0: \beta \leq 0$

$H_1: \beta > 0$

O teste estatístico é t, sobre o qual falei nos Capítulos 9, 10 e 11 em conexão com as médias. O teste t para a inclinação é

$$t = \frac{b - \beta}{s_b}$$

com gl = $N-2$. O denominador estima o erro padrão da inclinação. O termo parece mais complicado do que realmente é. A fórmula é:

$$s_b = \frac{s_{yx}}{s_x \sqrt{(N-1)}}$$

onde s_x é o desvio padrão da variável x. Para os dados do exemplo

$$s_b = \frac{s_{yx}}{s_x \sqrt{(N-1)}} = \frac{0,402}{(161,776)\sqrt{(20-1)}} = ,00057$$

$$t = \frac{b - \beta}{s_b} = \frac{,0034 - 0}{,00057} = 5,96$$

O valor real é 6,00. Arredondando s_{yx} e s_b para um número mais gerenciável de casas decimais antes de fazer o cálculo resulta em 5,96. De qualquer maneira, este valor é maior que o valor crítico de t para gl = 18 e α = 0,05 (2,10), portanto, a decisão é rejeitar H_0. Este exemplo, a propósito, mostra por que é importante testar hipóteses. A inclinação, 0,0034, parece ser um número bem pequeno. (Possivelmente porque ele é realmente um número pequeno.) Mesmo assim, ela é grande o suficiente para rejeitar H_0 neste caso.

Testando a intercepção

PAPO DE
ESPECIALISTA

A fim de que tudo fique completo, incluí o teste de hipótese para a intercepção. Duvido que você o utilize com frequência, mas ele aparece nos resultados de algumas ferramentas do Excel relacionadas à regressão. Quero que você compreenda todos os aspectos destes resultados (sobre os quais falarei em instantes). Portanto, vamos a elas.

As hipóteses são:

$H_0: \alpha = 0$

$H_1: \alpha \neq 0$

O teste, mais uma vez, é um teste t. A fórmula é

$$t = \frac{a - \alpha}{s_a}$$

O denominador é a estimativa do erro padrão para a intercepção. Sem entrar em detalhes, a fórmula de s_a é

$$s_a = s_{yx} \sqrt{\left[\frac{1}{N} + \frac{\bar{x}^2}{(N-1)s_x^{\ 2}} \right]}$$

onde s_x é o desvio padrão da variável x, $s_x 2$ é a variação da variável x e $\bar{x}$ é a média quadrática da variável x. Aplicando esta fórmula aos dados do exemplo,

$$s_a = s_{yx} \sqrt{\left[\frac{1}{N} + \frac{\bar{x}^2}{(N-1)s_x^{\ 2}} \right]} = 0{,}402 \sqrt{\frac{1}{20} + \frac{(1126{,}5)^2}{(20-1)(161{,}78)^2}} = 0{,}649$$

O teste t é

$$t = \frac{a - \alpha}{s_a} = \frac{-1{,}15}{0{,}649} = -1{,}78$$

Com 18 graus de liberdade, e a probabilidade de um erro Tipo I em 0,05, o valor crítico de t é 2,45 para um teste bicaudal. Este é um teste bicaudal, pois H_1 afirma que a intercepção é diferente de zero — esta hipótese não especifica se a intercepção é maior ou menor que zero. Como o valor calculado não é mais negativo que o valor crítico negativo, a decisão é não rejeitar H_0.

Funções de Planilha para Regressão

O Excel é de grande utilidade em trabalhos cheios de cálculos com a regressão linear. Uma diversidade de funções e ferramentas de análise de dados facilita, e muito, esta tarefa. Nesta seção, falarei sobre as funções de planilha e sobre duas funções matriciais.

A Figura 14-4 mostra os dados que serão utilizados para ilustrar cada função. Os dados são os valores GPA e SAT dos 20 estudantes do exemplo anterior. Como você pode ver na figura, os valores SAT estão no intervalo C3:C22 e os GPAs estão no intervalo D3:D22. O SAT é a variável x e o GPA é a variável y.

Para esclarecer o funcionamento destas funções, defini nomes para os intervalos de dados. Defini SAT como nome para o intervalo C3:C22, e GPA para o intervalo D3:D22. Assim, posso usar estes nomes nos argumentos das funções. Se você não sabe como atribuir um nome a um intervalo, consulte o Capítulo 2.

◢	A	B	C	D
1				
2		Student	SAT	GPA
3		1	990	2.2
4		2	1150	3.2
5		3	1080	2.6
6		4	1100	3.3
7		5	1280	3.8
8		6	990	2.2
9		7	1110	3.2
10		8	920	2.0
11		9	1000	2.2
12		10	1200	3.6
13		11	1000	2.1
14		12	1150	2.8
15		13	1070	2.2
16		14	1120	2.1
17		15	1250	2.4
18		16	1020	2.2
19		17	1060	2.3
20		18	1550	3.9
21		19	1480	3.8
22		20	1010	2.0
23				

FIGURA 14-4:
Dados para
as funções
de planilha
relacionadas
à regressão.

INCLINAÇÃO, INTERCEPÇÃO, EPADYX

Estas três funções trabalham da mesma forma, portanto, farei uma descrição geral e fornecerei detalhes conforme necessário para cada uma delas.

1. Após digitar os dados na planilha, selecione uma célula.

2. No menu Funções Estatísticas, selecione uma função de regressão para abrir sua janela Argumentos da Função.

- Para calcular a inclinação de uma linha de regressão ao longo dos dados, selecione INCLINAÇÃO.

- Para calcular a intercepção, selecione INTERCEPÇÃO.

- Para calcular o erro padrão de estimativa, selecione EPADYX.

As Figuras 14-5, 14-6 e 14-7 ilustram as janelas Argumentos da Função destas três funções.

3. Na janela Argumentos da Função, digite os valores adequados para os argumentos.

Na caixa Val_conhecidos_y, digitei o nome do intervalo de células que contém os valores da variável *y*. Neste exemplo, são os valores GPA (cujo nome foi definido para o intervalo C3:C22).

Na caixa Val_conhecidos_x, digitei o nome do intervalo de células que contém os valores da variável *x*. Neste exemplo, são os valores SAT (cujo nome foi

CAPÍTULO 14 **Regressão: Linear e Múltipla** 301

definido para o intervalo D3:D22). Depois que digito os nomes, a resposta aparece na janela.

- A resposta para INCLINAÇÃO é 0,00342556 (Figura 14-5).
- A resposta para INTERCEPÇÃO é –1,153832541 (Figura 14-6).
- A resposta para EPADYX é 0,402400043 (Figura 14-7).

4. **Clique em OK para colocar a resposta na célula selecionada.**

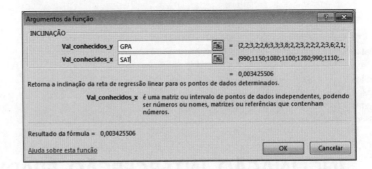

FIGURA 14-5: Janela Argumentos da Função de INCLINAÇÃO.

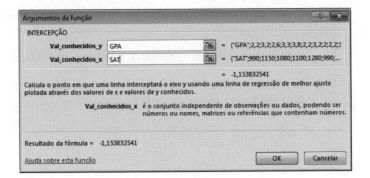

FIGURA 14-6: A Janela Argumentos da Função de INTERCEPÇÃO.

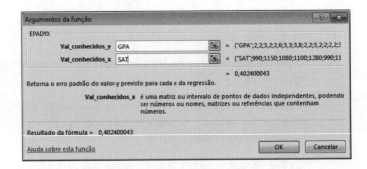

FIGURA 14-7: Aumentos da Função de EPADYX.

PREVISÃO

Esta função é um pouco diferente das três anteriores. Além das colunas para as variáveis x e y, em PREVISÃO fornecemos um valor para x, e a resposta é uma previsão baseada na relação de regressão linear entre as variáveis x e y.

A Figura 14-8 mostra a janela Argumentos de PREVISÃO. Na caixa X, digitei 1290. Para este valor SAT, a figura mostra que o GPA previsto é 3,265070236.

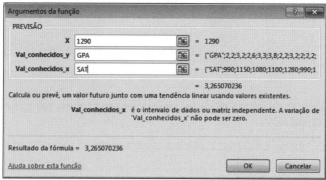

FIGURA 14-8: A janela Argumentos da Função para PREVISÃO.

Função matricial: TENDÊNCIA

TENDÊNCIA é uma função bastante versátil. Você pode usá-la para gerar um conjunto de valores previstos de y para os valores de x na amostra.

Você também pode fornecer um novo grupo de valores de x e gerar um conjunto de valores previstos para y, com base na relação linear de sua amostra. É como aplicar PREVISÃO várias vezes de uma só tacada.

Nesta seção, falarei sobre os dois usos.

Prevendo ys para os xs de seu exemplo

Primeiro, utilizarei TENDÊNCIA para prever os valores GPA para os 20 alunos da amostra. A Figura 14-9 mostra TENDÊNCIA pronta para a ação. Incluí a Barra de Fórmulas neste *print* de tela para que você possa ver como fica a fórmula neste uso de TENDÊNCIA.

CAPÍTULO 14 **Regressão: Linear e Múltipla** 303

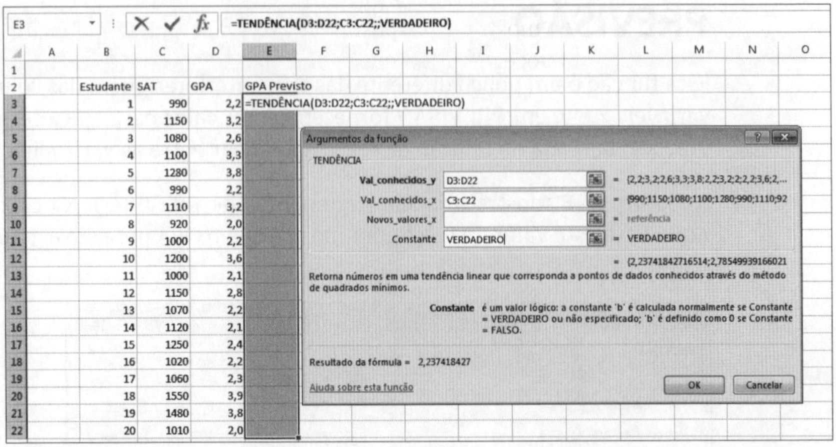

FIGURA 14-9: A janela Argumentos da Função para TENDÊNCIA, juntamente com os dados. TENDÊNCIA deverá prever os valores GPA para os valores SAT da amostra.

1. **Depois de inserir os dados, selecione uma coluna para as respostas de TENDÊNCIA.**

Selecionei E3:E22. Isso colocará os valores previstos de GPA ao lado dos valores GPA da amostra.

2. **No menu Funções Estatísticas, escolha TENDÊNCIA para abrir a janela Argumentos da Função para TENDÊNCIA.**

3. **Na janela Argumentos da Função, digite os valores adequados para os argumentos.**

Na caixa Val_conhecidos_y, coloque o nome do intervalo de células que contém os valores da variável y. Neste exemplo, o intervalo é D3:D22.

Na caixa Val_conhecidos_x, coloque o nome do intervalo de células que contém os valores da variável x. Neste exemplo, o intervalo é C3:C22.

Por que eu não coloquei GPA e SAT como nos exemplos anteriores? Na minha cópia do Excel isso não funcionou. (Não sei o porquê.) Talvez você tenha mais sorte com a sua cópia do Excel.

Deixei a caixa Novos_valores_x em branco.

Na caixa Constante, digitei VERDADEIRO (você pode deixá-la em branco), para calcular a intercepção de y. Você pode digitar FALSO, para determinar o valor zero para a intercepção de y.

(Não vejo motivo para digitar FALSO.) Um aviso: Na janela, a instrução da caixa Constante refere-se a b. Trata-se da intercepção de y. Anteriormente neste capítulo, utilizei a para representar a intercepção de y e b para representar a inclinação. Não há um padrão de uso neste caso.

4. **IMPORTANTE: NÃO clique em OK. Como esta é uma função matricial, pressione Ctrl+Shift+Enter para colocar as respostas de TENDÊNCIA no intervalo selecionado.**

304 PARTE 3 **Tirando Conclusões a Partir dos Dados**

A Figura 14-10 mostra as respostas no intervalo E3:E22. Eu inclui a barra Fórmula para que você possa ver que o Excel cerca o intervalo completo com chaves.

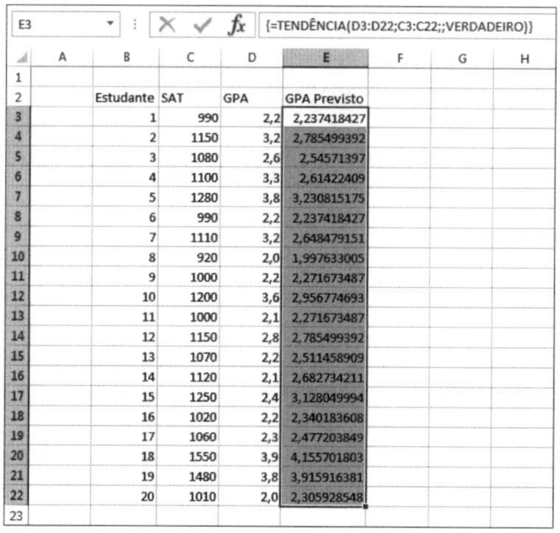

FIGURA 14-10: Os resultados de TENDÊNCIA: GPAs previstos para os SATs da amostra.

Prevendo um novo conjunto de ys para um novo conjunto de xs

Aqui, usarei TENDÊNCIA para prever GPAs para quatro novos valores SAT. A Figura 14-11 ilustra a função TENDÊNCIA pronta para a ação, com o nome Novo_SAT definido para o intervalo de células que conterá os novos valores. A figura também mostra o intervalo de células selecionado para o resultado. Mais uma vez, incluí a Barra de Fórmulas na figura para mostrar como fica a fórmula neste uso da função.

FIGURA 14-11: A janela Argumentos da Função para TENDÊNCIA, juntamente com os dados. TENDÊNCIA deverá prever GPAs para um novo conjunto de SATs.

CAPÍTULO 14 **Regressão: Linear e Múltipla** 305

1. Depois de inserir os dados, selecione um intervalo de células para as respostas de TENDÊNCIA.

Selecionei G8:G11.

2. No menu Funções Estatísticas, selecione TENDÊNCIA para abrir a janela Argumentos da Função para TENDÊNCIA.

3. Na janela Argumentos da Função, digite os valores adequados para os argumentos.

Na caixa Val_conhecidos_y, coloque o nome do intervalo de células que contém os valores da variável y. Neste exemplo, o intervalo é D3:D22.

Na caixa Val_conhecidos_x, coloque o nome do intervalo de células que contém os valores da variável x. Neste exemplo, o intervalo é C3:C22.

Na caixa Novos_valores_x, coloque o nome do intervalo de células que contém os novos valores para a variável x. Neste exemplo, o intervalo é F8:F11.

Na caixa Constante, você pode escrever VERDADEIRO (ou deixar em branco), para calcular a intercepção de y, ou FALSO, para determinar o valor zero para a intercepção de y. Escrevi VERDADEIRO. (Novamente, não vejo motivo para escrever FALSO.)

4. IMPORTANTE: NÃO clique em OK. Como esta é uma função matricial, pressione Ctrl+Shift+Enter para colocar as respostas de TENDÊNCIA na coluna selecionada.

A Figura 14-12 mostra as respostas no intervalo G8:G11. Novamente, incluí a barra Fórmulas para mostrar que o Excel cerca a fórmula do intervalo com chaves.

G8			✕ ✓	fx	{=TENDÊNCIA(D3:D22;C3:C22;F8:F11;VERDADEIRO)}		
	A	B	C	D	E	F	G	H
1								
2		Estudante	SAT	GPA				
3		1	990	2,2				
4		2	1150	3,2				
5		3	1080	2,6				
6		4	1100	3,3				
7		5	1280	3,8		Novo_SAT	GPA Previsto	
8		6	990	2,2		1290	3,265070236	
9		7	1110	3,2		1030	2,374438668	
10		8	920	2,0		1050	2,442948789	
11		9	1000	2,2		1270	3,196560115	
12		10	1200	3,6				
13		11	1000	2,1				
14		12	1150	2,8				
15		13	1070	2,2				
16		14	1120	2,1				
17		15	1250	2,4				
18		16	1020	2,2				
19		17	1060	2,3				
20		18	1550	3,9				
21		19	1480	3,8				
22		20	1010	2,0				

FIGURA 14-12: Os resultados de TENDÊNCIA: GPAs previstos para um novo conjunto de SATs.

306   PARTE 3 **Tirando Conclusões a Partir dos Dados**

Função matricial: PROJ.LIN

A função PROJ.LIN combina as funções INCLINAÇÃO, INTERCEPÇÃO e EPADYX, além de incorporar alguns extras. A Figura 14-13 mostra a janela Argumentos da Função para PROJ.LIN, juntamente com os dados e o intervalo selecionado para as respostas. Repare que é um intervalo com cinco linhas e duas colunas. É assim que deve ser o intervalo selecionado para uma regressão linear. Como você saberia o número exato de linhas e colunas do intervalo se eu não dissesse? Bem... você não saberia.

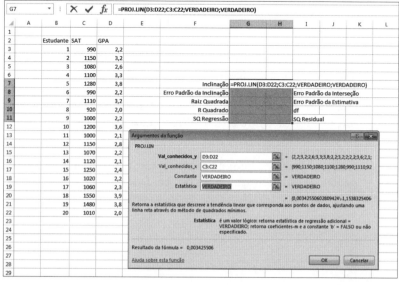

FIGURA 14-13: A janela Argumentos da Função de PROJ.LIN, juntamente com os dados e o intervalo selecionado para os resultados.

A seguir, o passo a passo para usar PROJ.LIN:

1. Depois de inserir os dados, selecione um intervalo de cinco linhas por duas colunas para conter os resultados de PROJ.LIN.

Selecionei G3:H7.

2. No menu Funções Estatísticas, selecione PROJ.LIN para abrir a janela Argumentos da Função para PROJ.LIN.

3. Na janela Argumentos da Função, digite os valores adequados para os argumentos.

Na caixa Val_conhecidos_y, coloque o nome do intervalo de células que contém os valores da variável *y*. Neste exemplo, o intervalo é D3:D22.

Na caixa Val_conhecidos_x, coloque o nome do intervalo de células que contém os valores da variável *x*. Neste exemplo, o intervalo é C3:C22.

CAPÍTULO 14 **Regressão: Linear e Múltipla** 307

Na caixa Constante, você pode escrever VERDADEIRO (ou deixar em branco), para calcular a intercepção de *y*, ou FALSO, para determinar o valor zero para a intercepção de *y*. Escrevi VERDADEIRO.

Na caixa Estatística, as opções são digitar VERDADEIRO, para obter as estatísticas de regressão além da inclinação e da intercepção, ou FALSO (ou deixar em branco), para obter apenas a inclinação e a intercepção. Escrevi VERDADEIRO.

Nesta janela, *b* refere-se à intercepção e o *coeficiente m* refere-se à inclinação. Como eu disse anteriormente, não há um conjunto padrão de símbolos.

4. **IMPORTANTE: NÃO clique em OK. Como esta é uma função matricial, pressione Ctrl+Shift+Enter para colocar as respostas de TENDÊNCIA no intervalo selecionado.**

A Figura 14-14 mostra os resultados de PROJ.LIN. Como eles não têm qualquer identificação, tomei a liberdade de acrescentá-los na planilha. A coluna da esquerda informa a inclinação, o erro padrão da inclinação, algo chamado "R Quadrado", F e a $SQ_{Regressão}$. O que é R Quadrado? Trata-se de outra medida de força da relação entre SAT e GPA na amostra. Falarei sobre isso com detalhes no Capítulo 15.

A coluna da direita informa a intercepção, o erro padrão da intercepção, o erro padrão da estimativa, os graus de liberdade e a $SQ_{Residual}$.

FIGURA 14-14: Os resultados de PROJ.LIN no intervalo selecionado.

	A	B	C	D	E	F	G	H	I	J	K
1											
2		Estudante	SAT	GPA							
3		1	990	2,2							
4		2	1150	3,2							
5		3	1080	2,6							
6		4	1100	3,3							
7		5	1280	3,8		Inclinação	0,003425506	-1,15383	Interseção		
8		6	990	2,2		Erro Padrão da Inclinação	0,000570648	0,649102	Erro Padrão da Interseção		
9		7	1110	3,2		Raiz Quadrada	0,666876472	0,4024	Erro Padrão da Estimativa		
10		8	920	2,0		R Quadrado	36,03400989	18	df		
11		9	1000	2,2		SQ Regressão	5,834835693	2,914664	SQ Residual		
12		10	1200	3,6							
13		11	1000	2,1							
14		12	1150	2,8							
15		13	1070	2,2							
16		14	1120	2,1							
17		15	1250	2,4							
18		16	1020	2,2							
19		17	1060	2,3							
20		18	1550	3,9							
21		19	1480	3,8							
22		20	1010	2,0							
23											
24											

Célula G7: {=PROJ.LIN(D3:D22;C3:C22;VERDADEIRO;VERDADEIRO)}

PARTE 3 **Tirando Conclusões a Partir dos Dados**

Ferramenta de análise de dados: Regressão

A ferramenta de análise de dados Regressão do Excel faz tudo o que PROJ.LIN faz (e mais) além de identificar os resultados para você. A Figura 14-15 mostra a janela desta ferramenta, juntamente com os dados do exemplo SAT-GPA.

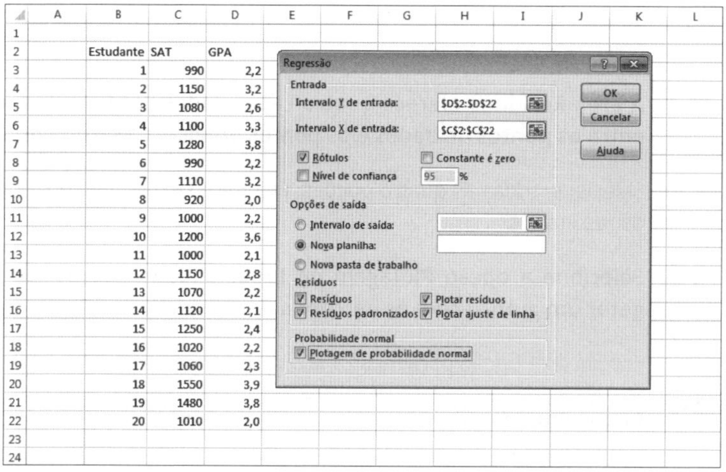

Estudante	SAT	GPA
1	990	2,2
2	1150	3,2
3	1080	2,6
4	1100	3,3
5	1280	3,8
6	990	2,2
7	1110	3,2
8	920	2,0
9	1000	2,2
10	1200	3,6
11	1000	2,1
12	1150	2,8
13	1070	2,2
14	1120	2,1
15	1250	2,4
16	1020	2,2
17	1060	2,3
18	1550	3,9
19	1480	3,8
20	1010	2,0

FIGURA 14-15: A janela ferramenta de análise de dados Regressão e os dados SAT-GPA.

Os passos para usar esta ferramenta são:

1. **Digite os dados na planilha e nomeie as colunas.**
2. **Selecione Dados | Análise de Dados para abrir a janela Análise de Dados.**
3. **Na janela Análise de Dados, procure na lista de Ferramentas de Análise e selecione Regressão. Clique em OK para abrir a janela correspondente.**

   Esta janela está ilustrada na Figura 14-15.

4. **Na caixa Intervalo Y de Entrada, insira o intervalo de células que contém os dados da variável y.**

   Neste exemplo, os GPAs (inclusive o rótulo) estão em $D$2:$D$22. Repare nos sinais $, que indicam a referência absoluta. O Excel adiciona esses sinais quando você seleciona as células na planilha.

5. **Na caixa Intervalo X de Entrada, insira o intervalo de células que contém os dados da variável x.**

   Os SATs (inclusive o rótulo) estão em $C$2:$C$22.

6. Se os intervalos de célula incluírem os títulos das colunas, marque a caixa Rótulos.

   Eu incluí as legendas nos intervalos, portanto, marquei esta caixa.

7. A caixa Alfa tem o valor 0,05 como padrão. Mude esse valor se quiser um alfa diferente.

8. Em Opções de Saída, selecione uma opção para indicar onde deseja colocar os resultados.

   Selecionei Nova Planilha para que os resultados sejam colocados em uma nova página na planilha.

9. A área Resíduos oferece quatro capacidades para visualizar os desvios entre os pontos de dados e os pontos previstos. Marque quantas quiser.

   Selecionei todas as quatro opções. Elas serão explicadas quando eu mostrar os resultados.

10. Selecione a opção Plotagem de Probabilidade Normal se você quiser gerar um gráfico com os percentis da variável y.

    Escolhi esta opção para mostrá-la a você no resultado.

11. Clique em OK.

    Como selecionei Nova Planilha, uma página recém-criada é aberta com os resultados.

DICA

Uma palavrinha sobre os passos 4 e 5: Você notará que não escrevi os nomes dos intervalos de células (GPA e SAT). Em vez disso, escrevi os intervalos ($D$2:$D$22 e $C$2:$C$22). Por quê? Ao definir um nome para um intervalo de células, eu não incluo a célula que contém o nome (por motivos explicados no Capítulo 2). Seguir esta prática, no entanto, cria uma pequena dificuldade na utilização de uma ferramenta de análise de dados: Não se pode marcar a caixa Rótulos se os nomes definidos não fizerem parte do intervalo nomeado. Marcar esta caixa faz com que a variável nomes apareça nos resultados — o que é bom. Portanto, eu apenas escrevi o intervalo de células incluindo a célula com o nome e marquei a caixa Rótulos.

Resultados tabelados

A Figura 14-16 mostra a metade superior dos resultados tabelados da ferramenta, depois que expandi as colunas. O título é RESUMO DOS RESULTADOS. Esta parte dos resultados traz uma tabela com a Estatística da Regressão, outra tabela com a ANOVA e mais uma com os coeficientes de regressão.

FIGURA 14-16: A metade superior dos resultados tabelados da ferramenta de análise de dados Regressão.

⊿	A	B	C	D	E	F	G	H	I
1	RESUMO DOS RESULTADOS								
2									
3	*Estatística de regressão*								
4	R múltiplo	0,81662505							
5	R-Quadrado	0,666876472							
6	R-quadrado ajustado	0,648369609							
7	Erro padrão	0,402400043							
8	Observações	20							
9									
10	ANOVA								
11		*gl*	*SQ*	*MQ*	*F*	*F de significação*			
12	Regressão	1	5,834835693	5,834835693	36,03400989	1,12048E-05			
13	Resíduo	18	2,914664307	0,161925795					
14	Total	19	8,7495						
15									
16		*Coeficientes*	*Erro padrão*	*Stat t*	*valor-P*	*95% inferiores*	*95% superiores*	*Inferior 95,0%*	*Superior 95,0%*
17	Interseção	-1,153832541	0,649101962	-1,777582888	0,09237211	-2,517545159	0,209880078	-2,517545159	0,209880078
18	SAT	0,003425506	0,000570648	6,002833489	1,12048E-05	0,002226619	0,004624393	0,002226619	0,004624393
19									

As três primeiras linhas da tabela de Estatística de Regressão trazem informações relacionadas a R2, que é uma medida da força da relação SAT-GPA na amostra. A quarta linha mostra o erro padrão de estimativa, e a quinta linha informa o número de indivíduos na amostra.

A tabela ANOVA apresenta os resultados dos testes

H_0: $\sigma_{Regressão} \leq \sigma_{Residual}$

H_1: $\sigma_{Regressão} > \sigma_{Residual}$

Se o valor da coluna de significação F for menor que 0,05 (ou qualquer valor de alfa que você esteja usando), rejeite H_0. Neste exemplo, o valor é menor que 0,05.

Logo abaixo da tabela ANOVA há uma tabela que informa os coeficientes de regressão. O Excel não fornece um nome a esta tabela, mas eu a chamo de tabela de coeficientes. A coluna Coeficientes informa os valores da intercepção da inclinação. A inclinação é identificada com o nome da variável x. A coluna Erro Padrão informa o erro padrão da intercepção e o erro padrão da inclinação.

O restante das colunas informa os resultados dos testes t da intercepção e da inclinação. A coluna valor P permite que você decida se deve ou não rejeitar H_0. Se o valor for menor que seu alfa, rejeite H_0. Neste exemplo, a decisão é rejeitar H_0 para a inclinação, mas não para a intercepção.

A Figura 14-7 mostra a metade inferior dos resultados tabelados da ferramenta Regressão.

CAPÍTULO 14 **Regressão: Linear e Múltipla**   311

FIGURA 14-17: A metade inferior dos resultados tabelados da ferramenta de análise de dados Regressão.

⊿	A	B	C	D	E	F	G
21							
22	RESULTADOS DE RESÍDUOS					RESULTADOS DE PROBABILIDADE	
23							
24	*Observação*	*Previsto(a) GPA*	*Resíduos*	*Resíduos padrão*		*Percentil*	*GPA*
25	1	2,237418427	-0,037418427	-0,095536221		2,5	2
26	2	2,785499392	0,414500608	1,058297332		7,5	2
27	3	2,54571397	0,05428603	0,138602356		12,5	2,1
28	4	2,61422409	0,68577591	1,750913753		17,5	2,1
29	5	3,230815175	0,569184825	1,453234976		22,5	2,2
30	6	2,237418427	-0,037418427	-0,095536221		27,5	2,2
31	7	2,648479151	0,551520849	1,408135554		32,5	2,2
32	8	1,997633005	0,002366995	0,006043379		37,5	2,2
33	9	2,271673487	-0,071673487	-0,182995776		42,5	2,2
34	10	2,956774693	0,643225307	1,642274131		47,5	2,3
35	11	2,271673487	-0,171673487	-0,43831442		52,5	2,4
36	12	2,785499392	0,014500608	0,037022757		57,5	2,6
37	13	2,511458909	-0,311458909	-0,795212664		62,5	2,8
38	14	2,682734211	-0,582734211	-1,487829085		67,5	3,2
39	15	3,128049994	-0,728049994	-1,858847373		72,5	3,2
40	16	2,340183608	-0,140183608	-0,357914887		77,5	3,3
41	17	2,477203849	-0,177203849	-0,452434465		82,5	3,6
42	18	4,155701803	-0,255701803	-0,652854376		87,5	3,8
43	19	3,915916381	-0,115916381	-0,295956132		92,5	3,8
44	20	2,305928548	-0,305928548	-0,78109262		97,5	3,9
45							

Aqui você encontra os RESULTADOS DE RESÍDUOS e os RESULTADOS DE PRO-BABILIDADE. Os RESULTADOS DE RESÍDUOS são uma tabela que mostra o valor previsto e o residual ($y-y'$) de cada indivíduo da amostra. Também apresenta o *resíduo padrão* de cada observação, que é

$$\text{resíduo padrão} = \frac{\text{resíduo} - \text{média residual}}{S_{yx}}$$

Os dados tabelados dos resíduos e dos resíduos padrão são úteis para analisar a variação ao redor da linha de regressão. É possível avaliar estes dados com rela-ção aos valores discrepantes, por exemplo, e verificar se eles estão associados com valores específicos da variável x. (Caso estejam, pode significar que algo estranho está acontecendo em sua amostra.)

Os RESULTADOS DE PROBABILIDADE são uma tabela das porcentagens dos dados da variável y na amostra. (Sim, RESULTADOS PORCENTUAIS seria um nome mais adequado.)

Resultados em gráficos

As Figuras 14-18, 14-19 e 14-20 mostram os resultados gráficos da ferramenta Regressão. A Plotagem de Probabilidade Normal, na Figura 14-18, é uma versão gráfica da tabela RESULTADOS DE PROBABILIDADE. SAT Plotagem de Resí-duos, na Figura 14-19, apresenta os resíduos em gráfico com relação à variável x: Para cada valor SAT da amostra, esta plotagem apresenta o resíduo corres-pondente. A Figura 14-20 apresenta a Plotagem de Ajuste de Linha SAT — uma representação dos valores observados e previstos de y.

312   PARTE 3 **Tirando Conclusões a Partir dos Dados**

FIGURA 14-18: Este gráfico mostra as porcentagens dos dados para a variável y.

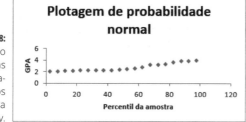

FIGURA 14-19: Este gráfico representa os resíduos com relação à variável x.

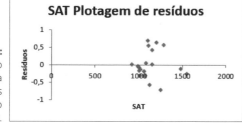

FIGURA 14-20: Este gráfico apresenta os valores observados e previstos de y.

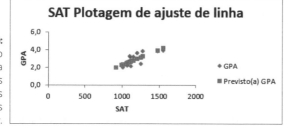

Se você já utilizou a ferramenta Regressão no Excel 2007, notará uma diferença na Plotagem de Probabilidade Normal e na Plotagem de Ajuste de Linha. No Excel 2007, eles são apresentados em colunas. Você pode usar as capacidades gráficas do Excel para reformatar os gráficos para a forma de dispersão.

Lidando com Diversas Relações ao Mesmo Tempo: Regressão Múltipla

A regressão linear é uma ótima ferramenta para fazer previsões. Quando você conhece a inclinação e a intercepção da linha que relaciona duas variáveis, pode tomar um novo valor de x e prever um novo valor para y. No exemplo com o qual venho trabalhando, tomamos o valor SAT e prevemos o GPA de um aluno da Universidade Sahutsket.

E se você soubesse mais do que o valor SAT de cada aluno? E se tivesse a média do aluno do Ensino Médio (em uma escala de 0 a 100) e pudesse usar também esta informação? Se fosse possível combinar o SAT com a média no Ensino Médio (EM), teria uma previsão mais precisa do que apenas com o valor SAT.

Ao trabalhar com mais de uma variável independente, entramos no âmbito da *regressão múltipla*. Assim como na regressão linear, calculam-se os coeficientes de regressão para a linha que melhor se ajuste em um gráfico de dispersão. Repito: "melhor ajuste" significa que a soma das distâncias quadradas dos pontos de dados da linha é um número mínimo.

No entanto, com duas variáveis independentes, não é possível exibir um gráfico de dispersão bidimensional. É preciso ser tridimensional, e isso é difícil de criar. Por esse motivo, mostrarei apenas a equação da linha de regressão:

$$y' = a + b_1 x_1 + b_2 x_2$$

No exemplo SAT–GPA, isso se traduz em

GPA Previsto = a + b$_1$(SAT) + b$_2$ (Média no Ensino Médio)

É possível testar hipóteses com relação ao ajuste geral e com relação aos três coeficientes de regressão.

Não entrarei em detalhes acerca de todas as fórmulas para calcular os coeficientes, pois isso é *muito* complicado. Assim, falarei diretamente sobre as capacidades do Excel.

Alguns pontos que devemos ter em mente antes de continuarmos:

» É possível ter qualquer número de variáveis *x*. Eu usarei apenas duas no exemplo a seguir.

» Espere que o coeficiente para os valores SAT mude de regressão linear para regressão múltipla. Espere que a intercepção também mude.

» Espere que o erro padrão de estimativa diminua da regressão linear para a regressão múltipla. Como a regressão múltipla utiliza mais informações do que a regressão linear, ela reduz o erro.

Ferramentas do Excel para Regressão Múltipla

A boa notícia sobre as ferramentas de regressão múltipla do Excel é que são as mesmas que já vimos para a regressão linear: Elas apenas são usadas de modo um pouco diferente.

A má notícia é... bem... não consigo pensar em nenhuma!

Revisão de TENDÊNCIA

Começarei pela função TENDÊNCIA. Anteriormente, mostrei como usar esta função para prever valores com base na variável x. Altere o que é inserido nesta janela, e você terá a previsão de valores com base em mais de uma variável.

A Figura 14-21 mostra a janela da função TENDÊNCIA e os dados de 20 alunos. Nos dados, acrescentei uma coluna com a média do ensino médio de cada estudante. Defini Média_EM como o nome para os dados desta coluna. A Figura também mostra a coluna selecionada para as previsões de TENDÊNCIA. Incluí a barra Fórmulas na figura para que você possa ver como ficará a fórmula.

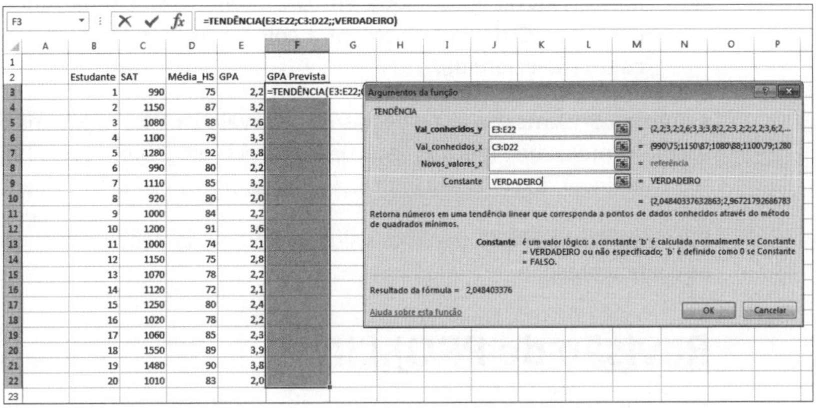

FIGURA 14-21:
A janela Argumentos da Função para TENDÊNCIA, juntamente com os dados. TENDÊNCIA está preparada para prever GPAs para os SATs e médias do Ensino Médio da amostra.

Siga estes passos:

1. Depois de inserir os dados, selecione uma coluna para as respostas de TENDÊNCIA.

Selecionei F3:F22. Isto coloca os GPAs previstos ao lado dos GPAs da amostra.

2. No menu Funções Estatísticas, selecione TENDÊNCIA para abrir a janela Argumentos da Função desta função.

CAPÍTULO 14 **Regressão: Linear e Múltipla** 315

3. Na janela Argumentos da Função, digite os valores adequados para os argumentos.

Na caixa Val_conhecidos_y, inseri o nome do intervalo de células que contém os valores da variável *y*. Neste exemplo, E3:E22.

Na caixa Val_conhecidos_x, inseri os nomes dos intervalos de células que contêm os valores das variáveis *x*. O intervalo é C3:D22, que são as células que contêm os valores SAT e as médias no ensino médio.

Eu inseri os intervalos em vez dos nomes, porque os nomes não trabalham com esta função na minha cópia do Excel.

Deixei a caixa Novos_valores_x em branco.

Na caixa Constante, as opções são: VERDADEIRO (ou deixar em branco), para calcular a intercepção de *y*, ou FALSO, para determinar o valor zero para a intercepção de *y*. Escrevi VERDADEIRO. (Realmente não vejo motivo para escrever FALSO.) Atenção: Na janela, a instrução da caixa Constante refere-se a *b*. Esta variável é a intercepção de *y*. No início do capítulo, usei *a* para representar a intercepção de *y* e *b* para representar a inclinação. Não há um padrão para o uso destas letras. Além disso, a janela faz parecer que esta função serve apenas para a regressão linear. Como você verá, esta função também serve para regressão múltipla.

4. IMPORTANTE: NÃO clique em OK. Como esta é uma função matricial, pressione Ctrl+Shift+Enter para colocar as respostas de TENDÊNCIA na coluna selecionada.

A Figura 14-22 mostra as respostas no intervalo F3:F22. Repare na diferença na barra Fórmulas da Figura 14-21 e da Figura 14-22. Depois que a função conclui seu trabalho, o Excel acrescenta chaves para indicar uma fórmula matricial.

Portanto, TENDÊNCIA prevê os valores, e eu ainda nem mostrei como calcular os coeficientes!

Revisão de PROJ.LIN

Para calcular os coeficientes da regressão múltipla, recorremos novamente a PROJ.LIN.

Na Figura 14-23, ilustro os dados e a janela de PROJ.LIN, juntamente com os dados e o intervalo selecionado para as respostas. O intervalo selecionado tem cinco linhas e três colunas. Sempre são cinco linhas. O número de colunas é igual ao número de coeficientes de regressão. Na regressão linear, são dois — a inclinação e a intercepção. No caso da regressão múltipla, são três.

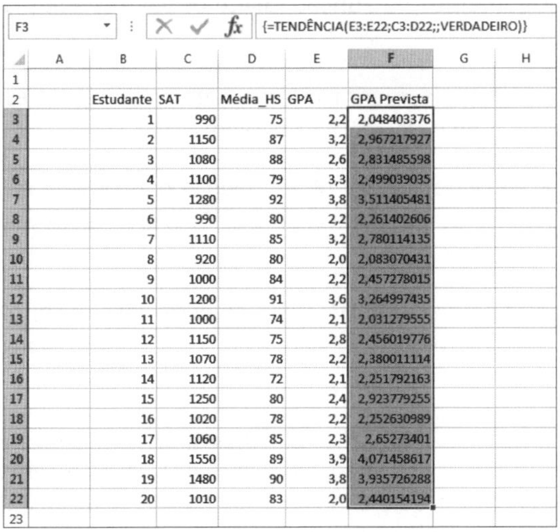

FIGURA 14-22: Os resultados de TENDÊNCIA: GPAs Previstos para os valores SAT e médias do Ensino Médio da amostra.

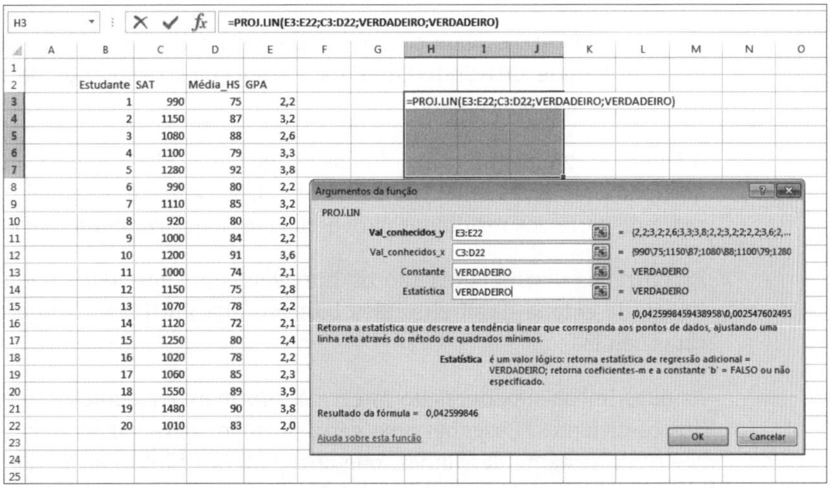

Barra de fórmulas: `F3` `{=TENDÊNCIA(E3:E22;C3:D22;;VERDADEIRO)}`

Estudante	SAT	Média_HS	GPA	GPA Prevista
1	990	75	2,2	2,048403376
2	1150	87	3,2	2,967217927
3	1080	88	2,6	2,831485598
4	1100	79	3,3	2,499039035
5	1280	92	3,8	3,511405481
6	990	80	2,2	2,261402606
7	1110	85	3,2	2,780114135
8	920	80	2,0	2,083070431
9	1000	84	2,2	2,457278015
10	1200	91	3,6	3,264997435
11	1000	74	2,1	2,031279555
12	1150	75	2,8	2,456019776
13	1070	78	2,2	2,380011114
14	1120	72	2,1	2,251792163
15	1250	80	2,4	2,923779255
16	1020	78	2,2	2,252630989
17	1060	85	2,3	2,65273401
18	1550	89	3,9	4,071458617
19	1480	90	3,8	3,935726288
20	1010	83	2,0	2,440154194

FIGURA 14-23: A janela Argumentos da Função de PROJ.LIN, juntamente com os dados e o intervalo selecionado para conter os resultados da regressão múltipla.

Barra de fórmulas: `H3` `=PROJ.LIN(E3:E22;C3:D22;VERDADEIRO;VERDADEIRO)`

A seguir, os passos para usar PROJ.LIN para a regressão múltipla com três coeficientes:

1. Depois de inserir os dados, selecione um intervalo de cinco linhas por três colunas para conter os resultados de PROJ.LIN.

Selecionei H3:J7.

2. No menu Funções Estatísticas, selecione PROJ.LIN para abrir a janela Argumentos da Função para PROJ.LIN.

CAPÍTULO 14 **Regressão: Linear e Múltipla** 317

3. **Na janela Argumentos da Função, digite os valores adequados para os argumentos.**

Na caixa Val_conhecidos_y, insira a coluna que contém os valores da variável *y*. Neste exemplo, o intervalo é E3:E22, o valores GPA.

Na caixa Val_conhecidos_x, insira as colunas que contêm os valores das variáveis *x*. Neste exemplo, o intervalo é C3:D22, que são os valores SAT e as médias do Ensino Médio.

Na caixa Constante, digite VERDADEIRO (ou deixe em branco), para calcular a intercepção de *y*. Escreva FALSO, para atribuir o valor zero à intercepção de *y*. Escrevi VERDADEIRO.

Na caixa Estatística, escreva VERDADEIRO, para obter as estatísticas de regressão além da inclinação e da intercepção, ou FALSO (ou deixe em branco), para obter apenas a inclinação e a intercepção. Escrevi VERDADEIRO. Esta janela refere-se à intercepção com a variável *b* e aos outros coeficientes como *coeficientes m*. Usei *a* para representar a inclinação e *b* para os outros coeficientes. Não há um padrão de letras para os coeficientes.

4. **IMPORTANTE: NÃO clique em OK. Como esta é uma função matricial, pressione Ctrl+Shift+Enter para colocar os resultados de PROJ.LIN no intervalo selecionado.**

A Figura 14-24 mostra os resultados de PROJ.LIN. Eles não estavam identificados, por isso, acrescentei títulos na planilha. Também desenhei uma caixa ao redor de parte dos resultados para esclarecer o que combina com o quê.

As entradas discrepantes são os horríveis símbolos #N/D nas últimas três linhas da coluna da direita. Eles indicam que PROJ.LIN não gera nada para estas células.

As duas linhas superiores do intervalo informam os valores e os erros padrão dos coeficientes. Desenhei uma caixa ao redor destas duas linhas para separá-las do restante das linhas, que apresentam as informações de forma diferente. Antes de falar sobre elas, gostaria de dizer que a primeira linha fornece as informações para a equação de regressão:

$$y' = -3,67 + ,0025x_1 + ,043x_2$$

Em termos de SAT, GPA e médias do Ensino Médio, a fórmula é:

GPA Previsto = $-3,67 + 0,0025(SAT) + 0,43(Média do Ensino Médio)$

A terceira linha traz o R Quadrado (uma medida da força da relação entre GPA e as outras duas variáveis, sobre a qual falarei no Capítulo 15) e o erro padrão de estimativa. Compare o erro padrão de estimativa da regressão múltipla com o erro padrão da regressão linear e você verá que, na regressão múltipla, o valor é

318   PARTE 3 **Tirando Conclusões a Partir dos Dados**

menor. (Não é necessário fazer isso. Farei por você. O valor é 0,40 na regressão linear e 0,35 na regressão múltipla.)

A quarta linha mostra a razão F que testa a hipótese de a linha ser ou não ideal para o gráfico de dispersão, e o gl do denominador de F. O gl do numerador (não exibido) é o número de coeficientes menos 1. Você pode usar a função INV.F.CD para verificar que o valor de F com gl = 2 e 17 é significativo.

A última linha informa a $SQ_{Regressão}$ e a $SQ_{Residual}$.

	A	B	C	D	E	F	G	H	I	J	K
1											
2		Estudante	SAT	Média_HS	GPA			b2	b1	Interseção	
3		1	990	75	2,2		Coeficiente	0,042599846	0,002547602	-3,66871154	
4		2	1150	87	3,2		Erro Padrão	0,015811932	0,000589753	1,088105488	
5		3	1080	88	2,6		R Quadrado	0,76655182	0,346627012	#N/D	erro padrão de estimativa
6		4	1100	79	3,3		F	27,91065009	17	#N/D	df
7		5	1280	92	3,8		SQ Regressão	6,706945148	2,042554852	#N/D	SQ Residual
8		6	990	80	2,2						
9		7	1110	85	3,2						
10		8	920	80	2,0						
11		9	1000	84	2,2						
12		10	1200	91	3,6						
13		11	1000	74	2,1						
14		12	1150	75	2,8						
15		13	1070	78	2,2						
16		14	1120	72	2,1						
17		15	1250	80	2,4						
18		16	1020	78	2,2						
19		17	1060	85	2,3						
20		18	1550	89	3,9						
21		19	1480	90	3,8						
22		20	1010	83	2,0						
23											

FIGURA 14-24: Os resultados múltiplos de PROJ.LIN no intervalo selecionado.

Revisão da ferramenta de análise de dados Regressão

Da mesma forma que utilizamos TENDÊNCIA e PROJ.LIN para a regressão múltipla, também podemos usar a ferramenta de análise de dados Regressão. Especifique o intervalo para as variáveis x e pronto.

A seguir, o passo a passo:

1. Digite os dados na planilha e inclua nomes para as colunas.

2. Selecione Dados | Análise de Dados para abrir a janela Análise de Dados.

3. Na janela Análise de Dados, procure e selecione a ferramenta Regressão na lista de Ferramentas de Análise. Clique em OK para abrir a janela desta ferramenta.

Esta é a janela mostrada na Figura 14-15.

CAPÍTULO 14 **Regressão: Linear e Múltipla** 319

4. Na caixa Intervalo Y de Entrada, insira o intervalo de células que contém os dados da variável y.

Os valores GPA (inclusive o rótulo) estão no intervalo $E$2:$E$22. Repare nos sinais de $, que indicam referência absoluta. O Excel os adiciona quando você seleciona o intervalo de células na planilha.

5. Na caixa Intervalo X de Entrada, insira os intervalos de células que contêm os dados da variável x.

Os valores SAT e médias do Ensino Médio (inclusive os rótulos) estão no intervalo $C$2:$D$22.

6. Se os intervalos incluírem os rótulos, marque a caixa Rótulos.

Como incluí os rótulos, marquei esta caixa.

7. A caixa Alfa tem valor 0,05 como padrão. Altere o valor se quiser um alfa diferente.

8. Nas Opções de Saída, selecione uma opção para indicar onde deseja colocar os resultados.

Selecionei Nova Planilha para colocar os resultados em uma nova página.

9. A área Resíduos apresenta quatro capacidades para visualizar os desvios entre os pontos de dados e os pontos previstos. Selecione quantas quiser.

Selecionei as quatro.

10. A opção Plotagem de probabilidade normal gera um gráfico com as porcentagens da variável y.

Marquei esta opção também.

11. Clique em OK.

Volte à seção "Ferramenta de análise de dados: Regressão" para ver detalhes sobre a composição dos resultados. Eles são praticamente os mesmos que os apresentados no exemplo daquela seção, mas com algumas alterações e acréscimos por causa da nova variável. A Figura 14-25 mostra a tabela ANOVA e a tabela de coeficientes.

A tabela ANOVA mostra o novo gl (2, 17 e 19 para Regressão, Resíduo e Total, respectivamente). A tabela de coeficientes acrescenta informações para a Média no EM. Ela apresenta os valores de todos os coeficientes, bem como os erros padrão e as informações de teste t para testes de hipótese.

320 PARTE 3 **Tirando Conclusões a Partir dos Dados**

FIGURA 14-25:
Parte dos resultados da ferramenta de análise de dados Regressão: A tabela ANOVA e a tabela de coeficientes.

	A	B	C	D	E	F	G	H	I
1	SUMMARY OUTPUT								
2									
3	Regression Statistics								
4	Multiple R	0.875529451							
5	R Square	0.76655182							
6	Adjusted R Square	0.739087328							
7	Standard Error	0.346627012							
8	Observations	20							
9									
10	ANOVA								
11		df	SS	MS	F	Significance F			
12	Regression	2	6.706945148	3.353473	27.91065	4.26206E-06			
13	Residual	17	2.042554852	0.12015					
14	Total	19	8.7495						
15									
16		Coefficients	Standard Error	t Stat	P-value	Lower 95%	Upper 95%	Lower 95.0%	Upper 95.0%
17	Intercept	-3.66871154	1.088105488	-3.37165	0.003623	-5.964413448	-1.373009632	-5.964413448	-1.373009632
18	SAT	0.002547602	0.000589753	4.319781	0.000465	0.001303333	0.003791872	0.001303333	0.003791872
19	HS_Average	0.042599846	0.015811932	2.694158	0.015361	0.009239586	0.075960106	0.009239586	0.075960106
20									

Se você revisar o exemplo, verá a tabela de resíduos nos resultados. Compare os valores absolutos dos resíduos da regressão linear com os valores absolutos dos resíduos da regressão múltipla; você verá que os da regressão múltipla são menores, em média.

O resultado gráfico também tem alguns acréscimos: Um gráfico de dispersão da Média no EM e GPA que também mostra os GPAs previstos, e uma plotagem dos resíduos e da Média no EM.

Para Usuários de Mac

O StatPlus LE para o Excel 2011 fornece uma ferramenta de análise apenas para regressão linear. Nesta seção, utilizaremos esta ferramenta para analisar os dados deste capítulo.

A Figura 14-26 mostra a janela da ferramenta de Linear Regression (regressão Linear) do StatPlus LE, juntamente com os dados para a análise.

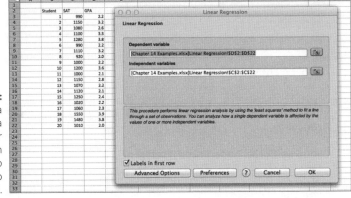

FIGURA 14-26: A janela para a ferramenta Linear Regression (regressão Linear) do StatPlus LE.

CAPÍTULO 14 **Regressão: Linear e Múltipla** 321

Eis os passos:

1. **Abra o Excel e o StatPlus LE.**

2. **Insira os dados no Excel.**

   Como mostra a Figura 14-26, eu coloquei os dados em C2:D22, incluindo os títulos das colunas. Os números dos Alunos em B2:B22 não fazem parte da análise.

3. **Volte ao StatPlus LE. Na barra de menu selecione Statistics (Estatística) | Regression (Regressão) | Linear Regression (Regressão Linear).**

   Ao fazer isso, a janela de Regressão Linear da Figura 14-26 se abre. Eu inclui os títulos nos intervalos de células, então isso é importante.

4. **Na caixa Dependent variable (variável Dependente), digite o intervalo de células para as variáveis dependentes.**

   Eu cliquei no ícone à direita da caixa variável Dependente para voltar ao Excel, e selecionei D2:D22 na planilha.

5. **Volte ao StatPlus. Na Independent variable box (caixa variável Independente) digite o intervalo de células para as variáveis independentes.**

   Eu cliquei no ícone à direita da caixa variável Independente para voltar ao Excel, e selecionei C2:C22 na planilha.

6. **Volte ao StatPlus. Clique no botão Advanced Options Button (Opções Avançadas).**

   Ao fazer isso a janela Regressão Linear — Opções Avançadas se abre. (Veja a Figura 14-27.) Para adicionar gráficos úteis aos resultados, eu selecionei a caixa Plotagem Residual e a caixa Plotagem Linear.

FIGURA 14-27: A janela Linear Regression– Advanced Options (Regressão Linear – Opções Avançadas).

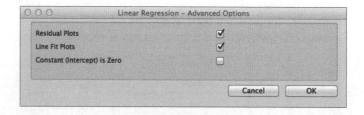

7. **Clique em OK para fechar a janela de Advanced Options (Opções Avançadas).**

8. **Clique no botão Preferences (Preferências).**

   Este passo abre a janela StatPlus: Preferências Mac. (Veja a Figura 14-28.) Na caixa valor Alfa (para o intervalo de confiança), mude o valor para 5%. Isso mantém a consistência com o α (probabilidade de erro Tipo I) que você tem usado.

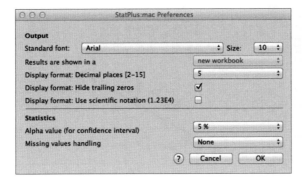

FIGURA 14-28: A janela StatPlus:mac Preferences (StatPlus: Preferências Mac).

9. **Clique em OK para fechar a janela Preferences (Preferências).**

Certifique-se de selecionar a caixa Labels (Rótulos) na primeira linha.

10. **Clique em OK na janela Regressão Linear Linear Regression (Regressão Linear).**

Isso fecha a janela e coloca os resultados em uma nova página, que aparece na Figura 14-29. (Compare a Figura 14-16 e a Figura 14-17.) Devido às seleções das Advanced Options (Opções Avançadas), o resultado também inclui uma bela Plotagem de Ajuste de Linha (veja a Figura 14-30) e uma Plotagem Residual (veja a Figura 14-31).

	A	B	C	D	E	F	G	H
1				Linear Regression				
2								
3	Regression Statistics							
4	*R*	0.81663						
5	*R Square*	0.66688						
6	*Adjusted R Square*	0.64837						
7	*S*	0.4024						
8	*Total number of observations*	20						
9				GPA =- 1.1538 + 0.0034 * SAT				
10								
11	ANOVA							
12		*d.f.*	*SS*	*MS*	*F*	*p-level*		
13	*Regression*	1.	5.83484	5.83484	36.03401	0.00001		
14	*Residual*	18.	2.91466	0.16193				
15	*Total*	19.	8.7495					
16								
17		*Coefficients*	*Standard Error*	*LCL*	*UCL*	*t Stat*	*p-level*	*H0 (5%) rejected?*
18	Intercept	-1.15383	0.6491	-2.51755	0.20988	-1.77758	0.09237	*No*
19	SAT	0.00343	0.00057	0.00223	0.00462	6.00283	0.00001	*Yes*
20	*T (5%)*	2.10092						
21	*LCL - Lower value of a reliable interval (LCL)*							
22	*UCL - Upper value of a reliable interval (UCL)*							
23								
24	Residuals							
25	*Observation*	*Predicted Y*	*Residual*	*Standard Residuals*				
26	1	2.23742	-0.03742	-0.09554				
27	2	2.7855	0.4145	1.0583				
28	3	2.54571	0.05429	0.1386				
29	4	2.61422	0.68578	1.75091				
30	5	3.23082	0.56918	1.45323				
31	6	2.23742	-0.03742	-0.09554				
32	7	2.64848	0.55152	1.40814				
33	8	1.99763	0.00237	0.00604				
34	9	2.27167	-0.07167	-0.183				
35	10	2.95677	0.64323	1.64227				
36	11	2.27167	-0.17167	-0.43831				
37	12	2.7855	0.0145	0.03702				
38	13	2.51146	-0.31146	-0.79521				
39	14	2.68273	-0.58273	-1.48783				
40	15	3.12805	-0.72805	-1.85885				
41	16	2.34018	-0.14018	-0.35791				
42	17	2.4772	-0.1772	-0.45243				
43	18	4.1557	-0.2557	-0.65285				
44	19	3.91592	-0.11592	-0.29596				
45	20	2.30593	-0.30593	-0.78109				
46								

FIGURA 14-29: Os resultados da ferramenta Linear Regression (Regressão Linear) do StatPlus.

FIGURA 14-30:
A Plotagem de Ajuste de Linha mostra a linha de regressão através do gráfico de dispersão.

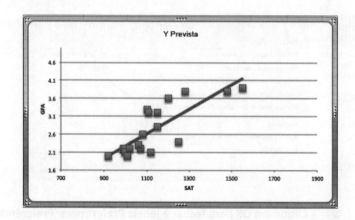

FIGURA 14-31:
A plotagem Residual.

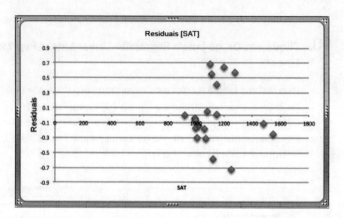

NESTE CAPÍTULO
Entendendo o que é correlação
Descobrindo como a correlação está ligada à regressão
Tirando conclusões das correlações
Analisando itens

Capítulo 15

Correlação: Ascensão e Queda das Relações

No Capítulo 14, apresentei as vantagens e desvantagens da regressão, uma ferramenta para resumir relações entre variáveis. Neste capítulo, falarei sobre os altos e baixos da correlação, outra ferramenta para tratar de relações.

Utilizarei o exemplo dos valores SAT e GPA do Capítulo 14 e mostrarei como pensar nos dados de modo um pouco diferente. Os novos conceitos estão relacionados com o que foi apresentado no capítulo anterior, e você verá como tudo funciona. Também mostrarei como testar hipóteses sobre relações e como usar as funções do Excel e a análise de dados na correlação.

Gráficos de Dispersão, Mais Uma Vez

Um *gráfico de dispersão* é a maneira gráfica de representar uma relação entre duas variáveis. A Figura 15-1 ilustra um gráfico de dispersão que representa os valores GPA e SAT de 20 alunos da fictícia Universidade Sahutsket. Os GPAs estão em uma escala de 4,0, e os SAT são os valores combinados para Oral e Matemática.

Cada ponto representa um aluno. A localização de um ponto na horizontal representa o valor SAT do aluno. A localização do mesmo ponto na vertical representa o GPA do aluno.

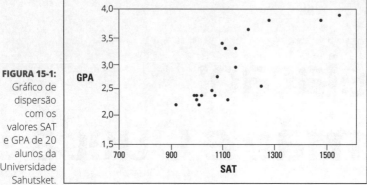

FIGURA 15-1: Gráfico de dispersão com os valores SAT e GPA de 20 alunos da Universidade Sahutsket.

Compreendendo a Correlação

No Capítulo 14, referi-me aos valores SAT como a *variável independente*, e aos valores GPA como a *variável dependente*. O objetivo no Capítulo 14 era usar os valores SAT para prever os valores GPA. Uma observação importante: Embora eu utilize valores de uma variável para *prever* valores de outra variável, *não* quero dizer que o valor de uma variável *gera* um valor na outra variável. "Relação" nem sempre significa "causalidade".

Correlação é uma forma estatística de observar uma relação. Quando dois elementos são correlacionados, significa que eles variam juntos. Uma correlação *positiva* significa que valores elevados de um elemento estão associados aos valores elevados do outro e que valores baixos de um elemento estão associados aos valores baixos do outro. O gráfico de dispersão da Figura 15-1 é um exemplo de correlação positiva.

A *correlação negativa*, por outro lado, significa que os valores elevados de um elemento estão associados aos valores *baixos* do outro elemento. A correlação negativa também significa que os valores baixos do primeiro elemento estão associados aos valores elevados do segundo. Um exemplo disso é a correlação entre o peso corporal e o tempo que se passa em um programa de perda de peso. Se o programa for eficiente, quanto mais tempo se passa no programa, menor é o peso corporal. E também, quanto menos tempo se passa no programa, maior o peso corporal.

A Tabela 15-1, uma repetição da Tabela 14-2, mostra os dados do gráfico de dispersão.

TABELA 15-1 **Valores SAT e GPAs de 20 Alunos da Universidade Sahutsket**

Aluno	SAT	GPA
1	990	2,2
2	1150	3,2
3	1080	2,6
4	1100	3,3
5	1280	3,8
6	990	2,2
7	1110	3,2
8	920	2,0
9	1000	2,2
10	1200	3,6
11	1000	2,1
12	1150	2,8
13	1070	2,2
14	1120	2,1
15	1250	2,4
16	1020	2,2
17	1060	2,3
18	1550	3,9
19	1480	3,8
20	1010	2,0

(continua)

CAPÍTULO 15 **Correlação: Ascensão e Queda das Relações** 327

(continuação)

Aluno	SAT	GPA
Média	1126,5	2,705
Variação	26171,32	0,46
Desvio padrão	161,78	0,82

Mantendo a forma como usei os valores SAT e GPA no Capítulo 14, SAT é a variável x e GPA é a variável y.

A fórmula para calcular a correlação entre os dois é

$$r = \frac{\left[\frac{1}{N-1}\right]\Sigma(x-\bar{x})(y-\bar{y})}{s_x s_y}$$

O termo à esquerda, r, é chamado de *coeficiente de correlação*. Ele também é conhecido como *coeficiente de correlação produto-momento de Pearson*, em homenagem ao seu criador, Karl Pearson.

Os dois termos do denominador à direita são o desvio padrão da variável x e o desvio padrão da variável y. O termo do numerador é chamado de *covariância*. Portanto, outro jeito de escrever esta fórmula é

$$r = \frac{\text{cov}(x,y)}{s_x s_y}$$

A covariância representa a variação de x e y juntos. A divisão da covariância pelo produto dos dois desvios padrão impõe alguns limites. O limite inferior do coeficiente de correlação é −1,00 e o superior é +1,00.

Um coeficiente de correlação de −1,00 representa uma correlação negativa perfeita (valores baixos de x associados a valores elevados de y, e valores elevados de x associados a valores baixos de y.) Uma correlação de +1,00 representa uma correlação positiva perfeita (valores baixos de x associados a valores baixos de y, e valores elevados de x associados a valores elevados de y). Uma correlação igual a 0,00 significa que as duas variáveis não estão relacionadas.

Aplicando a fórmula aos dados da Tabela 15-1,

$$r = \frac{\left[\frac{1}{N-1}\right]\Sigma(x-\bar{x})(y-\bar{y})}{s_x s_y} =$$

$$= \frac{\left[\frac{1}{20-1}\right]\left[(990-1126,5)(2,2-2,705)+...+(1010-1126,5)(2,0-2,705)\right]}{(161,78)(0,82)} = ,817$$

O que, exatamente, significa este número? Explicarei em seguida.

Correlação e Regressão

A Figura 15-2 mostra um gráfico de dispersão com a linha que "melhor se ajusta" aos pontos. É possível desenhar um número infinito de linhas que passam por estes pontos. Qual é a melhor?

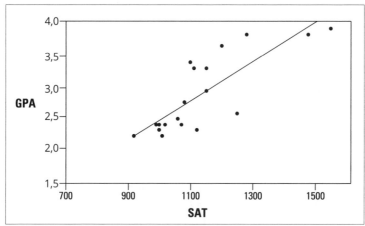

FIGURA 15-2: Gráfico de dispersão dos 20 alunos, incluindo a linha de regressão.

Para ser a "melhor", uma linha precisa estar de acordo com um padrão específico: Se desenhar as distâncias na vertical entre os pontos e a linha, tirar a raiz quadrada destas distâncias e, em seguida, somar estes valores, a linha mais adequada será aquela cuja soma das raízes quadradas das distâncias for a menor possível. Esta linha é chamada de *linha de regressão*.

O objetivo da linha de regressão é permitir que você faça previsões. Como falei no Capítulo 14, sem uma linha de regressão, o melhor valor previsto da variável y é a média dos valores de y. A linha de regressão leva a variável x em consideração e gera uma previsão mais precisa. Cada ponto da linha de regressão representa um valor previsto para y. Na simbologia da regressão, cada valor previsto é um y'.

Por que estou dizendo tudo isso? Porque a correlação está intimamente ligada à regressão. A Figura 15-3 concentra-se em um ponto do gráfico de dispersão e em sua distância com relação à linha de regressão e à média. (É uma cópia da Figura 14-3.)

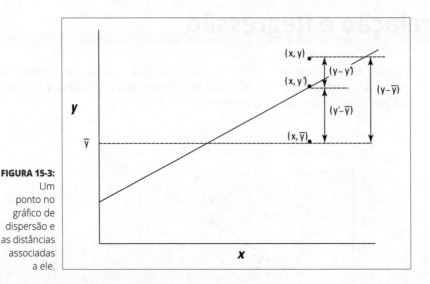

FIGURA 15-3: Um ponto no gráfico de dispersão e as distâncias associadas a ele.

Repare nas três distâncias marcadas na figura. A distância com a legenda $(y-y')$ é a diferença entre o ponto e a previsão da linha de regressão de onde o ponto deveria estar. (No Capítulo 14, isso foi chamado de *residual*.) A distância com a legenda $(y'-\bar{y})$ é a diferença entre o ponto e a média dos valores de y. A distância com a legenda $(y'-)$ é o ganho na capacidade de previsão que se consegue com o uso da linha de regressão, no lugar da média, para prever o ponto.

A Figura 15-3 mostra que as três distâncias relacionam-se da seguinte maneira:

$$(y-y')+(y'-\bar{y})=(y-\bar{y})$$

Como eu disse no Capítulo 14, é possível tirar a raiz quadrada de todos os residuais e somar os valores, elevar ao quadrado todos os desvios dos pontos previstos a partir da média e somar os valores, e elevar ao quadrado todos os desvios dos pontos da média e somar os valores.

Acontece que estas somas dos quadrados relacionam-se da mesma maneira que os desvios que acabei de mostrar:

$$SQ_{Residual} + SQ_{Regressão} = SQ_{Total}$$

Se $SQ_{Regressão}$ é maior que $SQ_{Residual}$, indica que a relação entre a variável x e a variável y é forte. Significa que, no gráfico de dispersão, a variabilidade em torno da linha de regressão é pequena.

Por outro lado, se $SQ_{Regressão}$ é menor que $SQ_{Residual}$, significa que a relação entre a variável x e a variável y é fraca. Neste caso, a variabilidade em torno da linha de regressão é grande dentro do gráfico de dispersão.

Um modo de testar a $SQ_{Regressão}$ com relação à $SQ_{Residual}$ é dividir cada uma delas por seus graus de liberdade (1 para $SQ_{Regressão}$ e $N-2$ para $SQ_{Residual}$) para formar estimativas de variação (também conhecidas como Médias dos Quadrados ou MQ) e, em seguida, dividir uma pela outra para calcular um F. Se $MQ_{Regressão}$ é significativamente maior que $MQ_{Residual}$, há evidência de que a relação entre x e y é forte. (Veja o Capítulo 14 para mais detalhes.)

Aqui vai o argumento decisivo no que diz respeito à correlação: Outro modo de avaliar o tamanho da $SQ_{Regressão}$ é comparar com a SQ_{Total}. Divida o primeiro pelo segundo. Se a proporção é grande, quer dizer que a relação x-y é forte. Esta proporção tem um nome. Ela se chama *coeficiente de determinação*. Seu símbolo é o r^2. Tire a raiz quadrada deste coeficiente e você terá o coeficiente de correlação!

$$r = \pm\sqrt{r^2} = \pm\sqrt{\frac{SQ_{Regressão}}{SQ_{Total}}}$$

O sinal mais ou menos ($\pm$) significa que r é a raiz quadrada positiva ou negativa, dependendo se a inclinação da linha de regressão é positiva ou negativa.

Portanto, se você calcular um coeficiente de correlação e quiser saber rapidamente o significado de seu valor, eleve-o ao quadrado. A resposta — o coeficiente de determinação — permite que você saiba a proporção da SQ_{Total} que está associada à relação entre as variáveis x e y. Se a proporção for grande, o coeficiente de correlação representa uma relação forte. Se a proporção for pequena, o coeficiente de correlação representa uma relação fraca.

No exemplo do GPA-SAT, o coeficiente de correlação é 0,817. O coeficiente de determinação é

$$r^2 = (,817)^2 = ,667$$

Nesta amostra de 20 alunos, a $SQ_{Regressão}$ é 66,7% da SQ_{Total}. Parece uma proporção grande, mas quanto é grande? Quanto é pequeno? Estas questões gritam por testes de hipótese.

Testando Hipóteses de Correlação

Nesta seção, mostrarei como responder a questões importantes sobre correlação. Assim como qualquer outro teste de hipótese, a ideia é usar amostras estatísticas para fazer inferências sobre parâmetros da população. Aqui, a amostra estatística é r, o coeficiente de correlação. Por convenção, o parâmetro da população é ρ (rho), a letra grega equivalente ao r. (Sim, ela se parece com a letra p, mas é o equivalente em grego para o r.)

Dois tipos de questão são importantes quando se trata de correlação: (1) Um coeficiente de correlação é maior que zero? (2) Dois coeficientes de correlação são diferentes entre si?

Um coeficiente de correlação é maior que zero?

Retornando mais uma vez ao exemplo SAT-GPA de Sahutsket, você pode usar a amostra r para testar hipóteses sobre a população ρ — o coeficiente de correlação para todos os alunos da Universidade Sahutsket.

Supondo que saibamos de antemão (antes de reunirmos qualquer dado de amostra) que qualquer correlação entre SAT e GPA deve ser positiva, as hipóteses são:

H_0: $\rho \leq 0$

H_1: $\rho > 0$

Determinei o valor de $\alpha = 0,05$

O teste estatístico apropriado é um teste t. A fórmula é:

$$t = \frac{r - \rho}{s_r}$$

Este teste tem $N-2$ graus de liberdade.

Neste exemplo, os valores para o numerador são os seguintes: r é 0,817 e ρ (em H_0) é zero. E o denominador? Não irei incomodá-lo com detalhes. Apenas direi que ele é

$$\sqrt{\frac{1 - r^2}{N - 2}}$$

Com um pouco de álgebra, a fórmula para o teste t pode ser simplificada para

$$t = \frac{r\sqrt{N-2}}{\sqrt{1-r^2}}$$

No exemplo,

$$t = \frac{r\sqrt{N-2}}{\sqrt{1-r^2}} = \frac{,817\sqrt{20-2}}{\sqrt{1-,817^2}} = 6,011$$

Com gl = 18 e α = 0,05 (unicaudal), o valor crítico de t é 2,10 (utilize a função de planilha INVT para verificar). Como o valor calculado é maior que o valor crítico, a decisão é rejeitar H_0.

Dois coeficientes de correlação são diferentes?

Em uma amostra de 24 alunos da Faculdade Farshimmelt, a correlação entre SAT e GPA é 0,752. Ela é diferente da correlação (0,817) da Universidade Sahutsket? Se eu não tenho como supor que uma correlação deve ser maior que a outra, as hipóteses são:

H_0: $\rho_{Sahusket} = \rho_{Farshimmelt}$

H_1: $\rho_{Sahusket} \neq \rho_{Farshimmelt}$

Novamente, $\alpha = 0,05$.

Por motivos altamente técnicos, não é possível aplicar um teste t para estas hipóteses. Na verdade, nem é possível trabalhar com 0,817 e 0,752, os dois coeficientes de correlação.

Em vez disso, você deve *transformar* cada coeficiente de correlação em outra coisa e, em seguida, trabalhar com as duas outras coisas em uma fórmula que lhe dará — acredite se quiser — um teste z.

PAPO DE ESPECIALISTA

A transformação chama-se *transformação z de Fisher*. Fisher é o estatístico lembrado como o "F" do teste F. Ele transforma o r em z fazendo o seguinte:

$$z_r = \frac{1}{2}\left[\log_e(1+r) - \log_e(1-r)\right]$$

Se você sabe o que significa $\log_e$, muito bem. Do contrário, não se preocupe com ele. (Falarei sobre isso no Capítulo 20.) O Excel cuida de tudo para você, como verá em instantes.

De qualquer maneira, para este exemplo

$$z_{,817} = \frac{1}{2}\left[\log_e(1+,817) - \log_e(1-,817)\right] = 1,1477$$

$$z_{,752} = \frac{1}{2}\left[\log_e(1+,752) - \log_e(1-,752)\right] = 0,9775$$

Depois de transformar r em z, a fórmula é

$$Z = \frac{z_1 - z_2}{\sigma_{z_1-z_2}}$$

O denominador é mais fácil de encontrar do que você pensa. É:

$$\sigma_{z_1-z_2} = \sqrt{\frac{1}{N_1-3} + \frac{1}{N_2-3}}$$

Para este exemplo,

$$\sigma_{z_1-z_2} = \sqrt{\frac{1}{N_1-3} + \frac{1}{N_2-3}} = \sqrt{\frac{1}{20-3} + \frac{1}{24-3}} = ,326$$

A fórmula completa é

$$Z = \frac{z_1 - z_2}{\sigma_{z_1-z_2}} = \frac{1,1477 - ,9775}{,326} = ,522$$

O próximo passo é comparar o valor calculado com uma distribuição normal padrão. Em um teste bicaudal com $\alpha = 0,05$, os valores críticos de uma distribuição normal padrão são 1,96 na cauda superior, e $-1,96$ na cauda inferior. O valor calculado fica entre estes dois valores, portanto, a decisão é não rejeitar H_0.

Funções de Planilha para Correlação

O Excel fornece duas funções de planilha para calcular a correlação — e elas fazem exatamente o mesmo, exatamente da mesma forma! Não sei o motivo pelo qual o Excel fornece ambas as funções CORREL e PEARSON, mas elas existem e são as duas funções principais para trabalhar com correlação.

As outras são RQUAD, COVARIAÇÃO.P e COVARIAÇÃO.S. RQUAD calcula o coeficiente de determinação (o quadrado do coeficiente de correlação). COVARIAÇÃO.P determina a covariação da maneira que mostrei na seção anterior "Compreendendo a Correlação". Ela usa $N-1$. A COVARIAÇÃO.S usa N.

CORREL e PEARSON

A Figura 15-4 mostra os dados do exemplo SAT-GPA de Sahutsket, juntamente com a janela Argumentos da Função de CORREL.

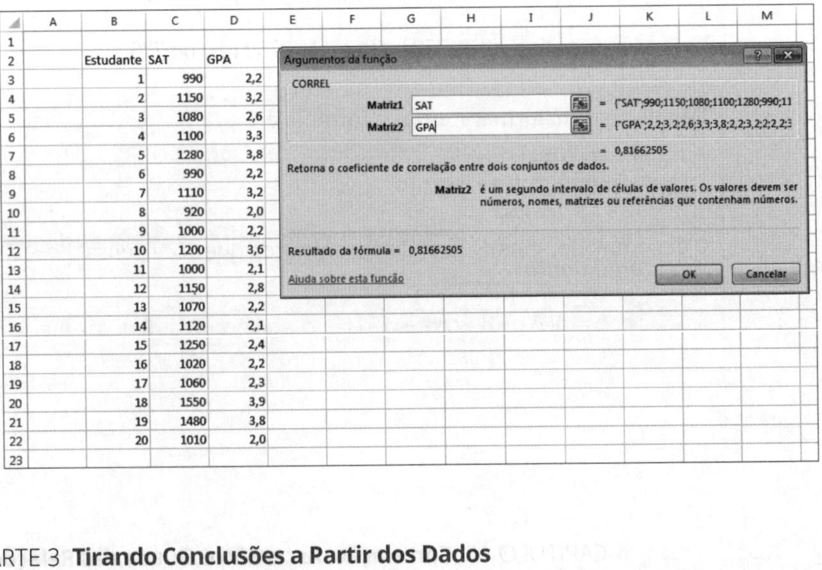

FIGURA 15-4: A janela Argumentos da Função de CORREL, juntamente com os dados.

ANÁLISE DE ITENS: UMA APLICAÇÃO ÚTIL DA CORRELAÇÃO

Em geral, os instrutores querem saber como o desempenho em determinada questão de um exame está relacionado ao desempenho geral no exame. Em um mundo ideal, uma pessoa que conhece o material responde corretamente às perguntas; quem não conhece o material dá a resposta errada. Se todos responderem corretamente — ou se ninguém o fizer — é uma questão inútil. Esta avaliação é chamada de *análise de itens*.

Suponha que seja possível responder correta ou incorretamente à questão do exame, e que seja possível marcar entre 0 e 100. Arbitrariamente, você pode atribuir valor 0 a uma resposta incorreta e 1 para uma resposta correta e, em seguida, calcular um coeficiente de correlação onde cada par de pontos é 0 ou 1 para a questão, e um número entre 0 e 100 para o exame. O valor da questão do exame se chama *variável dicotômica*, e esse tipo de correlação chama-se *correlação ponto bisserial*.

Se a correlação ponto bisserial é alta em uma questão do exame, é bom manter esta questão. Se a correlação é baixa, a questão provavelmente não tem utilidade.

Como uma das variáveis só pode ser 0 ou 1, a fórmula para o coeficiente de correlação bisserial é um pouco diferente da fórmula do coeficiente de correlação comum. No entanto, se você usa o Excel para fazer os cálculos, isso não importa. Simplesmente utilize a função CORREL (ou PEARSON) da maneira como descrevi.

Para usar esta função, siga o passo a passo:

1. **Digite os dados nos intervalos de células e selecione uma célula para a resposta de CORREL.**

Digitei os valores SAT no intervalo C3:C22 e os dados GPA no intervalo D3:D22, e selecionei F15. Defini SAT como nome para o intervalo C3:C22; e GPA para o intervalo D3:D22. (Leia o Capítulo 2 para ver como fazer isso.)

2. **No menu Funções Estatísticas, selecione CORREL para abrir a janela Argumentos da Função.**

3. **Na janela Argumentos da Função, insira os valores adequados para os argumentos.**

Na caixa Matriz1, digitei SAT — o nome que atribuí ao intervalo de células (C3:C22) que contém os valores para uma das variáveis.

Na caixa Matriz2, digitei GPA — o nome que atribuí ao intervalo de células (D3:D22) que contém os valores para uma a outra variável.

Com os valores inseridos em cada argumento, a resposta, 0,81662505, aparece na janela.

4. **Clique em OK para colocar a resposta na célula selecionada.**

Se você escolher a função PEARSON em vez de CORREL, terá exatamente a mesma resposta, e a usará exatamente da mesma maneira.

RQUAD

Se você precisa calcular rapidamente o coeficiente de determinação (r^2), a função RQUAD é a resposta. Não vejo uma necessidade específica para esta função, pois é muito fácil usar CORREL e tirar a raiz quadrada da resposta.

A seguir, o que você verá na barra Fórmulas do Excel depois de preencher a janela Argumentos da Função de RQUAD para este exemplo:

```
=RQUAD(GPA;SAT)
```

Em termos de janela, a única diferença entre esta função e CORREL (e PEARSON) é que as caixas que serão preenchidas chamam-se Val_conhecidos_y e Val_conhecidos_x, em vez de Matriz1 e Matriz2.

COVARIAÇÃO.P e COVARIAÇÃO.S

Esta é outra função para a qual não vejo muita utilidade nas correlações. Só para ser completo, digo a você que COVARIAÇÃO.P calcula a covariação assim:

$$covariação = \left[\frac{1}{N-1}\right]\Sigma(x - \bar{x})(y - \bar{y})$$

e COVARIAÇÃO.S calcula assim:

$$covariação = \left[\frac{1}{N}\right]\Sigma(x - \bar{x})(y - \bar{y})$$

O P na primeira função é a covariação da população (ou, mais corretamente, para estimar a covariação em uma população) e o S na segunda lhe diz a covariação da amostra.

Esta função é usada da mesma forma que CORREL. Depois de preencher a janela Argumentos da Função de COVARIAÇÃO.P para este exemplo, a fórmula na barra Fórmulas será

```
=COVARIAÇÃO.P(SAT;GPA)
```

Se você quer usar esta função para calcular r, divida a resposta pelo produto de DESVPAD.P(SAT) e DESVPAD.P(GPA). Deixarei que você descubra como usar COVARIAÇÃO.S para calcular r. Não sei por que se incomodar com isso quando se tem CORREL.

Ferramenta de Análise de Dados: Correlação

Se você precisa calcular um único coeficiente de correlação, verá que a ferramenta de análise de dados Correlação do Excel faz o mesmo que CORREL, embora os resultados sejam apresentados em uma tabela. Esta ferramenta é útil quando você precisa calcular diversas correlações em um conjunto de dados.

Por exemplo, a Figura 15-5 mostra os valores SAT, Média EM e GPA de 20 alunos na Universidade Sahutsket, juntamente com a janela da ferramenta de análise de dados Correlação.

FIGURA 15-5: A janela da ferramenta de análise de dados Correlação e os dados SAT, Média EM e GPA.

	A	B	C	D	E	F	G	H	I	J	K	L
1												
2		Estudante	SAT	Média_HS	GPA							
3		1	990	75	2,2							
4		2	1150	87	3,2							
5		3	1080	88	2,6							
6		4	1100	79	3,3							
7		5	1280	92	3,8							
8		6	990	80	2,2							
9		7	1110	85	3,2							
10		8	920	80	2,0							
11		9	1000	84	2,2							
12		10	1200	91	3,6							
13		11	1000	74	2,1							
14		12	1150	75	2,8							
15		13	1070	78	2,2							
16		14	1120	72	2,1							
17		15	1250	80	2,4							
18		16	1020	78	2,2							
19		17	1060	85	2,3							
20		18	1550	89	3,9							
21		19	1480	90	3,8							
22		20	1010	83	2,0							
23												

Janela Correlação:
- Entrada
- Intervalo de entrada: $C$3:$E$22
- Agrupado por: ● Colunas ○ Linhas
- ☑ Rótulos na primeira linha
- Opções de saída
  - ○ Intervalo de saída:
  - ● Nova planilha:
  - ○ Nova pasta de trabalho
- OK
- Cancelar
- Ajuda

Os passos para usar esta ferramenta são:

1. **Digite os dados na planilha e inclua as legendas para as colunas.**

Neste exemplo, os dados (inclusive as legendas) estão no intervalo C2:E22.

2. **Selecione Dados | Análise de Dados para abrir a janela Análise de Dados.**

CAPÍTULO 15 **Correlação: Ascensão e Queda das Relações** 337

3. Na janela Análise de Dados, procure na lista de Ferramentas de Análise e selecione Correlação. Clique em OK para abrir a janela correspondente.

Esta janela está ilustrada na Figura 15-5.

4. Na caixa Intervalo de Entrada, insira o intervalo de células que contém todos os dados.

Digitei $C$2:$E$22. Repare nos $, que indicam referência absoluta. O Excel os adiciona quando você seleciona o intervalo de células na planilha.

5. À direita de Agrupado por, selecione um botão para indicar se os dados estão organizados em colunas ou linhas.

Escolhi a opção Colunas.

6. Se os intervalos de células incluírem os títulos das colunas, marque a caixa Rótulos.

Eu incluí as legendas nos intervalos, portanto, marquei esta caixa.

7. Em Opções de Saída, selecione uma opção para indicar onde deseja colocar os resultados.

Selecionei Nova Planilha para que os resultados sejam colocados em uma nova página na planilha.

8. Clique em OK.

Como selecionei Nova Planilha, uma planilha recém-criada é aberta com os resultados.

Resultados tabelados

A Figura 15-6 mostra os resultados tabulados desta ferramenta, depois que expandi as colunas. A tabela é uma *matriz de correlação*.

FIGURA 15-6:
Os resultados
tabelados da
ferramenta
de análise
de dados
Correlação.

	A	B	C	D	E
1		*990*	*75*	*2,2*	
2	990	1			
3	75	0,528	1		
4	2,2	0,81025	0,704	1	
5					

Cada célula da matriz representa a correlação da variável da linha com a variável da coluna. A célula B3 apresenta a correlação do valor SAT com a Média do Ensino Médio, por exemplo. Cada célula da diagonal principal contém 1. Isso acontece porque cada célula diagonal principal representa a correlação de uma variável com ela mesma.

É preciso preencher apenas metade da matriz. As células acima da diagonal principal conteriam os mesmos valores que as células abaixo da diagonal.

O que esta tabela quer dizer exatamente? Continue lendo...

Correlação múltipla

Os coeficientes de correlação desta matriz combinam-se para gerar um *coeficiente de correlação múltipla*. É um número que resume a relação entre a variável dependente — GPA, neste exemplo — e as duas variáveis independentes (SAT e Média do Ensino Médio).

Para mostrar como estes coeficientes de correlação são combinados, abreviei GPA como G, SAT como S, e Média do Ensino Médio como M. Portanto, r_{GS} é o coeficiente de correlação para GPA e SAT, r_{GM} é o coeficiente de correlação para GPA e Média do Ensino Médio, e r_{SM} é o coeficiente de correlação para SAT e Média do Ensino Médio.

A seguir, a fórmula que coloca todos juntos:

$$R_{G.SM} = \sqrt{\frac{r_{GS}^{\ 2} + r_{GM}^{\ 2} - 2r_{GS}r_{GM}r_{SM}}{1 - r_{GS}^{\ 2}}}$$

O R maiúsculo à esquerda indica que se trata de um coeficiente de correlação múltipla, enquanto o r minúsculo indica uma correlação entre duas variáveis. O subscrito *G.SM* significa que a correlação múltipla acontece entre o GPA e a combinação de SAT e Média do Ensino Médio.

Este é o cálculo que gera o R Múltiplo na seção Estatísticas de Regressão dos resultados da ferramenta de análise de dados Regressão. (Veja o Capítulo 14.)

Para este exemplo,

$$R_{G.SM} = \sqrt{\frac{(,816625)^2 + (,714354)^2 - 2(,816625)(,714354)(,552527)}{1 - (,816625)^2}} = ,875529$$

Como usei os mesmos dados para mostrar a você a regressão múltipla no Capítulo 14, este valor (com algumas casas decimais a mais) está na Figura 14-25, na célula B4.

Se você elevar este número ao quadrado, terá o *coeficiente múltiplo de determinação*. No Capítulo 14, falei sobre R Quadrado, que é a mesma coisa. Este é outro item das Estatísticas de Regressão calculado pela ferramenta de análise de dados Regressão. Você também pode encontrá-lo nos resultados da função PROJ.LIN, embora não esteja identificado.

AJUSTANDO R^2

A seguir, mais algumas informações sobre R^2 e sua relação com o Excel. Além do R^2 — ou, como o Excel gosta de chamá-lo, R Quadrado —, a ferramenta de análise de dados Regressão calcula o *R Quadrado Ajustado*. Na Figura 14-21, ele aparece na célula B6. Por que é necessário "ajustar" o R Quadrado?

Na regressão múltipla, às vezes , o acréscimo de variáveis independentes (como a Média do Ensino Médio) deixa a equação da regressão menos precisa. O coeficiente múltiplo de determinação, R Quadrado, não reflete este fato. Seu denominador é SQ_{Total} (para a variável dependente), e isso nunca muda. O numerador só pode aumentar ou permanecer o mesmo. Portanto, qualquer queda na precisão não resultará em um R Quadrado menor.

Levar os graus de liberdade em consideração conserta a falha. Sempre que acrescenta uma variável independente, você altera os graus de liberdade, e isso faz toda a diferença. Só para saber, este é o ajuste:

$$Ajustado\ R^2 = 1 - \left(1 - R^2\right)\left[\frac{(N-1)}{(N-k-1)}\right]$$

O k no denominador é o número de variáveis independentes.

Para este exemplo, o resultado é:

$$R_{G.SM}^2 = (,875529)^2 = ,766552$$

Você também pode ver este número na Figura 14-24, na célula H5 (resultados de PROJ.LIN). Ele também aparece na Figura 14-25, célula B5 (relatório da ferramenta de análise de dados Regressão).

Correlação parcial

GPA e SAT estão associados à Média do Ensino Médio (neste exemplo). A associação de cada um deles com a Média poderia, de alguma maneira, ocultar a verdadeira relação entre eles.

Qual seria sua correlação se você pudesse remover esta associação? Outro modo de dizer isso: Qual seria a correlação GPA–SAT se você pudesse ter uma Média de Ensino Médio constante?

Um modo de ter uma Média constante é encontrar a correlação GPA–SAT para uma amostra de alunos que têm determinada Média — 87, por exemplo. Em uma amostra como esta, a correlação de cada variável com a Média é zero. No entanto, isso geralmente não é possível no mundo real.

Outra maneira é calcular a *correlação parcial* entre GPA e SAT. Este é um modo estatístico de remover a associação de cada variável com a Média em sua amostra. Para fazer isso, você deve utilizar os coeficientes de correlação na matriz de correlação:

$$r_{GS.M} = \frac{r_{GS} - r_{GM}r_{SM}}{\sqrt{1-r_{GM}^2}\sqrt{1-r_{SM}^2}}$$

Mais uma vez, G significa GPA, S significa SAT e M, Média do Ensino Médio. O subscrito GS.M significa que a correlação existe entre GPA e SAT com a Média "parcial".

Para este exemplo,

$$r_{GS.M} = \frac{,816625 - (,714353)(,552527)}{\sqrt{1-(,714353)^2}\sqrt{1-(,552527)^2}} = ,547005$$

Correlação semiparcial

Também é possível remover a correlação com Média apenas de SAT, sem removê-la de GPA. Isto se chama *correlação semiparcial*. A fórmula também usa os coeficientes de correlação da matriz de correlação:

$$r_{G(S.M)} = \frac{r_{GS} - r_{GM}r_{SM}}{\sqrt{1-r_{SM}^2}}$$

O subscrito G(S.M) significa que a correlação ocorre entre GPA e SAT com a Média "parcial" apenas de SAT.

Aplicando esta fórmula ao exemplo,

$$r_{G(S.M)} = \frac{,816625 - (,714353)(,552527)}{\sqrt{1-(,552527)^2}} = ,315714$$

LEMBRE-SE

Alguns livros de estatística referem-se à correlação semiparcial como *correlação parcial*.

Ferramenta de Análise de Dados: Covariância

A ferramenta de análise de dados Covariância é usada do mesmo modo que a ferramenta Correlação. Não repetirei o passo a passo. Em vez disso, mostrarei apenas os resultados tabelados na Figura 15-7. Os dados são os mesmos da Figura 15-5.

FIGURA 15-7:
Os resultados tabelados da ferramenta de análise de dados Covariância para SAT, Média EM e GPA.

◢	A	B	C	D	E
1		*SAT*	*Média_HS*	*GPA*	
2	SAT	24862,75			
3	Média_HS	512,375	34,5875		
4	GPA	85,1675	2,77875	0,437475	
5					

A tabela é uma *matriz de covariância*. Cada célula da matriz mostra a covariância da variável da linha com a variável da coluna (calculada da mesma maneira que COVARIAÇÃO.P o faria, utilizando *N* na fórmula). A célula C4 mostra a covariância de GPA com Média. A diagonal principal desta matriz apresenta a variação de cada variável (que é equivalente à covariância de uma variável com ela mesma). Neste caso, a variação é o que você computa se utiliza a função VARP.

Novamente, só é necessário preencher metade da matriz. As células acima da diagonal principal têm os mesmos valores que as células abaixo dela.

Como acontece com a função COVAR, não vejo motivos para você usar esta ferramenta. Eu a mencionei apenas para que o assunto fosse abordado de maneira completa.

Testando Hipóteses Sobre Correlação

O Excel não tem uma função de planilha para testar hipóteses sobre *r*. Como eu disse antes, você executa um teste *t* cuja fórmula é:

$$t = \frac{r\sqrt{N-2}}{\sqrt{1-r^2}}$$

Como 0,817 está armazenado na célula H12, utilizei a seguinte fórmula para calcular *t*:

```
=H12*RAIZ(20-2)/RAIZ(1-H12^2)
```

Em seguida, usei a resposta (6,011 e mais algumas casas decimais) como entrada para a função DIST.T.CD (além de gl 18) para descobrir que a probabilidade unicaudal do resultado é muito menor que 0,05.

Funções de Planilha: FISHER, FISHERINV

O Excel trabalha com as transformações complexas que permitem a você testar hipóteses sobre a diferença entre dois coeficientes de correlação. FISHER transforma *r* em *z*. FISHERINV faz o contrário. Só para refrescar sua memória, você utiliza os valores transformados na seguinte fórmula

$$Z = \frac{z_1 - z_2}{\sigma_{z_1 - z_2}}$$

Onde o denominador é

$$\sigma_{z_1 - z_2} = \sqrt{\frac{1}{N_1 - 3} + \frac{1}{N_2 - 3}}$$

No exemplo discutido anteriormente (Sahutsket contra Farshimmelt), os coeficientes de correlação eram 0,817 e 0,752, e eu realizei um teste bicaudal. O primeiro passo é transformar cada correlação. Mostrarei o passo a passo usando a função FISHER para transformar 0,817:

1. Selecione uma célula para a resposta da função FISHER.

Selecionei B3 para o valor transformado.

2. No menu Funções Estatísticas, selecione FISHER para abrir a janela Argumentos da Função.

A janela Argumentos da Função FISHER está ilustrada na Figura 15-8.

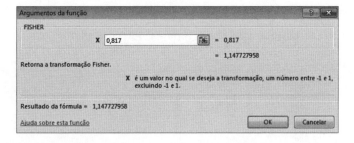

FIGURA 15-8:
A janela Argumentos da Função FISHER.

3. Na janela Argumentos da Função, digite o valor adequado para o argumento.

Na caixa x, digitei **0,817**, que é o coeficiente de correlação. A resposta, 1,147728 aparece na janela.

4. Clique em OK para inserir a resposta na célula selecionada.

Escolhi B4 para conter a transformação de 0,752. Em seguida, usei a seguinte fórmula para calcular Z

```
=(B3-B4)/RAIZ((1/(20-3))+(1/(24-3)))
```

Por fim, usei a função INV.NORMP.N para calcular o valor crítico de z para rejeitar H_0 com um α bicaudal de 0,05. Como o resultado da fórmula (0,521633) é menor que o valor crítico (1,96), a decisão é não rejeitar H_0.

Para Usuários de Mac

O StatPlus LE oferece uma ferramenta de Correlation (Correlação) e uma ferramenta de Covariance (Covariância) que funcionam como suas correspondentes no Analysis ToolPak. Aqui, eu mostro como usar a ferramenta de Correlação.

A Figura 15-9 mostra a janela Correlação juntamente com os dados. Vamos aos passos:

1. **Abra o Excel e o StatPlus LE.**
2. **Insira os dados no Excel.**

   Como mostra a Figura 15-9, eu coloquei os dados em C2:D22, incluindo os títulos das colunas. Os números dos Alunos em B2:B22 não são parte da análise.

3. **Volte para o StatPlus LE. Na barra de menu, selecione Statistics (Estatística) | Basic Statistics and Tables (Estatística Básica e Tabelas) | Linear Correlation (Pearson) (Correlação Linear (Pearson)).**

   Isso abre a janela de Correlação da Figura 15-9.

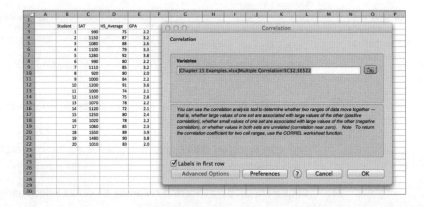

FIGURA 15-9: A janela Correlation (Correlação) do StatPlus LE e os dados.

4. **Na caixa Variables (Variável), digite o intervalo de células que contém todos os dados.**

   Eu cliquei no ícone à direita da caixa Dependent variable (variável Dependente) para voltar ao Excel e selecionei C2:E22 na planilha.

5. **Volte ao StatPlus.**

6. Certifique-se de selecionar a caixa Labels (Rótulos) na primeira linha.

Eu incluí os títulos no intervalo de células, então, isso é importante.

7. Clique em OK na caixa de Correlation (Correlação).

Isso fecha a janela e coloca o resultado em uma nova página, que aparece na Figura 15-10. Esta matriz é mais extensa do que a versão do Analysis ToolPak (veja a Figura 15-6).

	A	B	C	D	E	F
1		Correlation Coefficients Matrix				
2	Sample size		20	Critical value (5%)	2.10092	
3						
4			SAT	HS_Average	GPA	
5	SAT	Pearson Correlation Coefficient	1.			
6		R Standard Error				
7		t				
8		p-value				
9		H0 (5%)				
10	HS_Average	Pearson Correlation Coefficient	0.55253	1.		
11		R Standard Error	0.0386			
12		t	2.81247			
13		p-value	0.01152			
14		H0 (5%)	rejected			
15	GPA	Pearson Correlation Coefficient	0.81663	0.71435	1.	
16		R Standard Error	0.01851	0.02721		
17		t	6.00283	4.33097		
18		p-value	0.00001	0.0004		
19		H0 (5%)	rejected	rejected		
20						
21	R					
22	Variable vs. Variable	R				
23	GPA vs. SAT	0.81663				
24	GPA vs. HS_Average	0.71435				
25	HS_Average vs. SAT	0.55253				
26						

FIGURA 15-10: Os resultados de Correlation (Correlação) do StatPlus LE.

A ferramenta de Covariância do StatPlus funciona da mesma maneira que a ferramenta de Correlação e fornece um resultado exatamente igual ao da Figura 15-7.

346   PARTE 3 **Tirando Conclusões a Partir dos Dados**

4

Probabilidade

NESTA PARTE . . .

Trabalhe com variáveis aleatórias

Entenda as regras de contagem

Trabalhe com probabilidade condicional

Visualize distribuições de probabilidade

Modele e simule

NESTE CAPÍTULO

Definindo probabilidade

Trabalhando com probabilidade

Lidando com variáveis aleatórias e suas distribuições

Focando na distribuição binomial

Capítulo 16
Introdução à Probabilidade

A o longo deste livro, menciono o conceito de probabilidade, pois ela é a base dos testes de hipótese e da estatística inferencial. Na maior parte do tempo, represento a probabilidade como a proporção da área existente sob parte de uma distribuição. Por exemplo: A probabilidade de um erro Tipo I (α) é a área de uma cauda da distribuição normal padrão ou da distribuição t.

Neste capítulo, falarei sobre a probabilidade com muitos detalhes, inclusive variáveis aleatórias, permutas e combinações. Analisarei os fundamentos e aplicações da probabilidade, falarei sobre algumas distribuições de probabilidade específicas e discutirei funções de planilha Excel relacionadas à probabilidade.

O que é Probabilidade?

A maioria de nós tem uma ideia intuitiva sobre o que é probabilidade. Jogue uma moeda honesta para cima e você terá 50% de chance de sair uma "Cara". Jogue um dado honesto e você terá uma chance em seis de tirar um "2".

Se quiser ser mais formal em sua definição, você poderia dizer algo sobre tudo o que é possível acontecer e a proporção de coisas com as quais você se preocupa. Duas coisas podem acontecer quando você joga uma moeda, e se você se preocupa apenas com uma delas (Cara), a probabilidade de que ela aconteça é uma em duas. Seis coisas podem acontecer quando você joga um dado, e se você se preocupa com apenas uma delas (2), a probabilidade de sair este número é de uma em seis.

Experimentos, tentativas, eventos e espaços amostrais

Estatísticos e outras pessoas que trabalham com probabilidade chamam de *experimento* o processo de jogar uma moeda ou um dado. Sempre que você repete o processo, faz uma *tentativa*.

Isso pode não condizer com sua definição pessoal de um experimento (ou de uma tentativa), mas, para um estatístico, um experimento é qualquer processo que gera um dentre pelo menos dois resultados distintos (como cara ou coroa).

Outra parte da definição de um experimento: Não é possível prever o resultado com certeza. Cada resultado distinto chama-se *resultado elementar*. Reúna um monte de resultados elementares e você terá um *evento*. Por exemplo, com um dado, os resultados elementares 2, 4 e 6 compõem o evento "número par".

Reúna todos os resultados elementares possíveis, e você terá um *espaço amostral*. Os números 1, 2, 3, 4, 5 e 6 compõem o espaço amostral para um dado. "Cara" e "coroa" compõem o espaço amostral para uma moeda.

Espaços amostrais e probabilidade

Como tudo isso se encaixa na probabilidade? Se cada resultado elementar de um espaço amostral tem chances iguais de ocorrer, a probabilidade de um evento é

$$\text{pr(Evento)} = \frac{\text{Número de Resultados Elementares no Evento}}{\text{Número de Resultados Elementares no Espaço Amostral}}$$

Portanto, a probabilidade de se jogar um dado e obter-se um número par é

$$\text{pr(Número Par)} = \frac{\text{Número de Resultados Elementares de Numeração Par}}{\text{Número de resultados Possíveis de uma Matriz}} = \frac{3}{6} = .5$$

Se os resultados elementares não têm chances iguais de ocorrer, você calcula a probabilidade de um evento de forma diferente. Primeiro, é necessário ter uma forma de atribuir uma probabilidade a cada um deles. Em seguida, você soma as probabilidades dos resultados elementares que compõem o evento.

Alguns pontos a ter em mente com relação aos resultados das probabilidades: Cada probabilidade deve estar entre zero e um. Todas as probabilidades dos resultados elementares de um espaço amostral precisam somar 1,00.

Como atribuir estas probabilidades? Às vezes, você tem informações em mãos — como saber que uma moeda foi alterada para cair com a Cara para cima em 60% das vezes. Outras vezes, você só precisa pensar na situação para descobrir a probabilidade de um resultado.

A seguir, um exemplo rápido sobre "pensar na situação". Suponha que um dado tenha sido alterado para que a probabilidade de um resultado seja proporcional à identificação numérica do resultado: Um 6 sai seis vezes mais do que um 1, um 5 sai cinco vezes mais do que um 1, e assim por diante. Qual é a probabilidade de cada resultado? A soma de todas as probabilidades deve ser 1,00, e a soma de todos os números de um dado é 21 (1+2+3+4+5+6 = 21), portanto, as probabilidades são: pr(1) = 1/21, pr(2) = 2/21, ..., pr(6) = 6/21.

Eventos Compostos

Algumas regras para lidar com *eventos compostos* ajudam você a "pensar". Um evento composto tem mais de um evento. É possível combinar eventos através da *união* ou da *intersecção* (ou ambas).

União e intersecção

Ao jogar um dado honesto, qual a probabilidade de obter um 1 ou um 4? Os matemáticos têm um símbolo para "ou". Ele é assim ∪ e se chama "união". Utilizando esse símbolo, a probabilidade de obter 1 ou 4 é *pr*(1 ∪ 4).

Ao usar este tipo de probabilidade, é bom não perder de vista os resultados elementares. Há um resultado elementar para cada evento, portanto, o evento "1 ou 4" tem dois resultados elementares. Com um espaço amostral de seis resultados, a probabilidade é 2/6 ou 1/3. Outra forma de fazer este cálculo é

$$pr(1 \cup 4) = pr(1) + pr(4) = (1/6) + (1/6) = 2/6 = 1/3$$

Agora, um exemplo um pouco mais complexo: Qual a probabilidade de obter um número entre 1 e 3 ou um número entre 2 e 4?

Apenas somar os resultados elementares de cada evento não terá efeito desta vez. Existem três resultados no evento "entre 1 e 3" e três no evento "entre 2 e

4". A probabilidade não pode ser 3 + 3 dividido pelos seis resultados do espaço amostral, pois ele deve somar 1,00, não deixando espaço para $pr(5)$ e $pr(6)$. Pelo mesmo motivo, você não pode simplesmente somar as probabilidades.

O desafio surge na sobreposição dos dois eventos. Os resultados elementares de "entre 1 e 3" são 1, 2 e 3. Os resultados elementares de "entre 2 e 4" são 2, 3 e 4. Dois resultados se sobrepõem: 2 e 3. Para não contá-los duas vezes, o truque é subtraí-los do total.

Algumas coisas facilitarão sua vida enquanto eu avanço no assunto. Abreviei "entre 1 e 3" como A, e "entre 2 e 4" como B. Além disso, usei o símbolo matemático para "sobreposição". O símbolo é o $\cap$ e se chama *intersecção*.

Utilizando os símbolos, a probabilidade de "entre 1 e 3" ou "entre 2 e 4" é

$$pr(A \cup B) = \frac{\text{Número de Resultados em A} + \text{Número de Resultados em B} - \text{Número de Resultados em (A} \cap \text{B)}}{\text{Número de Resultado no Espaço Amostral}}$$

$$pr(A \cup B) = \frac{3+3-2}{6} = \frac{4}{6} = \frac{2}{3}$$

Você também pode trabalhar com as probabilidades:

$$pr(A \cup B) = \frac{3}{6} + \frac{3}{6} - \frac{2}{6} = \frac{4}{6} = \frac{2}{3}$$

A fórmula geral é:

$$pr(A \cup B) = pr(A) + pr(B) - pr(A \cap B)$$

Por que não há problemas em somar as probabilidades no exemplo anterior? Porque $pr(1 \cap 4)$ é zero: É impossível obter um 1 e um 4 na mesma jogada de um dado. Sempre que $pr(\text{A} \cap \text{B}) = 0$, A e B são chamados de *mutuamente exclusivos*.

Mais uma vez: Intersecção

Imagine jogar uma moeda e um dado ao mesmo tempo. Estes dois experimentos são *independentes*, pois o resultado de um não influencia o resultado do outro.

Qual a probabilidade de tirar cara e 4? Usamos o símbolo da intersecção e escrevemos a probabilidade assim: $pr(\text{cara } 4)$:

$$pr(\text{Cara} \cap 4) = \frac{\text{Número de Resultados Elementares para Cara em} \cap 4}{\text{Número de Resultados Elementares no Espaço Amostral}}$$

Comece pelo espaço amostral. A Tabela 16-1 lista todos os resultados elementares.

TABELA 16-1	Resultados Elementares do Espaço Amostral de Jogar uma Moeda e um Dado	
Cara, 1	Coroa, 1
Cara, 2	Coroa, 2
Cara, 3	Coroa, 3
Cara, 4	Coroa, 4
Cara, 5	Coroa, 5
Cara, 6	Coroa, 6

Como você pode ver na tabela, 12 resultados são possíveis. Quantos resultados existem no evento "Cara e 4"? Apenas um. Portanto,

$$pr(Cara \cap 4) = \frac{\text{Número de Resultados Elementares para Cara em} \cap 4}{\text{Número de Resultados Elementares no Espaço Amostral}} = \frac{1}{12}$$

Você também pode trabalhar com as probabilidades:

$$pr(Cara \cap 4) = pr(Cara) \times pr(4) = \frac{1}{2} \times \frac{1}{6} = \frac{1}{12}$$

Geralmente, se A e B são independentes,

$$pr(A \cap B) = pr(A) \times pr(B)$$

Probabilidade Condicional

Em algumas situações, é possível diminuir o espaço amostral. Por exemplo, suponha que eu jogue um dado e diga a você que o resultado é maior que 2. Qual a probabilidade de ser um 5?

Geralmente, a probabilidade de um 5 seria 1/6. Porém, neste caso, o espaço amostral não é 1, 2, 3, 4, 5 e 6. Quando se sabe que o resultado é maior que 2, o espaço amostral passa a ser 3, 4, 5 e 6. A probabilidade de um 5 agora passa a ser 1/4.

Este é um exemplo de *probabilidade condicional*. Ela é "condicional" porque oferece uma "condição" — jogar o dado resultou em um número maior que 2. A notação é a seguinte

pr(5 | Maior que 2)

A linha vertical é uma abreviação para a palavra *dado* e lê-se "a probabilidade de um 5 dado Maior que 2".

CAPÍTULO 16 **Introdução à Probabilidade** 353

Trabalhando com as probabilidades

Em geral, se existem dois eventos, A e B,

$$pr(A \mid B) = \frac{pr(A \cap B)}{pr(B)}$$

desde que $pr(B)$ não seja igual a zero.

Para a intersecção no numerador da direita, este *não* é um caso onde se multiplica as probabilidades. Na verdade, se isso fosse possível, não haveria uma probabilidade condicional, pois isso significaria que A e B são independentes. Se eles são independentes, um evento não pode ser condicional com relação ao outro.

Você precisa pensar na probabilidade da intersecção. Em um dado, quantos resultados existem no evento "5 ∩ Maior que 2"? Apenas um, portanto, $pr(5 \cap \text{Maior que } 2)$ é 1/6 e

$$pr\left(5 \mid \text{Maior que } 2\right) = \frac{pr\left(5 \cap \text{Maior que } 2\right)}{pr\left(\text{Maior que } 2\right)} = \frac{1/6}{4/6} = \frac{1}{4}$$

A base para os testes de hipótese

Todos os testes de hipótese que fiz nos capítulos anteriores envolvem probabilidade condicional. Ao calcular uma estatística de amostra, computar uma estatística de teste e compará-la com um valor crítico, você está procurando uma probabilidade condicional. Especificamente, está tentando encontrar

pr(estatística de teste obtida ou um valor mais extremo | H_0 é verdadeira)

Se esta probabilidade condicional é baixa (menor que 0,05 em todos os exemplos apresentados nos capítulos com testes de hipótese), você rejeita H_0.

Espaços Amostrais Grandes

Ao lidar com probabilidade, é importante compreender o espaço amostral. Nos exemplos apresentados, os espaços amostrais são pequenos. Com uma moeda, ou com um dado, é fácil listar todos os resultados elementares.

É claro que o mundo não é tão simples assim. Na verdade, os problemas de probabilidade encontrados nos livros de estatística também não são tão simples. Na maioria das vezes, os espaços amostrais são grandes e não é conveniente listar todos os resultados elementares.

Pense, por exemplo, em jogar um dado duas vezes. Quantos resultados elementares existem no espaço amostral das duas jogadas? Você pode sentar-se e listá-los, mas é melhor raciocinar: Seis possibilidades na primeira jogada e cada uma destas seis pode ser combinada com mais seis possibilidades na segunda jogada. Portanto, o espaço amostral tem 6 x 6 = 36 resultados elementares possíveis. (Este exemplo é similar ao espaço amostral do jogo de uma moeda e um dado apresentado na Tabela 16-1, onde o espaço amostral é composto por 2 x 6 = 12 resultados elementares. Com 12 resultados, era fácil listar todos em uma tabela. Com 36 resultados, começa a ficar um pouco mais complicado.)

Os eventos também exigem um pouco de raciocínio. Qual a probabilidade de jogar um dado duas vezes e obter um valor total 5? Você precisará contar o número de formas através das quais o total pode ser 5 e, em seguida, deve dividir pelo número de resultados elementares do espaço amostral (36). Você tem um total de 5 através das seguintes combinações: 1 e 4, 2 e 3, 3 e 2 ou 4 e 1. São quatro formas, e elas não se sobrepõem (desculpe-me, não fazem intersecção), portanto

$$\text{pr}(5) = \frac{\text{Número de Formas de Obter o Total 5}}{\text{Número de Possíveis Resultados das Duas Jogadas}} = \frac{4}{36} = .11$$

Listar todos os resultados elementares para o espaço amostral geralmente é um pesadelo. Felizmente, existem atalhos, como mostrarei nas próximas subseções. Como cada atalho ajuda você a contar rapidamente o número de itens, outro nome para ele é *regra de contagem*.

Acredite se quiser, acabei de entregar uma regra de contagem. Alguns parágrafos atrás, eu disse que, em duas jogadas de um dado, você tem um espaço amostral de 6 x 6 = 36 resultados possíveis. Esta é a *regra do produto*: Se N_1 resultados são possíveis na primeira tentativa de um experimento, e N_2 resultados são possíveis na segunda tentativa, o número de resultados possíveis é $N_1 N_2$. Cada resultado possível na primeira teste pode ser associado com todos os resultados possíveis do segundo. E se houver três tentativas? Teríamos $N_1 N_2 N_3$.

Agora, mostrarei mais algumas regras.

Permutas

Suponha que você tenha de distribuir cinco objetos em uma sequência. De quantas formas é possível fazer isso? Para a primeira posição da sequência, você tem cinco opções. Depois de fazer sua escolha, terá quatro opções para a segunda posição. Em seguida, três opções para a terceira posição, duas para a quarta e uma para a quinta. O número de formas é (5)(4)(3)(2)(1) = 120.

Geralmente, o número de sequência de N objetos é $N(N-1)(N-2)...(2)(1)$. Este tipo de computação ocorre com bastante frequência no mundo da probabilidade e tem sua própria notação: $N!$ Não lemos gritando "N" em voz alta. Este é o "N fatorial". Por definição, $1! = 1$ e $0! = 1$.

CAPÍTULO 16 **Introdução à Probabilidade** 355

Agora, vamos falar de coisas boas. Se você precisa ordenar as 26 letras do alfabeto, o número de sequências possíveis é 26!, um número enorme. Mas suponha que a tarefa seja criar sequências de cinco letras para que nenhuma letra seja repetida na sequência. De quantas formas é possível fazer isso? Existem 26 opções para a primeira letra, 25 para a segunda, 24 para a terceira, 23 para a quarta, 22 para a quinta e pronto. Portanto, temos (26)(25)(24)(23)(22). A seguir, como este produto se relaciona com 26!:

$$\frac{26!}{21!}$$

Cada sequência chama-se *permuta*. Em geral, se você tem permutas de N elementos r por vez, a notação é $_{N}P_{r}$ (P significa "permuta"). A fórmula é

$$_{N}P_{r} = \frac{N!}{(N-r)!}$$

Só para completar, aqui tem outro probleminha. Suponha que eu permita repetições nestas sequências de 5. Ou seja, aabbc é uma sequência possível. Neste caso, o número de sequências é 26 x 26 x 26 x 26 x 26, ou como os matemáticos diriam, "26 elevado à quinta potência". Ou como os matemáticos escreveriam "26^5".

Combinações

No exemplo que acabei de mostrar, estas sequências são diferentes entre si: *abcde*, *adbce*, *dbcae* e assim por diante. Na verdade, você poderia escrever 5! = 120 sequências diferentes apenas com as letras "a", "b", "c", "d" e "e".

Suponha que eu acrescente a restrição de que uma destas sequências não seja diferente das outras e tudo o que quero é ter conjuntos de cinco letras não repetidas em qualquer ordem. Cada conjunto chama-se *combinação*. Para este exemplo, o número de combinações é o número de permutas dividido por 5!:

$$\frac{26!}{5!(21!)}$$

Em geral, a notação para combinações de N elementos com r por vez é $_{N}C_{r}$ (C significa "combinação"). A fórmula é

$$_{N}C_{r} = \frac{N!}{r!(N-r)!}$$

Funções de Planilha

O Excel fornece três funções que podem ajudá-lo com fatoriais, permutas e combinações.

356   PARTE 4 **Probabilidade**

FATORIAL

FATORIAL, que computa fatoriais, é uma das funções que não estão categorizadas como Estatísticas. Você poderá encontrá-la no menu de Funções de Matemática e Trigonometria. Ela é bem fácil de usar. Forneça um número, e ela retornará o fatorial. Siga o passo a passo:

1. Selecione uma célula para a resposta de FATORIAL.

2. No menu Funções de Matemática e Trigonometria, selecione FATORIAL para abrir a janela Argumentos da Função.

3. Na janela Argumentos da Função, insira o valor adequado do argumento.

Na caixa Núm, digito o número cujo fatorial desejo computar.

A resposta aparece na janela. Se eu digitar 5, por exemplo, a resposta será 120.

4. Clique em OK para colocar a resposta na célula selecionada.

PERMUT e PERMUTIONA

Você encontrará estas duas no menu de funções de Estatística. Como o nome sugere, PERMUT permite a você calcular $_NP_r$. Eis como usá-la para calcular $_{26}P_5$, o número de sequências com cinco letras (sem letras repetidas) que pode ser criado com as 26 letras do alfabeto. Lembre-se, em uma permuta, *abcde* é considerado diferente de *bcdae*. Siga estes passos:

1. Selecione uma célula para a resposta de PERMUT.

2. No menu Funções Estatísticas, selecione PERMUT para abrir a janela Argumentos da Função (veja a Figura 16-1).

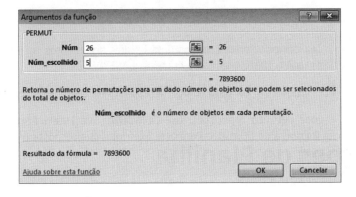

FIGURA 16-1: A janela Argumentos da Função para PERMUT.

3. Na janela Argumentos da Função, digite os valores apropriados para os argumentos.

Na caixa Núm, digitei o N de $_NP_r$. Neste exemplo, N é 26.

Na caixa Núm_escolhido, digitei o r de $_NP_r$. Neste caso, seria o 5.

Com os valores para os dois argumentos inseridos, a resposta aparece na janela. Neste exemplo, a resposta é 7893600.

4. Clique em OK para colocar a resposta na célula selecionada.

PERMUTIONA faz a mesma coisa, mas com permissão para repetições. Sua janela Argumentos da Função é exatamente igual à de PERMUT. Sua resposta é equivalente a N^r. Para este exemplo, a propósito, a resposta é 1181376.

COMBIN e COMBINA

COMBIN funciona mais ou menos como PERMUT. O Excel categoriza COMBIN e COMBINA como funções de Matemática e Trigonometria.

A seguir, o passo a passo para calcular $_{26}C_5$, o número de formas para se construir uma sequência de 5 letras (sem letras repetidas) com as 26 letras do alfabeto. Em uma combinação, *abcde* é equivalente a *bcdae*.

1. Selecione uma célula para a resposta de COMBIN.

2. No menu de Funções de Matemática e Trigonometria, selecione COMBIN para abrir a janela Argumentos da Função.

3. Na janela Argumentos da Função, digite os valores adequados para os argumentos.

Na caixa Núm, digitei o N de $_NC_r$. Mais uma vez, o N é 26.

Na caixa Núm_escolhido, digitei o r de $_NC_r$. Novamente, r é 5.

Com os valores inseridos para os dois argumentos, a resposta aparece na janela. Neste exemplo, a resposta é 65870.

4. Clique em OK para colocar a resposta na célula selecionada.

Se você permitir repetições, use COMBINA. Sua janela Argumentos da Função é igual à de COMBIN. Para este exemplo, sua resposta é equivalente a $_{30}C_{25}$ (142506).

Variáveis Aleatórias: Discretas e Contínuas

Voltemos à jogada de um dado honesto, onde seis resultados elementares são possíveis. Se eu usar x para me referir ao resultado de uma jogada, x pode ser qualquer número inteiro de 1 a 6. Como x pode aceitar um conjunto de valores, ele é uma variável. Como os valores possíveis de x correspondem aos resultados elementares de um experimento (o que significa que não é possível prever seus valores com certeza absoluta), x é chamado de *variável aleatória*.

Existem dois tipos de variáveis aleatórias. Um deles é a variável *discreta*. Um bom exemplo de variável discreta é jogar um dado. Uma variável aleatória discreta só pode aceitar algo que os matemáticos gostam de chamar de número *contável* de valores — como os números de 1 a 6. Os valores que ficam entre os números inteiros 1 a 6 (como 1,25 ou 3,1416) são impossíveis para uma variável aleatória correspondente aos resultados do jogo de um dado.

Outro tipo de variável aleatória é a *contínua*. Uma variável aleatória contínua pode aceitar um número infinito de valores. A temperatura é um exemplo. Dependendo da precisão de um termômetro, é possível ter temperaturas como 34,516 graus.

Distribuições de Probabilidade e Funções de Densidade

Voltemos ao jogo de dados. Cada valor da variável aleatória x (1 – 6, lembre-se) tem uma probabilidade. Se o dado for honesto, cada probabilidade é 1/6. Combine cada valor de uma variável aleatória discreta como x com sua probabilidade e você terá uma *distribuição de probabilidade*.

É muito fácil representar as distribuições de probabilidade em gráficos. A Figura 16-2 mostra a distribuição de probabilidade para x.

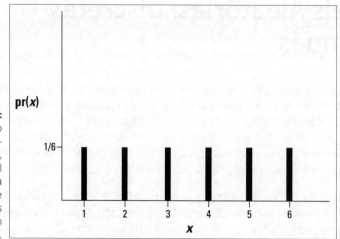

FIGURA 16-2: Distribuição de probabilidade para x, uma variável aleatória com base nas jogadas de um dado honesto.

Uma variável aleatória tem uma média, uma variação e um desvio padrão. Calcular esses parâmetros é bem fácil. No mundo das variáveis aleatórias, a média chama-se *valor esperado*, e o valor esperado da variável aleatória x é abreviado como E(x). Eis como calculá-lo:

$$E(x) = \sum x(pr(x))$$

Para a distribuição de probabilidade da Figura 16-2, temos:

$$E(x) = \sum x(pr(x)) = 1(1/6) + 2(1/6) + 3(1/6) + 4(1/6) + 5(1/6) + 6(1/6) = 3.5$$

A variação de uma variável aleatória geralmente é abreviada como V(x) e a fórmula é

$$V(x) = \sum x^2(pr(x)) - [E(x)]^2$$

Novamente trabalhando com a distribuição de probabilidade da Figura 16-2,

$$V(x) = 1^2(1/6) + 2^2(1/6) + 3^2(1/6) + 4^2(1/6) + 5^2(1/6) + 6^2(1/6) - 3.5^2 = 2.917$$

O desvio padrão é a raiz quadrada da variação, que neste caso é 1,708.

No caso das variáveis aleatórias contínuas, as coisas complicam um pouco. Não é possível formar um par com um valor e uma probabilidade, pois não se pode determinar um valor. Em vez disso, é preciso associar uma variável aleatória contínua a uma regra matemática (uma equação) que gere a *densidade da probabilidade*, e a distribuição chama-se *função de densidade da probabilidade*. Para calcular a média e a variação de uma variável aleatória contínua, será necessário fazer alguns cálculos.

No Capítulo 8, eu mostrei a função de densidade da probabilidade — a distribuição normal padrão. Eu a reproduzo aqui na Figura 16-3.

Na figura, *f(x)* representa a densidade da probabilidade. Como a densidade da probabilidade pode envolver alguns conceitos matemáticos mais complexos, não entrarei em detalhes. Conforme falei no Capítulo 8, pense na densidade da probabilidade como algo que transforma a região abaixo da curva em probabilidade.

Enquanto não podemos falar sobre a probabilidade de um valor específico de uma variável aleatória contínua, podemos trabalhar com a probabilidade de um intervalo. Para calcular a probabilidade de uma variável aleatória aceitar um valor de um intervalo, você deve encontrar a proporção da área total abaixo da curva que faz parte deste intervalo. A Figura 16-3 ilustra esta situação. A probabilidade de que *x* esteja entre 0 e 1σ é 0,3413.

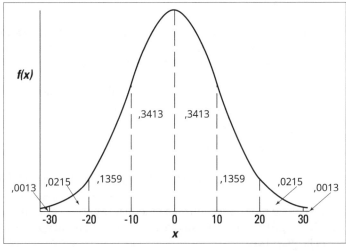

FIGURA 16-3: A distribuição normal padrão: uma função de densidade da probabilidade.

No restante deste capítulo, trabalharei apenas com variáveis aleatórias discretas. Uma bem específica aparece na próxima seção.

A Distribuição Binomial

Imagine um experimento com estas cinco características:

» O experimento consiste de *N* tentativas idênticas.

Uma tentativa poderia ser jogar um dado ou uma moeda.

» Cada tentativa resulta em um de dois resultados elementares.

O padrão é chamar um resultado de *sucesso* e o outro de *fracasso*. No caso do jogo de dado, um sucesso seria obter um número 3, e o fracasso seria qualquer outro resultado.

» A probabilidade de sucesso permanece a mesma de tentativa em tentativa.

Novamente, o padrão é usar p para representar a probabilidade de um sucesso, e $1-p$ (ou q) para representar a probabilidade de um fracasso.

» As tentativas são independentes.

» A variável aleatória discreta x é o número de sucessos em N tentativas.

Este tipo de experimento chama-se *experimento binomial*. A distribuição da probabilidade para x segue esta regra:

$$pr(x) = \frac{N!}{x!(N-x)!} p^x (1-p)^{N-x}$$

Na extrema direita, $p^x(1-p)^{N-x}$ é a probabilidade de uma combinação de x sucessos em N tentativas. O termo imediatamente à esquerda é $_NC_x$, o número de combinações possíveis de x sucessos em N tentativas.

Isso se chama *distribuição binomial*. Você a utiliza para calcular probabilidades como a de obter quatro 3 em dez jogadas do dado:

$$pr(4) = \frac{10!}{4!(6)!} \left(\frac{1}{6}\right)^4 \left(\frac{5}{6}\right)^6 = ,054$$

A *distribuição binomial negativa* está intimamente ligada à distribuição binomial. Nesta distribuição, a variável aleatória é o número de tentativas antes do x^o sucesso. Por exemplo, você utiliza a binomial negativa para calcular a possibilidade de 5 jogadas que resultem em qualquer número menos o 3 antes de obter um 3 pela quarta vez.

Para que isso aconteça, nas oito jogadas antes do quarto 3, você precisa obter 5 números diferentes de 3 e três sucessos (jogadas em que você obtém o número 3). Em seguida, a próxima jogada resulta em um 3. A probabilidade da combinação de 4 sucessos e 5 fracassos é $p^4(1-p)^5$. O número de maneiras para ter uma combinação de 5 falhas e 4 sucessos para 1 é $_{5+4-1}C_{4-1}$. Portanto, a probabilidade é

$$pr(5 \text{ fracassos antes do } 4^o \text{ sucesso}) = \frac{(5+4-1)!}{(4-1)!(5)!} \left(\frac{1}{6}\right)^4 \left(\frac{5}{6}\right)^5 = ,017$$

Em geral, a distribuição binomial negativa (às vezes, chamada de *distribuição de Pascal*) é

$$pr(f \text{ fracassos antes do } x^o \text{ sucesso}) = \frac{(f+x-1)!}{(x-1)!(f)!} p^x (1-p)^f$$

Funções de Planilha

Estas distribuições envolvem muitos cálculos, então, vou logo apresentar as funções de planilha.

DISTR.BINOM e INTERV.DISTR.BINOM

Estas são as funções de planilha do Excel para a distribuição binomial. Use DISTR.BINOM para calcular a probabilidade de obter quatro 3 em dez jogadas de um dado honesto:

1. Selecione uma célula para a resposta de DISTR.BINOM.

2. No menu Funções Estatísticas, selecione DISTR.BINOM para abrir a janela Argumentos da Função (veja a Figura 16-4).

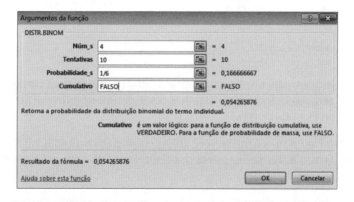

FIGURA 16-4: Janela Argumentos da Função de DISTR.BINOM.

3. Na janela Argumentos da Função, digite os valores adequados para os argumentos.

Na caixa Núm_s, insira o número de sucessos. Para este exemplo, este número é 4.

Na caixa Tentativas, insira o número de tentativas, que é 10.

Na caixa Probabilidade_s, insira a probabilidade de um sucesso. Neste caso, 1/6 é a probabilidade de obter um 3 na jogada de um dado honesto.

Na caixa Cumulativo, uma possibilidade é FALSO para a probabilidade do número exato de sucessos inseridos na caixa Núm_s. A outra é VERDADEIRO, para a probabilidade de obter aquele número de sucessos ou menos. Para este exemplo, usaremos FALSO.

Com os valores inseridos em todos os argumentos, a resposta aparecerá na janela.

4. Clique em OK para colocar a resposta na célula selecionada.

CAPÍTULO 16 **Introdução à Probabilidade** 363

Para você ter uma ideia melhor de como é a aparência de uma distribuição binomial, utilizei DISTR.BINOM (com a palavra FALSO na caixa Cumulativo) para calcular *pr*(0) a *pr*(10), em seguida, usei os recursos gráficos do Excel (veja o Capítulo 3) para colocar os resultados em um gráfico. A Figura 16-5 mostra os dados no gráfico.

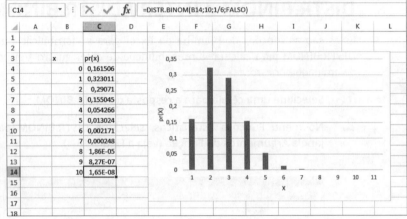

FIGURA 16-5: A distribuição binomial para x sucessos em 10 jogadas de um dado, com p=1/6.

Incidentalmente, se você digitar VERDADEIRO na caixa Cumulativo, o resultado será 0,984 (com mais algumas casas decimais), proveniente de *pr*(0) + *pr*(1) + *pr*(2) + *pr*(3) + *pr*(4).

A Figura 16-5 é útil se você quiser encontrar a probabilidade de conseguir entre quatro e seis sucessos em dez tentativas. Encontre *pr*(4), *pr*(5) e *pr*(6) e some as probabilidades.

Uma maneira muito mais fácil, especialmente se você não tem um gráfico como o da Figura 16-5 à mão ou se não quer aplicar DISTR.BINOM três vezes, é usar INTERV.DISTR.BINOM. A Figura 16-6 mostra a janela desta função, abastecida com os valores dos argumentos. Depois de incluir todos os argumentos, a resposta (0,069460321) aparece na janela.

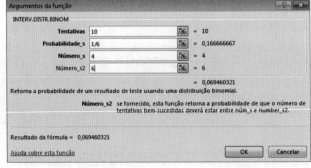

FIGURA 16-6: A janela Argumentos da Função de INTERV. DISTR. BINOM.

364 PARTE 4 **Probabilidade**

DICA

Se você não colocar um valor na caixa Núm_s2, INTERV.DISTR.BINOM retorna a probabilidade de qualquer coisa que você tenha colocado na caixa Núm_s2. Se você não colocar um valor na caixa Núm_s1, a função retorna a probabilidade de, no máximo, o número de sucessos na caixa Núm_s2 (por exemplo, a probabilidade cumulativa).

IST.BIN.NEG.N

Como o nome sugere, DIST.BIN.NEG.N trabalha com a distribuição binomial negativa. Aqui, eu a utilizo para trabalhar com o exemplo que citei anteriormente — a probabilidade de ter cinco fracassos (jogadas que não resultem em qualquer número que não seja o 3) antes do quarto sucesso (o quarto 3). Eis os passos:

1. Selecione uma célula para a resposta de DIST.BIN.NEG.N.

2. No menu Funções Estatísticas, selecione DIST.BIN.NEG.N para abrir a janela Argumentos da Função (veja a Figura 16-7).

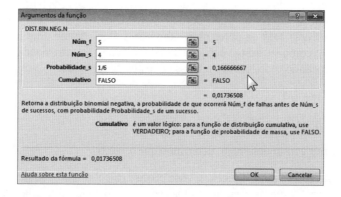

FIGURA 16-7: Janela Argumentos da Função de DIST.BIN.NEG.N.

3. Na janela Argumentos da Função, digite os valores adequados para os argumentos.

    Na caixa Núm_f, insira o número de fracassos. Neste exemplo, são 5.

    Na caixa Núm_s, insira o número de sucessos. Neste exemplo, são 4.

    Na caixa Probabilidade_s, digite 1/6, que é a probabilidade de sucesso.

    Na caixa Cumulativo, eu inseri FALSO. Isso dá a probabilidade do número de sucessos. Se eu colocar VERDADEIRO, o resultado é a probabilidade de, no máximo, esse número de sucessos.

    Com os valores inseridos para todos os argumentos, a resposta aparecerá na janela. A resposta é 0,017 e mais algumas casas decimais.

4. Clique em OK para colocar a resposta na célula selecionada.

Teste de Hipótese com a Distribuição Binomial

Às vezes, os testes de hipótese envolvem a distribuição binomial. Normalmente, você tem uma ideia sobre a probabilidade de um sucesso e a coloca em uma hipótese nula. Em seguida, realiza N tentativas e registra o número de sucessos. Por fim, computa a probabilidade de obter aquele número de sucessos ou uma quantidade mais extrema, caso H_0 seja verdadeira. Se a probabilidade for baixa, rejeite H_0.

Ao testar dessa maneira, você utiliza as estatísticas de amostra para fazer uma inferência sobre um parâmetro populacional. Aqui, este parâmetro é a probabilidade de um sucesso na população de tentativas. Por convenção, as letras gregas representam os parâmetros. Os estatísticos usam o π (pi), equivalente grego para o p, para representar a probabilidade de um sucesso na população.

Continuando com o exemplo do dado, suponha que você tenha um dado e queira testar se ele foi alterado ou não. Você suspeita que se ele estiver alterado, a tendência será de obter mais números 3. Você define uma jogada que resulte em 3 como sucesso. Você joga o dado 10 vezes. Quatro jogadas são um sucesso. Colocando tudo isso em termos de testes de hipótese:

$H_0: \pi \leq 1/6$

$H_1: \pi > 1/6$

Como geralmente faço, determino que $\alpha = 0,05$.

Para testar estas hipóteses, você precisa calcular a probabilidade de obter, pelo menos, 4 sucessos em 10 jogadas com $p = 1/6$. Esta probabilidade é $pr(4) + pr(5) + pr(6) + pr(7) + pr(8) + pr(9) + pr(10)$. Se o total for menor que 0,05, rejeite H_0.

São muitos cálculos. Você pode usar a função DISTR.BINOM para cuidar de tudo (como fiz com a planilha da Figura 16-5) ou tomar um caminho diferente. Pode encontrar um valor crítico para o número de sucessos e, se o número de sucessos for maior que o valor crítico, rejeitar H_0.

Como calcular o valor crítico? Usando uma função de planilha bem conveniente que mostrarei a seguir.

INV.BINOM

Esta função foi feita sob medida para testes de hipótese baseados em binômios. Forneça a INV.BINOM o número de tentativas, a probabilidade de um sucesso e um critério de probabilidade cumulativa. INV.BINOM retornará o menor valor

366   PARTE 4 **Probabilidade**

de x (o número de sucessos) para o qual a probabilidade cumulativa é maior ou igual ao critério.

A seguir, o passo a passo para o exemplo de teste de hipótese que acabei de mencionar:

1. Selecione uma célula para a resposta de INV.BINOM.

2. No menu Funções Estatísticas, selecione INV.BINOM e clique em OK para abrir a janela Argumentos da Função (veja a Figura 16-8).

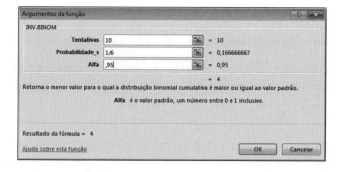

FIGURA 16-8: Janela Argumentos da Função de INV.BINOM.

3. Na janela Argumentos da Função, insira os valores adequados para os argumentos.

   Na caixa Tentativas, digite 10, que é o número de tentativas.

   Na caixa Probabilidade_s, digite a probabilidade de sucesso. Neste exemplo, é 1/6, o valor de π de acordo com H_0.

   Na caixa Alfa, insira a probabilidade cumulativa a ser excedida. Digitei 0,95 porque quero calcular o valor crítico que corta os 5% superiores da distribuição binomial.

   Com os valores inseridos para os argumentos, o valor crítico, 4, aparece na janela.

4. Clique em OK para colocar a resposta na célula selecionada.

Como você pode ver, o valor crítico é o numero de sucessos da amostra. A decisão é rejeitar H_0.

Mais sobre testes de hipótese

Em algumas situações, a distribuição binomial aproxima-se da distribuição normal padrão. Quando isso acontece, você deve usar as estatísticas da distribuição normal para responder às perguntas sobre a distribuição binomial.

Estas estatísticas envolvem valores z, o que significa que você precisa conhecer a média e o desvio padrão do binômio. Felizmente, eles são fáceis de identificar. Se N é o número de tentativas e π é a probabilidade de sucesso, a média é

$$\mu = N\pi$$

a variação é

$$\sigma^2 = N\pi(1-\pi)$$

e o desvio padrão é

$$\sigma = \sqrt{N\pi(1-\pi)}$$

A aproximação binomial para o normal está correta quando $N\pi \geq 5$ e $N(1-\pi) \geq 5$.

Ao testar uma hipótese, você faz uma inferência sobre π e precisa começar com uma estimativa. Você realiza N tentativas e obtém x sucessos. A estimativa é

$$P = \frac{x}{N}$$

Para criar um valor z, você precisa de mais uma informação — o erro padrão para P. Parece mais difícil do que realmente é, pois este erro padrão é apenas

$$\sigma_P = \sqrt{\frac{\pi(1-\pi)}{N}}$$

Agora, você está pronto para o teste de hipótese.

Eis um exemplo. O CEO da Farklempt Robotics Inc. acredita que 50% dos robôs da Farklempt sejam comprados para uso doméstico. Uma amostra de 1.000 clientes da Farklempt indica que 550 deles usam seus robôs em casa. Isso é significativamente diferente do pensamento do CEO? As hipóteses:

$H_0: \pi = 0{,}50$

$H_1: \pi \neq 0{,}50$

$\alpha = 0{,}05$

$N\pi = 500$ e $N(1-\pi) = 500$, portanto, a aproximação normal está correta.

Primeiro, calcule P:

$$P = \frac{x}{N} = \frac{550}{1000} = {,}55$$

Agora, crie um valor z:

$$z = \frac{P-\pi}{\sqrt{\dfrac{\pi(1-\pi)}{N}}} = \frac{{,}55-{,}50}{\sqrt{\dfrac{({,}50)(1-{,}50)}{1000}}} = \frac{{,}05}{\sqrt{\dfrac{{,}25}{1000}}} = 3{,}162$$

Com $\alpha = 0{,}05$, 3,162 é um valor z grande o suficiente para rejeitar H_0? Um modo fácil de descobrir é usar a função de planilha DIST.NORMP.N (veja o Capítulo 8). Se fizer isso, você verá que este valor z corta menos de 0,01 da área da cauda superior da distribuição normal padrão. A decisão é rejeitar H_0.

A Distribuição Hipergeométrica

Esta é outra distribuição que trabalha com sucessos e fracassos.

Começarei com um exemplo. Em um conjunto de 16 lâmpadas, 9 estão boas e 7 estão com defeito. Se você escolher, aleatoriamente, 6 lâmpadas dentre estas 16, qual a probabilidade de 3 entre as 6 serem boas? Considere a seleção de uma lâmpada boa com um "sucesso".

No final, seu conjunto de lâmpadas escolhidas é uma combinação de três dentre as nove lâmpadas boas com uma combinação de três dentre as sete lâmpadas com defeito. A probabilidade de ter três lâmpadas boas é... bem... uma combinação de regras de contagem:

$$\text{pr}(3) = \frac{\left(_9 C_3\right)\left(_7 C_3\right)}{_{16} C_6} = \frac{(84)(35)}{8008} = {,}37$$

Cada resultado da seleção das lâmpadas boas pode ser associado a todos os resultados da seleção de lâmpadas com defeito, portanto, a regra do produto é apropriada para o numerador. O denominador (o espaço amostral) é o número de combinações possíveis de 6 itens em um grupo de 16.

Este é um exemplo de *distribuição hipergeométrica*. Em geral, com uma população pequena composta por N_1 sucessos e N_2 fracassos, a probabilidade de x sucessos em uma amostra com m itens é

$$\text{pr}(x) = \frac{\left(_{N_1} C_x\right)\left(_{N_2} C_{m-x}\right)}{_{N_1 + N_2} C_m}$$

A variável aleatória x é chamada de *variável aleatória distribuída hipergeometricamente*.

DIST.HIPERGEOM.N

Esta função calcula tudo para você quando você trabalha com a distribuição hipergeométrica. Eis como usá-la com o exemplo que acabei de dar:

1. Selecione uma célula para a resposta de DIST.HIPERGEOM.N.

2. No menu Funções Estatísticas, selecione DIST.HIPERGEOM.N para abrir a janela de Argumentos da Função (veja a Figura 16-9).

CAPÍTULO 16 **Introdução à Probabilidade** 369

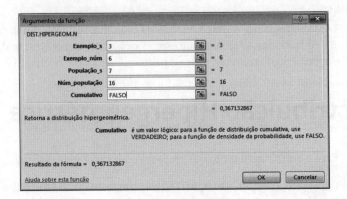

FIGURA 16-9:
Janela Argumentos da Função de DIST. HIPERGEOM.

3. Na janela Argumentos da Função, insira os valores adequados para os argumentos.

Na caixa Exemplo_s, insira o número de sucessos da amostra. Neste exemplo, este número é 3.

Na caixa Exemplo_núm, insira o número de itens da amostra. O tamanho da amostra para este exemplo é 6.

Na caixa População_s, insira o número de sucessos na população. Neste exemplo, são 7, que é o número de lâmpadas boas.

Na caixa Núm_população, insira o número de itens da população. O número total de lâmpadas é 16, que é o tamanho da população.

Na caixa Cumulativo, inseri FALSO. Isso dá a probabilidade do número de sucessos que inseri na caixa Exemplo_s. Se eu colocar VERDADEIRO, a função retorna a probabilidade de, no máximo, esse número de sucessos (por exemplo, a probabilidade cumulativa).

Com os valores inseridos para todos os argumentos, a resposta aparecerá na janela. A resposta é 0,367 e mais algumas casas decimais.

4. Clique em OK para colocar a resposta na célula selecionada.

Da mesma forma como fiz com o binômio, usei DIST.HIPERGEOM.N para calcular *pr*(0) a *pr*(6) para este exemplo. Em seguida, usei os recursos gráficos do Excel (veja o Capítulo 3) para representar os resultados em um gráfico. A Figura 16-10 mostra os dados e o gráfico. Meu objetivo é ajudá-lo a visualizar e compreender a distribuição hipergeométrica.

FIGURA 16-10: A distribuição hipergeométrica para x sucessos em uma amostra de 6 itens, proveniente de uma população composta por sete sucessos e nove falhas.

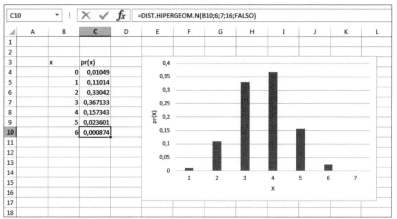

372   PARTE 4 **Probabilidade**

> **NESTE CAPÍTULO**
>
> **Entendendo a versão beta**
>
> **Em busca de Poisson**
>
> **Lutando contra gama**
>
> **Falando exponencialmente**

Capítulo 17

Mais sobre Probabilidade

No Capítulo 16, mergulhei na probabilidade de maneira semiformal e apresentei a distribuição de variáveis aleatórias. A distribuição binomial foi o ponto de partida. Neste capítulo, falarei sobre outros tipos de distribuição.

Um dos símbolos que aparecem nas páginas deste livro (e em outros livros da série *Para Leigos*) permite que você saiba que determinado parágrafo terá um "Papo de Especialista". Teria sido uma boa ideia colocar este símbolo logo acima do título deste capítulo. Portanto, uma pequena nota de observação: Este capítulo contém um pouco de matemática. Eu a inseri para ajudá-lo a entender o que você faz quando trabalha com as janelas das funções do Excel que descrevo no livro.

Estas funções fazem parte do lado esotérico? Bem... sim. Você terá oportunidades de usá-las? Bem... talvez sim.

Descobrindo o Beta

Está relacionada à distribuição binomial, sobre a qual falei no Capítulo 16. A distribuição beta (não confunda com "beta", a probabilidade de um erro Tipo 2) é uma espécie de camaleão no mundo das distribuições. Ela pode assumir uma grande variedade de aparências, dependendo das circunstâncias. Não explicarei toda a matemática que há por trás da distribuição beta, pois o tratamento completo envolve cálculo.

A conexão com a distribuição binomial é a seguinte: Na distribuição binomial, a variável aleatória x é o número de sucessos em N tentativas, tendo em p a probabilidade de um sucesso. N e p são constantes. Na distribuição beta, a variável aleatória x é a probabilidade de sucesso, sendo que N e o número de sucessos são constantes.

Por que ela é útil? No mundo real, você geralmente não conhece o valor de p e tenta descobri-lo. Normalmente, você faz um estudo, encontra o número de sucessos em um conjunto de tentativas e, em seguida, precisa estimar p. A distribuição beta mostra a você a probabilidade de valores possíveis de p para o número de tentativas e sucessos de seu estudo.

Uma parte da matemática é complicada, mas posso mostrar a você a regra que gera a função de densidade para N tentativas com r sucessos, onde N e r são números inteiros:

$$f(x \mid r, N) = \frac{(N-1)!}{(r-1)!(N-r-1)!} x^{r-1} (1-x)^{N-r-1}$$

A barra vertical dentro dos parênteses à esquerda significa "dado que". Portanto, esta função de densidade serve para valores específicos de N e r. O cálculo entra em cena quando N e r não são números inteiros. (Função de densidade? "Dado que"? Veja o Capítulo 16.)

A fim de que você tenha uma ideia da aparência desta função, usei o Excel para gerar um gráfico da função de densidade para quatro sucessos em dez tentativas. A Figura 17-1 mostra os dados e o gráfico. Cada valor do eixo x é um valor possível para a probabilidade de um sucesso. A curva mostra a densidade da probabilidade. Como falei no capítulo anterior, a densidade da probabilidade é o que faz com que a área sob a curva seja correspondente à probabilidade. O ponto máximo da curva está em $x = 0,4$, que é o que você poderia esperar para quatro sucessos em dez tentativas.

Suponha que eu jogue um dado e defina o sucesso de qualquer jogada que resulte em um 3. Suponho que estou jogando um dado honesto, portanto, $p = pr(3) = 1/6$. Suponha que eu jogue um dado dez vezes e obtenha quatro 3. Quão boa foi a suposição para um dado honesto?

374   PARTE 4 **Probabilidade**

O gráfico da Figura 17-1 dá uma dica: A área à esquerda de 0,16667 (o equivalente decimal de 1/6) é uma proporção muito pequena da área total, significando que a probabilidade de *p* ser igual ou menor que 1/6 é bem baixa.

Agora, se você precisa passar por todo o trabalho que é criar um gráfico e, em seguida, estimar proporções de área para criar uma resposta como "muito baixa", está trabalhando muito para obter um retorno muito pequeno. Felizmente, o Excel tem a solução.

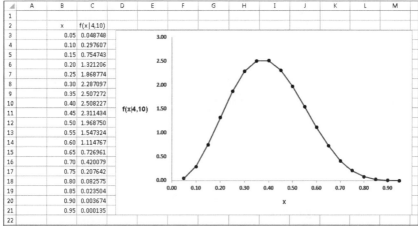

FIGURA 17-1: A função Densidade Beta para quatro sucessos em dez tentativas.

DIST.BETA

DISTBETA elimina a necessidade da elaboração do gráfico e das estimativas. Esta função permite a você trabalhar com a distribuição beta cumulativa para determinar a probabilidade de *p* ser menor ou igual a determinado valor. Considerando a complexidade de beta, DIST.BETA é surpreendentemente fácil de trabalhar.

Na janela Argumentos da Função de DIST.BETA e no arquivo de ajuda de DIST.BETA, você verá "Alfa" e "Beta". A janela informa que cada um é um "parâmetro *para* a distribuição", e o arquivo de ajuda diz que cada um é um "parâmetro *da* distribuição". Além de alterar a preposição, nenhum deles é de grande ajuda — pelo menos não para ajudá-lo a aplicar Alfa e Beta.

Aqui vão os detalhes: Para o exemplo com o qual estamos trabalhando, Alfa é o número de sucessos e Beta é o número de fracassos.

Ao colocarmos a função de densidade em termos de Alfa (α) e Beta (β), temos

$$f(x) = \frac{(\alpha + \beta - 1)!}{(\alpha - 1)!(\beta - 1)!} x^{\alpha-1}(1-x)^{\beta-1}$$

CAPÍTULO 17 **Mais sobre Probabilidade**

Novamente, isso só se aplica quando α e β são números inteiros. Se este não é o caso, você precisará fazer cálculos para computar f(x).

Os passos são:

1. Selecione uma célula para a resposta de DIST.BETA.

2. No menu de funções estatísticas, selecione DIST.BETA para abrir a janela Argumentos da Função (veja a Figura 17-2).

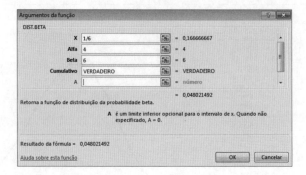

FIGURA 17-2: Janela Argumentos da Função de DIST.BETA.

3. Na janela Argumentos da Função, insira os valores adequados para os argumentos.

A caixa X contém a probabilidade de um sucesso. Neste exemplo, a probabilidade de sucesso é 1/6.

O Excel refere-se a Alfa e Beta (que vêm a seguir) como "parâmetros para a distribuição". Eu os chamo de "quantidade de sucessos" e "quantidade de fracassos". Portanto, digito 4 na caixa Alfa e 6 na caixa Beta.

Na caixa Cumulativo, eu digito VERDADEIRO. Isso dá a área sob a curva da função Beta entre 0 e 16. Se eu digitar FALSO, isso dá a altura da função Beta no valor de X. Como você deve ter adivinhado, eu digitei FALSO para criar o gráfico da Figura 17-1.

A caixa A é uma avaliação limite para o valor na caixa X. Em português, isso significa um limite inferior para o valor. Isso não é relevante para este tipo de exemplo. Eu deixei essa caixa em branco que, por padrão, estipula A = 0. Incidentalmente, o arquivo Ajuda se refere a uma caixa B opcional que estipula o limite superior em X. Como você pode ver, não há uma caixa B aqui. O arquivo Ajuda está se referindo a algo em uma versão anterior desta função.

Depois que todos os argumentos são inseridos, a resposta aparece na janela.

A resposta para este exemplo é 0,048021492. Realmente "muito baixa". Com quatro sucessos em dez jogadas, você poderia esperar que *p* fosse maior que 1/6.

4. Clique em OK para colocar a resposta na célula selecionada.

A distribuição beta pode ser aplicada em várias outras situações além da que mostrei aqui. Consequentemente, você pode inserir todos os tipos de números (dentro de determinadas restrições) nas diversas caixas. Por exemplo, o valor inserido na caixa X pode ser maior que 1,00, e você pode inserir valores que não sejam números inteiros nas caixas Alfa e Beta.

INV.BETA

Esta função é o contrário de DIST.BETA. Se você inserir uma probabilidade e os valores dos sucessos e falhas, ela retorna um valor para p. Por exemplo, se você fornecer 0,048021492, 4 sucessos e 6 falhas, ela retornará 0,1666667 — o equivalente decimal para 1/6.

DICA

INV.BETA tem uma aplicação mais útil. Você pode usá-la para calcular os limites de confiança para a probabilidade de um sucesso.

Suponha que você tenha encontrado r sucessos em N tentativas e esteja interessado nos limites de confiança de 95% para a probabilidade de sucesso. O limite inferior é:

INV.BETA(0,025, r, $N - r$)

O limite superior é:

INV.BETA(0,975, r, $N - r$)

1. Selecione uma célula para a resposta de INV.BETA.

2. No menu Funções Estatísticas, selecione INV.BETA para abrir a janela Argumentos da Função (veja a Figura 17-3).

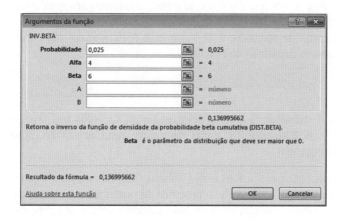

FIGURA 17-3:
Janela Argumentos da Função de INV. BETA.

CAPÍTULO 17 **Mais sobre Probabilidade** 377

3. Na janela Argumentos da Função, insira os valores adequados para os argumentos.

A caixa X contém uma probabilidade cumulativa. Para o limite inferior dos limites de confiança em 95%, a probabilidade é 0,025.

Na caixa Alfa, inseri o número de sucessos. Neste exemplo, são 4.

Na caixa Beta, inseri o número de fracassos (NÃO o número de tentativas). O número de fracassos é 6.

As caixas A e B são limites de avaliação para o valor da caixa X. Novamente, elas não são relevantes para este tipo de exemplo. Deixei-as em branco, o que, por padrão, determina que A = 0 e B = 1.

Com as informações de X, Alfa e Beta, a resposta aparecerá na janela. A resposta para este exemplo é 0,13699536.

4. Clique em OK para colocar a resposta na célula selecionada.

Se colocarmos 0,975 na caixa X, teremos 0,700704575 como resultado. Portanto, os 95% dos limites de confiança para a probabilidade de sucesso são 0,137 e 0,701 (arredondando) se você tiver 4 sucessos em 10 tentativas.

É claro que, com mais tentativas, o limite de confiança diminui. Para 40 sucessos em 100 tentativas, os limites de confiança são 0,307 e 0,497.

Poisson

Se você tem em mãos um tipo de processo que gera uma distribuição binomial e pode ter um número extremamente grande de tentativas e um número bem pequeno de sucessos, a *distribuição de Poisson* aproxima o binômio. A equação para a distribuição de Poisson é

$$pr(x) = \frac{\mu^x e^{-\mu}}{x!}$$

No numerador, μ é o número médio de sucessos nas tentativas, e *e* é igual a 2,71828 (e infinitas casas decimais), uma constante muito querida pelos matemáticos.

Eis um exemplo. A Farklempt Robotics Inc. fabrica uma junta universal para os cotovelos de seus robôs. O processo de produção é controlado estritamente por computador, portanto, a probabilidade de uma junta com defeito é de 0,001. Qual a probabilidade, em uma amostra com 1.000 elementos, de uma junta ter defeito? Qual a probabilidade de duas terem defeito? E três?

Batizada em homenagem ao matemático do século XIX Siméon-Denis Poisson, esta distribuição é mais simples que a binomial — ou pelo menos era quando os matemáticos não tinham a ajuda dos computadores. Com o Excel, você pode usar DISTR.BINOM para realizar os cálculos binomiais.

Primeiro, aplico a distribuição de Poisson ao exemplo da Farklempt. Se $\pi = 0{,}001$ e $N = 1000$, a média é

$$\mu = N\pi = (1000)(,001) = 1$$

(Veja o Capítulo 16 para uma explicação de $\mu = N\pi$.)

Agora, a distribuição de Poisson. A probabilidade de uma junta em uma amostra de 1.000 ser defeituosa é

$$pr(1) = \frac{\mu^x e^{-\mu}}{x!} = \frac{1^1(2{,}71828)^{-1}}{1!} = {,}368$$

Para duas juntas defeituosas em 1.000, temos

$$pr(2) = \frac{\mu^x e^{-\mu}}{x!} = \frac{1^2(2{,}71828)^{-2}}{2!} = {,}184$$

E para três juntas defeituosas em 1.000:

$$pr(3) = \frac{\mu^x e^{-\mu}}{x!} = \frac{1^3(2{,}71828)^{-1}}{3!} = {,}061$$

DICA

Ao continuar lendo, pode parecer estranho eu me referir a um item defeituoso como um "sucesso". Lembre-se, esta é apenas uma forma de identificar um evento específico.

DIST.POISSON

A seguir, o passo a passo para usar a função DIST.POISSON do Excel para o exemplo anterior:

1. Selecione uma célula para a resposta de DIST.POISSON.

2. No menu Funções Estatísticas, selecione DIST.POISSON para abrir a janela Argumentos da Função (veja a Figura 17-4).

3. Na janela Argumentos da Função, insira os valores adequados para os argumentos.

Na caixa X, digite o número de eventos para o qual está determinando a probabilidade. Quero calcular *pr*(1), então, digito 1.

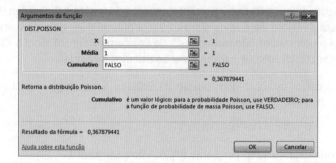

FIGURA 17-4:
Janela Argumentos da Função DIST. POISSON.

Na caixa Média, digite a média do processo. A média é $N\pi$, que, neste exemplo, é 1.

Na caixa Cumulativo, podemos escrever VERDADEIRO, para a probabilidade cumulativa, ou FALSO, apenas para a probabilidade do número de eventos. Digite FALSO.

Com todos os dados para X, Média e Cumulativo, a resposta aparecerá na janela. A resposta para este exemplo é 0,367879441.

4. Clique em OK para colocar a resposta na célula selecionada.

Neste exemplo, mostrei a probabilidade para duas juntas defeituosas em 1.000. E a probabilidade para três. Para continuar os cálculos, eu digitaria 2 na caixa X para calcular pr(2) e 3 para calcular pr(3).

Como eu disse antes, no século XXI é fácil calcular probabilidades binomiais de modo direto. A Figura 17-5 mostra as probabilidades de Poisson e a Binomial para os números da coluna B e as condições apresentadas no exemplo. Coloquei as probabilidades em um gráfico para que você possa ver como são próximas. Selecionei a célula D3 a fim de que a caixa de fórmulas mostre como usei DISTR. BINOM para calcular as probabilidades binomiais.

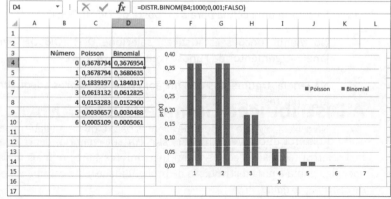

FIGURA 17-5:
Probabilidade de Poisson e probabilidade Binomial.

380   PARTE 4 **Probabilidade**

Embora a utilidade da distribuição de Poisson como aproximação esteja um pouco ultrapassada, ela adquiriu vida própria. Fenômenos tão diferentes quanto dados de tempo de reação em experimentos de psicologia, degeneração de substâncias radioativas e pontos em jogos de hóquei parecem ser ótimos para as distribuições de Poisson. Por isso, os analistas comerciais e os pesquisadores científicos gostam de basear modelos nesta distribuição. ("Basear modelos"? O que *isso* significa? Falarei sobre isso no Capítulo 18.)

Trabalhando com Gama

Você deve se lembrar do Capítulo 16 que o número de maneiras de organizar N objetos em uma sequência é $N!$ ("N fatorial"). Você também deve se lembrar que $N! = N(N-1)(N-2)...(2)(1)$. Obviamente, o fatorial só funciona para números inteiros, certo?

A função Gama e GAMA

Não tão rápido. Os matemáticos (alguns bem famosos) estenderam o conceito de fatorial para incluir números não inteiros e até mesmo números negativos (o que fica bem complicado). Esta extensão é chamada de *função gama*. Quando o argumento gama é um número inteiro positivo — vamos chamá-lo de N — o resultado é $(N-1)!$. Caso contrário, gama retorna o resultado de uma equação baseada em cálculo.

Em vez de fazer todos os cálculos, apenas lhe darei um exemplo: $4! = 24$ e $5! = 120$. Então, o fatorial de 4,3 (o que quer que isso signifique) deve estar em algum lugar entre 24 e 120. Por causa de $N-1$, que eu acabei de mencionar, você encontraria este fatorial deixando gama solto em 5,3 (em vez de 4,3). E gama(5,3) = 38,08.

Fazendo sua estreia no Excel 2013, GAMA é a função de planilha para gama. GAMA recebe um único argumento. Forneça um número e você receberá seu valor de função gama. Por exemplo,

```
=GAMA(5;3)
```

retorna 38,08.

A Distribuição Gama e DIST.GAMA

Tudo o que foi dito anteriormente está, em sua maioria, dentro do reino da matemática teórica. As coisas ficam mais interessantes (e mais úteis) quando você liga gama a uma distribuição de probabilidade. Este casamento é chamado de *distribuição gama*.

A distribuição gama está relacionada com a distribuição de Poisson do mesmo modo que a distribuição binomial negativa está relacionada ao binômio. O binômio negativo informa o número de tentativas até que um número específico de sucessos seja atingido em uma distribuição binomial. A distribuição gama informa quantas amostras são necessárias para encontrar um número específico de sucessos em uma distribuição de Poisson. Cada amostra pode ser um conjunto de objetos (como no exemplo das juntas universais da Farklempt Robotics), uma área física ou um intervalo de tempo.

A função de densidade da probabilidade para a distribuição gama é:

$$f(x) = \frac{1}{\beta^{\alpha}(\alpha-1)!} x^{\alpha-1} e^{-x/\beta}$$

Novamente, ela funciona quando α é um número inteiro. Caso contrário — adivinhou —, o cálculo entra em cena. (A propósito, quando esta função tem apenas valores inteiros de α, ela é chamada de *distribuição de Erlang*, caso alguém pergunte um dia.) A letra *e*, mais uma vez, é a constante 2,78181 que já mencionei.

Não se preocupe com a matemática de aparência exótica. Desde que você entenda o significado de cada símbolo, poderá entrar no jogo. O Excel faz o trabalho pesado pra você.

Portanto, aqui estão os significados dos símbolos. No exemplo da Farklempt Robotics, α é o número de sucessos e β corresponde ao μ da distribuição de Poisson. A variável *x* representa o número de amostras. Portanto, se *x* é igual a 3, α é igual a 2 e β é igual a 1, estamos falando sobre a densidade da probabilidade associada ao cálculo do segundo sucesso na terceira amostra caso o número médio de sucessos por amostra (de 1.000 elementos) seja 1. (De onde veio o 1 mesmo? São 1.000 juntas universais por amostra multiplicadas por 0,001, que é a probabilidade de fabricar uma junta com defeito.)

Para determinar a probabilidade, você precisa trabalhar com a área abaixo da função de densidade. Isso nos leva à função do Excel criada para a distribuição gama.

DIST.GAMA oferece a você algumas opções. Você pode usá-la para calcular a densidade da probabilidade e para calcular a probabilidade. A Figura 17-6 mostra como usei a primeira opção para criar um gráfico da densidade da probabilidade para que você possa ver como é a função. Trabalhando dentro do contexto do exemplo que acabei de dar, determinei que Alfa é igual a 2 e Beta é igual a 1, e calculei a densidade para os valores de *x* na Coluna D.

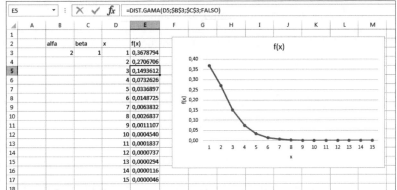

FIGURA 17-6:
A função de densidade para gama, com Alfa = 2 e Beta = 1.

Os valores da Coluna E mostram as densidades de probabilidade associadas ao cálculo da segunda junta defeituosa no número indicado de amostras de 1.000. Por exemplo, a célula E5 contém a densidade da probabilidade para encontrar a segunda junta defeituosa na terceira amostra.

Na vida real, trabalhamos com probabilidades, não com densidades. A seguir, mostrarei como usar DIST.GAMA para determinar a probabilidade de encontrar a segunda junta defeituosa na terceira amostra. Vamos lá:

1. Selecione uma célula para o resultado de DIST.GAMA.

2. No menu Funções Estatísticas, selecione DIST.GAMA para abrir a janela Argumentos da Função (veja a Figura 17-7).

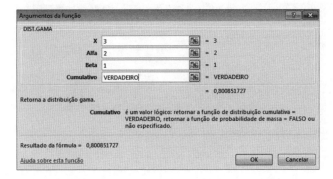

FIGURA 17-7:
Janela Argumentos da Função DIST.GAMA.

3. Na janela Argumentos da Função, insira os valores adequados para os argumentos.

A caixa X contém o número de amostras para o qual estou determinando a probabilidade. Quero calcular *pr*(3), então, digitei 3.

CAPÍTULO 17 **Mais sobre Probabilidade** 383

Na caixa Alfa, digitei o número de sucessos. Quero encontrar o segundo sucesso na terceira amostra, então, digitei 2.

Na caixa Beta, digitei o número médio de sucessos que ocorrem em uma amostra. Para este exemplo, é 1.

Na caixa Cumulativo, as opções são VERDADEIRO, para a distribuição cumulativa, ou FALSO, para calcular a densidade da probabilidade. Quero calcular a probabilidade, não a densidade, portanto, digitei VERDADEIRO.

Com todos os valores dos argumentos X, Alfa, Beta e Cumulativo, a resposta — 0,800851727 — aparece na janela.

4. Clique em OK para colocar a resposta na célula selecionada.

INV.GAMA

Se você quiser saber, em determinado nível de probabilidade, quantas amostras são necessárias para observar um número específico de sucessos, esta é a função ideal.

INV.GAMA é o inverso de DIST.GAMA. Insira uma probabilidade juntamente com Alfa e Beta, e a função retornará o número de amostras. Sua janela Argumentos da Função tem uma caixa Probabilidade, uma caixa Alfa e uma caixa Beta. A Figura 17-8 mostra que, se você digitar a resposta da seção anterior na caixa Probabilidade e os mesmos números para Alfa e Beta, a resposta será 3. (Bem, na verdade, um pouquinho maior que 3.)

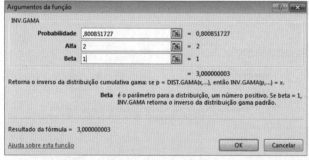

FIGURA 17-8: Janela Argumentos da Função INV.GAMA.

Exponencial

Se você está trabalhando com a distribuição gama e tem Alfa = 1, tem uma distribuição exponencial. Isso gera a probabilidade de que é preciso um número específico de amostras para chegar ao primeiro sucesso.

Como é a função de densidade? Com licença... vou bancar o matemático por um instante. Esta, novamente, é a função de densidade para gama:

$$f(x) = \frac{1}{\beta^\alpha (\alpha-1)!} x^{\alpha-1} e^{-x/\beta}$$

Se α = 1, ela fica assim:

$$f(x) = \frac{1}{\beta} e^{-x/\beta}$$

Os estatísticos gostam de substituir 1/β por λ (a letra grega "lambda"), portanto, esta é a versão final:

$$f(x) = \lambda e^{-\lambda x}$$

Digo isso porque a janela Argumentos da Função DISTR.EXPON tem uma caixa Lambda, e quero que você saiba o que ela significa.

DISTR.EXPON

Utilize esta função para determinar a probabilidade da necessidade de um número específico de amostras para obter o primeiro sucesso em uma distribuição de Poisson. Aqui, trabalharei novamente com o exemplo das juntas universais. Mostrarei como calcular a probabilidade de ver o primeiro sucesso na terceira amostra. Eis os passos:

1. Selecione uma célula para a resposta de DISTR.EXPON.

2. No menu Funções Estatísticas, selecione DISTR.EXPON para abrir a janela Argumentos da Função (veja a Figura 17-9).

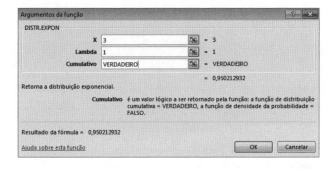

FIGURA 17-9: Janela Argumentos da Função DISTR.EXPON.

3. Na janela Argumentos da Função, insira os valores adequados para os argumentos.

Na caixa X, digitei o número de amostras para o qual estou determinando a probabilidade. Quero calcular *pr*(3), então, digitei 3.

CAPÍTULO 17 **Mais sobre Probabilidade** 385

Na caixa Lambda, digitei o número médio de sucessos por amostra. Voltaremos aos números que dei no exemplo — a probabilidade de um sucesso (0,001) vezes o número de juntas universais em cada amostra (1.000). Este produto é 1, então, digito 1 nesta caixa.

Na caixa Cumulativo, as opções são VERDADEIRO, para a distribuição cumulativa, ou FALSO, para a densidade da probabilidade. Quero saber a probabilidade, não a densidade, então, digitei VERDADEIRO.

Com os valores inseridos para X, Lambda e Cumulativo, a resposta aparecerá na janela. A resposta para este exemplo é 0,950212932.

4. **Clique em OK para colocar a resposta na célula selecionada.**

> **NESTE CAPÍTULO**
>
> **Descobrindo os modelos**
>
> **Modelando e provando**
>
> **Trabalhando com o método de Monte Carlo**

Capítulo 18
Carreira de Modelo

odelo é um termo muito usado atualmente. Para simplificar, um *modelo* é algo que você conhece e com o qual pode trabalhar, que ajuda você a compreender algo que conhece pouco. Um modelo deve imitar, de certa forma, o que está sendo modelado. Um globo, por exemplo, é um modelo da terra. Um mapa de ruas é um modelo de um bairro. Um projeto é um modelo de um prédio.

Os pesquisadores usam modelos para ajudá-los a compreender os processos e os fenômenos naturais. Analistas de negócios usam modelos para ajudá-los a entender processos de negócios. Os modelos usados por essas pessoas podem incluir conceitos matemáticos e estatísticos — que são tão conhecidos que podem iluminar os desconhecidos. A ideia é criar um modelo composto por conceitos que você compreende, testar o modelo e ver se os resultados são parecidos com os do mundo real.

Neste capítulo, falarei sobre modelos. Meu objetivo é mostrar como você pode usar as capacidades estatísticas do Excel para ajudá-lo a compreender os processos de seu mundo.

Modelando uma Distribuição

Em uma das utilizações dos modelos, os dados são reunidos e agrupados em uma distribuição. Em seguida, você tenta descobrir um processo que resulte neste tipo específico de distribuição. Refaça o processo em termos estatísticos para que ele possa gerar uma distribuição. Depois, veja se a distribuição gerada é compatível com uma distribuição real. Este "processo de descobrir e refazer em termos estatísticos" é o modelo.

Se a distribuição gerada é compatível com os dados reais, significa que seu modelo está "correto"? Isso quer dizer que o processo testado é o processo que gera os dados?

Infelizmente, não. A lógica não funciona assim! Você pode provar que um modelo está errado, mas não que ele está certo.

Conhecendo melhor a distribuição de Poisson

Nesta seção, darei um exemplo de modelagem com a distribuição de Poisson. Apresentei esta distribuição no Capítulo 17 e disse que ela parece caracterizar um conjunto de processos do mundo real. Por caracterizar um processo, quero dizer que uma distribuição de dados do mundo real é muito parecida com a distribuição de Poisson. Quando isso acontece, é possível que o tipo de processo que gera uma distribuição de Poisson também seja responsável por gerar os dados.

Que processo é esse? Comece com uma variável aleatória x, que representa o número de ocorrências de um evento específico de um intervalo. No Capítulo 17, o "intervalo" era uma amostra de 1.000 juntas universais e o evento específico era a "junta defeituosa". As distribuições de Poisson também podem ser usadas com eventos que ocorrem em intervalos de tempo e o evento pode ser algo como "a chegada a uma cabine do pedágio". Em seguida, destaco as condições para um *processo de Poisson* e uso as juntas defeituosas e a chegada à cabine do pedágio para ilustrar:

> » O número de ocorrências do evento em dois intervalos não sobrepostos é independente.
>
> O número de juntas defeituosas de uma amostra é independente do número de juntas defeituosas de outra amostra. O número de chegadas a uma cabine do pedágio durante uma hora é independente do número de chegadas em outra hora.

388   PARTE 4 **Probabilidade**

>> A probabilidade de uma ocorrência do evento é proporcional ao tamanho do intervalo.

As chances de encontrar uma junta defeituosa são maiores em uma amostra de 10.000 do que em uma amostra de 1.000. As chances de uma chegada à cabine do pedágio são maiores em uma hora do que em meia hora.

>> A probabilidade de mais de uma ocorrência do evento em um intervalo pequeno é 0 ou próxima a 0.

>> Em uma amostra de 1.000 juntas universais, temos uma probabilidade extremamente baixa de encontrar duas peças seguidas com defeito. A qualquer momento, dois veículos não chegam simultaneamente à cabine do pedágio.

Como mostrei no Capítulo 17, a fórmula para a distribuição de Poisson é

$$pr(x) = \frac{\mu^x e^{-\mu}}{x!}$$

Nesta equação, μ representa o número médio de ocorrências do evento no intervalo observado, e e é a constante 2,781828 (seguida por infinitas casas decimais).

Chegou a hora de usar a distribuição de Poisson em um modelo. Na FarBlonJet Corporation, os *web designers* rastreiam o número de acessos por hora na página da intranet. Eles monitoram a página durante 200 horas consecutivas e agrupam os dados como mostra a Tabela 18-1.

TABELA 18-1 **Acessos Por Hora na Página da Intranet da FarBlonJet**

Acessos/Hora	Horas Observadas	Acessos/Hora X Horas Observadas
0	10	0
1	30	30
2	44	88
3	44	132
4	36	144
5	18	90
6	10	60
7	8	56
Total	200	600

A primeira coluna mostra a variável Acessos/Hora. A segunda coluna, Horas Observadas, informa o número de horas no qual ocorreu cada valor de Acessos/Hora. Nas 200 horas observadas, 10 horas passaram sem acessos, 30 horas tiveram um acesso, 44 horas tiveram dois acessos, e assim por diante. Estes dados levaram os *web designers* a usar a distribuição de Poisson para modelar Acessos/Hora. Outra maneira de dizer isso: eles acreditam que um processo de Poisson gera o número de acessos por hora na página *Web*.

A multiplicação da primeira coluna pela segunda resulta na terceira coluna. A soma da terceira coluna mostra que, nas 200 horas observadas, a página da intranet recebeu 600 acessos. Portanto, o número médio de acessos/hora é 3,00.

Aplicando a distribuição de Poisson a este exemplo,

$$pr(x) = \frac{\mu^x e^{-\mu}}{x!} = \frac{3^x e^{-3}}{x!}$$

A partir daqui, continuaremos com o Excel.

Utilizando DIST.POISSON

A Figura 18-1 mostra cada valor de *x* (acessos/hora), a probabilidade de cada *x* se o número de acessos por hora for 3, o número previsto de horas e o número observado de horas (retirado da segunda coluna da Tabela 18-1). Selecionei a célula B3 para que a caixa de fórmulas mostre como usei a função DIST.POISSON. Fiz o preenchimento automático da Coluna B até a célula B10. (Para saber detalhes de como usar a função DIST.POISSON, veja o Capítulo 17.)

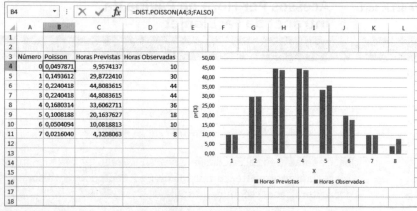

FIGURA 18-1: Acessos/hora à página web — previsão (μ = 3) e observação com a distribuição de Poisson.

Para obter o número de horas previstas, multipliquei cada probabilidade da Coluna B por 200 (número total de horas observadas). Usei as capacidades gráficas do Excel (veja o Capítulo 3) para mostrar como as horas previstas são próximas das horas observadas. Elas são bem parecidas, não é mesmo?

Testando o caimento

Bem, "estar bem parecido" não é suficiente para um estatístico. Um teste estatístico é uma necessidade. Assim como acontece com todos os testes estatísticos, este começa com uma hipótese nula e uma hipótese alternativa. São elas:

H_0: A distribuição dos acessos/hora segue uma distribuição de Poisson.

H_1: Não é H_0

O teste estatístico adequado envolve uma extensão da distribuição binomial. Ela se chama distribuição polinomial — "poli" porque abrange mais categorias do que apenas "sucesso" e "fracassos". É difícil trabalhar com ela, e o Excel não tem uma função de planilha para fazer os cálculos.

Felizmente, um estatístico pioneiro, Karl Pearson (inventor do coeficiente de correlação), notou que χ^2 ("qui ao quadrado"), uma distribuição que mostrei no Capítulo 11, aproxima-se da distribuição polinomial. Originalmente destinada a testes de hipótese sobre variações com uma amostra, χ^2 passou a ser mais conhecido por aplicações como a que mostrarei a você.

A grande ideia de Pearson foi a seguinte. Se você quer saber se uma distribuição hipotética (como a de Poisson) condiz com uma amostra (como as horas observadas), utilize a distribuição para gerar uma amostra hipotética (nossas horas previstas, por exemplo) e trabalhe com a seguinte fórmula:

$$\chi^2 = \sum \frac{(\text{Observado} - \text{Previsto})^2}{\text{Previsto}}$$

Geralmente, escrevemos *Esperado* em vez de *Previsto*, e ambos, Observado e Esperado, são abreviados. A forma mais comum desta fórmula é:

$$\chi^2 = \sum \frac{(O-E)^2}{E}$$

Para este exemplo,

$$\chi^2 = \sum \frac{(O-E)^2}{E} = \frac{(10 - 9,9574)^2}{9,9574} + \frac{(30 - 29,8722)^2}{29,8722} + ... + \frac{(8 - 4,3208)^2}{4,3208}$$

Qual é o total? O Excel calcula para nós. A Figura 18-2 mostra as mesmas colunas exibidas anteriormente, com uma coluna F contendo os valores para $(O-E)^2/E$. Poderia ter usado a seguinte fórmula

```
=((D3-C3)^2)/C3
```

para calcular o valor de F3 e, em seguida, fazer o preenchimento automático até F10.

CAPÍTULO 18 **Carreira de Modelo**   391

Escolhi um caminho diferente. Primeiro, atribuí o nome Horas_Previstas ao intervalo C3:C10 e o nome Horas_Observadas ao intervalo D3:D10. Em seguida, usei uma fórmula matricial (consulte o Capítulo 2). Selecionei o intervalo F3:F10 e criei a seguinte fórmula:

```
=(Horas_Observadas-Horas_Previstas)^2/Horas_Previstas
```

Ao pressionar Ctrl+Shift+Enter, os valores são inseridos no intervalo F3:F10. Esta combinação de teclas também insere as chaves na fórmula exibida na barra de Fórmulas.

A soma dos valores da coluna F fica na célula F11, que é χ^2. Se você está tentando provar que a distribuição de Poisson serve para os dados, deve procurar um valor baixo de χ^2.

FIGURA 18-2: Acessos/hora à página web — previsão de Poisson ($\mu = 3$) e observação, juntamente com os cálculos necessários para computar χ^2.

F4		fx	{=(Horas_Observadas-Horas_Previstas)^2/Horas_Previstas}				
	A	B	C	D	E	F	G	H
1								
2								
3	Número	Poisson	Horas Previstas	Horas Observadas		(O-E)^/E		
4	0	0,0497871	9,9574137	10		0,000182		
5	1	0,1493612	29,8722410	30		0,000546		
6	2	0,2240418	44,8083615	44		0,014583		
7	3	0,2240418	44,8083615	44		0,014583		
8	4	0,1680314	33,6062711	36		0,170502		
9	5	0,1008188	20,1637627	18		0,232192		
10	6	0,0504094	10,0818813	10		0,000665		
11	7	0,0216040	4,3208063	8		3,132857		
12					Soma=	3,566111		
13								

Muito bem. E agora? 3,5661 é alto ou baixo?

Para saber, você avalia o valor calculado de χ^2 com relação à distribuição de χ^2. O objetivo é descobrir a probabilidade de obter um valor no mínimo igual ao valor calculado, 3,5661. O truque é saber quantos graus de liberdade (gl) você tem. Para uma aplicação com bom caimento como esta

$$gl = k - m - 1$$

onde k = ao número de categorias e m = ao número de parâmetros estimados a partir dos dados. O número de categorias é 8 (0 Acessos/Hora a 7 Acessos/Hora). E o número de parâmetros? Usei as horas observadas para estimar o parâmetro μ, portanto, m neste exemplo é 1. Isso significa que gl = 8-1-1 = 6.

Use a função de planilha DIST.QUIQUA.CD sobre o valor de F11, com 6 gl. DIST.QUIQUA.CD retornará 0,73515, que é a probabilidade de obter um χ^2 de pelo menos 3,5661 caso H_o seja verdadeira. (Veja o Capítulo 10 para saber mais sobre DIST.QUIQUA.CD.) A Figura 18-3 mostra a distribuição de χ^2 com 6 gl e área à direita de 3,5661.

392   PARTE 4 **Probabilidade**

Se α = 0,05, a decisão é não rejeitar H_0 — isso significa que você não pode rejeitar a hipótese de que os dados observados vêm de uma distribuição de Poisson.

Este é um daqueles raros momentos em que é bom não rejeitar H_0 — caso você queira que um processo de Poisson gere os dados. Se a probabilidade fosse apenas um pouco maior que 0,05, não rejeitar H_0 seria suspeito. A grande probabilidade, no entanto, faz com que a não rejeição de H_0 — e de um processo de Poisson — pareça mais razoável. (Para saber mais, consulte a caixa de texto "Um ponto a ser considerado", no Capítulo 10.)

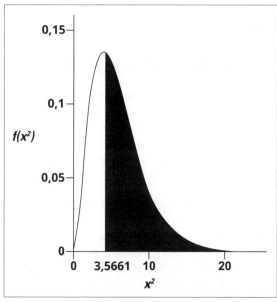

FIGURA 18-3: A distribuição de χ^2, gl = 6. A área escura é a probabilidade de obter um χ^2 de pelo menos 3,5661 se H_0 for verdadeira.

Uma palavra sobre TESTE.QUIQUA

O Excel fornece a função TESTE.QUIQUA que, à primeira vista, parece executar o teste que acabei de mostrar com aproximadamente um décimo do trabalho que fiz na planilha. Sua janela Argumentos da Função tem uma caixa para os valores observados e outra para os esperados.

O problema é que TESTE.QUIQUA não retorna um valor para χ^2. Ela pula este passo e retorna a probabilidade de obter um χ^2 no mínimo igual ao calculado a partir dos valores observados e dos valores previstos.

O problema é que os graus de liberdade de TESTE.QUIQUA não são corretos para este caso. TESTE.QUIQUA dá um passo à frente e supõe que gl = k-1 (7), não k-m-1 (6). Um grau de liberdade foi perdido porque μ foi estimado a partir dos dados. Em outros tipos de modelagem, perde-se mais do que um grau de liberdade. Suponha, por exemplo, que você acredite que uma distribuição normal caracterize o processo correspondente. Neste caso, você estima μ e σ a partir dos dados, e perde dois graus de liberdade.

Ao basear sua resposta em um gl menor do que o correto, TESTE.QUIQUA gera um valor inapropriadamente grande (e confuso) para a probabilidade.

TESTE.QUIQUA seria perfeito se tivesse a opção de inserir o gl ou se retornasse um valor para χ^2 (que poderia ser avaliado com a função DIST.QUIQUA e o gl correto).

Quando não há perda de graus de liberdade, TESTE.QUIQUA funciona como previsto. Isso acontece? Na próxima seção, sim.

Jogando bola com um modelo

O beisebol é um jogo que gera quantidades absurdas de estatística — e muitos estudam estas estatísticas de perto. A SABR, Sociedade Americana de Pesquisa do Beisebol, surgiu dos esforços de um grupo de fãs-estatísticos dedicados (fantastísticos?), que mergulhou nos detalhes da estatística do Maior Passatempo Americano. Eles chamam seu trabalho de *sabermétrica*. (Eu inventei os "fantastísticos". Eles chamam a si mesmos de "sabermétricos".)

O motivo para eu mencionar isso é que a sabermétrica fornece um bom exemplo de modelagem, com base na ideia óbvia de que, durante um jogo de beisebol, o objetivo das equipes é marcar mais pontos e evitar que o oponente marque pontos. Quanto melhor a equipe se sair nestes dois objetivos, mais jogos vencerá. Bill James, que batizou a sabermétrica e é seu principal expoente, descobriu uma relação entre a quantidade de pontos marcados por uma equipe, a quantidade de pontos que ela permite e sua porcentagem de vitórias. Ele a chama de *porcentagem pitagoreana*:

$$\text{Porcentagem Pitagoreana} = \frac{\left(\text{Pontos Marcados}\right)^2}{\left(\text{Pontos Marcados}\right)^2 + \left(\text{Pontos Permitidos}\right)^2}$$

Pense nisso como um modelo para prever os jogos ganhos. Calcule esta porcentagem e multiplique pelo número de jogos de uma equipe. Em seguida, compare a resposta com as vitórias da equipe. Como foi a previsão do modelo para o número de jogos que cada equipe ganhou na temporada de 2011?

Para descobrir, encontrei todos os dados relevantes de cada equipe da *Major League* de 2011. (Obrigado `www.baseball-reference.com`.) Coloquei os dados na planilha mostrada na Figura 18-4.

Como a Figura 18-4 mostra, usei uma fórmula matricial para calcular a porcentagem pitagoreana da Coluna D. Primeiro, atribuí o nome Pontos_Marcados aos dados da Coluna B e o nome Pontos_Permitidos aos dados da Coluna C. Em seguida, selecionei D2:D31 e criei a fórmula.

394   PARTE 4 **Probabilidade**

```
=Pontos_Marcados^2/(Pontos_Marcados^2+Pontos_Permitidos^2)
```

Em seguida, pressionei Ctrl+Shift+Enter para colocar os valores no intervalo D2:D31 e as chaves na fórmula da barra de Fórmulas.

Se eu quisesse fazer de outro jeito, teria colocado a seguinte fórmula em C2:

```
=B2^2/((B2^2)+(C2^2))
```

Em seguida, teria feito o preenchimento automático das células restantes da Coluna D.

FIGURA 18-4: Pontos marcados, pontos permitidos, vitórias previstas e vitórias de cada equipe da liga de beisebol em 2011.

	A	B	C	D	E	F	G
1	Team	Runs_Scored	Runs_Allowed	Pythagorean	Games Played	Predicted_Wins	Wins
2	Arizona	729	664	0.546	162	89	94
3	Atlanta	648	599	0.539	162	87	89
4	Baltimore	713	859	0.408	162	66	69
5	Boston	875	729	0.590	162	96	90
6	Chicago Cubs	648	761	0.420	162	68	71
7	Chicago White Sox	648	713	0.452	162	73	79
8	Cincinatti	729	713	0.511	162	83	79
9	Cleveland	697	761	0.456	162	74	80
10	Colorado	729	778	0.469	162	76	73
11	Detroit	794	713	0.554	162	90	95
12	Florida	632	697	0.451	162	73	72
13	Houston	616	794	0.376	162	61	56
14	Kansas City	729	761	0.478	162	77	71
15	Los Angeles Angels	664	632	0.525	162	85	86
16	Los Angeles Dodgers	644	612	0.526	161	85	82
17	Milwaukee	729	632	0.571	162	93	96
18	Minnesota	616	810	0.366	162	59	63
19	New York Mets	713	745	0.478	162	77	77
20	New York Yankees	875	664	0.634	162	103	97
21	Oakland	648	680	0.476	162	77	74
22	Philadelphia	713	535	0.640	162	104	102
23	Pittsburgh	616	713	0.427	162	69	72
24	Sand Diego	599	616	0.487	162	79	71
25	Seattle	551	680	0.396	162	64	67
26	San Francisco	567	583	0.486	162	79	86
27	St. Louis	761	697	0.544	162	88	90
28	Tampa Bay	713	616	0.573	162	93	91
29	Texas	859	680	0.614	162	100	96

Por fim, multipliquei cada porcentagem pitagoreana da Coluna D pelo número de jogos de cada equipe (28 equipes jogaram 162 jogos, 2 jogaram 161) para obter as vitórias previstas na Coluna F. Como o número de vitórias só pode ser um número inteiro, usei a função ARRED para arredondar as vitórias previstas. Por exemplo, a fórmula que fornece o valor para E3 é:

```
=ARRED(D3*162;0)
```

O zero indica que eu não queria casas decimais.

Antes de continuar, atribuí o nome Vitórias_Previstas aos dados da Coluna F e o nome Vitórias aos dados da Coluna G.

Até que ponto o modelo é condizente com a realidade? Desta vez, TESTE.QUIQUA tem a resposta. Não perdemos nenhum grau de liberdade aqui: Não usei os dados

CAPÍTULO 18 **Carreira de Modelo** 395

da coluna Vitórias (Coluna G) para estimar qualquer parâmetro, como uma média ou uma variação, depois apliquei os parâmetros para calcular as Vitórias Previstas. Em vez disso, as previsões vieram de outros dados — os Pontos Marcados e os Pontos Permitidos. Por este motivo, gl = k-m-1 = 30-0-1 = 29.

Eis como usar TESTE.QUIQUA (quando apropriado!):

1. Com os dados inseridos nas células, selecione uma célula para a resposta de TESTE.QUIQUA.

2. No menu Funções Estatísticas, selecione TESTE.QUIQUA para abrir sua janela de Argumentos da Função. (Veja a Figura 18-5.)

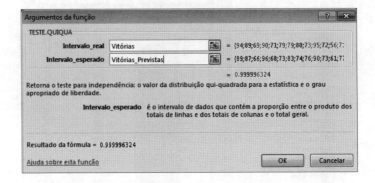

FIGURA 18-5: Janela Argumentos da Função TESTE.QUIQUA.

3. Na janela Argumentos da Função, insira os valores adequados para os argumentos.

Na caixa Intervalo_real, insira o intervalo de células que contém os valores observados. Neste exemplo, é o intervalo Vitórias (F2:F32).

Na caixa Intervalo_esperado, insira o intervalo de células que contém os valores previstos. Neste exemplo, é o intervalo Vitórias_Previstas (E2:E32).

Ao colocar o cursor sobre a caixa Intervalo_esperado, a janela menciona um produto de totais de linhas e totais de colunas. Não se deixe confundir. Essa descrição tem a ver com uma aplicação um pouco diferente desta função (sobre a qual falarei no Capítulo 20).

Com os valores inseridos nas caixas Intervalo_real e Intervalo_esperado, a resposta aparecerá na janela. A resposta para este exemplo é 0,99999518, o que significa que, com 29 graus de liberdade, você tem uma enorme chance de encontrar um valor de χ^2 no mínimo igual ao que foi calculado a partir dos valores observados e previstos. Resumindo: O modelo é bastante condizente com os dados.

4. Clique em OK para colocar a resposta na célula selecionada.

Uma Discussão Simulada

Outra função dos modelos é simular um processo. A ideia é definir o máximo que você puder sobre um processo e, depois, de alguma maneira, usar os números para representar este processo e executá-lo. É uma ótima forma de descobrir o que um processo faz caso outros métodos de análise sejam complexos demais.

Arriscando: O método de Monte Carlo

Muitos processos contêm um elemento de aleatoriedade. Simplesmente não é possível prever o resultado com certeza. Para simular este tipo de processo, você precisa encontrar um modo de simular a aleatoriedade. Os métodos de simulação que incorporam a aleatoriedade são chamados de simulações de *Monte Carlo*. O nome vem da cidade de Mônaco, cujas principais atrações são os cassinos.

Nas seções a seguir, mostrarei alguns exemplos. Eles não são tão complexos a ponto de não se poder analisá-los. Eu os utilizo por apenas um motivo: Você pode comparar os resultados com a análise.

Trapaceando

No Capítulo 16, falei sobre um dado que fora alterado para gerar resultados baseados nos números de suas faces: Um 6 tem seis vezes mais probabilidade de sair do que o 1, o 5 tem cinco vezes mais probabilidade, e assim por diante. Em qualquer jogada, a probabilidade de obter um número n é $n/21$.

Suponha que você tenha um par de dados como o citado acima. Como seriam os resultados de 200 jogadas destes dados? Qual seria a média destas 200 jogadas? Qual seria a variação e o desvio padrão? Você pode usar o Excel para fazer simulações de Monte Carlo e responder a essas perguntas.

Para começar, usei o Excel para calcular a probabilidade de cada resultado. A Figura 18-6 mostra como fiz isso. A Coluna A contém todos os resultados possíveis para quando se joga um par de dados (2-12). As colunas de C a N contêm as maneiras possíveis de se obter cada resultado. As colunas C, E, G, I, K e M mostram os resultados possíveis para o primeiro dado. As colunas D, F, H, J, L e N revelam os resultados possíveis para o segundo dado. A Coluna B informa a probabilidade de cada resultado, com base nos números das colunas C-M. Destaquei a célula B7 a fim de que a caixa de fórmulas indique que usei esta fórmula para fazer com que o Excel calculasse a probabilidade de um 7:

```
=((C7*D7)+(E7*F7)+(G7*H7)+(I7*J7)+(K7*L7)+(M7*N7))/21^2
```

Fiz o preenchimento automático das células restantes da Coluna B.

A soma em B14 confirma que considerei cada possibilidade.

Em seguida, chega o momento de simular o processo de jogar os dados. Cada jogada gera um valor da variável aleatória x de acordo com a distribuição de probabilidade definida pelas colunas A e B. Como simular essas jogadas?

FIGURA 18-6: Resultados e probabilidades de um par de dados alterados.

B7		f_x		=((C7*D7)+(E7*F7)+(G7*H7)+(I7*J7)+(K7*L7)+(M7*N7))/21^2									
	A	B	C	D	E	F	G	H	I	J	K	L	M	N
	x	pr(x)	1st	2nd	1st	2nd	1st	2nd	1st	2nd	1st	2nd	1st	2nd
2	2	0.002268	1	1										
3	3	0.009070	2	1	1	2								
4	4	0.022676	3	1	2	2	1	3						
5	5	0.045351	4	1	3	2	2	3	1	4				
6	6	0.079365	5	1	4	2	3	3	2	4	1	5		
7	7	0.126984	6	1	5	2	4	3	3	4	2	5	1	6
8	8	0.158730	6	2	5	3	4	4	3	5	2	6		
9	9	0.172336	6	3	5	4	4	5	3	6				
10	10	0.165533	6	4	5	5	4	6						
11	11	0.136054	6	5	5	6								
12	12	0.081633	6	6										
13														
14	Sum =	1.000000												

Ferramenta de análise de dados: Geração de Número Aleatório

A ferramenta Geração de Número Aleatório do Excel foi feita sob medida para este tipo de simulação. Informe quantos valores você deseja gerar, forneça uma distribuição de probabilidade com a qual trabalhar, e a ferramenta gerará, aleatoriamente, os números de acordo com os parâmetros da distribuição, cada um deles correspondendo a uma jogada dos dados.

Eis como usar a ferramenta Geração de Número Aleatório:

1. Selecione Dados | Análise de Dados para abrir a janela Análise de Dados.

2. Na janela Análise de Dados, procure a ferramenta Geração de Número Aleatório na lista de Ferramentas de Análises. Clique em OK para abrir a janela desta ferramenta.

A Figura 18-7 mostra a janela de Geração de Número Aleatório.

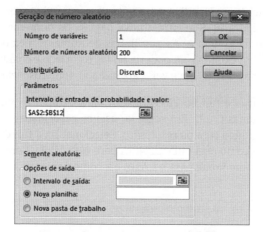

FIGURA 18-7:
A janela de
Geração
de Número
Aleatório.

3. **Na caixa Número de variáveis, digite o número de variáveis para as quais você deseja criar números aleatórios.**

   Para este exemplo, digitei 1. Só estou interessado nos resultados da jogada de um par de dados.

4. **Na caixa Número de números aleatórios, digite a quantidade de números que serão gerados.**

   Digitei 200 para simular 200 jogadas dos dados alterados.

5. **Na caixa Distribuição, clique na seta para selecionar o tipo de distribuição.**

   Existem sete opções. Sua escolha determina o que aparecerá na área Parâmetros da janela, pois diferentes tipos de distribuição têm diferentes tipos (e quantidades) de parâmetros. Você está lidando com uma variável aleatória discreta, portanto, a opção correta é Discreta.

6. **Escolher Discreta faz com que a caixa Intervalo de entrada de probabilidade e valor apareça sob Parâmetros. Digite o intervalo de células que contém os valores da variável e as probabilidades associadas.**

   Os resultados possíveis das jogadas do dado estão no intervalo A2:A12, e as probabilidades no intervalo B2:B12; portanto, o intervalo é A2:B12. O Excel inclui os sinais $ para indicar a referência absoluta.

7. **Em Opções de Saída, selecione um botão para indicar onde deseja colocar os resultados.**

   Selecionei Nova Planilha para colocar os resultados em uma nova página da planilha.

8. **Clique em OK.**

Como selecionei Nova Planilha, uma página recém-criada será aberta com os resultados. A Figura 18-8 mostra a nova página. Os números gerados aleatoriamente estão na Coluna A. As 200 linhas de números aleatórios são muitos longas para serem exibidas. Eu poderia tê-las recortado e colado em 10 colunas de 20 células, mas, assim, você veria apenas 200 números aleatórios.

Em vez disso, usei a função FREQÜÊNCIA para agrupar os números por freqüência nas colunas C e D. Em seguida, usei as capacidades gráficas do Excel para criar um gráfico com os resultados. Selecionei D2 a fim de que a caixa de fórmula mostre como usei FREQÜÊNCIA para esta célula. Como você pode ver, defini Jogadas como nome para A2:A201 e x como nome para C2:C12.

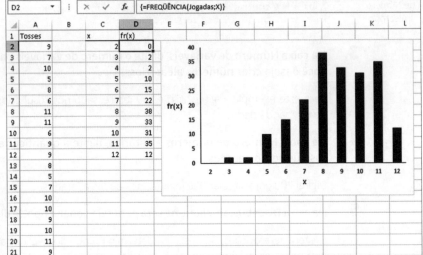

FIGURA 18-8: Resultados da simulação de 200 jogadas de um par de dados alterados.

E quanto às estatísticas para estas jogadas simuladas?

```
=MÉDIA(Jogadas)
```

informa que a média é 8,740.

```
=VAR.A(Jogadas)
```

retorna 4,063 como estimativa para a variação, e RAIZ aplicada à variação retorna 2,016 como estimativa para o desvio padrão.

Como estes valores condizem com os parâmetros da variável aleatória? Foi isso que eu quis dizer anteriormente quando falei "comparar com a análise". No Capítulo 16, mostrei como calcular o valor esperado (a média), a variação e o desvio padrão de uma variável aleatória discreta.

O valor esperado é:

$$E(x) = \sum x(pr(x))$$

Na planilha da Figura 18-6, usei a função SOMARPRODUTO para calcular $E(x)$. A fórmula é:

```
=SOMARPRODUTO (A2:A12;B2:B12)
```

O valor esperado é 8,667.

A variação é:

$$V(x) = \sum x^2 (pr(x)) - [E(x)]^2$$

Com $E(x)$ armazenado em B16, eu usei a seguinte fórmula:

```
=SOMARPRODUTO(A2:A12;A2:A12;B2:B12)-B16^2
```

Repare que usei A2:A12 duas vezes em SOMARPRODUTO. Isso nos dá a soma de x^2.

A fórmula retorna 4,444 como variação. RAIZ aplicada a este número nos dá 2,108 como desvio padrão.

A Tabela 18-2 mostra como os resultados da simulação são próximos dos parâmetros para a variável aleatória.

TABELA 18-2 **Estatísticas da Simulação do Jogo de Dados Alterados e os Parâmetros para a Distribuição Discreta**

	Estatística da Simulação	Parâmetro de Distribuição
Média	8,740	8,667
Variação	4,063	4,444
Desvio padrão	2,016	2,108

Simulando o Teorema do Limite Central

Isso pode surpreender você, mas os estatísticos geralmente usam simulações para fazer determinações sobre algumas de suas estatísticas. Eles fazem isso quando a análise matemática fica muito difícil.

Por exemplo, alguns testes estatísticos dependem de populações distribuídas normalmente. Se as populações não são normais, o que acontece com os testes? Eles ainda desempenham sua função? Para responder a essa pergunta, os estatísticos podem criar populações de números não distribuídas normalmente, simular experimentos com elas e aplicar testes estatísticos aos resultados simulados.

Nesta seção, usarei a simulação para avaliar um importante item estatístico — o Teorema do Limite Central. No Capítulo 9, introduzi o Teorema do Limite Central em conexão com a distribuição amostral da média. Na verdade, simulei a amostragem a partir de uma população com apenas três valores possíveis para mostrar a você que, até mesmo com uma amostra pequena, a distribuição amostral começa a parecer normalmente distribuída.

Aqui, usei a ferramenta Geração de Número Aleatório para criar uma população distribuída normalmente e retirei 40 amostras com 16 valores cada. Calculei a média de cada amostra e, em seguida, criei uma distribuição destas médias. A ideia é verificar como esta distribuição se aplica ao Teorema do Limite Central.

A distribuição deste exemplo tem os parâmetros para a população de valores do teste de QI, uma distribuição que usei em vários capítulos. Trata-se de uma distribuição normal, com $\mu = 100$ e $\sigma = 16$. De acordo com o Teorema do Limite Central, a média da distribuição de médias deveria ser 100, e o desvio padrão (o erro padrão da média) deveria ser 4.

Em uma distribuição normal, a janela Geração de Número Aleatório é parecida com a da Figura 18-9. As primeiras duas entradas fazem com que o Excel gere 16 números aleatórios para uma única variável. Ao escolher Normal na caixa Distribuição, a caixa Média e a caixa Desvio Padrão são exibidas sob Parâmetros. Como você pode ver na figura, digitei 100 para a Média e 16 para o Desvio Padrão. Em Opções de Saída, selecionei Intervalo de Saída e inseri uma coluna com 16 células. Isso faz com que os números gerados aleatoriamente sejam inseridos na coluna indicada da página atual.

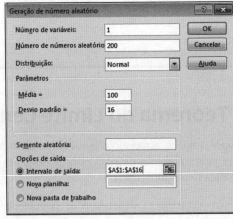

FIGURA 18-9: A janela Geração de Número Aleatório para uma distribuição normal.

Usei esta janela 40 vezes para gerar 40 amostras simuladas de 16 valores cada a partir de uma população normal e coloquei os resultados em colunas adjacentes. Em seguida, usei MÉDIA para calcular a média de cada coluna.

Depois, copiei as 40 médias para outra planilha com o objetivo de mostrar a você como são distribuídas. Calculei a média e o desvio padrão, usei FREQÜÊNCIA para agrupar as médias em uma distribuição de frequência, e as capacidades gráficas do Excel para representar a distribuição em um gráfico. A Figura 18-10 mostra os resultados.

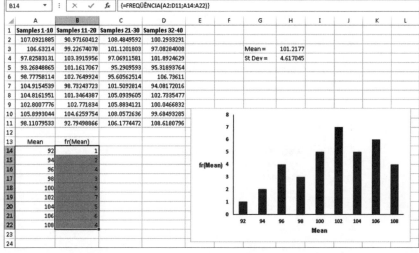

FIGURA 18-10: Resultados da simulação do Teorema do Limite Central.

A média das médias, 101,2177, está próxima do valor previsto pelo Teorema do Limite Central, que é 100. O desvio padrão das médias, 4,61705, está próximo do valor previsto pelo Teorema do Limite Central, que é 4 para o erro padrão da média. O gráfico mostra a estrutura de uma distribuição normal, embora esteja um pouco distorcido. Em geral, a simulação é compatível com o Teorema do Limite Central.

DICA

Anteriormente, falei: "Copiei as 40 médias para outra planilha". Isso não é uma certeza. Quando você tenta colar uma célula em outra planilha e esta célula contém uma fórmula, em geral, o Excel falha e gera uma mensagem de erro muito feia quando você cola. Isso acontece quando a fórmula se refere a localizações de célula que não contêm quaisquer valores na nova planilha.

Para resolver isso, é preciso aplicar um truque na célula que você quer copiar. É necessário converter seu conteúdo de uma fórmula para um valor calculado pela fórmula. Siga o passo a passo:

1. Selecione a célula ou o intervalo de células que você quer copiar.

2. Clique com o botão direito do mouse e, no menu suspenso, clique em Copiar (ou simplesmente pressione Ctrl+C sem clicar com o botão direito do mouse).

3. Clique com o botão direito na célula onde deseja inserir a cópia.

   Isso abre o menu suspenso na Figura 18-11.

4. No menu suspenso, sob Opções de Cola, selecione Colar Valores.

   É o segundo ícone da esquerda. É uma prancheta com o número 123.

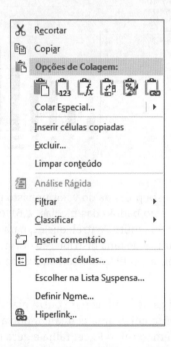

FIGURA 18-11: Quando você copia um intervalo de células e clica com o botão direito em outra célula, este menu surge.

DICA

O menu suspenso oferece outra capacidade útil. De vez em quando, no trabalho estatístico, você deve pegar uma linha de valores e relocá-los em uma coluna ou vice-versa. O Excel chama isso de transposição. Para transpor, siga os mesmos quatro passos, mas no quarto passo selecione Transpor. É o quarto ícone à esquerda. É uma prancheta com uma flecha dupla.

404   PARTE 4 **Probabilidade**

Para Usuários de Mac

O StatPlus oferece um Random Number Generator (Gerador de Números Aleatórios) muito eficiente. Esta ferramenta permite gerar 40 amostras aleatórias de uma distribuição normal com um clique (depois que você insere todos os argumentos). Em contraste, na versão do Analysis ToolPak, eu tinha que abrir o gerador de números aleatórios 40 vezes e reinicializar o intervalo de células para o resultado todas as vezes.

Nesta seção, eu mostro como gerar as amostras para o exemplo que simula o Teorema Central. Como você pode ver, o caminho para o Gerador de Números Aleatórios é um pouquinho diferente dos caminhos para as outras ferramentas de análise.

Para usar esta ferramenta:

1. Abra o Excel e o StatPlus.

2. Da barra de menu do StatPlus, selecione Data (Dados) | Random Numbers Generation (Geração de Números Aleatórios) | Normal Distribution (Distribuição Normal).

Isso abre a janela Geração de Números Aleatórios — Normal da Figura 18-12.

3. Na caixa Number of variables (Número de variáveis), digite o número de amostras.

Eu digitei 40, o número de amostras para o exemplo do Teorema do Limite Central neste capítulo.

4. Na caixa Random Numbers Count (Contagem de números aleatórios), insira o tamanho de cada amostra.

Eu digitei 16.

5. Na Mean box (caixa Média), insira a média da população normalmente distribuída da qual as amostras serão retiradas.

Para este exemplo o número é 100.

6. Na caixa Standard Deviation (Desvio padrão), insira o desvio padrão da população normalmente distribuída.

O número é 16.

7. Clique em OK.

Isso coloca 40 amostras aleatórias de 16 números em uma nova página.

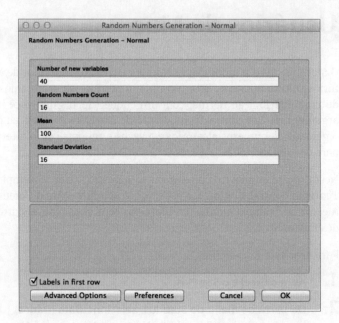

FIGURA 18-12:
A janela
Random
Numbers
Generation
(Geração de
Números)
Aleatórios —
Normal do
StatPlus LE.

A partir daqui, você pode completar o restante do exemplo do Teorema do limite Central.

5

A Parte
dos Dez

NESTA PARTE . . .

Descubra dicas e evite armadilhas em estatística e gráficos

Ganhe conhecimento sobre técnicas de previsão

NESTE CAPÍTULO
Determinando a significância
Sendo cuidadoso com os gráficos
Sendo cauteloso com a regressão
Usando conceitos cuidadosamente

Capítulo 19

Dez Dicas e Armadilhas Estatísticas e Gráficas

O mundo da estatística está cheio de armadilhas, mas também repleto de oportunidades. Se você é um usuário de estatística ou alguém que precisa interpretá-las, é possível que caia nestas armadilhas e, também, que consiga contorná-las. A seguir, dez dicas e armadilhas nas áreas de testes de hipótese, regressão, correlação e gráficos.

Significativo Nem Sempre Quer Dizer Importante

Como falei anteriormente, a "significação" é, de muitas formas, um termo mal escolhido. Quando um teste estatístico gera um resultado significativo e a decisão é rejeitar H_0, isso não garante que o estudo por trás dos dados seja importante. As estatísticas só podem ajudar a tomar decisões a respeito de números e inferências sobre os processos que as geraram. Elas não podem fazer com que estes processos sejam importantes ou demolidores. A importância é algo muito subjetivo — e nenhum teste estatístico pode julgá-la por você.

Tentar Não Rejeitar uma Hipótese Nula Tem Diversas Implicações

Deixe-me contar uma história. Há alguns anos, uma empresa industrial tentava mostrar que finalmente estava cumprindo as leis ambientais. Ela fez diversas medições da poluição da água ao redor da fábrica, comparou as medições com um conjunto de expectativas gerado por uma hipótese nula e descobriu que não podia rejeitar H_0 com $\alpha = 0,05$. As medições não eram significativamente diferentes (eis a palavra de novo) da água "limpa".

Isto, a empresa afirmou, era uma prova de que a fábrica estava com a ficha limpa. Uma inspeção mais minuciosa revelou que os dados estavam próximos da significação, mas a poluição não tinha magnitude grande o suficiente para rejeitar H_0. Isso significa que a empresa não está poluindo?

Não. Ao tentar "provar" uma hipótese nula, a empresa deu as cartas a seu favor. Ela determinou uma barreira mais alta a ser transposta, não passou por ela e, mesmo assim, passou a mão em sua cabeça.

Em geral, é bom tentar não rejeitar H_0. Ao entrar nesse caminho, certifique-se de determinar um valor alto para α (aproximadamente $0,20-0,30$), para que pequenas divergências de H_0 causem sua rejeição. (Falei sobre isso no Capítulo 10 e também menciono este fato em outras partes do livro. Acho importante o suficiente para mencionar novamente.)

A Regressão Nem Sempre É Linear

Ao tentar encaixar um modelo de regressão em um gráfico de dispersão, a tentação é imediatamente usar uma linha. Este é o modelo de regressão mais compreendido, e quando você pega o jeito, as inclinações e intersecções não são tão assustadoras.

Contudo, a regressão linear não é o único tipo de regressão. É possível colocar uma curva em um gráfico de dispersão. Não vou brincar com você: Os conceitos estatísticos por trás de uma regressão curvilínea são mais difíceis de compreender do que os conceitos da regressão linear.

No entanto, vale a pena separar um tempo para se especializar nestes conceitos. Às vezes, uma curva é muito melhor do que uma linha. (Isto serve como introdução ao Capítulo 20, onde falarei sobre a regressão curvilínea — e alguns dos conceitos por trás dela.)

Não É Uma Boa Ideia Extrapolar um Gráfico de Dispersão de Amostra

Independentemente de você estar trabalhando com regressão linear ou curvilínea, tenha em mente que não é apropriado generalizar além dos limites do gráfico de dispersão.

Suponha que tenha estabelecido uma sólida relação preditiva entre um teste de aptidão matemática e o desempenho em cursos de matemática, e seu gráfico de dispersão só abranja uma variação pequena de aptidão matemática. Você não tem como saber se a relação se sustenta além desta variação. As previsões fora dela não são válidas.

A melhor opção é expandir o gráfico de dispersão testando mais pessoas. Você pode acabar descobrindo que a relação original só conta uma parte da história.

Analise a Variação em Torno de uma Linha de Regressão

A análise cuidadosa de resíduos (diferenças entre valores observados e previstos) pode dizer muito sobre como a linha condiz com os dados. Uma suposição básica é que a variabilidade em torno de uma linha de regressão é a mesma acima e abaixo da linha. Se não é assim, o modelo pode não ser tão previsível quanto você pensa. Se a variabilidade é sistemática (maior variação em uma ponta), a regressão curvilínea pode ser mais apropriada do que a linear. O erro padrão de estimativa nem sempre será o indicador.

Uma Amostra Pode Ser Grande Demais

Acredite se quiser. Às vezes, isso acontece com coeficientes de correlação. Uma amostra muito grande pode fazer com que um coeficiente de correlação seja estatisticamente insignificante. Por exemplo, com 100 graus de liberdade e $\alpha = 0,05$, um coeficiente de correlação igual a 0,195 é motivo para rejeitar a hipótese nula de que o coeficiente de correlação da população é igual a zero.

Mas o que realmente significa este coeficiente de correlação? O coeficiente de determinação — r^2 — é apenas 0,038, o que significa que a $SQ_{Regressão}$ é menor que 4% da SQ_{Total}. (Veja o Capítulo 16.) Esta é uma associação muito pequena.

Resultado: Ao observar um coeficiente de correlação, esteja atento ao tamanho da amostra. Se ela for grande o suficiente, poderá fazer com que uma associação trivial seja estatisticamente significativa. (Mmmm... "significância"... aí está ela de novo!)

Consumidores: Conheça Seus Eixos

Ao observar um gráfico, certifique-se de que você conhece o conteúdo de cada eixo. Veja se entende as unidades de medida. Você compreende a variável independente? Compreende a variável dependente? Consegue descrever cada uma delas com suas próprias palavras? Se a resposta a qualquer uma destas perguntas for "Não", você não compreende o gráfico que está observando.

Ao observar um gráfico em uma propaganda na TV, desconfie se ele sumir rápido demais, antes que você possa ver o conteúdo dos eixos. O anunciante deve estar tentando criar uma falsa impressão sobre uma relação fictícia do gráfico. A relação representada em gráfico pode ser tão válida quanto qualquer outra mercadoria anunciada na TV — provas científicas mostradas em desenho animado: Pequenas escovas animadas limpando dentes animados não garantem, necessariamente, dentes mais brancos, caso você compre o produto. (Sei que não tem nada a ver com o assunto, mas eu queria falar sobre isso.)

É Errado Representar Graficamente uma Variável Categórica Como Se Ela Fosse uma Variável Quantitativa

Você está pronto para competir no Campeonato Mundial de Joquempô. Ao se preparar para este torneio internacional, você calculou todos os seus confrontos nos últimos dez anos, listando a porcentagem de vezes em que ganhou ao jogar cada opção.

Para resumir todos os resultados, você pode usar as capacidades gráficas do Excel e criar um gráfico. Uma coisa é certa: Qualquer que seja sua preferência entre pedra, papel ou tesoura, é bom que o gráfico NÃO seja parecido com o da Figura 19-1.

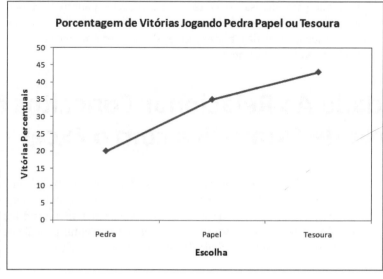

FIGURA 19-1: Este é o jeito totalmente errado de representar graficamente dados categóricos.

CAPÍTULO 19 **Dez Dicas e Armadilhas Estatísticas e Gráficas** 413

Muitas pessoas criam estes tipos de gráficos — pessoas que deveriam ser melhor aconselhadas. A linha do gráfico implica continuidade de um ponto ao outro. Com estes dados, é claro, isso é impossível. O que há entre Pedra e Papel? Por que eles estão igualmente distantes? Por que as três categorias aparecem nesta ordem? (Dá para perceber que não gosto disso?)

Simplificando, um gráfico de linha não é adequado quando pelo menos uma de suas variáveis é um grupo de categorias. Em vez disso, crie um gráfico de colunas. Um gráfico de *pizza* também funciona, pois os dados são porcentagens e são apenas algumas fatias. (Consulte o Capítulo 3 para conhecer o guia de fatias de Yogi Berra.)

Quando escrevi a primeira edição deste livro, tive a ideia de um Campeonato Mundial de Joquempô para este exemplo. Entre a primeira edição e esta, eu descobri... que realmente há um! (Foi a Sociedade Mundial do Joquempô que disse.)

Sempre que Possível, Inclua Variação em Seu Gráfico

Quando os pontos de seu gráfico representam médias, verifique se o gráfico inclui o erro padrão de cada média. Isso oferece a quem visualiza uma ideia de variação nos dados — o que é um aspecto importante dos dados. Mais uma dica: No Capítulo 20, mostrarei como fazer isso no Excel.

As médias, sozinhas, nem sempre contam a história toda. Aproveite cada oportunidade para analisar as variações e os desvios padrão. Você pode encontrar algo escondido. A variação sistemática — valores elevados de variação associados a médias elevadas, por exemplo — pode ser uma dica de uma relação que você não viu anteriormente.

Cuidado Ao Relacionar Conceitos de Livros de Estatística com o Excel

Se você está realmente pensando em trabalhar com estatística, provavelmente já teve oportunidade de ler um ou dois livros sobre o assunto. Tenha em mente que os símbolos de algumas áreas da estatística não têm um padrão: Por exemplo, alguns textos usam M em vez de μ para representar a média da amostra, e outros representam um desvio da média apenas com um x.

Ligar os conceitos de um livro com as funções estatísticas do Excel pode ser um desafio, tanto por causa dos textos quanto por causa do Excel. As mensagens nas janelas e nos arquivos de ajuda podem conter símbolos diferentes daqueles que você leu ou eles podem usar os mesmos símbolos, só que de forma diferente. A discrepância pode levá-lo a digitar uma entrada incorreta em um parâmetro de uma janela, resultando em um erro difícil de rastrear.

416   PARTE 5 **A Parte dos Dez**

> **NESTE CAPÍTULO**
>
> Ajuda com previsão
>
> Visualizando a variabilidade
>
> Passando pelas miudezas da probabilidade
>
> Buscando a independência
>
> Trabalhando com logarítmos
>
> Classificando

Capítulo 20

Dez Assuntos (Treze, Na Verdade) Que Não Se Encaixaram em Nenhum Outro Capítulo

Escrevi este livro para mostrar a você todas as capacidades estatísticas do Excel. Minha intenção era falar sobre elas no contexto do mundo das estatísticas, e eu tinha um caminho definido em minha mente.

Algumas das capacidades não se encaixam perfeitamente ao longo do caminho, mas quero que você as conheça. Portanto, aqui estão elas.

Técnicas de Previsão

Eis algumas técnicas úteis para ajudá-lo a criar previsões. Embora elas não se encaixassem em nenhum dos capítulos sobre regressão, e também por não fazerem parte dos capítulos descritivos da estatística, merecem uma seção exclusiva.

Uma experiência móvel

Em muitos contextos, faz sentido reunir dados durante períodos de tempo. Ao fazer isso, você tem uma *série temporal*.

Em geral, os investidores baseiam suas decisões em séries temporais — como preços de ações —, e os números de uma série temporal, tipicamente, apresentam muitos altos e baixos. Uma média que leva em conta todos os picos e vales pode obscurecer a tendência como um todo.

Uma forma de suavizar os obstáculos e visualizar o todo é calcular uma *média móvel*, que é calculada a partir dos valores mais recentes da série temporal. Ela é móvel porque você continua calculando durante a série temporal. Ao adicionar um valor no início, você exclui um do final.

Suponha que tenha os valores diários de determinada ação para os últimos 20 dias e decida manter uma média móvel para os 5 dias mais recentes. Comece com a média do dia 1–5 dos 20 dias. Em seguida, calcule a média dos preços dos dias 2–6. A seguir, calcule a média dos dias 3–7, e assim por diante, até chegar aos últimos 5 dias da série temporal.

A ferramenta de análise de dados Média Móvel do Excel faz todo o trabalho para você. A Figura 20-1 mostra os preços das ações de uma empresa fictícia para 20 dias e a janela da ferramenta Média Móvel.

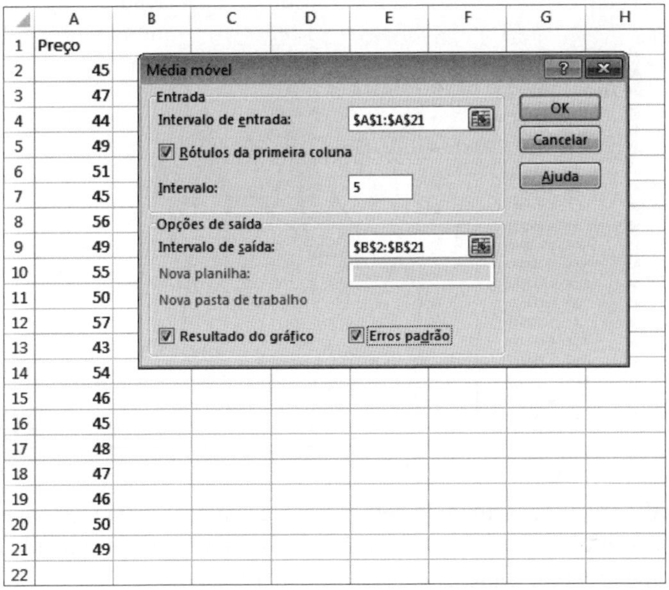

▲	A	B	C	D	E	F	G	H
1	Preço							
2	45							
3	47							
4	44							
5	49							
6	51							
7	45							
8	56							
9	49							
10	55							
11	50							
12	57							
13	43							
14	54							
15	46							
16	45							
17	48							
18	47							
19	46							
20	50							
21	49							
22								

Caixa de diálogo sobreposta — **Média móvel**:

Entrada
Intervalo de entrada: $A$1:$A$21
☑ Rótulos da primeira coluna
Intervalo: 5

Opções de saída
Intervalo de saída: $B$2:$B$21
Nova planilha:
Nova pasta de trabalho
☑ Resultado do gráfico ☑ Erros padrão

OK Cancelar Ajuda

FIGURA 20-1: Preços de ações fictícias e a janela de Média Móvel.

A figura mostra minhas entradas para Média Móvel. O Intervalo de Entrada está nas células A1 a A21, a caixa de seleção Rótulos da Primeira linha está marcada, e o Intervalo é 5. Isso significa que cada média é composta pelos cinco dias mais recentes. As células B2 a B21 são o intervalo de saída, e eu marquei as caixas Resultado do Gráfico e Erros Padrão.

Os resultados são exibidos na Figura 20-2. Ignore os símbolos #N/D. Cada número da Coluna B é uma média móvel — uma previsão do preço com base nos últimos 5 dias.

Cada número da Coluna C é um erro padrão. Neste contexto, um erro padrão é a raiz quadrada da média da diferença quadrada entre o preço e a previsão para os cinco dias anteriores. Portanto, o primeiro erro padrão da célula C10 é

$$\sqrt{\frac{\left(51-47,2\right)^2+\left(51-47,2\right)^2+\left(56-49\right)^2+\left(49-50\right)^2+\left(55-51,2\right)^2}{5}} = 4,091943$$

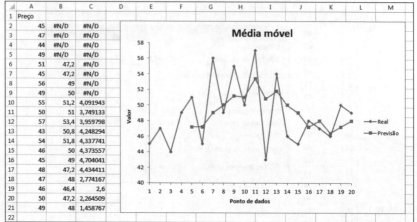

FIGURA 20-2: Os resultados: médias móveis e erros padrão.

O gráfico (que foi estendido com relação à sua aparência original e teve o eixo vertical reformatado) mostra a média móvel para a série rotulada Previsão. Às vezes, a previsão condiz com os dados, às vezes, não.

Como é possível ver na figura, a média móvel suaviza os picos e vales nos dados do preço.

Em geral, quantos valores devem ser incluídos? Esta decisão é sua. Se incluir valores demais, corre o risco de dados obsoletos influenciarem seu resultado. Se incluir valores de menos, arrisca perder algo importante.

Como ser ajustável, mas de modo exponencial

O *ajuste exponencial* é similar à média móvel. É uma técnica para previsão com base em dados anteriores. Ao contrário da média móvel, que trabalha apenas com uma sequência de valores reais, o ajuste exponencial leva em conta a previsão anterior.

O ajuste exponencial opera de acordo com um *fator de amortecimento*, um número entre zero e um. Com α representando o fator de amortecimento, a fórmula é

$$y_t' = (1-\alpha)y_{t-1} + \alpha y'_{t-1}$$

Com relação aos preços de ações do exemplo anterior, y_t' representa o preço previsto para a ação em um tempo t. Se t for hoje, $t-1$ é ontem. Portanto, y_{t-1} é o preço real de ontem e y'_{t-1} é o preço previsto de ontem. A sequência de previsões começa com o primeiro valor previsto como valor observado do dia anterior.

Um fator de amortecimento elevado dá mais peso à previsão de ontem. Um fator de amortecimento pequeno dá ainda mais peso ao valor real de ontem. Um fator de amortecimento de 0,5 é igual nas duas situações.

A Figura 20-3 mostra a janela da ferramenta de análise de dados Ajuste Exponencial. Ela é similar à ferramenta Média Móvel, com exceção da caixa Fator de Amortecimento.

FIGURA 20-3: A janela Exponential Smoothing Data Analysis tool (ferramenta de análise de dados Ajuste Exponencial).

Apliquei a ferramenta Exponential Smoothing (Ajuste Exponencial) aos dados do exemplo anterior. Fiz isso três vezes, com 0,1, 0,5 e 0,9 como fatores de amortecimento. A Figura 20-4 mostra o gráfico de saída para cada resultado.

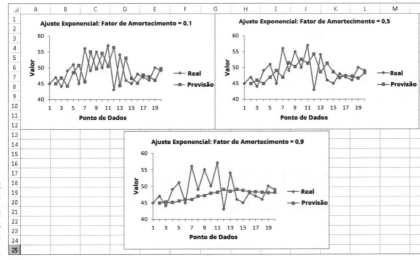

FIGURA 20-4: Ajuste exponencial com três fatores de amortecimento.

O fator de amortecimento mais elevado, 0,9, resulta na sequência de previsões mais uniforme. O mais baixo, 0,1, prevê o conjunto mais pronunciado de picos e vales. Como você deve determinar o valor de amortecimento? Assim como o intervalo da média móvel, cabe a você decidir. Sua experiência e a área específica de aplicação são os fatores determinantes.

CAPÍTULO 20 **Dez Assuntos (Treze, Na Verdade) Que Não Se Encaixaram...** 421

Representando Graficamente o Erro Padrão da Média

Quando você cria um gráfico e os dados são médias, é boa ideia incluir o erro padrão de cada média em seu gráfico. Isso dá a quem observa o gráfico uma ideia da dispersão dos valores em torno da média.

A Figura 20-5 dá um exemplo de uma situação onde se pode fazer isso. Os dados são valores (fictícios) para quatro grupos de pessoas em um teste. Cada título de coluna indica a quantidade de tempo de preparação para as oito pessoas do grupo. Usei as capacidades gráficas do Excel (Capítulo 3) para criar o gráfico. Como a variável independente é quantitativa, um gráfico de linha é mais apropriado. (Veja o Capítulo 19 para conhecer o meu maior inimigo.)

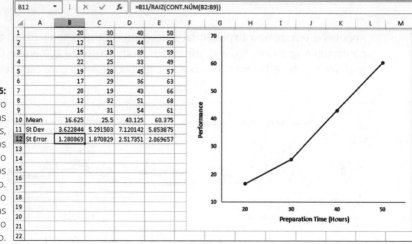

FIGURA 20-5: Quatro grupos, suas médias, desvios padrão e erros padrão. O gráfico mostra as médias do grupo.

Para cada grupo, usei MÉDIA para calcular a média e DESVPAD.A para calcular o desvio padrão. Também calculei o erro padrão de cada média. Selecionei a célula B12 para que a caixa de fórmula mostre que calculei o erro padrão para a coluna B através da seguinte fórmula:

```
=B11/RAIZ(CONT.NÚM(B2:B9))
```

O truque é colocar cada erro padrão no gráfico. No Excel 2013, é muito fácil fazer isso e diferente das versões antigas do Excel. Comece selecionando o gráfico. Isso faz com que as guias Design e Formatar sejam exibidas. Selecione

Design | Adicionar Elemento Gráfico | Barras de Erros | Mais Opções de Barras de Erros.

422 PARTE 5 **A Parte dos Dez**

A Figura 20-6 mostra o que quero dizer.

CUIDADO

Você precisa ter muito cuidado com este menu de Barras de Erros. Uma das opções é Erro Padrão. Evite-a. Se você pensa que esta opção pede ao Excel que coloque o erro padrão de cada média no gráfico, tenha certeza de que o Excel não faz ideia do que você está falando. Para esta seleção, o Excel calcula o erro padrão do conjunto de quatro médias — não o erro padrão de cada grupo.

A escolha adequada é Mais Opções de Barras de Erros. Você verá o painel Formatar Barras de Erros. (Veja a Figura 20-7.)

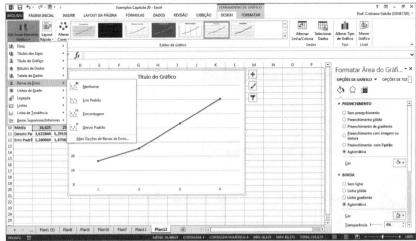

FIGURA 20-6: O caminho de menu para inserir barras de erros.

FIGURA 20-7: O painel Formatar Barras de Erros.

CAPÍTULO 20 **Dez Assuntos (Treze, Na Verdade) Que Não Se Encaixaram...** 423

Na área Direção do painel, selecione o botão próximo a Ambas, e na área Estilo Final, selecione o botão próximo a Legenda. Você não pode ver a área de Direção na figura, já que rolei a página para baixo para fazer a print da tela.

CUIDADO

Você se lembra da observação de cuidado que forneci agora pouco? Tem mais uma parecida aqui. Uma das opções na área Erro é Erro Padrão. Evite esta opção também. Ela não diz ao Excel que coloque o erro padrão de cada média no gráfico.

Vá até a área Erro, clique no botão ao lado de Personalizado. Desta forma, você ativará o botão Especificar Valor. Clique neste botão para abrir a janela Barras de Erros Personalizadas, ilustrada na Figura 20-8. Com o cursor na caixa Valor de Erro Positivo, selecione o intervalo de células que contém os erros padrão ($B$12:$E$12). Mova o cursor para a caixa Valor de Erro Negativo e faça o mesmo.

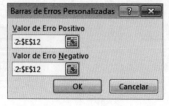

FIGURA 20-8: A janela Barras de Erros Personalizadas.

DICA

A caixa Valor de Erro Negativo pode causar alguns problemas. Verifique se ela não contém quaisquer valores padrão antes de inserir o intervalo de células.

Clique em OK na janela Barras de Erros Personalizadas, feche a janela Formatar Barras de Erros, e o gráfico ficará como o ilustrado na Figura 20-9.

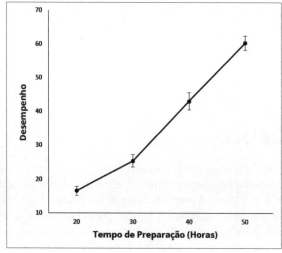

FIGURA 20-9: O gráfico das médias do grupo incluindo o desvio padrão de cada média.

424   PARTE 5 **A Parte dos Dez**

Probabilidades e Distribuições

A seguir, algumas funções de planilha relacionadas à probabilidade. Se for um pouco para o lado mais esotérico, poderá encontrar alguma utilidade nelas.

PROB

Se você tem uma distribuição de probabilidade para uma variável aleatória discreta e quer calcular a probabilidade de que esta variável aceite determinado valor, PROB é a melhor opção. A Figura 20-10 mostra a janela Argumentos da Função de PROB, juntamente com uma distribuição.

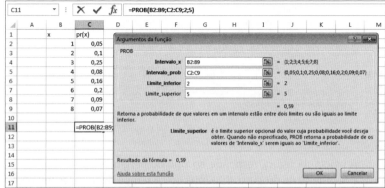

FIGURA 20-10: A janela Argumentos da Função de PROB e uma distribuição de probabilidade.

Você fornece a variável aleatória (Intervalo_x), as probabilidades (Intervalo_prob), um Limite Inferior e um Limite Superior. PROB retorna a probabilidade de a variável aleatória aceitar um valor entre estes limites (ele incluso).

DICA

Se você deixar o Limite Superior em branco, PROB retorna a probabilidade do valor que você deu para o Limite Inferior. Se você deixar o limite Inferior em branco, PROB retorna a probabilidade de obter, no máximo, o Limite Superior (por exemplo, a probabilidade cumulativa).

DIST.WEIBULL

Esta é uma função de densidade da probabilidade mais adequada à engenharia. Ela serve como um modelo para o tempo decorrido até que um sistema físico falhe. Como todo engenheiro sabe, em alguns sistemas, o número de falhas permanece o mesmo com o passar do tempo, pois choques no sistema podem causar falhas. Em outros, como componentes microeletrônicos, o número de

CAPÍTULO 20 **Dez Assuntos (Treze, Na Verdade) Que Não Se Encaixaram...** 425

falhas diminui com o tempo. E, ainda, em outros, o desgaste aumenta as falhas com o tempo.

Os dois parâmetros de distribuição de Weibull permitem que esta função reflita todas estas possibilidades. Um dos parâmetros, Alfa, determina a extensão da distribuição. O outro dado, Beta, determina a localização da distribuição no eixo x.

A função Weibull de densidade da probabilidade tem uma equação bem complicada. Graças ao Excel, você não precisa preocupar-se com ela. A Figura 20-11 mostra a janela Argumentos da Função de DIST.WEIBULL.

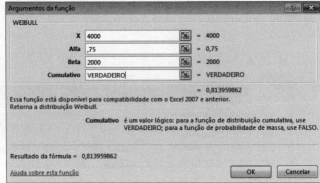

FIGURA 20-11: Janela Argumentos da Função DIST.WEIBULL.

A janela na figura responde ao tipo de pergunta que poderia ser feita por um engenheiro de produto: Suponha que o tempo de falha de um bulbo de um projetor LCD siga uma distribuição Weibull com Alfa = 0,75 e Beta = 2.000 horas. Qual é a probabilidade deste bulbo durar pelo menos 4.000 horas? A janela mostra que a resposta é 0,814.

Criando Amostras

A ferramenta de análise de dados Amostragem do Excel é útil para criar amostras. Você pode configurá-la de várias maneiras. Se está tentando criar um grupo e precisa escolher os participantes em um grupo de pessoas, pode atribuir um número para cada pessoa e fazer com que a ferramenta Amostragem escolha o grupo.

Um dos métodos de amostragem é o *periódico*, no qual você fornece um valor de *n*, e o Excel retira uma amostra a cada *no* número. Outro método é o *aleatório*, no qual você informa o número de indivíduos que deseja escolher aleatoriamente, e o Excel faz o resto.

A Figura 20-12 mostra a janela Amostragem, três grupos a partir dos quais ela retirou as amostras, e duas colunas de resultados.

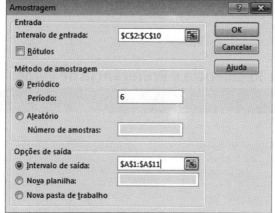

FIGURA 20-12:
A janela da ferramenta de análise de dados Amostragem, os grupos de amostras e os resultados.

A primeira coluna de resultados, a Coluna A, apresenta os resultados da amostragem periódica com um período de 6. A amostragem começa pelo sexto valor do Grupo 1. Em seguida, o Excel conta os valores e retira o sexto, repetindo o processo até concluir o último grupo. O processo de amostragem periódica, como você pode ver, não se recicla. Forneci um intervalo de saída até a célula A11, mas o Excel parou depois de quatro números.

A segunda coluna de resultados, a Coluna B, mostra os resultados da amostragem aleatória. Pedi 20 números e foi o que recebi. Se você analisar os números da Coluna B com atenção, verá que o processo de amostragem aleatória pode escolher um mesmo número mais de uma vez.

CUIDADO

Atente para uma peculiaridade: A caixa de seleção Rótulos parece não ter efeito. Ao especificar um intervalo de entrada que inclui C1, D1 e E1, e ao selecionar a caixa Rótulos, recebi uma mensagem de erro: "Amostragem — intervalo de entrada contém dados não numéricos". Não é um balde de água fria, mas é um pouco irritante.

Testando a Independência: A Verdadeira Função de TESTE.QUIQUA

No Capítulo 18, mostrei como usar a função TESTE.QUIQUA para testar se um modelo era bom para determinado conjunto de dados. Nesse capítulo, também avisei sobre as armadilhas de usar esta função naquele contexto e mencionei que a intenção de seu uso era outra.

Aqui está esse outro uso. Imagine que você tenha pesquisado um total de 200 pessoas, cada uma delas mora na área rural, na área urbana ou em um subúrbio. Sua pesquisa perguntava qual era o tipo de filme preferido das pessoas — drama, comédia ou animação. Você queria saber se a preferência era independente do ambiente onde elas vivem.

A Tabela 20-1 mostra os resultados.

TABELA 20-1 ## Local de Residência e Preferência de Filme

	Drama	Comédia	Animação	Total
Rural	40	30	10	80
Urbana	20	30	20	70
Subúrbio	10	20	20	50
Total	70	80	50	200

O número em cada célula representa a quantidade de pessoas no ambiente indicado na linha que preferem o tipo de filme indicado na coluna.

Os dados informam que a preferência é independente do ambiente? Isso pede um teste de hipótese:

H_0: A preferência independe do ambiente

H_1: Não H_0

$\alpha = 0,05$

Para fazer isso, você precisa saber o que esperar caso os dois sejam independentes. Em seguida, você pode comparar os dados com os números esperados e ver se são compatíveis. Se forem, você não pode rejeitar H_0. Se não forem compatíveis, você deve rejeitar H_0.

Os conceitos de probabilidade ajudam a determinar os dados esperados. No Capítulo 16, eu disse que, se dois eventos são independentes, você multiplica suas probabilidades para calcular a probabilidade de eles ocorrerem juntos. Aqui, você pode tratar os números tabelados como proporções, e as proporções como probabilidades.

Por exemplo, em sua amostra, a probabilidade de uma pessoa ser da área rural é 80/200. A probabilidade de uma pessoa preferir filmes de drama é 70/200. Qual a probabilidade de haver uma pessoa na categoria "pessoa da área rural que gosta de filmes de drama"? Se o ambiente e a preferência são independentes, a probabilidade é (80/200) x (70/200). Para transformar esta probabilidade

428   PARTE 5 **A Parte dos Dez**

em um número esperado de pessoas, você a multiplica pelo número total de pessoas na amostra — 200. Portanto, o número esperado de pessoas é (80 x 70)/200, que é 28.

Em geral,

$$\text{Número Esperado em uma Célula} = \frac{\text{Linha Total} \times \text{Coluna Total}}{\text{Total}}$$

Depois de obter os números esperados, você os compara com os números observados (os dados) através desta fórmula:

$$\chi^2 = \sum \frac{(\text{Observado} - \text{Esperado})^2}{\text{Esperado}}$$

Você testa o resultado com relação à distribuição χ2 (qui-quadrado) com gl = (Número de Linhas – 1) x (Número de Colunas – 1), que, neste caso, resulta em 4.

A função de planilha TESTE.QUIQUA executa o teste. Você fornece os números observados e os números esperados, e TESTE.QUIQUA retorna a probabilidade de um χ2 no mínimo igual ao resultado da fórmula anterior caso os dois tipos de categorias sejam independentes. Se a probabilidade for pequena (menor que 0,05), rejeite H_0. Caso contrário, não rejeite. TESTE.QUIQUA não retorna um valor de χ2, apenas a probabilidade (sob uma distribuição χ2 com o gl correto).

A Figura 20-13 mostra uma planilha com os dados observados e os números esperados, juntamente com a janela Argumentos da Função para TESTE.QUIQUA. Antes de executar TESTE.QUIQUA, anexei o nome Observados ao intervalo C3:E5 e o nome Esperados ao intervalo C10:E12. (Se você não sabe como fazer isso, leia o Capítulo 2.)

FIGURA 20-13: A janela Argumentos da Função TESTE.QUIQUA com os dados observados e os números esperados.

A figura mostra que digitei Observados na caixa Intervalo_real e Esperados na caixa Intervalo_esperado. A janela mostra uma probabilidade muito pequena,

0,00068, portanto, a decisão é rejeitar H_0. Os dados são consistentes com a ideia de que a preferência por determinado tipo de filme não é independente do ambiente.

Esoterismo Logarítmico

PAPO DE ESPECIALISTA

As funções desta seção *realmente* existem. A menos que você seja um viciado em tecnologia, provavelmente nunca irá usá-las. Eu irei apresentá-las apenas para que o assunto seja abordado completamente. Você poderá encontrá-las enquanto vaga pelas funções estatísticas do Excel e fica imaginando qual é sua utilidade.

Elas são baseadas no que os matemáticos chamam de *logaritmos naturais*, que, por sua vez, baseiam-se em *e*, aquela constante que usei em vários pontos do livro. Começarei com uma breve discussão sobre logaritmos e, em seguida, passarei para *e*.

O que é um logaritmo?

Vou ser bem direto, um logaritmo é um *expoente* — uma potência à qual você eleva um número. Na equação

$$10^2 = 100$$

2 é um expoente. Isso significa que 2 também é um logaritmo? Bem... sim. Em termos logarítmicos,

$$\log_{10} 100 = 2$$

É outro modo de dizer que $10^2 = 100$. Os matemáticos leem esta expressão da seguinte maneira: "o logaritmo de 100 na base 10 é igual a 2". Isso significa que, se quiser elevar o 10 a determinada potência para obter 100, esta potência deve ser 2.

E quanto a 1.000? Como você sabe

$$10^3 = 1.000$$

portanto,

$$\log_{10} 1.000 = 3$$

E 453? Ah... Hum... É algo como tentar calcular

$$10x = 453$$

Qual poderia ser a reposta? 10^2 significa 10 x 10, que é igual a 100. E 10^3 significa 10 x 10 x 10, que é igual a 1.000. Mas 453?

É esse o momento em que você precisa pensar fora da caixa. Você precisa imaginar expoentes que não sejam números inteiros. Eu sei, eu sei... como multiplicar um número por ele mesmo em frações? Se isso fosse possível, de alguma maneira, o número na equação do 453 precisaria estar entre 2 (que resulta em 100) e 3 (que resulta em 1.000).

No século XVI, o matemático John Napier mostrou como fazer isso, e foi então que nasceram os logaritmos. Por que Napier se preocupava com isso? Um motivo é que os logaritmos ajudaram muito os astrônomos, afinal, estes precisam lidar com números que são... bem... astronômicos. Os logaritmos facilitam o trabalho de algumas maneiras. Uma delas é substituir os números grandes por números pequenos: O logaritmo de 1.000.000 é 6, e o logaritmo de 100.000.000 é 8. Além disso, trabalhar com logaritmos abre um conjunto de atalhos muito úteis para os cálculos. Antes do surgimento das calculadoras e dos computadores, isso era muito importante.

Incidentalmente,

$$10^{2,6560982} = 453$$

significando que

$$\log_{10} 453 = 2{,}6560982$$

Você pode usar o Excel para fazer a verificação se não acredita em mim. Selecione uma célula e digite

```
=LOG(453;10)
```

Pressione Enter e observe o que acontece. Em seguida, para fechar a sequência, reverta o processo. Se a célula selecionada for — digamos — D3, selecione outra célula e digite

```
=POTÊNCIA(10;D3)
```

ou

```
=10^D3
```

De qualquer maneira, o resultado será 453.

Dez, o número que é elevado ao expoente, chama-se *base*. Como ele também é a base de nosso sistema numérico e nós o conhecemos muito bem, os logaritmos de base 10 são chamados de *logaritmos comuns*.

Isso significa que é possível ter outras bases? Claro! *Qualquer* número (com exceção de 0, 1, ou número negativo) pode ser uma base. Por exemplo,

$$6,4^2 = 40,96$$

Portanto,

$$\log_{6,4} 40,96 = 2$$

Se alguma vez você vir log sem uma base, presuma que a base é 10, portanto

$$\log 100 = 2$$

Quando falamos em bases, um número é especial...

O que é e?

Isso nos leva ao *e*, uma constante relacionada ao crescimento. Antes de voltarmos aos logaritmos, falarei um pouco sobre *e*.

Imagine a magnífica quantia de \$1 depositada em uma conta bancária. Suponha que a taxa de juros seja de 2% ao ano. (Boa sorte *nessa* parte.) Se forem juros simples, o banco acrescenta \$0,02 por ano e, em 50 anos, você terá \$2.

Se forem juros compostos, ao final de 50 anos, você terá $(1 + 0,02)50$ — que é pouco mais que \$2,68, supondo que o banco componha os juros uma vez por ano.

É claro que, se os juros forem compostos duas vezes por ano, cada pagamento será de \$0,01 e, depois de 50 anos, eles terão sido compostos 100 vezes. Isso nos dá $(1 + 0,01)100$ ou pouco mais que \$2,70. E se os juros forem compostos quatro vezes por ano? Depois de 50 anos — 200 composições — você teria $(1 + 0,005)200$, que resulta na inacreditável quantia de \$2,71 e um pouquinho mais. Cuidado para não gastar tudo de uma vez!

Se nos concentrarmos em "um pouco mais" e "um pouquinho mais" e levarmos a situação ao extremo, depois de cem mil composições, você teria \$2,718268. Depois de cem milhões, teria \$2,718282.

Se você conseguisse que o banco fizesse a composição dos juros ainda mais vezes nestes 50 anos, sua soma de dinheiro chegaria perto de um *limite* — uma quantia da qual estará sempre próximo, mas que nunca será alcançada. Este limite é o *e*.

Do modo como apresentei o exemplo, a regra para calcular a quantia é

$$\left(1 + \left(1/n\right)\right)^n$$

onde *n* representa o número de pagamentos. Dois centavos é igual a 1/50 de um dólar, e eu especifiquei 50 anos — 50 pagamentos. Em seguida, especifiquei dois pagamentos por ano (os pagamentos de cada ano devem somar 2%), para que, em 50 anos, você tenha 100 pagamentos de 1/100 dólar, e assim por diante.

Para visualizar esta situação, insira os números em uma coluna de uma planilha, como eu fiz na Figura 20-14. Nas células C2 a C20, tenho números de 1 a 10 e, em seguida, fui aumentando até chegar a cem milhões. Em D2, coloco a seguinte fórmula

```
=(1+(1/C2))^C2
```

em seguida, faço o preenchimento automático de D20. O número em D20 é bem próximo a *e*.

D2 | fx =(1+(1/C2))^C2

	A	B	C	D	E
1			n	f(n)	
2			1	2	
3			2	2.25	
4			3	2.37037037	
5			4	2.44140625	
6			5	2.48832	
7			6	2.521626372	
8			7	2.546499697	
9			8	2.565784514	
10			9	2.581174792	
11			10	2.59374246	
12			25	2.665836331	
13			50	2.691588029	
14			100	2.704813829	
15			200	2.711517123	
16			400	2.714891744	
17			800	2.716584847	
18			1000	2.716923932	
19			100000	2.718268237	
20			100000000	2.718281786	
21					

FIGURA 20-14: Calculando *e*.

Os matemáticos têm outro modo de calcular *e*:

$$e = 1 + \frac{1}{1!} + \frac{1}{2!} + \frac{1}{3!} + \frac{1}{4!} + \ldots$$

Estes pontos de exclamação significam *fatorial*. 1! = 1, 2! = 2x1, 3! = 3x2x1. (Para saber mais sobre fatoriais, veja o Capítulo 16).

O Excel também ajuda a visualizar esta fórmula. A Figura 20-15 mostra uma planilha com números selecionados até 170 na Coluna C. Em D2, coloquei a fórmula:

```
=1+1/FATORIAL(C2)
```

e, como você pode ver na barra de Fórmulas da figura, em D3 coloquei a fórmula:

```
=D2+1/FATORIAL(C3)
```

Em seguida, fiz o preenchimento automático até D17. O valor em D17 é muito próximo de *e*. Na verdade, a partir de D11, você não verá mudanças, mesmo se aumentar o número de casas decimais.

	A	B	C	D	E	F
1			n	f(n)		
2			1	2		
3			2	2,5		
4			3	3,166667		
5			4	4,041667		
6			5	5,008333		
7			6	6,001389		
8			7	7,000198		
9			8	8,000025		
10			9	9,000003		
11			10	10		
12			25	25		
13			50	50		
14			100	100		
15			150	150		
16			160	160		
17			170	170		
18						

FIGURA 20-15: Outro caminho para *e*.

Por que parei em 170? Porque é o máximo para o Excel. Em 171, você verá uma mensagem de erro.

Portanto, *e* está associado ao crescimento. Seu valor é 2,781828... Os três pontos significam que nunca se chega ao valor exato (como π, a constante que permite a você calcular a área de um círculo).

Este número aparece em todos os lugares. Ele está na fórmula da distribuição normal (veja o Capítulo 8), e também nas distribuições sobre as quais falei no Capítulo 17. Muitos fenômenos naturais estão relacionados a *e*.

Ele é tão importante que cientistas, matemáticos e analistas comerciais o usam como base de logaritmos. Logaritmos na base *e* são chamados de *logaritmos naturais*. Um logaritmo natural é abreviado como *ln*.

A Tabela 20-2 apresenta algumas comparações (arredondadas para três casas decimais) entre logaritmos comuns e logaritmos naturais:

TABELA 20-2 Alguns Logaritmos Comuns (Log) e Logaritmos Naturais (Ln)

Número	Log	Ln
e	0,434	1,000
10	1,000	2,303
50	1,699	3,912
100	2,000	4,605
453	2,656	6,116
1000	3,000	6,908

Mais uma coisa. Em muitas fórmulas e equações, geralmente é necessário elevar e a uma potência. Às vezes, ela é uma expressão matemática bastante complicada. Como os sobrescritos geralmente são impressos em fonte menor, pode ser difícil lê-los constantemente. Para facilitar a visão, os matemáticos inventaram uma notação especial: *exp*. Sempre que você vir *exp* seguido por algo entre parênteses, significa que você deve elevar e à potência do valor entre parênteses. Por exemplo,

$$\exp(1,6) = e^{1,6} = 4,953$$

A função EXP do Excel faz o cálculo para você.

Falando em elevar e, quando a Google emitiu seu IPO, disse que queria ganhar US$2.718.281.828, que é e vezes um bilhão de dólares arredondado para o dólar inteiro mais próximo.

Vamos às funções do Excel.

DIST.LOGNORMAL.N

Dizem que uma variável aleatória tem uma *distribuição log-normal* se o seu logaritmo natural é normalmente distribuído. Talvez o nome esteja um pouco errado, pois acabei de dizer que *log* significa " logaritmo comum" e *ln* significa "logaritmo natural".

Ao contrário da distribuição normal, a log-normal não pode ter um número negativo como valor possível de uma variável. Também ao contrário da normal, a distribuição log-normal não é simétrica — é inclinada para a direita.

Assim como a distribuição Weibull descrita anteriormente, os engenheiros usam a distribuição log-normal para modelar a quebra de sistemas físicos — principalmente na variação de desgaste. É aqui que a propriedade números grandes para números pequenos dos logaritmos entra em cena. Quando números enormes de horas aparecem no ciclo de vida de um sistema, é mais fácil pensar na distribuição de logaritmos do que na distribuição das horas.

A função DIST.LOGNORMAL.N do Excel trabalha com a distribuição log-normal. Você especifica um valor, uma média e um desvio padrão para log-normal. DIST.LOGNORMAL.N retorna a probabilidade de a variável ser, no mínimo, igual a este valor.

Por exemplo, a FarKlempt Robotics Inc. reuniu diversos dados de horas até a falha em um componente de junta universal que faz parte de seus robôs. Eles descobriram que as horas até a falha são distribuídas log-normalmente com uma média 10 e desvio padrão 2,5. Qual a probabilidade deste componente falhar em, no máximo, 10.000 horas?

A Figura 20-16 mostra a janela Argumentos da Função de DIST.LOGNORMAL.N para este exemplo. Na caixa X, digitei ln(10000). Digitei 10 na caixa Média, 2,5 na caixa Desv_padrão e VERDADEIRO na caixa Cumulativo. Se eu digitar FALSO na caixa Cumulativo, a função retorna a densidade da probabilidade (a altura da função) no valor da caixa X.

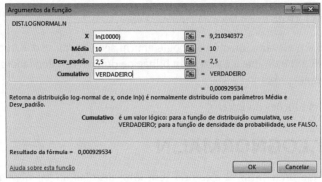

FIGURA 20-16: Janela Argumentos da Função DIST. LOGNORMAL.N

INV.LOGNORMAL

INV.LOGNORMAL é o oposto de DIST.LOGNORMAL.N. Você fornece uma probabilidade, uma média e um desvio padrão para uma distribuição log-nomal. INV.LOGNORMAL retorna o valor da variável aleatória que corta esta probabilidade.

Para calcular o valor que corta 0,001 na distribuição do exemplo anterior, usei a janela de INV.LOGNORMAL, mostrada da Figura 20-17. Com os valores indicados, a janela mostra que o resultado é 9,722 (e mais algumas casas decimais).

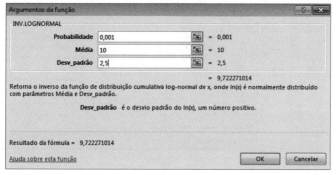

FIGURA 20-17: Janela Argumentos da Função INV. LOGNORMAL.

A propósito, em termos de horas, isso é igual a 16.685 — só para 0,001.

Função matricial: PROJ.LOG

No Capítulo 14, falei sobre a regressão linear. Também é possível haver uma relação entre duas variáveis que seja curvilínea em vez de linear.

A equação para uma linha que se encaixe em um gráfico de dispersão é

$y' = a + bx$

Um modo de encaixar uma curva em um gráfico de dispersão é usando esta equação:

$y' = ae^{bx}$

PROJ.LOG estima a e b nesta equação curvilínea. A Figura 20-18 mostra a janela de Argumentos da Função PROJ.LOG e os dados para este exemplo. Ela também apresenta um intervalo para os resultados. Antes de usar esta função, atribuí o nome x ao intervalo B2:B12 e y ao intervalo C2:C12.

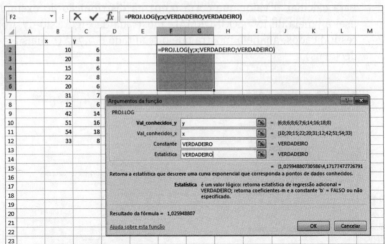

FIGURA 20-18: A janela Argumentos da Função para PROJ.LOG, juntamente com os dados e o intervalo selecionado para os resultados.

A seguir, o passo a passo desta função:

1. **Com os dados inseridos, selecione um intervalo de células com cinco linhas e duas colunas para conter os resultados de PROJ.LOG.**

   Selecionei F4:G8

2. **No menu Funções Estatísticas, selecione PROJ.LOG para abrir a janela Argumentos da Função.**

3. **Na janela Argumentos da Função, insira os valores adequados para os argumentos.**

   Na caixa Val_conhecidos_y, digite o intervalo de células que contém os valores para a variável *y*. Para este exemplo, digite *y* (o nome que foi dado ao intervalo C2:C12).

   Na caixa Val_conhecidos_x, digite o intervalo de células que contém os valores para a variável *x*. Para este exemplo, digite *x* (o nome que foi dado ao intervalo B2:B12).

   Na caixa Constante, as opções são VERDADEIRO (ou deixar em branco), para calcular o valor de *a* na equação curvilínea, ou FALSO, para determinar que *a* = 1. Digitei VERDADEIRO.

   A janela utiliza *b* onde falei em *a*. Não há um padrão.

   Na caixa Estatística, as opções são VERDADEIRO, para retornar as estatísticas de regressão além de *a* e *b*, FALSO (ou deixar em branco) para retornar apenas *a* e *b*. Digitei VERDADEIRO.

   Novamente, a janela usa *b* onde usei *a*, e *coeficientes-m* onde uso *b*.

4. **IMPORTANTE: NÃO clique em OK. Como esta é uma função matricial, pressione Ctrl+Shift+Enter para colocar os resultados de PROJ.LOG no intervalo selecionado.**

A Figura 20-19 mostra os resultados de PROJ.LOG. Eles não aparecem identificados, portanto, acrescentei as legendas na planilha. A coluna da esquerda informa exp(b) — falarei mais sobre isso em instantes, erro padrão de b, R Quadrado, F e $SQ_{Regressão}$. A coluna da direita informa a, erro padrão da intersecção, erro padrão da estimativa, graus de liberdade e $SQ_{Residual}$. Para saber mais sobre estas estatísticas, veja os Capítulos 14 e 15.

FIGURA 20-19:
Resultados de PROJ. LOG no intervalo selecionado.

	A	B	C	D	E	F	G	H	I
1		x	y						
2		10	6		exp(b)	1,025949	4,171775	a	
3		20	8		erro padrão de b	0,003109	0,098679	erro padrão da interseção	
4		15	6		R Quadrado	0,882981	0,150622	erro padrão da estimativa	
5		22	8		F	67,9108	9	df	
6		20	6		SQ Regressão	1,540693	0,204183	SQ Resifual	
7		31	7						
8		12	6						
9		42	14						
10		51	16						
11		54	18						
12		33	8						
13									
14									

DICA

Sobre exp(b). Infelizmente, PROJ.LOG não retorna o valor de b — que é o expoente da equação curvilínea. Para calcular o expoente, você precisa calcular o logaritmo natural do que a função realmente retorna. Aplicar a função LN do Excel neste caso resulta em 0,0256 como valor do expoente.

Portanto, a equação da regressão curvilínea para os dados da amostra é:

$y' = 4,1718e^{0,0256}x$

ou na notação exp sobre a qual já falei,

$y' = 4,1718exp(0,0256x)$

DICA

Uma boa dica para ajudá-lo a entender tudo isso é usar as capacidades gráficas do Excel para criar um gráfico de dispersão. (Veja o Capítulo 3.) Em seguida, clique com o botão direito do *mouse* sobre um dos pontos de dados do gráfico e selecione Adicionar Linha de Tendência no menu suspenso. Esta ação adiciona uma linha de tendência ao gráfico de dispersão e, mais importante, abre a janela Formatar Linha de Tendência (veja a Figura 20-20). Clique no botão ao lado de Exponencial, como fiz na figura. Além disso, na parte inferior da janela, clique na caixa de seleção ao lado de Exibir Equação no Gráfico.

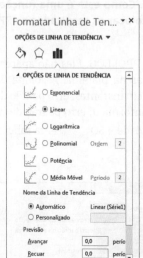

FIGURA 20-20:
A opção
Tipo na
janela
Adicionar
Linha de
Tendência.

Clique em Fechar, e você terá um gráfico de dispersão completo com a curva e a equação. Reformatei o meu para deixá-lo mais claro na página impressa. A Figura 20-21 mostra o resultado.

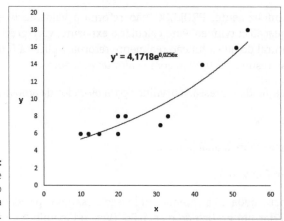

FIGURA 20-21:
O gráfico de
dispersão
com a curva
e a equação.

Função matricial: CRESCIMENTO

CRESCIMENTO é o equivalente em regressão curvilínea para TENDÊNCIA (veja o Capítulo 4). Você pode usar esta função de duas maneiras — para prever um conjunto de valores de y para os valores de x de sua amostra ou para prever um conjunto de valores de y para um novo conjunto de valores de x.

Prevendo os valores de y para os valores de x em sua amostra

A Figura 20-22 mostra CRESCIMENTO preparado para calcular os valores de y para os valores de x que já temos. Incluí a barra de Fórmulas na tela a fim de que você possa ver como é a fórmula para este uso de CRESCIMENTO.

A seguir, o passo a passo:

FIGURA 20-22: A janela Argumentos da Função CRESCIMENTO juntamente com os dados de amostra. CRESCIMENTO está preparada para prever os valores de y para os valores de x da amostra.

1. **Com os dados inseridos, selecione um intervalo de células para conter as respostas de CRESCIMENTO.**

Selecionei D2:D12 para colocar os valores previstos de y ao lado dos valores de y da amostra.

2. **No menu Funções Estatísticas, selecione CRESCIMENTO para abrir a janela Argumentos da Função.**

3. **Na janela Argumentos da Função, digite os valores adequados para os argumentos.**

Na caixa Val_conhecidos_y, digite o intervalo de células que contém os valores para a variável y. Para este exemplo, digite y (o nome que foi atribuído ao intervalo C2:C12).

Na caixa Val_conhecidos_x, digite o intervalo de células que contém os valores para a variável x. Para este exemplo, digite x (o nome que foi atribuído ao intervalo B2:B12).

Não quero calcular novos valores para x, portanto, deixarei a caixa Novos_valores_x em branco.

Na caixa Constante, as opções são VERDADEIRO (ou deixar em branco), para calcular a, ou FALSO, para determinar que $a = 1$. Digitei VERDADEIRO. (Não há motivos para digitar FALSO.) Mais uma vez, a janela usa b onde eu uso a.

4. **IMPORTANTE: NÃO clique em OK. Como esta é uma função matricial, pressione Ctrl+Shift+Enter para inserir as respostas de CRESCIMENTO na coluna selecionada.**

A Figura 20-23 mostra as respostas e D2:D12.

⊿	A	B	C	D	E
1		x	y	y'	
2		10	6	5.389863	
3		20	8	6.963614	
4		15	6	6.126412	
5		22	8	7.329697	
6		20	6	6.963614	
7		31	7	9.230331	
8		12	6	5.673214	
9		42	14	12.23488	
10		51	16	15.40746	
11		54	18	16.63827	
12		33	8	9.715578	
13					

FIGURA 20-23: Os resultados de CRESCIMENTO: previsão dos valores de y para os valores de x na amostra.

Prevendo um novo conjunto de valores de y para um novo conjunto de valores de x

Aqui, usarei CRESCIMENTO para prever valores y para um novo conjunto de valores de x. A Figura 20-24 mostra CRESCIMENTO preparada para isso. Além do intervalo chamado x e do intervalo chamado y, defini Novos_x como nome para o intervalo B15:B22, que é o intervalo de células que contém o novo conjunto de valores para x.

A Figura 20-24 também mostra o intervalo selecionado para os resultados. Mais uma vez, incluí a barra de Fórmulas a fim de que você veja a fórmula para este uso da função.

Para fazer isso, siga estes passos:

1. **Com os dados inseridos, selecione um intervalo de células para conter as respostas de CRESCIMENTO.**

Selecionei C15:C22.

FIGURA 20-24:
A janela Argumentos da Função para CRESCIMENTO, juntamente com os dados. CRESCIMENTO está preparada para prever os valores de y para um novo conjunto de valores de x.

2. **No menu Funções Estatísticas, selecione CRESCIMENTO para abrir a janela Argumentos da Função.**

3. **Na janela Argumentos da Função, digite os valores adequados para os argumentos.**

   Na caixa Val_conhecidos_y, digite o intervalo de células que contém os valores para a variável y. Para este exemplo, digite y (o nome que foi atribuído ao intervalo C2:C12).

   Na caixa Val_conhecidos_x, digite o intervalo de células que contém os valores para a variável x. Para este exemplo, digite x (o nome que foi atribuído ao intervalo B2:B12).

   Na caixa Novos_valores_x, digite o intervalo de células que contém os novos valores para a variável x. Para este exemplo, é o intervalo Novos_x (o nome que foi atribuído ao intervalo B15:B22).

   Na caixa Constante, as opções são VERDADEIRO (ou deixar em branco), para calcular a, ou FALSO, para determinar que $a = 1$. Digitei VERDADEIRO. (Novamente, não vejo motivos para digitar FALSO.)

4. **IMPORTANTE: NÃO clique em OK. Como esta é uma função matricial, pressione Ctrl+Shift+Enter para inserir as respostas de CRESCIMENTO na coluna selecionada.**

   A Figura 20-25 mostra as respostas em C15:C22.

CAPÍTULO 20 **Dez Assuntos (Treze, Na Verdade) Que Não Se Encaixaram...**   443

C15	▾ :	✕ ✓ fx	{=CRESCIMENTO(y;x;novo_x;VERDADEIRO)}						
	A	B	C	D	E	F	G	H	I
1		x	y						
2		10	6						
3		20	8						
4		15	6						
5		22	8						
6		20	6						
7		31	7						
8		12	6						
9		42	14						
10		51	16						
11		54	18						
12		33	8						
13									
14		novo x	y'						
15		17	6,448484						
16		18	6,615814						
17		55	17,07001						
18		16	6,285385						
19		23	7,519894						
20		34	9,967686						
21		14	5,97146						
22		35	10,22634						
23									

FIGURA 20-25: Os resultados de CRESCIMENTO: valores previstos de y para um novo conjunto de valores de x.

Os Registros de Gama

Parece um suspense de ficção científica, não parece?

A função gama, que eu discuto no Capítulo 17, estende os fatoriais ao reino dos números não inteiros. Como os fatoriais são complicados, os números podem ficar muito grandes, muito rápido. Os logaritmos são um antídoto.

Em uma versão anterior, o Excel fornecia LNGAMA para encontrar o logaritmo natural do valor do argumento x da função gama. (Mesmo antes de fornecer GAMA.)

No Excel 2013, LNGAMA recebe uma plástica e (presumivelmente) uma precisão maior. A nova função de planilha é LNGAMA.PRECISO.

Então, a nova função se parece com isso:

```
=GAMALN.PRECISO(5;3)
```

Ela é equivalente a

```
=LN(GAMA(5,3))
```

A resposta, a propósito, é 3,64.

Só para que você saiba, eu expandi para 14 casas decimais e não encontrei nenhuma diferença entre LNGAMA e LNGAMA.PRECISO para este exemplo.

Classificando Dados

Em experimentos de ciência comportamental, os pesquisadores normalmente apresentam uma variedade de tarefas para que os participantes completem. As condições das tarefas são variáveis independentes. As medições de desempenho nessas tarefas são as variáveis dependentes.

Por razões metodológicas, as condições e a ordem das tarefas são aleatórias para que pessoas diferentes completem as tarefas em ordens diferentes. Os dados refletem essas ordens. Para analisar os dados, é necessário classificar os dados de todo mundo na mesma ordem.

A planilha na Figura 20-26 mostra os dados para um participante em um experimento. Largura e Distância são variáveis independentes, Movimentos e Erros são variáveis dependentes. O objetivo é classificar as linhas em ordem crescente de Largura e então em ordem crescente de Distância.

◢	A	B	C	D	E	F
1		Largura	Distância	Movimentos	Erros	
2		60	500	18	0	
3		30	1000	13	0	
4		240	500	23	1	
5		60	1000	15	1	
6		120	500	20	1	
7		240	1000	18	1	
8		30	500	12	2	
9		120	1000	16	1	
10						

FIGURA 20-26: Dados não classificados.

Eis como fazê-lo:

1. **Selecione o intervalo de células que contém os dados.**

Para este exemplo é B2;E9.

2. **Selecione Dados | Classificar.**

Isso abre a janela Classificar na Figura 20-27. Quando a janela se abre, ela só mostra uma linha sob Coluna. A linha está identificada com Classificar Por.

3. **Do menu suspenso próximo a Classificar Como, selecione a primeira variável a ser classificada. Ajuste Classificar em e Ordem.**

Eu selecionei Largura e mantive as condições padrão para Classificar em (Valores) e Ordem (Menor para Maior).

4. **Clique no botão Adicionar Nível.**

   Isso abre outra linha identificada como Então Como.

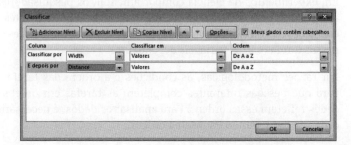

FIGURA 20-27:
A janela
Classificar.

5. **No menu suspenso na caixa próxima a Então Como, selecione a próxima variável a ser classificada. Ajuste Classificar em e Ordem.**

   Eu selecionei Distância e mantive as condições padrão.

6. **Depois da última variável, clique em OK.**

   Os dados classificados aparecem na Figura 20-28.

	A	B	C	D	E	F
1		Largura	Distância	Movimentos	Erros	
2		30	500	12	2	
3		30	1000	13	0	
4		60	500	18	0	
5		60	1000	15	1	
6		120	500	20	1	
7		120	1000	16	1	
8		240	500	23	1	
9		240	1000	18	1	
10						

FIGURA 20-28:
Os dados
classificados
por Largura
e Distância.

Para Usuários de Mac

O StatPlus LE tem ferramentas para Moving Averages (Médias Móveis) e para Exponential Smoothing (Ajuste Exponencial). Você as encontrará em Statistics (Estatística) | Time Series/Forecasting (Série Temporal/Previsão). Elas funcionam da mesma maneira que suas correspondentes no Analysis ToolPak. Você fornece um intervalo de células para um argumento chamado Variable (Variável). Na ferramenta de Médias Móveis, você também fornece um Comprimento (que corresponde ao Intervalo). Na ferramenta de Ajuste Exponencial, você clica em Advanced Options (Opções Avançadas) e fornece um valor para Alfa (que corresponde ao Fator de Amortecimento). Aparentemente, a ferramenta do StatPlus segue um procedimento diferente: Seus resultados de Ajuste (Smoothing results) diferem da versão do Analysis ToolPak.

O StatPlus também tem ferramentas para Amostragem Periódica e Amostragem Aleatória. Elas ficam no menu Dados.

448   PARTE 5 **A Parte dos Dez**

Apêndice A

Quando Sua Planilha é um Banco de Dados

A principal função do Excel é realizar cálculos. Como você viu nos capítulos deste livro, muitos desses cálculos giram em torno de capacidades estatísticas integradas.

Você também pode fazer com que uma planilha armazene informações em algo parecido com um banco de dados, embora o Excel não seja tão sofisticado quanto os pacotes dedicados a bancos de dados. O Excel oferece funções de bancos de dados bastante parecidas com suas funções estatísticas, portanto achei que deveria apresentá-las para você.

Introdução aos Bancos de Dados em Excel

Estritamente falando, o Excel oferece uma *lista de dados*. Trata-se de um intervalo de células no qual você insere dados relacionados de maneira uniforme. Você organiza os dados em colunas e coloca um nome no topo de cada coluna. Na terminologia de bancos de dados, cada coluna nomeada é um *campo*. Cada linha é um *registro*.

Esse tipo de estrutura é útil para criar inventários, desde que eles não sejam enormes. Não seria possível usar um banco de dados do Excel para manter os registros de um armazém ou de uma grande corporação. No entanto, para negócios pequenos, ele é de grande utilidade.

O banco de dados Satélites

A Figura A-1 mostra um exemplo. Essa é uma lista de todos os satélites clássicos de nosso sistema solar. Por "clássicos" quero dizer que os astrônomos descobriram a maioria antes do século XX, usando telescópios convencionais. As três descobertas do século XX são tão tênues que os astrônomos as descobriram observando placas fotográficas. Os supertelescópios de hoje em dia e as expedições ao espaço revelaram muitos satélites que não foram incluídos nesse banco de dados.

	A	B	C	D	E	F	G	H
1		Name	Planet	Orbital_Period_Days	Average_Distance_X_1000_km	Year_Discovered	Discoverer	
2		*io	Saturn	1.26	>150	>1877	Galileo	
3				>20			Cassini	
4								
5								
6								
7								
8								
9								
10		Name	Planet	Orbital_Period_Days	Average_Distance_X_1000_km	Year_Discovered	Discoverer	
11		Amalthea	Jupiter	0.50	181.30	1892	Barnard	
12		Ariel	Uranus	2.52	191.24	1851	Lassell	
13		Callisto	Jupiter	16.69	1883.00	1610	Galileo	
14		Charon	Pluto	6.39	19.64	1978	Christy	
15		Deimos	Mars	1.26	23.46	1877	Hall	
16		Dione	Saturn	2.74	377.40	1684	Cassini	
17		Enceladus	Saturn	1.37	238.02	1789	Herschel	
18		Europa	Jupiter	3.55	670.90	1610	Galileo	
19		Ganymede	Jupiter	7.15	1070.00	1610	Galileo	
20		Hyperion	Saturn	21.28	1481.00	1848	Bond	
21		Iapetus	Saturn	79.33	3561.30	1671	Cassini	
22		Io	Jupiter	1.77	421.60	1610	Galileo	
23		Mimas	Saturn	9.42	185.52	1789	Herschel	
24		Miranda	Uranus	1.41	129.78	1948	Kuiper	
25		Moon	Earth	27.32	384.40	N/A	N/A	
26		Nereid	Neptune	360.14	5513.40	1949	Kuiper	
27		Oberon	Uranus	13.46	582.50	1787	Herschel	
28		Phobos	Mars	0.32	9.38	1877	Hall	
29		Phoebe	Saturn	-550.48	12952.00	1898	Pickering	
30		Rhea	Saturn	4.52	527.04	1672	Cassini	
31		Tethys	Saturn	1.89	294.66	1684	Cassini	
32		Titan	Saturn	15.94	1221.85	1655	Huygens	
33		Titania	Uranus	8.71	435.84	1787	Herschel	
34		Triton	Neptune	-5.88	354.80	1846	Lassell	
35		Umbriel	Uranus	4.14	265.97	1851	Lassell	

FIGURA A-1: O banco de dados Satélites.

O banco de dados está nas células B10:G35. Defini Satélites como Name (nome) desse intervalo de células. Note que incluí os nomes dos campos no intervalo. (Leia o Capítulo 2 caso não saiba nomear um intervalo de células.)

O campo Name (Nome) informa o nome do satélite; o campo Planeta indica o planeta ao redor do qual o satélite orbita.

Orbital_Period_Days (Período_Orbital_Dias) mostra quanto tempo demora para um satélite dar uma volta completa ao redor do planeta. Nossa Lua, por exemplo, demora pouco mais de 27 dias. Alguns registros têm valores negativos nesse campo. Isso significa que os satélites giram ao redor do planeta em uma direção oposta à rotação do planeta.

Average_Distance_X_1000_KM (Distância Média_X_1000_km) é a distância média do planeta até o satélite, em milhares de quilômetros. Os últimos dois campos informam o ano de descoberta e o astrônomo que descobriu o satélite. No caso de nossa Lua, é claro, essas duas informações são desconhecidas.

LEMBRE-SE

Depois de identificar cada campo, você deve anexar um nome a cada célula que contém um nome de campo. Importante: O intervalo para cada nome é apenas a célula que contém o nome do campo, *não* a coluna de dados inteira. Portanto, aqui, defini Name (Nome) como o nome da célula que se chama Nome.

Certo, trabalhei duro para criar as premissas da frase acima. A seguir, dois exemplos que são mais fáceis de acompanhar: Defini Planeta como o nome da célula C10, Período_Orbital_Dias como o nome da célula D10, e assim por diante. Agora, posso usar esses nomes de campo nas fórmulas de banco de dados do Excel.

O intervalo de critérios

Copiei os títulos das colunas — desculpe-me, nomes dos campos — para a linha superior. Também coloquei algumas informações em células próximas. Essa área serve para o *intervalo de critérios*. Esse intervalo permite que você use as funções de banco de dados do Excel para fazer (e responder) perguntas sobre os dados. Os chefões dos bancos de dados chamam isso de "consulta". Os critérios são uma parte e uma parcela de cada função dos bancos de dados.

Não é necessário que esse intervalo esteja no topo da planilha. Você pode designar qualquer intervalo da planilha para ser o intervalo de critérios.

Ao usar uma função de banco de dados do Excel, ela tem o seguinte formato:

```
=FUNÇÃO(Banco de Dados;Campo;Critérios)
```

A função opera no banco de dados especificado, no campo designado, de acordo com os critérios indicados.

Por exemplo, se você quiser saber quantos satélites giram ao redor de Saturno, selecione uma célula e digite

```
=BDCONTAR(Satélites;Distância_Média_X_1000_km;C1:C2)
```

Eis o significado desta fórmula: No banco de dados (B1:G35), BDCON-TAR conta a quantidade de células que contêm números no campo Distân-cia_Média_X_1000_km, restringida pelo critério especificado no intervalo de células C1:C2. Esse critério é equivalente a Planeta = Saturno. Note que um critério precisa incluir, pelo menos, um título de coluna... opa... nome de campo do intervalo de critérios e, pelo menos, uma linha. Tenha em mente que você não pode usar o nome de campo real nos critérios. Você usa a ID da célula (como C1).

Ao incluir mais de uma linha, você quer dizer "ou". Por exemplo, se o seu cri-tério é G1:G3, você está especificando os satélites descobertos por Galileu ou Cassini.

Ao incluir mais de uma coluna em um critério, você quer dizer "e". Se o seu critério é E1:F2, você está especificando satélites mais distantes que 150.000km de seus planetas e que foram descobertos após 1877.

O formato de uma função de banco de dados

A fórmula que acabei de mostrar

```
=BDCONTAR(Satélites;Distância_Média_X_1000_km;C1:C2)
```

pode ser acessada através de uma janela Argumentos da Função, como acontece com todas as outras funções de planilha do Excel. A Figura A-2 mostra a janela equivalente para a fórmula anterior, exibida sobre o banco de dados e o inter-valo de critérios.

FIGURA A-2: Janela Argumentos da Função de BDCONTAR.

Como abrir essa janela? Ao contrário das Funções Estatísticas ou das Funções de Matemática e Trigonometria, as Funções de Banco de Dados não têm seu próprio menu. Em vez disso, você deve clicar no botão Inserir Função (está na área Biblioteca de Funções na guia Fórmulas) para abrir a janela Inserir Função. Em seguida, dentro da janela, você procura na lista de funções até encontrar a função de banco de dados que está procurando.

Eis um exemplo:

1. Selecione uma célula da planilha.

Como você pode ver na Figura A-2, selecionei H6.

2. Clique no botão Inserir Função (ele é identificado pelo símbolo *fx*) para abrir a janela Inserir Função.

3. Na janela Inserir Função, escolha uma função para abrir a janela Argumentos da Função.

Na categoria Banco de Dados, selecionei BDCONTAR. Essa é a janela exibida na Figura A-2.

4. Na janela Argumentos da Função, insira os valores adequados para os argumentos.

Em Banco_dados, digitei Satélites. Em Campo, digitei Distância_Média_X_1000_km. Não é tão trabalhoso quanto parece. Você pode apenas selecionar o intervalo adequado de células ou uma célula na planilha. Eu selecionei o intervalo

APÊNDICE A **Quando Sua Planilha é um Banco de Dados** 453

de células para Satélites para a caixa Banco_dados e selecionei a célula E10 para a caixa Campo. Em Critérios, selecionei C1:C2.

A resposta, 9, aparece na janela.

5. Clique em OK para colocar a resposta na célula selecionada.

Todas as funções de banco de dados permitem o mesmo formato. Você acessa todas elas da mesma forma e preenche os mesmos tipos de informação em suas janelas. Portanto, vou pular essa sequência de passos ao descrever cada função e falarei apenas sobre a fórmula.

Contando e Recuperando

Uma funcionalidade essencial do banco de dados é permitir que você saiba quantos registros atendem a determinado critério. Outra é a recuperação de registros. Estas são as versões do Excel.

BDCONTAR e BDCONTARA

Como acabei de mostrar, BDCONTAR conta registros. A restrição é que o campo especificado precisa conter números. Caso contrário, a resposta será zero, como em

```
=BDCONTAR(Satélites;Nome;C1:C2)
```

pois nenhum registro do campo Nome contém números.

BDCONTARA conta os registros de modo diferente. Ela funciona com qualquer campo. Ela conta o número de registros que não estão em branco no campo e que satisfaçam o critério. Portanto, esta fórmula retorna 9:

```
=BDCONTARA(Satélites;Nome;C1:C2)
```

Chegando ao "ou"

A seguir, um cálculo que envolve "ou":

```
=BDCONTARA(Satélites;Nome;D1:D3)
```

O critério D1:D3 especifica satélites cujo período orbital é 1,26 dia ou maior que 20 dias — como disse anteriormente, várias linhas significam "ou". Cinco satélites atendem a este critério: Deimos, Hyperion, Iapetus, nossa Lua e Nereid.

454   **Análise Estatística com Excel Para Leigos**

Caracteres coringa

Observe atentamente a Figura A-1 e você verá a entrada cifrada *io na célula B2. Fiz isso para que você soubesse que as funções de banco de dados do Excel podem trabalhar com caracteres coringa. A fórmula

```
=BDCONTARA(Satélites;Nome;B1:B2)
```

retorna 3, que é o número de satélites com a sequência de letras "io" em qualquer ponto de seu nome (Dione, Io e Hyperion).

BDEXTRAIR

BDEXTRAIR encontra exatamente um registro. Se os critérios especificados resultarem em mais de um registro (ou em nenhum registro), BDEXTRAIR retornará uma mensagem de erro.

Esta fórmula

```
=BDEXTRAIR(Satélites;Nome;D1:D2)
```

retorna "Deimos", o nome do satélite cujo período orbital é de 1,26 dia.

A fórmula

```
=BDEXTRAIR(Satélites;Nome;E1:E2)
```

resulta em uma mensagem de erro, pois o critério especifica mais de um registro.

Aritmética

O Excel não seria o Excel sem suas capacidades de cálculo. A seguir, o que o Excel oferece nestes termos para bancos de dados.

BDMÁX e BDMÍN

Como os nomes sugerem, essas funções informam o valor máximo e o valor mínimo de acordo com suas especificações. A fórmula

```
=BDMÁX(Satélites;Período_Orbital_Dias;E1:E2)
```

retorna 360,14. Esse é o período orbital máximo de qualquer satélite que esteja a uma distância superior a 150.000 km de seu planeta.

Para o valor mínimo que atenda a este critério,

```
=BDMÍN(Satélites;Período_Orbital_Dias;E1:E2)
```

resulta em −550,48. Este é Phoebe, um satélite que gira na direção oposta à da rotação de seu planeta.

BDSOMA

Essa função soma os valores de um campo. Para somar todos os períodos orbitais dos satélites descobertos por Galileu ou Cassini, use a seguinte fórmula:

```
=BDSOMA(Satélites;Período_Orbital_Dias;G1:G3)
```

A soma é 117,64.

DICA

Você quer o total de todos os períodos orbitais? (Eu sei, eu sei... =SOMA(B11:B35). Apenas me acompanhe.)

Esta fórmula faz o serviço:

```
=BDSOMA(Satélites;Período_Orbital_Dias;C1:C3)
```

Por quê? O segredo é o critério. C1:C3 significa que Planeta = Saturno ou... qualquer outra coisa, pois C3 está vazia. A soma, a propósito, é 35,457. Resumindo: Tenha cuidado sempre que incluir uma célula vazia em seus critérios.

BDMULTIPL

Essa é uma função que existe provavelmente porque os criadores do Excel podiam criá-la. Você especifica os valores dos dados e BDMULTIPL os multiplica.

A fórmula

```
=BDMULTIPL(Satélites;Período_Orbital_Dias;G1:G2)
```

retorna o produto (749,832) dos períodos orbitais dos satélites descobertos por Galileu — um cálculo que tenho certeza de que Galileu nunca pensou em fazer.

Estatística

Isso me leva às funções estatísticas de banco de dados. Elas funcionam como as funções estatísticas de planilha.

BDMÉDIA

Esta é a fórmula para os períodos orbitais de satélites descobertos depois de 1887:

```
=BDMÉDIA(Satélites;Período_Orbital_Dias;F1:F2)
```

A média é negativa (−36,4086) porque a especificação inclui os dois satélites com período orbital negativo.

BDVAREST e BDVARP

BDVAREST é a função de banco de dados correspondente a VAR, que divide a soma de N desvios quadrados por $N-1$. Isto se chama *variação amostral.*

BDVARP é a função de banco de dados correspondente a VARP, que divide a soma de N desvios quadrados por N. Essa é a *variação populacional.* (Para saber mais detalhes sobre VAR e VARP, variação amostral e variação populacional, e as implicações de N e $N-1$, veja o Capítulo 5.)

A seguir, a variação amostral para o período orbital de satélites mais distantes que 150.000 km de seus planetas e descobertos após 1877:

```
=BDVAREST(Satélites;Período_Orbital_Dias;E1:F2)
```

Esta fórmula retorna 210.358,1.

A variação populacional para o mesmo subconjunto de satélites é

```
=BDVARP(Satélites;Período_Orbital_Dias;E1:F2)
```

que resulta em 140.238,7.

Mais uma vez, se você tem várias colunas nos critérios, trabalhará com "e".

BDEST e BDDESVPA

Essas duas funções retornam desvios padrão. O desvio padrão é a raiz quadrada da variação. (Veja o Capítulo 5.) BDEST retorna o desvio padrão da amostra, que é a raiz quadrada do valor retornado por BDVAREST. BDDESVPA retorna o desvio padrão da população, que é a raiz quadrada do valor retornar por BDVARP.

APÊNDICE A **Quando Sua Planilha é um Banco de Dados**

Para as especificações do exemplo anterior, o desvio padrão da amostra é

```
=BDEST(Satélites;Período_Orbital_Dias;E1:F2)
```

que é igual a 458,6481.

O desvio padrão da população é

```
=BDDESVPA(Satélites;Período_Orbital_Dias;E1:F2)
```

O resultado é 374,4846.

Segundo o Formulário

O Excel fornece um Formulário de Dados para ajudá-lo a trabalhar com bancos de dados. Infelizmente, o Excel 2003 não tem um botão para esse formulário na Faixa de Opções. Para acessar esse botão, você precisa colocá-lo na Barra de Ferramentas de Acesso Rápido.

Siga o passo a passo:

1. Clique na seta à direita da Barra de Ferramentas de Acesso Rápido para abrir o menu Personalizar Barra de Ferramentas de Acesso Rápido.

2. A partir desse menu, escolha Mais Comandos para abrir a janela Opções do Excel.

3. No menu suspenso Escolher Comandos Em, selecione Comandos Fora da Faixa de Opções.

4. Na lista da caixa da esquerda, procure e selecione Formulário.

5. Clique no botão Adicionar para colocar Formulário na lista da caixa da direita.

6. Clique em OK para fechar a janela Opções do Excel.

O botão Formulário agora está na Barra de Ferramentas de Acesso Rápido.

Para usar o Formulário, selecione todo o intervalo de células do banco de dados, incluindo os títulos das colunas. Em seguida, clique no botão Formulário.

A Figura A-3 mostra a aparência do Formulário quando você o abre com todo o banco de dados selecionado. O Excel preenche automaticamente os nomes dos campos e os campos são preenchidos com os valores do primeiro registro.

Você pode usar o formulário para navegar pelo banco de dados e para acrescentar um registro. Você pode começar com um registro e pressionar o botão Novo para inserir todo o restante, mas, para mim, é mais fácil digitar cada registro.

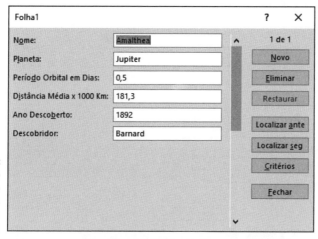

FIGURA A-3:
Formulário trabalhando com bancos de dados do Excel

Sempre que você adiciona registros (e onde quer que você os adicione), certifique-se de clicar em Fórmulas | Gerenciador de Nomes e aumentar o intervalo de células anexadas ao nome do banco de dados.

DICA

O título do Formulário é igual ao nome dado à guia da planilha. Portanto, é bom colocar o nome do banco de dados na guia. Fica mais claro quando o Formulário exibe algo como "Satélites" em vez de "Plan 1".

Tabelas Dinâmicas

Uma *tabela dinâmica* é uma tabulação cruzada — outro modo de observar os dados. Você pode reorganizar o banco de dados e, literalmente, virá-lo de lado e do avesso. E pode fazer isso de várias maneiras.

Por exemplo, você pode criar uma tabela dinâmica com os satélites nas linhas e um planeta em cada coluna, e fazer com que os dados do período orbital fiquem dentro das células. A Figura A-4 ilustra o que quero dizer.

FIGURA A-4: Uma tabela dinâmica com os dados dos satélites, que exibe os satélites, os planetas e o período orbital.

	A	B	C	D	E	F	G	H	I	J
3	Sum of Orbital_Period_Days	Column Labels ▾								
4	Row Labels ▾	Earth	Jupiter	Mars	Neptune	Pluto	Saturn	Uranus	Grand Total	
5	Amalthea		0.5						0.5	
6	Ariel							2.52	2.52	
7	Callisto		16.69						16.69	
8	Charon					6.387			6.387	
9	Deimos			1.26					1.26	
10	Dione						2.74		2.74	
11	Enceladus						1.37		1.37	
12	Europa		3.55						3.55	
13	Ganymede		7.15						7.15	
14	Hyperion						21.28		21.28	
15	Iapetus						79.33		79.33	
16	Io		1.77						1.77	
17	Mimas						9.42		9.42	
18	Miranda							1.41	1.41	
19	Moon	27.32							27.32	
20	Nereid				360.14				360.14	
21	Oberon							13.46	13.46	
22	Phobos			0.32					0.32	
23	Phoebe						-550.48		-550.48	
24	Rhea						4.52		4.52	
25	Tethys						1.89		1.89	
26	Titan						15.94		15.94	
27	Titania							8.71	8.71	
28	Triton				-5.88				-5.88	
29	Umbriel							4.14	4.14	
30	**Grand Total**	27.32	29.66	1.58	354.26	6.387	-413.99	30.24	35.457	
31										

A Figura A-5 mostra uma tabela dinâmica que apresenta outra visualização dos dados. Nesse caso, o destaque não é para os satélites, é para os planetas. A linha de cada planeta está dividida em duas linhas — uma com o Orbital Period (Período Orbital) e outra com a Average Distance (Distância Média). Os números são a soma dos satélites de cada planeta. Somar o Período Orbital de todos os satélites de Júpiter, por exemplo, resulta em 29,66.

FIGURA A-5: Outra tabela dinâmica com os dados dos satélites, mostrando os planetas, o Orbital Period (período orbital) e a Average Distance (distância média).

	A	B	C	D
1				
2				
3		Values		
4	Row Labels ▾	Sum of Orbital_Period_Days	Sum of Average_Distance_X_1000_km	
5	Earth	27.32	384.4	
6	Jupiter	29.66	4226.8	
7	Mars	1.58	32.84	
8	Neptune	354.26	5868.2	
9	Pluto	6.387	19.64	
10	Saturn	-413.99	20838.79	
11	Uranus	30.24	1605.33	
12	**Grand Total**	**35.457**	**32976**	

Esse exemplo concentra-se na criação da tabela dinâmica da Figura A-4. Você pode seguir estes passos:

1. Abra a planilha com o banco de dados.

Neste caso, temos a planilha Satélites.

2. Selecione qualquer célula do intervalo do banco de dados.

3. Selecione Inserir | Tabela Dinâmica para abrir a janela Criar Tabela Dinâmica (veja a Figura A-6).

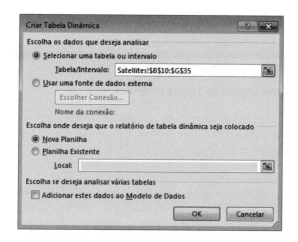

FIGURA A-6: A janela Criar Tabela Dinâmica.

4. Coloque suas entradas nesta janela.

Como selecionei uma célula do banco de dados antes de abrir esta janela, o primeiro radio button foi selecionado, e a caixa Intervalo foi preenchida.

Selecionei o radio button ao lado de Nova Planilha para colocar a tabela dinâmica em outra planilha.

5. Clique em OK.

O resultado será o Layout de Tabela Dinâmica em uma nova planilha. (Veja a Figura A-7.)

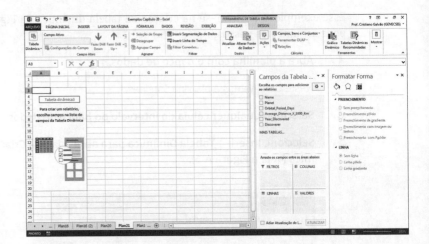

FIGURA A-7:
Uma nova planilha contendo o layout da tabela dinâmica.

6. **Popule o Layout de Tabela Dinâmica.**

   Para popular o Layout de Tabela Dinâmica, selecione um campo da lista de campos da tabela dinâmica, arraste-o para a caixa correta abaixo e solte-o.

   Comecei pelas linhas. Para fazer com que os nomes dos satélites apareçam nas linhas, seleciono Nome e solto na caixa Rótulos de Linha. A Figura A-8 mostra o resultado. Além dos nomes dos satélites nas linhas, a caixa de seleção ao lado de Nome deve estar marcada, e o nome deve estar em negrito para indicar que ele já está na tabela. Desmarcar essa caixa de seleção removerá Nome da tabela.

   Em seguida, coloquei Planeta na caixa Rótulos de Coluna. (Figura A-9.)

FIGURA A-8:
O Layout da Tabela Dinâmica depois de inserir o campo Nome na caixa Rótulos de Linha.

FIGURA A-9: O Layout de Tabela Dinâmica depois de inserir o campo Planeta na caixa Rótulos de Coluna.

Arrastar Período Orbital (Dias) a partir da Lista de Campos e soltá-lo na caixa Σ Valores resulta na tabela mostrada na Figura A-4.

Arrastar um campo para a caixa Filtro de Relatório cria algo como uma versão multipáginas da tabela. Por exemplo, se colocarmos Descobridor na caixa Filtro de Relatório, criaremos uma lista suspensa que nos permitirá ver apenas os dados de cada descobridor.

A seta para baixo ao lado de um campo abre um menu de opções para classificar e filtrar o campo.

As tabelas dinâmicas são importantes porque permitem que você coloque a mão na massa ao trabalhar com dados. Ao colocar e tirar os campos de uma tabela, você poderá enxergar relações e executar análises que poderiam não ocorrer se você apenas observasse o banco de dados original.

464   Análise Estatística com Excel Para Leigos

Apêndice B
A Análise de Covariância

Um dos principais pontos deste livro é que o Excel vem com um número impressionante de ferramentas analíticas e fórmulas. O conjunto de ferramentas não é tão extenso quanto o que se encontraria em um pacote dedicado apenas à estatística, mas mesmo assim impressiona.

Infelizmente, algumas análises não fazem parte do Excel. E algumas delas podem ser importantes para você. Em muitos casos, com um pouco de ingenuidade, você pode usar as partes existentes no Excel para executar essas análises de qualquer maneira. Neste apêndice eu foco em uma dessas análises.

Covariância: Observação Detalhada

No Capítulo 15, falei na covariância relacionada à correlação. Falei sobre ela brevemente como numerador do coeficiente de correlação. Também falei que a covariância representa duas variáveis que se alteram juntas.

O que isso quer dizer, exatamente?

Imagine um grupo de pessoas das quais mediremos a capacidade matemática e a sociabilidade. (Suponha que temos modos válidos e confiáveis para medir ambos.) Se descobrirmos que as pessoas com mais capacidades matemáticas são as mais sociáveis, e as com menos capacidade matemática são as menos sociáveis, essa coisa chamada covariância será numericamente alta e positiva. Esse tipo de relação positiva é chamado de relação *direta*.

Podemos ter outro resultado: As pessoas com mais capacidade matemática podem ser as menos sociáveis, e as pessoas com menos capacidade matemática, as mais sociáveis. Se isso acontece, a covariância é numericamente alta e negativa. Esse tipo de relação negativa é chamado de relação *inversa*.

Ainda é possível obter outro resultado. Podemos não encontrar qualquer relação entre a capacidade matemática e a sociabilidade. Nesse caso, as duas variáveis são *independentes*, e o valor numérico da covariância é próximo de zero. Ele poderia ser ligeiramente positivo ou negativo, mas sempre próximo de zero.

É muito parecido com a correlação? Deveria ser. Como eu disse, a covariância é o numerador do coeficiente de correlação. Um modo de observar essa situação é que o coeficiente de correlação impõe um limite superior e outro inferior à covariância. Com um pouco de experiência, podemos compreender o que significa um coeficiente de correlação de 0,98 ou de 0,62. Sem um contexto definido, é difícil saber o que significa uma covariância de 473,5.

Por que Analisar a Covariância

Acabamos de relembrar o que é covariância. Por que queremos... bem... *analisá-la?*

Comecemos com um estudo típico: Você atribui, aleatoriamente, diferentes condições a algumas pessoas e avalia seu desempenho sob essas condições. Por exemplo, você poderia colocar 15 crianças aleatoriamente em um dentre três grupos, que são diferentes no modo como se preparam para uma prova de matemática. Um grupo se prepara ouvindo um instrutor humano. Outro grupo se prepara por meio de um programa interativo de computador. O terceiro grupo se prepara lendo um livro didático. Em seguida, as crianças fazem a prova.

O desempenho na prova é a *variável dependente*. As três condições de preparação compõem a *variável independente*. O objetivo é descobrir se as diferentes condições da variável independente afetam a variável dependente. O Capítulo 12 explica que isso envolve um teste de hipótese mais ou menos como este:

H_0: $\mu_{instrutor} = \mu_{computado} = \mu_{texto}$

H_1: diferente de H_0

No Capítulo 12, também apontei que a técnica estatística apropriada é a análise da variação (ANOVA).

Até aqui, tudo bem. E quanto à covariância?

Além das variáveis dependente e independente, um terceiro tipo de variável pode entrar na jogada. Vou dizer como. Suponha que você tenha outra medida relevante relacionada às 15 crianças — a aptidão matemática. Além do tipo de preparação, isso também poderia afetar o desempenho de cada criança na prova. Esta terceira variável chama-se *covariável*. A relação entre a variável dependente e a covariável é a covariância.

As pessoas importantes no campo de criação e análise de pesquisas têm um nome para a atribuição aleatória de indivíduos a diferentes condições da variável independente, e que mantém todo o resto igual (como a hora do dia em que a prova é aplicada, o tempo de preparação de cada criança, o tempo que cada criança tem para fazer a prova). Elas chamam isso de *controle experimental*.

Elas também têm um nome para a avaliação dos efeitos de uma covariável — isto é, sua covariância com a variável dependente. Elas chamam isso de *controle estatístico*. Ambas são ferramentas importantes no arsenal de um analista.

Questão final: Por que você precisa do controle estatístico? Suponha que você realize o estudo e não encontre diferenças significativas entre os grupos de preparação. Isso poderia significar que o controle experimental não foi poderoso o suficiente para diferenciar um efeito do tipo de preparação. É aí que o controle estatístico pode ajudar. Suponha que a aptidão matemática afete o desempenho de modo a mascarar os efeitos do tipo de preparação. Isto é, a possível correlação do desempenho com a aptidão afeta os resultados?

Ao combinar o controle experimental com o controle estatístico, a análise de covariância (ANCOVA) responde a esta pergunta.

Como Analisar a Covariância

Como combinar os dois tipos de controle?

No Capítulo 12, eu disse que a ANOVA divide a SQ_{Total} em SQ_{Entre} e $SQ_{Interna}$. Divida cada SQ pelos seus graus de liberdade e você terá três MQ (variações). A MQ_{Entre} reflete as diferenças entre as médias do grupo. A $MQ_{Interna}$ estima a variação da população. Ela se baseia na união das variações dentro dos grupos. Se a MQ_{Entre} é significativamente maior que a $MQ_{Interna}$, você pode rejeitar a hipótese nula. Caso contrário, não. (Leia o Capítulo 12 se tudo isso parece estranho para você.)

Na ANCOVA, você usa a relação entre a variável dependente e a covariável para *ajustar* SQ_{Entre} e $SQ_{Interna}$. Se a relação é forte, é provável que o ajuste aumente SQ_{Entre} e reduza a $SQ_{Interna}$. A estatística, assim como acontece com a maioria das coisas em nosso mundo, não dá nada de graça: O ajuste diminui o $gl_{Interno}$ em 1. Talvez ajude pensar da seguinte maneira:

ANOVA:

$$F = \frac{SQ_{Entre} \ / \ gl_{Entre}}{SQ_{Interna} \ / \ gl_{Interno}}$$

ANCOVA:

$$F = \frac{(SQ_{Entre} + \text{algo baseado na relação convariável})/gl_{Entre}}{(SQ_{Interna} - \text{algo baseado na relação convariável})/\left(gl_{Interno} - 1\right)}$$

Um possível resultado do ajuste (caso a relação seja forte) é que a proporção F é maior em ANCOVA do que em ANOVA. Em termos práticos, isso significa que o acréscimo do controle estatístico pode resultar em um estudo mais poderoso (isto é, mais capacidade de encontrar um efeito) do que o controle experimental sozinho.

Uma dica para entender a diferença entre ANOVA e ANCOVA: a ANOVA ajuda a encontrar uma agulha em um palheiro. A ANCOVA também, mas ela tira um pouco da palha antes de começar a procurar — e também deixa a agulha um pouco maior.

ANCOVA no Excel

Embora o Excel não tenha ferramentas integradas para ANCOVA, você pode usar o que o Excel oferece para fazer com que ANCOVA seja muito mais fácil do que parece nos livros de estatística.

O que o Excel oferece? Quando se trata de covariância, lembre-se de que as funções de planilha COVARIAÇÃO.P e COVARIAÇÃO.S fazem todos os cálculos para você, assim como a ferramenta de análise de dados Covariância.

Parece que a ferramenta de análise de dados Covariância é ideal para algo chamado Análise de Covariância (ANCOVA). Estranhamente, não é. Você também não terá uso algum para as funções de planilha.

Em vez disso, mostrarei duas abordagens que usam outros recursos do Excel para executar uma ANCOVA. Uma das abordagens usa a ferramenta de análise Anova: Fator Único juntamente com algumas funções de planilha. A outra usa a ferramenta de análise Regressão junto a algumas funções de planilha.

As duas abordagens usam os dados da Tabela B-1. Em ambos os métodos, eu uso as inclinações da regressão para expressar a relação entre a variável dependente e a covariável.

TABELA B-1		Dados para o Desempenho na Prova com Três Métodos de Preparação e Aptidão Matemática			
Humano		Computador		Livro Didático	
Aptidão Matemática	Prova	Aptidão Matemática	Prova	Aptidão Matemática	Prova
10	6	7	9	7	9
9	9	7	5	9	12
8	7	8	14	4	9
6	2	11	10	11	18
9	10	11	15	7	11

Esses métodos servem para o tipo de pesquisa discutido no Capítulo 12 (ANOVA Fator Único). Você pode usar ANCOVA para qualquer tipo de pesquisa que envolva ANOVA, mas esses dois métodos em particular não funcionam em tipos mais complicados (como os do Capítulo 13, por exemplo).

Método 1: ANOVA

Quando a maioria dos livros de estatística fala sobre a análise de covariância, eles mostram um monte de fórmulas matemáticas misteriosas criadas para evitar cálculos de regressão de aparência ainda mais complexa. O resultado é que, geralmente, os livros não esclarecem qual é a função de ANCOVA.

Com esse método, e com o próximo, mostrarei a você como usar o poder do Excel para resolver tudo isso. Meu objetivo é fazer com que a ANCOVA fique muito mais fácil do que parece nos livros de estatística.

A Figura B-1 mostra a planilha ANCOVA para esse método. Irei guiá-lo pelo passo a passo.

Os dados da Tabela B-1 estão nas células B1:D13, separados em uma tabela para a variável dependente e outra para os dados da covariável. Estruturei os dados dessa maneira porque preciso usar a ferramenta Anova: Fator Único na variável dependente e também na covariável. A entrada para a ferramenta Anova é um intervalo de células contíguo, portanto, o layout da Tabela B-1 não funciona.

APÊNDICE B **A Análise de Covariância** 469

FIGURA B-1:
A planilha
do Método
1 ANCOVA
para os
dados da
Tabela B-1.

	A	B	C	D	E	F	G	H	I	J	K	L	M
1		Human	Computer	Textbook				Anova: Dep Variable					
2		6	9	9				SUMMARY					
3		9	5	12				Groups	Count	Sum	Average	Variance	
4		7	14	9				Human	5	34	6.8	9.7	
5		2	10	18				Computer	5	53	10.6	16.3	
6		10	15	11				Textbook	5	59	11.8	13.7	
7													
8		X1	X2	X3				ANOVA					
9		10	7	7				Source	SS	df	MS	F	P-value
10		9	7	9				Between Groups	68.13333	2	34.06667	2.574307	0.117412
11		8	8	4				Within Groups	158.8	12	13.23333		
12		6	11	11									
13		9	10	7				Total	226.9333	14			
14	VarianceX	2.3	3.3	6.8	12.4								
15	SlopeXY	1.4565	1.0757576	1.235294				Anova: Covariate					
16	VarX*SlopeXY	3.35	3.55	8.4	15.3			SUMMARY					
17								Groups	Count	Sum	Average	Variance	
18	bwithin	1.2339						X1	5	42	8.4	2.3	
19	btotal	1.0267						X2	5	43	8.6	3.3	
20								X3	5	38	7.6	6.8	
21	Ancova												
22	Source of Variation	SS	df	MS	F	P-value		ANOVA					
23	Adjusted Between	88.409	2	44.20442	5.838222	0.018707		Source of Variation	SS	df	MS	F	P-value
24	Adjusted Within	83.287	11	7.571554				Between Groups	2.8	2	1.4	0.33871	0.719287
25	Adjusted Total	171.696	13					Within Groups	49.6	12	4.133333		
26													
27		Human	Computer	Textbook				Total	52.4	14			
28	Adjusted Means	6.5532	10.106452	12.54032									
29													

O primeiro passo foi calcular $b_{Interno}$, uma quantidade usada para ajustar a SQ e para ajustar as médias do grupo para o teste pós-análise.

O que é $b_{interno}$? Imagine um gráfico de dispersão para cada um dos três grupos e uma linha de regressão que atravesse cada gráfico. Cada linha de regressão tem uma inclinação. O valor de $b_{interno}$ é a média das inclinações dos grupos, sendo que cada inclinação tem o peso da variação da covariável dentro do grupo.

Esse pode ser um raro caso em que a fórmula é mais clara do que as palavras. Aqui está ela:

$$b_{interno} = \frac{\sum s_{xi}^2 b_i}{\sum s_{xi}^2}$$

Portanto, usei VAR.A para calcular a variação de cada grupo dentro da covariável. Essas variações estão na linha 14, chamada VariaçãoX. Poderia ter usado a ferramenta Anova para obter estas variações. Fiz assim para ficar mais claro. A soma destas variações, 12,4, está na célula E14.

Em seguida, usei INCLINAÇÃO para calcular a inclinação dentro de cada grupo. Elas estão na linha 15, com o nome InclinaçãoXY.

A linha 16, chamada VarX*InclinaçãoXY, contém o produto da inclinação de cada grupo multiplicado pela variação no mesmo grupo. A célula E16 contém a soma destes produtos.

O valor de $b_{interno}$ está na célula B18. A fórmula para esta célula é

```
=E16/E14
```

A célula B19 contém outra inclinação, usada para o ajuste da SQ. Ela se chama b_{total} e representa a inclinação da linha de regressão traçada em um gráfico de dispersão de todos os valores, não importa o grupo. A fórmula de B19 é

```
=INCLINAÇÃO(B2:D6;B9:D13)
```

Em seguida, construí a tabela ANCOVA nas células A21:F25. O objetivo deste processo é preencher esta tabela. Formatei todas as legendas e bordas para fazer com que ela ficasse parecida com os resultados da análise Anova: Fator Único. Em seguida, preenchi as fontes de variação no intervalo A23:A25, e o gl em C23:C25. Os gl são os mesmos usados em ANOVA, porém, perdemos um gl de $gl_{interno}$, e isto, é claro, refletiu no gl_{total}.

O próximo passo é executar a ferramenta de análise Anova: Fator Único. Eu a executei uma vez para a variável dependente, e outra vez para a covariável. Por que para a covariável? Afinal de contas, não estou testando qualquer hipótese sobre Aptidão Matemática. O motivo para aplicar ANOVA na covariável é que os resultados da ANOVA geram os valores SQ de que preciso para completar a ANCOVA.

No Capítulo 12, explico como usar essa ferramenta. A única diferença é que, neste caso, eu coloquei os resultados na mesma planilha, não em uma nova planilha.

Removi algumas linhas dos resultados da ferramenta Anova, para que tudo coubesse na tela, e modifiquei alguns deles para que ficassem mais claros.

Os valores das tabelas ANOVA me permitem preencher a tabela ANCOVA. A SQ_{Total} Ajustada é

$$Ajustada\ SQ_{TotalY} = SQ_{TotalY} - b_{Total}^2 SQ_{TotalX}$$
$$Ajustada\ SQ_{TotalY} = 226,93 - (1,03)^2 (52,4) = 171,70$$

Isso significa que

```
=I13-B19^2*I27
```

fica na célula B25 da tabela ANCOVA. A propósito, arredondei para duas casas decimais para que tudo ficasse mais bonito nesta página. A planilha tinha muito mais casas decimais.

A seguir: $SQ_{Interna}$ Ajustada. A fórmula para o ajuste é

$$Ajustada \; SQ_{InternaY} = SQ_{InternaY} - b_{Interno}^2 \; SQ_{InternaY}$$

Numericamente, temos

$$Ajustada \; SQ_{InternaY} = 158,8 - (1,23)^2 (49,6) = 83,29$$

Portanto, na célula B14, tenho a seguinte fórmula:

```
=I11-B18^2*I25
```

A SQ_{Entre} Ajustada? É apenas

```
=B25-B24
```

na célula B23.

Completo a tabela ANCOVA dividindo cada SQ Ajustada por seus gl, em seguida, divido a MQ_{Entre} Ajustada pela $MQ_{Interna}$ Ajustada para calcular F.

A última coluna da tabela ANCOVA, valor P, é uma pequena cortesia de DIST.F.CD. A fórmula na célula F23 é

```
=DIST.F.CD(E23;C23;C24)
```

Logo abaixo da tabela ANCOVA, coloquei as médias ajustadas para a variável dependente. Elas fazem parte do teste pós-análise, sobre o qual falarei em uma seção mais adiante. Por enquanto, direi apenas que cada média ajustada é

$$Ajustada \; \bar{y}_i = \bar{y}_i - b_{Interno}\left(\bar{x}_i - \bar{X}\right)$$

onde o X maiúsculo com uma barra acima representa a média de todos os 15 valores da covariável.

Para este exemplo, as médias ajustadas são

$$Ajustada \; \bar{y}_{Humano} = 6,8 - 1,23(8,4 - 8,2) = 6,55$$
$$Ajustada \; \bar{y}_{Computador} = 10,6 - 1,23(8,6 - 8,2) = 10,11$$
$$Ajustada \; \bar{y}_{Livro \; Didático} = 11,8 - 1,23(7,6 - 8,2) = 12,54$$

Os ajustes aumentam a dispersão entre as médias.

Nesta planilha, as médias dos grupos estão nos resultados de ANOVA. Especificamente, estão no intervalo K4:K6 para a variável dependente, e no intervalo K18:K20 para a covariável. Portanto, a fórmula para a média Humana ajustada (na célula B28) é

```
=K4-B18*(K18-MÉDIA(B9:D13))
```

Para a média Computador ajustada (na célula C28), temos

```
=K5-B18*(K19-MÉDIA(B9:D13))
```

E para a média Livro Didático ajustada (na célula D28), temos

```
=K6-B18*(K20-MÉDIA(B9:D13))
```

Qual é a vantagem da ANCOVA? Observe a Figura B-1. Compare o resultado da ANOVA dependente de variável ($F_{2,12}$ = 2,57) com o resultado da ANCOVA ($F_{2,11}$ = 5,84). Embora tenhamos sacrificado um gl, o valor P mostra que o resultado da ANCOVA é significativo. O resultado da ANOVA, não. A ANCOVA ajustou a SQ_{Entre} para cima, e $SQ_{Interna}$ para baixo.

Resumindo: A relação entre a variável dependente e a covariável nos permite descobrir um efeito significativo que poderíamos não perceber de outra forma. Nesse exemplo, ANCOVA evita um erro Tipo II.

Método 2: Regressão

Se o método anterior funciona, por que me preocupo em mostrar mais um método? Ou ainda, por que você deve se preocupar em compreendê-lo?

O motivo pelo qual quero que você continue lendo é o seguinte: O método que mostrarei agora pede que você mude suas intenções com relação aos dados. Se conseguir fazer isso, você estará aberto para outra forma de observar a análise estatística e para se aperfeiçoar em alguns novos conceitos estatísticos.

O que quero dizer é o seguinte. A planilha da Figura B-2 mostra os dados da Tabela B-1 em um layout diferente. A Figura também mostra o trabalho para a ANCOVA completa.

	A	B	C	D	E	F	G	H	I	J	K
1	Exam	Math Aptitude	Tag 1	Tag 2							
2	6	10	1	0							
3	9	9	1	0		*Regression Statistics*					
4	7	8	1	0		Multiple R	0.795605872				
5	2	6	1	0		R Square	0.632988704				
6	10	9	1	0		Adjusted R Square	0.532894714				
7	9	7	0	1		Standard Error	2.751645735				
8	5	7	0	1		Observations	15				
9	14	8	0	1							
10	10	11	0	1		ANOVA					
11	15	10	0	1			df	SS	MS	F	Significance F
12	9	7	0	0		Regression	3	143.6462366	47.88208	6.323943	0.00944713
13	12	9	0	0		Residual	11	83.28709677	7.571554		
14	9	4	0	0		Total	14	226.9333333			
15	18	11	0	0							
16	11	7	0	0			Coefficients	Standard Error	t Stat	P-value	Lower 95%
17						Intercept	2.422580645	3.214266308	0.753696	0.466858	-4.651971799
18	SSTotalX =	52.4				Math Aptitude	1.233870968	0.39070744	3.158043	0.009111	0.373929691
19						Tag 1	-5.987096774	1.768140033	-3.3861	0.006077	-9.878746747
20	btotal =	1.026717557				Tag 2	-2.433870968	1.783612627	-1.36457	0.199651	-6.359575892
21											
22	Means					Ancova					
23	Group	Dependent Var	Covariate	Adjusted		Source of Variation	SS	df	MS	F	Significance F
24	Human	6.8	8.4	6.553226		Adjusted Between	88.409	2	44.20442	5.838222	0.018706714
25	Computer	10.6	8.6	10.10645		Adjusted Within	83.287	11	7.571554		
26	Textbook	11.8	7.6	12.54032		Adjusted Total	171.696	13			

FIGURA B-2:
A planilha do Método 2 para os dados da Tabela B-1.

A coluna A contém os dados da prova de matemática, e a coluna B contém os dados de aptidão matemática, mas não temos mais os três grupos, como antes. O que está acontecendo?

Meu plano é tratar essa situação como uma regressão múltipla. A prova é a variável dependente e a Math Aptitude (Aptidão Matemática) é uma variável independente. Mas essa não é a única variável independente.

O segredo é, de alguma forma, representar o grupo ao qual cada indivíduo pertence. Tag1 e Tag2 estão aí para isso. Se uma criança faz parte do grupo Instrutor Humano, Tag1 = 1 e Tag2 = 0. Se uma criança faz parte do grupo Computador, Tag1 = 0 e Tag2 = 1. Se uma criança faz parte do grupo Livro Didático, Tag1 = 0 e Tag2 = 0. Em geral, com k grupos, k-1 colunas podem especificar a associação aos grupos desta maneira. Só para você saber, no mundo das estatísticas, as colunas B, C e D chamam-se *vetores*, mas não falarei sobre isso.

CUIDADO

Esse esquema de categorização funciona quando você tem o mesmo número de indivíduos em cada grupo. Caso contrário, as coisas ficam mais complicadas.

Desenhei linhas para separar os três grupos, mas é apenas ilustrativo.

O que criei foi uma regressão múltipla com uma variável dependente (Prova) e três variáveis independentes (Aptidão Matemática, Tag1 e Tag2). O que quero dizer é que o valor Prova depende de Aptidão Matemática, Tag1 e Tag2.

Abaixo do layout de dados, a célula B18 contém a SQ_{TotalX}. A fórmula desta célula é

```
=CONT.NÚM(B2:B16)*VARP(B2:B16)
```

isso significa que multipliquei o número de valores da coluna B (15) pela variação da coluna B (tratada como uma população de 15 valores, daí VARP) para obter a SQ_{TotalX} que é o numerador de uma variação.

Também calculei o b_{total} na célula B20:

```
=INCLINAÇÃO(A2:A16;B2:B16)
```

E quanto a $b_{interno}$? Seja paciente.

Abaixo desses valores, temos uma tabela de médias e médias ajustadas, mas falarei sobre isso depois.

Você pode não acreditar, mas a análise está quase concluída.

Só falta executar a ferramenta de análise Regressão e usar seus resultados para completar a tabela ANCOVA.

No Capítulo 14, mostrei como usar a ferramenta Regressão. A diferença aqui (assim como com a ANOVA do Método 1) é que dirigi os resultados para a planilha atual, não para uma nova planilha. Para esse exemplo, a caixa Intervalo Y de entrada na ferramenta Regressão é A1:A16. Como esta é uma regressão múltipla, o Intervalo X de entrada é B1:D16.

A tabela ANCOVA está abaixo dos resultados de Regression (Regressão). Como antes, formatei tudo, rótulos, linhas, colunas etc. Em seguida, preenchi o gl.

Comecei, como no Método 1, com a SQ_{Total} Ajustada. Repetindo, a fórmula é

$$Ajustada\ SS_{TotalY} = SS_{TotalY} - b_{Total}^2 SS_{TotalX}$$
$$Ajustada\ SS_{TotalY} = 226,93 - (1,03)^2 (52,4) = 171,70$$

Portanto, desta vez

```
=H14-(B20^2*B18)
```

vai na célula G26.

E depois? Os valores para a linha Ajustada Interna estão na tabela ANOVA para os resultados da Regressão. Eles estão na linha chamada Residual. Isso mesmo — a $SQ_{Interna}$ Ajustada é a $SQ_{Residual}$ e a $MQ_{Interna}$ Ajustada é a $MQ_{Residual}$.

Isso significa que

```
=H13
```

vai na célula G25 e

```
=I13
```

APÊNDICE B **A Análise de Covariância** 475

vai na célula I25.

A SQ$_{Entre}$ Ajustada é

```
=G26-G25
```

na célula G24.

Dividi as SQs Ajustadas pelo gl para gerar as MQs Ajustadas. Em seguida, dividi a MQ$_{Entre}$ Ajustada pela MQ$_{Interna}$ Ajustada para calcular F. A entrada mais à direita, Significação F, baseia-se em DISTF, como no Método 1.

Eu me esqueci do b$_{interno}$? Não. Ele está nos resultados da Regressão, na célula G18, abaixo de Coeficientes. Ele é o coeficiente de regressão para Aptidão_Matemática. Usei esse valor para calcular as Médias Ajustadas da tabela Médias. Depois de usar MÉDIA para calcular as médias da variável dependente e da covariável, coloquei a seguinte fórmula na célula D24

```
=B24-$G$18*(C24-MÉDIA($B$2:$B$16))
```

e fiz o preenchimento automático de D25 e D26.

Quando você começou a ler esta seção, deve ter imaginado por que eu quis mostrar esse método. Agora que você leu, deve estar pensando por que eu mostrei o primeiro método!

Depois da ANCOVA

Como eu disse no Capítulo 12, um valor significativo de F indica que há um efeito em algum lugar dos dados. Ainda é necessário identificar onde.

Existem dois tipos de testes pós-análise — aquele que você planeja com antecedência, e aquele que não planeja. O primeiro, *comparações planejadas*, são motivados pelas suas ideias sobre o que se deve esperar antes de reunir os dados. O segundo, *testes pós-evento*, são motivados por aquilo que parece ser interessante nos dados reunidos.

Em uma ANOVA, você executa esses testes em médias de grupo. Em uma ANCOVA, você ajusta as médias de grupo (da variável dependente) da mesma forma como ajusta as SQs e MQs. Você também ajusta o termo de erro (o denominador) dos testes.

Aqui, trabalharei com as comparações planejadas. Depois de ajustar as médias (o que fiz em cada um dos Métodos), o passo seguinte é ajustar a MQ que vai no denominador das comparações planejadas. Refiro-me à MQ ajustada como MQErro e a fórmula para calculá-la é

$$MQ_{Erro} = Ajustada\ MQ_{Interna}\left(1 + \frac{SQ_{EntreX}\ (k-1)}{SQ_{InternaX}}\right)$$

onde k é o número de grupos.

Em nosso exemplo, temos

$$MQ_{Erro} = 7,57\left(1 + \frac{2,8(2)}{49,6}\right) = 8,43$$

Na planilha do Método 1, seleciono uma célula e digito

=D24*(1+(I24*2)/I25)

Agora, posso continuar com as comparações planejadas como fiz no Capítulo 12.

Levando em conta tudo o que mostrei a você, parece que o Método 1 leva vantagem sobre o Método 2. Usar a ferramenta de análise ANOVA fornece os valores necessários para as comparações planejadas, além de fornecer a ANOVA dependente de variável para comparar com a ANCOVA.

Com os dados dispostos como no Método 2, não podemos ter todas essas informações, podemos?

Sim, nós podemos. E isso nos prepara para observar uma análise estatística específica (ANOVA) sob outro ângulo, como eu disse no início do Método 2.

Continue lendo.

E Mais Uma Coisa

Em muitos capítulos deste livro, você pode ver a interação entre ANOVA e Regressão: Depois de cada análise de regressão, a ANOVA testa hipóteses sobre as ideias da regressão.

Nesta seção, vou virar tudo do avesso: Pegarei um exercício que normalmente é tratado com a ANOVA e o transformarei em um problema de regressão para poder usar a regressão para fazer a análise da variação. Isso se chama abordagem RCM (regressão/correlação múltipla). Ela se baseia no trabalho do psicólogo/estatístico Jacob Cohen que, no final dos anos 1960, formulou a ideia da regressão múltipla como um sistema geral para análise de dados.

APÊNDICE B **A Análise de Covariância** 477

Sem entrar em todos os detalhes, a ideia de Cohen é que muitos tipos de dados podem ser expressos no formato no qual a regressão atua. Basta fazer uma análise de regressão. Efetivamente, muitas técnicas estatísticas passaram a ser casos especiais do sistema como um todo.

Os dados da variável dependente da Tabela B-1 oferecem uma oportunidade de ilustrar essa abordagem. Com os grupos identificados sob as legendas Tag1 e Tag2 e Tags como variáveis independentes, a ANOVA é exatamente igual à regressão múltipla.

Você já deve estar um passo à frente. A Figura B-3 mostra os dados dispostos como na Figura B-2, mas com análises diferentes.

FIGURA B-3:
A planilha
do Método
2 ANCOVA
com duas
análises de
regressão
diferentes.

▲	A	B	C	D	E	F	G	H	I	J	K
1	Exam	Math Aptitude	Tag 1	Tag 2		Dependent Variable					
2	6	10	1	0		ANOVA					
3	9	9	1	0			df	SS	MS	F	Significance F
4	7	8	1	0		Regression	2	68.13333	34.06667	2.574307	0.117412202
5	2	6	1	0		Residual	12	158.8	13.23333		
6	10	9	1	0		Total	14	226.9333			
7	9	7	0	1							
8	5	7	0	1		Covariate					
9	14	8	0	1		ANOVA					
10	10	11	0	1			df	SS	MS	F	Significance F
11	15	10	0	1		Regression	2	2.8	1.4	0.33871	0.719287208
12	9	7	0	0		Residual	12	49.6	4.133333		
13	12	9	0	0		Total	14	52.4			
14	9	4	0	0							
15	18	11	0	0							
16	11	7	0	0							
17											

Executei a ferramenta de análise Regressão duas vezes e direcionei os resultados para a mesma planilha nas duas vezes. Excluí tudo, menos a ANOVA de cada resultado.

Na primeira vez em que executei a ferramenta, o Intervalo Y de Entrada era A2:A16 (Prova), e o Intervalo X de Entrada era C2:D16 (Tag1 e Tag2). O resultado é a primeira tabela ANOVA, logo abaixo do título Variável Dependente.

Na segunda vez, o Intervalo Y de Entrada era B2:B16 (Aptidão Matemática) e o Intervalo X de Entrada era C2:D16, resultando na tabela ANOVA abaixo do título Covariável.

Os números parecem familiares? Pois deveriam. Eles são iguais aos das duas ANOVAs que foram executadas no Método 1. A única diferença, é claro, são os nomes da coluna Variação de Origem. Em vez de Entre e Interna, esses resultados mostram Regressão e Residual, respectivamente.

478   Análise Estatística com Excel Para Leigos

Para completar os testes pós-análise para o Método 2 ANCOVA, você só precisa da ANOVA para calcular a covariável. Eu ilustrei os dois para mostrar a abordagem RCM.

Você pode estender a abordagem RCM a testes de hipótese mais complexos, como os discutidos no Capítulo 13. Ao fazer isso, tudo fica um pouco mais complicado: Você precisa saber um pouco mais sobre a regressão múltipla e como ela se aplica a situações como a interação. Seja qual for o evento, certamente vale a pena tentar a abordagem RCM.

Índice

A

abreviação utilizada em estatística, 95
alça de preenchimento de célula, 24
alfa
    Crescimento de Alfa, 245
    ferramenta Anova: Fator Duplo com Repetição, 281
    ferramenta Anova: Fator Duplo Sem Repetição, 266
    ferramenta Anova: Fator Único, 255
    ferramenta Regressão, 311
    Ferramenta Teste F: Duas Amostras para Variâncias, 239
    Ferramenta teste t: Duas Amostras, 223
    ferramenta teste t: duas amostras em par para médias, 230, 232
    funcionamento da lógica, 196
amostragem aleatória, 427
Análise de Covariância (ANCOVA)
    comparações planejadas, 476
    dica para entender, 468
    Método 1: ANOVA, 469
    Método 2: Regressão, 473
    proporção F, 468
    resultados, 473
    tabela, 471
    testes pós-evento, 476
    vantagem, 473
análise de variação (ANOVA)
    cálculos, 253
    denominador de uma razão F, 249
    fator duplo, 274
    fator único, 249
    medidas repetidas, 257
    raciocínio, 247
    regressão múltipla, 478
    testes t pós-ANOVA, 250
    variável dependente, 478
Anova: Fator Duplo Com Repetição
    Alfa, 282
    Função, 50
    intervalo de células, 282
    janela, 282
    Opções de Saída, 282
    passos para usar esta ferramenta, 282
    Resultados, 283
    tabela ANOVA, 283
    tabela RESUMO, 282
Anova: Fator Duplo Sem Repetição
    Alfa, 277
    Função, 50
    intervalo de células, 276
    janela, 276
    Opções de Saída, 277
    passos para usar esta ferramenta, 276
    Resultados, 277
    tabela ANOVA, 277
    tabela RESUMO, 277
Anova: Fator Único
    Alfa, 254
    Função, 50
    intervalos de células, 254
    janela, 253
    passos para usar esta ferramenta, 254
    Resultados, 255
    tabela ANOVA, 254
    tabela RESUMO, 254
área cumulativa, 171
área Gráficos da guia Inserir, 66
argumentos
    FREQUÊNCIA, 41
    Função BDCONTAR, 453
    Função COMBIN, 358
    Função CONTAR.VAZIO, 145
    Função CONT.NÚM, 144
    Função CONT.SE, 145
    Função CORREL, 334
    Função CRESCIMENTO, 441
    Função CRIT.BINOM, 367
    função CURT, 151
    Função de BETA.ACUM.INV, 377
    Função de DESV.MÉDIO, 125

Função de DISTBETA, 375
Função de DISTRBINOM, 363
Função de E, 122
Função de INTERCEPÇÃO, 302
Função de MÉDIA, 96
Função de MÉDIAA, 97
Função de MÉDIASES, 100
Função de MODO, 106
Função de PROJ.LIN, 307
Função DESVPAD, 119
Função DESVQ, 123
Função DIST.BIN.NEG, 365
Função DISTEXPON, 385
Função DISTF, 237
Função DISTGAMA, 383
Função DIST.HIPERGEOM, 370
Função DIST.NORM, 171
Função DIST.NORMP, 175
função DISTORÇÃO, 149
Função DIST.QUI, 208
Função DISTT, 204
Função EPADYX, 302
Função FATORIAL, 357
Função FISHER, 343
Função INCLINAÇÃO, 302
Função INT.CONFIANÇA, 192
Função INVF, 238
Função INVGAMA, 384
Função INVLOG, 437
Função INV.NORM, 172
Função INV.NORMP, 175
Função INV.QUI, 209
Função MÁXIMO, 147
Função MED, 105
Função MÉDIA.INTERNA, 101
Função MÉDIASE, 99
Função ORDEM.PORCENTUAL, 138
Função PADRONIZAR, 131
Função para DESVPADP, 117
função PEARSON, 336
Função PERMUT, 357
Função POISSON, 380
Função PREVISÃO, 303
Função PROB, 425
Função PROJ.LOG, 438
Função SE, 121

Função SOMA, 37
Função SOMASE, 46
Função TENDÊNCIA, 304
Função TESTEF, 234
Função TESTE.QUI, 396
função TESTET, 222
Função TESTEZ, 202
Função VAR, 116
Função VARP, 113
Função VARPA, 114
Função WEIBULL, 426
um argumento é, 34

B

banco de dados Satélites, 450
barra de status
    clique com o botão direito do mouse, 161
    Exibindo valores, 162
    personalizar, 161
base, 431–432
Beta
    distribuição beta cumulativa, 375
    distribuição beta pode ser aplicada, 377
    distribuição binomial, 374
    variável aleatória, 374
Biblioteca de Funções
    acessar, 32
    definição, 33
bimodal, 105
bins, 153
blocos aleatorizados, 257
botão Início | $\sum$, 55
botões de categoria, 19

C

células
    Digitar uma fórmula diretamente em uma célula, 44
    preenchimento automático, 23
    Referenciando células, 26
coeficiente de correlação
    Amostra Grande, 412
    calculando, 332
    coeficiente de correlação múltipla, 339
    definição, 329
    diferença, 333

limite inferior, 328
maior que zero, 332
produto-momento de Pearson, 328
coeficiente de correlação múltipla, 339
coeficiente de determinação
coeficiente múltiplo de determinação, 339
Função de RQUAD, 336
raiz quadrada, 331
coeficiente múltiplo de determinação, 339
coeficientes de comparação
alterar os coeficientes, 256
análise de tendência, 260
calcular a Soma dos Quadrados da tendência linear, 260
na fórmula do teste t de comparação planejada, 251
quadrados dos coeficientes, 255
SOMARPRODUTO multiplica os coeficientes quadrados, 256
combinações
Espaços Amostrais Grandes, 354
fórmula, 356
notação, 355
passo a passo para calcular, 358
componente cúbico, 263
componente linear significativo, 261
componente quadrático, 263
componente quártico, 263
componente quíntico, 263
controle estatístico, 467
controle experimental, 467
Correlação
Correlação parcial, 340
Correlação semiparcial, 341
fórmula para calcular, 328
ponto bisserial, 335
Correlação parcial, 340
Correlação semiparcial, 341
covariável, 467
curva assintótica, 170–178
curva do sino
caracteriza, 168
linha vertical desenhada, 168
Parâmetros de uma distribuição normal, 169

D

dados intervalados, 13
dados nominais, 12
dados ordinais, 12
desvio absoluto da média, 125
Desvio médio, 123
Desvios
definição, 110
desvios em um gráf]ico de dispersão, 296
média, 124
Padrão, 116
tirar a média dos desvios, 111
valor absoluto, 123
distribuição log-nomal, 436
distribuições
Beta, 374
distribuição binomial, 363
distribuição de Erlang, 382
distribuição de Pascal, 362
distribuição de WEIBULL, 426
Distribuição Hipergeométrica, 369
distribuição polinomial, 391
Exponencial, 384
Gama, 381
LOGNORMAL, 436
probabilidade, 359

E

eixo horizontal, 65
eixo vertical, 65
épsilon, 295
equação linear, 290
erros
erro Tipo I, 196
erro #VALUE!, 50
letra grega épsilon, 295
probabilidades, 198
Testes de hipótese, 197
Tipo II, 196
Escala de Moh, 12
estatística inferencial
Hipóteses, 14
populações, 11
tipos de erro, 16
Estatística Instantânea, 158

estimativas
confiança, 182
contexto, 181
erro padrão, 193
erro residual, 294
estimativa combinada, 221
média da população, 190
variação de uma população, 219
eventos compostos
definição, 351
fórmula geral, 352
Intersecção, 352
União, 351
Excel 2007
ANCOVA em Excel, 468
Capacidades Estatísticas, 31
Capacidades Gráficas, 66
Funções da planilha, 34
Relacionar Conceitos de Livros de
Estatística com o Excel, 414
excesso de curtose, 151
experimento binomial, 362

F

fator coluna
Apresentação, 279
interação entre o fator linha e o fator
coluna, 280
variação, 280
fator de amortecimento, 420
Fatorial, 357
ferramenta Ajuste Exponencial
aplicação, 421
definição, 421
janela, 421
Ferramenta de análise de dados: Estatística
Descritiva
definição, 156
janela, 156
passos para utilizar esta ferramenta, 156
resultado, 158
ferramenta geração de número aleatório
como usar a ferramenta, 398
definição, 51
janela, 399
Número de variáveis, 399
Opções de Saída, 399

ferramentas, 50
fórmulas matriciais
Criando suas próprias fórmulas, 49
digite a fórmula, 49
resultados, 50
FREQUÊNCIA
definição, 39
Encontrando frequências em um
intervalo, 153
frequências terminadas, 41
frequências entre chaves, 40
função ALEATÓRIOENTRE, 187
Função de E, 122
função densidade da probabilidade, 382
função de planilha INT.CONFIANÇA
definição, 191
janela Argumentos da Função, 191
passo a passo do uso, 191
retorno, 191
Função DESV.MÉDIO, 125
Função DIST.QUI
como funciona, 208
janela Argumentos da Função, 208
função EXP, 177
Função INV.QUI
Janela Argumentos da Função, 209
Função MÍNIMOA, 148
funções matriciais
exemplo, 39
tipo de função, 38

G

gráfico de barras
criar gráfico de barras, 81
modificação, 81
Princípios Básicos, 65
Quando usar o gráfico de barras?, 80
Selecione os dados, 81
gráfico de dispersão, 82
gráficos
Capacidades Gráficas do Excel, 66
Inserir, 66
graus de liberdade, 219
guia de fórmulas (faixa de opções)
Fórmulas | Mais Funções | Estatística, 37
Gerenciador de Nomes, 459

484   Análise Estatística com Excel Para Leigos

janela Inserir Função, 33
janela Novo Nome, 43
Matemática & Trigonometria, 46

H

hipótese alternativa
abreviação estatística, 15
dados mostram algo importante, 196
decisão, 196
teste de hipóteses, 196
hipótese nula
abreviação estatística, 15
como uma tendência para manter o
status quo, 17
definição, 15
rejeitar/não rejeitar, 17
Tentando Não Rejeitar, 410
testar contra uma hipótese alternativa,
197
historigramas
configurar, 72
curtose, 150
distorção, 148
gráfico de colunas, 72
Porcentagem Cumulativa, 156

I

Ícones Usados Neste Livro,
inferenciais, 11
Interações, 279
INTERCEPÇÃO
calcular, 301
definição, 290
fórmula, 291
linha de regressão, 292
regressão linear, 314
regressão múltipla, 315
Testando a intercepção, 299
intervalo de células
anexar o nome ao intervalo, 43
aumentar o intervalo de células anexadas
ao nome do banco de dados, 459
Clique com o botão direito do mouse, 42
Definindo nomes, 42
função CONT.SES, 146
selecionar, 43
valores padrão, 177

intervalo de critérios, 451
intervalos
Clique com o botão direito do mouse, 42
Definindo nomes, 42–59
Encontrando frequências em, 153
função de planilha TESTEF, 234
não nomeados, 48
referem-se a, 41–42
selecionar, 43
valores z, 132

J

janela Argumentos da Função,, 96
janela Axis Labels, 78
janela Criar Tabela Dinâmica, 461
janela Formatar Barras de Erros
botão Especificar Valor, 424
janela Formatar Linha de Tendência, 85
janela Opções do Excel, 51
janela Rótulos do Eixo, 77
janela Suplementos, 52

L

leptocúrtico, 150
letras de nosso alfabeto, 11
limites de confiança
A ideia é, 189
exemplo, 191
limite de confiança inferior, 194
limite de confiança superior, 194
porcentagem da área além, 192
linha de regressão, 85
Linha de Tendência, 84
linha que melhor se ajusta, 329
lista de dados, 449
logaritmos comuns
comparações entre logaritmos comuns e
logaritmos naturais, 434
O que é e?, 432

M

matriz de correlação, 338
MÉDIA
abreviação, 94
amostra, 94
Calculando, 94
Comparando, 255

Índice   485

da distribuição amostral, 183
definição, 94
exemplo, 94
fórmula, 94
funções, 96
geométrica, 102
harmônica, 103
limites de confiança para, 189
população, 95
variável aleatória, 360
Média geométrica, 102
Média harmônica, 103
Medianas: Pegos no Meio, 103
medidas repetidas, 257
menu suspenso Preencher, 25

N

Nível de Confiabilidade p/ Média,, 158
nomes, intervalo
caractere alfabético, 42
como definir, 42
definição, 41
espaços/símbolos nos, 42
Gerenciando, 45
referência absoluta, 49
Utilizando, 45
notação especial: exp, 435
Notas de provas, 130
números esperados, 428

P

parâmetros
Distribuição, 399
distribuição normal, 169
letras gregas, 11
Relação estatística, 11
permuta, 356
platicúrtico, 150
Plotagem de Ajuste de Linha, 313
Plotagem de Probabilidade Normal, 313
porcentagem pitagoreana, 394
preenchimento automátivo das células
Esse procedimento economiza muito
tempo, 24
incorporar intervalos nomeados, 49

Preenchimento automático incorreto, 27
referência absoluta, 28–29
referência relativa, 27
previsões
ganho na, 297
regressão linear é, 313
Probabilidade Condicional
base para os testes de hipótese, 354
exemplo, 353
tomar uma decisão, 15
Trabalhando com as probabilidades, 354
probabilidades dos erros de decisão, 198
proporção cumulativa, 171

Q

qui-quadrado
distribuição polinomial, 391
estatística de teste, 207
grau de liberdade, 204
membros, 207

R

recíproca de um número, 103
referência absoluta
nome definido, 49
transformar uma referência relativa, 28
referência relativa
definição, 27
preenchimento automático, 27
transformar uma referência relativa em
referência absoluta, 28
regra de contagem, 355
regra do produto, 355
regressão/correlação múltipla (RCM), 477
regressão curvilínea
equação, 439
Extrapolar um Gráfico de Dispersão, 411
Função matricial: CRESCIMENTO, 440
Regressão Múltipla
coeficientes de regressão, 314
com o resultado da ANCOVA, 473
definição, 314
erro padrão de estimativa, 314
Ferramentas do Excel para, 315
função TENDÊNCIA para, 315

intercepção, 314
testar hipóteses com relação a, 314
usar PROJ.LIN para, 317
variáveis x, 314
relação direta, 465
relação inversa, 465
resultados elementares
definição, 350
Espaços Amostrais Grandes, 354
probabilidade, 350

S

sabermétrica, 394
série temporal, 418
sigma, 95
símbolo $\sum$, 95
simulações de Monte Carlo, 397
Soma dos Quadrados
da tendência linear, 260
definição, 246
Médias Quadráticas, 249
relações, 259

T

Tabela Dinâmica
colocar e tirar os campos de uma tabela, 463
Criar, 461
definição, 459
tendência central
Média: A Sabedoria dos Promédios, 94
Medianas, 103
MODO, 106
tendência não linear, 260
tentativas
definição, 120
desvio padrão, 120
experimentais, 100
média, 120
tempos de reação lento/rápido, 100
Teorema do Limite Central
amostras grandes, 213
desvio padrão de uma distribuição amostral, 183
distribuição amostral da diferença entre médias, 214

distribuição amostral da média, 183
distribuição amostral da média é uma distribuição normal, 184
distribuição normal para amostras grandes, 192
erro padrão da média, 197
parâmetros para a distribuição amostral, 187
populações são distribuídas normalmente, 213
Resultados da simulação do Teorema do Limite Central, 403
Simulando o Teorema do Limite Central, 185
teste de hipótese com duas amostras, 212
teste de duas caudas, 200
teste de Scheffé, 252
teste de uma cauda
definição, 200
Função de TESTET, 228
rejeição, 201
valor crítico, 219
testes a posteriori, 252
testes a priori, 250
teste t: Duas Amostras, 223
teste t: Duas amostras em par para médias, 229
transformação z de Fisher, 333

U

União e intersecção, 351
unidades padrão, 127

V

valor discrepante, 100
valores absolutos, 124
valor esperado, 360
variável aleatória contínua, 359
variável aleatória distribuída hipergeometricamente, 369
Variável Categórica, 413
variável dependente, 65
variável dicotômica, 335
variável independente, 65

488   Análise Estatística com Excel Para Leigos

CONHEÇA OUTROS LIVROS DA PARA LEIGOS!

Negócios - Nacionais - Comunicação - Guias de Viagem - Interesse Geral - Informática - Idiomas

Todas as imagens são meramente ilustrativas.

SEJA AUTOR DA ALTA BOOKS!

Envie a sua proposta para: autoria@altabooks.com.br

Visite também nosso site e nossas redes sociais para conhecer lançamentos e futuras publicações!
www.altabooks.com.br

/altabooks • /altabooks • /alta_books

ALTA BOOKS
E D I T O R A

Este livro foi impresso nas oficinas gráficas da Editora Vozes Ltda.,
Rua Frei Luís, 100 – Petrópolis, RJ.